Julius Ritter von Schlosser

Schriftquellen zur Geschichte der Karolingischen Kunst

Julius Ritter von Schlosser

Schriftquellen zur Geschichte der Karolingischen Kunst

ISBN/EAN: 9783743637382

Hergestellt in Europa, USA, Kanada, Australien, Japan

Cover: Foto ©ninafisch / pixelio.de

Weitere Bücher finden Sie auf **www.hansebooks.com**

QUELLENSCHRIFTEN

FÜR

KUNSTGESCHICHTE und KUNSTTECHNIK

DES

MITTELALTERS UND DER NEUZEIT

MIT UNTERSTÜTZUNG DES
ÖSTERREICHISCHEN K. K. MINISTERIUMS FÜR CULTUS UND UNTERRICHT
IM VEREINE MIT FACHGENOSSEN

BEGRÜNDET VON

RUDOLF EITELBERGER VON EDELBERG

FORTGESETZT VON

ALBERT ILG

NEUE FOLGE. IV. BAND

SCHRIFTQUELLEN ZUR GESCHICHTE
DER KAROLINGISCHEN KUNST.

GESAMMELT UND ERLÄUTERT

VON

JULIUS VON SCHLOSSER.

WIEN

VERLAG VON CARL GRAESER

1892.

SCHRIFTQUELLEN

ZUR

GESCHICHTE

DER

KAROLINGISCHEN KUNST.

GESAMMELT UND ERLÄUTERT

VON

JULIUS von SCHLOSSER.

WIEN

VERLAG VON CARL GRAESER

1892.

Vorwort.

Die vorliegende Arbeit nimmt, wenn auch in anderer Weise, einen Gedanken wieder auf, welcher schon in der ersten Serie dieser Quellenschriften durch Ungers Sammlung der byzantinischen Schriftquellen zur Geschichte der bildenden Kunst zum Ausdruck gekommen war. Über die Berechtigung und Nützlichkeit, sowie über Zweck und Ziel eines derartigen Unternehmens hat sich der Verfasser in der Vorrede zu seinen »Beiträgen zur Kunstgeschichte aus den Schriftquellen des frühen Mittelalters«, welche in den Sitzungsberichten der kaiserlichen Akademie der Wissenschaften in Wien, Band CXXIII (1891, auch separat unter diesem Titel) erschienen sind, ausgesprochen. Um daher nicht schon Gesagtes wiederholen zu müssen, sei auf diese Abhandlung verwiesen, auf welche im folgenden, da sie die Resultate der Durchforschung der karolingischen Schriftquellen enthält, ohnehin als auf eine Art breiteren Commentars immer Bezug genommen werden musste.

Es wird also im Wesentlichen Aufgabe dieses Vorwortes sein, den Leser mit der Einrichtung und Eintheilung des Buches bekannt zu machen.

Die zeitliche und örtliche Begrenzung des Stoffes ist schon im Titel angedeutet. Er umfasst einen Zeitraum von ungefähr anderthalb hundert Jahren, von König Pippin an bis zum Tode des letzten deutschen Karolingers, zu Anfang des zehnten Jahrhunderts, mit welchem ja eine neue Wendung in der Geschichte deutschen Lebens und deutscher Kunst ein-

1

tritt. Der Schauplatz ist das Frankenreich in seiner weitesten Ausdehnung, also vor allem die noch lange Zeit gemeinsamer Geschichte folgenden Nachbarländer Deutschland und Frankreich, oder vielmehr Ost- und Westfrancien. Italien nimmt durch Tradition und Geschichte eine selbständige Stellung ein; das IX. Jahrhundert bedeutet hier keinen Abschnitt und es wäre wenig begründet und fruchtbar gewesen, ein solches abgerissenes Stück der Entwicklung zu bringen. Gerade im Norden hat aber die karolingische Zeit eine ganz eigenthümliche, fest ausgeprägte und umgrenzte Stellung. Sie bildet die Eingangspforte der national-nordischen, vor allem der national-deutschen Kunst und deutet eben als Pforte sowohl auf das was vor ihr, als was hinter ihr liegt. Deshalb mochte der Versuch gerechtfertigt sein, die schriftlichen Quellen, die von ihr Kunde geben, zusammenzufassen.

Die erste Anforderung an ein Handbuch ist Bequemlichkeit der Benützung und Übersichtlichkeit, eine zweite, nicht minder wichtige gute Indices. Beiden Ansprüchen sucht das vorliegende Buch gerecht zu werden.

Die Eintheilung der (mit Nummern bezeichneten) Quellenstellen ist bei der Baukunst geographisch-alphabetisch, bei den nachbildenden Künsten nach Materien, innerhalb dieses Rahmens soweit als möglich chronologisch. Jeder Gruppe geht die Angabe der einschlägigen Literatur voraus, deren Vollständigkeit wenigstens erstrebt wurde. Doch werden hie und da vielleicht Lücken bemerklich sein; vor allem gilt dies von der so schwer erreichbaren französischen Localliteratur. In Bezug auf die Vollständigkeit der Quellen selbst mag die Zahl derselben (über 1100 Nummern) sprechen; eine wirklich bedeutende Stelle wird man wohl kaum vermissen. Sehr schwierig war die Frage, wie es mit der Aufnahme jener mageren Notizen, welche die Einweihung von Klöstern, Erbauung von Kirchen und Capellen, Brände und Devastationen sonstiger Art betreffen; hier konnte im Wesentlichen, da dies Buch nicht archäologischen, sondern kunstgeschichtlichen Inhalts sein sollte, nur das Bedeutsame und historisch zu Verfolgende berücksichtigt werden.

Abweichend von der früheren Gewohnheit dieser Publicationen wurde von der deutschen Übersetzung Umgang genommen; die Gründe liegen klar zutage. Dagegen wurde besondere Sorgfalt auf die Herstellung eines technischen Glossariums verwandt. Desgleichen wird ein Register der kunstgeschichtlich oft so wichtigen Heiligennamen, ein geographisches, dann ein Personen- und Sachregister, endlich ein Verzeichnis der Künstlernamen nicht unwillkommen sein.

Über die benützten Quellenschriften, Druckort und Ausgaben derselben gibt ein genaues, alphabetisch geordnetes Quellenverzeichnis Auskunft, dort sind auch die gebrauchten Abkürzungen erläutert; andere wird man sich leicht selbst erklären können; ich bemerke bloß, dass »Beiträge« ohne weiteren Zusatz die oben angezogene Akademieschrift bedeutet.

Besonderen Dank schulde ich den hiesigen wissenschaftlichen Anstalten, besonders dem Institute für österreichische Geschichtsforschung, der k. k. Hofbibliothek, der k. k. Universitätsbibliothek, dann namentlich Herrn Dr. Ludwig Traube in München, welcher mich nicht nur durch Übersendung der Correcturbogen seiner Ausgabe der Poetæ Latini ævi Carolini vol. III, 2, sondern auch während des Druckes in liebenswürdigster Weise durch Rath und That unterstützte.

Und so bleibt nur noch der Wunsch übrig, dass sich dies Buch im Dienste der Wissenschaft nützlich erweisen möge!

Wien, im November 1890.

Dr· **Julius von Schlosser.**

Übersicht des Inhalts.

Quellenverzeichnis.

Häufigere Abkürzungen:

A. SS. Boll. = Acta Sanctorum der Bollandisten, Antwerpen 1643 ff. jetzt bis Ende October vorliegend. — *BR.* = Böhmers Regesta Karolinorum, nach Nummern citiert. — *Böhmer F.* = Fontes Rerum Germanicarum, 4 voll. Stuttg. 1843—1868. — *Bouquet, Rec.* = Bouquet, Recueil des historiens des Gaules et de la France, 23 voll. Par. 1738—1876. — *D'Achery, Spic.* = Spicilegium veterum aliquot scriptorum 3 fol. 1724. — *Duchesne SS.* = Historiæ Francorum Scriptores coætanei 25 voll. Par. 1636—1649. — *Jaffé, Mon. oder Bibl.* = Bibliotheca Rerum Germanicarum (III. Mon. Moguntina. 1866 IV. Mon. Carolina 1867. VI. Mon. Alcuiniana 1873). 6 voll. 1864—1873. — *Mab. A. SS.* = Mabillon, Acta Sanctorum Ordinis s. Benedicti. 9 voll. 1608—1701. — *Martene* = M. et Durand, Veterum Scriptorum Amplissima Collectio. 9 voll. 1724—1733. — *Migne* = Patrologiæ Latinæ Cursus completus Par. 1844 ff. — *M. B.* = Monumenta Boica 42 voll. München 1763 ff. — *M. G. SS. und LL.* = Monumenta Germaniæ historica Scriptores und Leges. 1826 ff. — *M.* = Mühlbacher, Regesten der Karolinger, nach Nummern citiert. — *Muratori SS.* = Scriptores Rerum Italicarum 28 voll. 1723—1752. — *NA.* = Neues Archiv der Gesellsch. f. ältere deutsche Geschichtskunde. 1876 f. — *P. L.* = Monum. Germ. Poetæ Latini ævi Carolini voll. I—III — *Rhein. Jahrb.* = Jahrbuch des Vereins von Alterthumsfreunden im Rheinlande. — *SS.* = Scriptores der Mon. Germ. — *St.* = Stumpf's Regesten, nach Nummern citiert. — Die benützten Urkundensammlungen sind an den betreffenden Stellen angeführt.

Acta s. Liutbirgis Reclusæ in diœcesi Halberstadensi (s. IX.) auct. anon. sæc. X. — Pez, Thesaurus anecd. II. 3.

„ ss. Salomes et Judith (s. IX.) auct. coœvo? — A. SS. Jan. V.

Adalhardus abb. Corbeiensis, Statuta abbatiæ s. Petri Corb. — Migne 105.

Adami Bremensis Hist. — SS. VII.

Ademari Historiarum libri III. — SS. IV.

Agnelli Liber pontificalis Ravenn. — M. G. SS. Langobard. (Muratori SS. II.)

Agobardi L. de imaginibus sanctorum — Migne 104.

Alcuini carmina. — P. L. I.

Vita s. Otmari († 759) auct. Walafrido. — Mab. A. SS. VI, 2.

„ s. Oudalrici ep. Aug. auct. Gerhardo. — SS. IV.

„ s. Paschasii († 865). — A. SS. Boll. April III.

„ s. Pirminii. — Mone, Quellensammlung I.

„ s. Plechelmi.— A. SS. Boll. Juli IV.

„ s. Radbodi († 917). — SS. II.

„ s. Rathardi (s. IX.) — A. SS. Boll. Aug. II.

„ s. Reginswindis († 837). — A SS. Boll. Juli IV.

„ s. Rigoberti æp. Rhemens. († 749) A. SS. Boll. Jan. I.

„ s. Rimberti. — SS. II.

„ s. Ruperti ducis Bingæ et s. Berthæ eius matris (s. IX.) a. s. Hildegunde abb. scr. — A. SS. Mai III.

„ s. Simperti († 809). — A. SS. Boll. Oct. VI.

„ s. Soli, auct. Ermenrico Ellwang. — Mab. A. SS. IV, 1.

„ s. Solongiæ (s. IX.) — A. SS. Boll. Mai II.

„ s. Sturmi abb. Fuld. († 779) auct. Eigile. — SS. II.

„ s. Theodardi æp. Narbonnens. († 893) auct. s. XIII? — A. SS. Boll. Mai I.

Vita s. Thiadildis abb. Freckenhorsti in Guestphalia (s. IX. med.) — A. SS. Boll. Jan. II.

„ s. Virgilii æp. Salisburg. († 784) auct. anon. s. XII. — Mab. A. SS. III.

„ Walæ abb. Corbeiens. auct. Paschasio. — Mab. A. SS. IV, 2.

„ s. Walburgis abb. Heidenheimens. († 780.) — A. SS. Boll. Febr. III.

„ s. Wiboradæ reclusæ. — Mab. A. SS. V.

„ s. Wigberti († 747) abb. Fritzlariens. auct. Servato Lupo. (836) — A. SS. Boll. Aug. III.

„ s. Willelmi ducis et mon. Gellonens. († 812). s. IX. scripta. — Mab. A. SS. IV, 2.

„ s. Willehadi (auct. Anskario). — SS. II.

„ s. Willibaldi ep. Eistetens. († 786 ca.) auct. Sanctimoniali coæva. — Mab. A. SS. IV, 1.

„ s.Wunnebaldi abb.Heidenheimens. († 761). auct. sanctimon. coæva. — Mab. A. SS. III, 2.

Walafridi Strabonis carmina. — P. L. II.

„ „ L. de rebus ecclesiasticis. — Migne 114.

I. THEIL.

QUELLEN ZUR GESCHICHTE

DER

ARCHITECTUR und KLEINKUNST.

I. ABTHEILUNG.

ALLGEMEINES ÜBER ARCHITECTUR UND KLEINKUNST.

A. ARCHITECTUR.

a. ALLGEMEIN TECHNISCHE NOTIZEN, BAUFÜHRUNG etc.

1—3.

1. *Otfrid von Weißenburg I, 1. v. 65.*

(Bei Braune, Ahd. Lesebuch, pag. 88.)

Sie búent mit geziugon, ioh uuarun io thes giuuón
In gúatemo lánte: bi thíu sint sie únscante.

(Sie bauen mit Werkzeugen, und pflegten dies von jeher
in ihrem guten Lande: deshalb sind sie berühmt.)*)

*) Vorher geht eine Vergleichung der Franken mit den Griechen und Römern.

2. *Libri Carolini. III, 30.*

Si quis ligneam domum ædificans si parietes cupit marmoreis exornare tabulis aut variare multicoloribus vitri frustulis, dum cernit ligno eadem metalla per naturam minime posse cohærere, spretis his metallis quæ ligno per naturam cohærere nequaquam possunt, lignis denuo conatur perficere . . . .

3. *Heittonis visio Wettini. Cap. 15.*

Duxit eum ad loca pulcherrima naturali constructione fundata, cum arcubus quasi aureis et argenteis, opere anaglifo discreta . . . .

1*

4—11.

4. *Ermoldus Nigellus, In Laudem Pippini I. 97 ff..*

Wasacus*): Robore de nostro fabricata palatia constant
Ecclesiæque domus transtraque lecta fero.

*) Das ist das persönlich auftretende Vogesengebirge.

5. *Agobardus von Lyon, Liber de imaginibus sanctorum. c. 13.*

Non solum enim lapidi sacrificandum non est, sed nec ulli
corporali incorporalive creaturæ nec in alicuius honorem
præter solius vivi Dei templum construendum.

6. *Walafrid Strabo, De rebus ecclesiasticis c. 6.*

Exedra est absida quædam, separata modicum quidem
a templo vel palatio . . .

Cancelli videntur dici, quia minoribus columnis fiunt.
Cancri enim vocantur maiores columnæ et maxime quadri;
vel cancelli dicuntur a cubito, qui græce ancos dicitur. Solent
enim plurimi non altius construi, quam ut stantes desuper
inniti cubitis possint.

7. *Hrabanus Maurus, De universo XIV, 20.*

(de habitacuis.)

Aula domus est regia sive spatiosum habitaculum porticibus quattuor conclusum. Atrium magna ædes est, sive
amplior et spatiosa domus et dictum est atrium, quod addan-
tur ei tres porticus extrinsecus.

8. *Ebenda c. 23.*

Alii testudinem volunt esse locum in parte atrii adversa venientibus.

9. *Ebenda XXI, 1.*

Architecti autem cæmentarii sunt, qui disponunt in
fundamentis.

10. *Ebenda c. 2.*

Aedificiorum partes sunt tres: dispositio, constructio, venustas. Dispositio est areæ vel soli et fundamentorum descriptio.

11. *Ebenda c. 3.*

Constructio est laterum et altitudinis ædificatio .   .

Fictilium operum ad parietes et fundamenta coctis laterculis, ad tecta imbriculis tegulisque aptantur.

12. *Ebenda c. 4.*

.... Venustas est, quidquid illud ornamenti et decoris causa ædificiis additur, ut tectorum auro distincta laquearia et pretiosi marmoris crustæ, et colorum picturæ.

13. *Codex Carolinus ep. 67.*

(Hadrian I. an Karl M. 779—780).

porro ... sicut direximus nobis nostræ petitioni adimpleri pro trabes ad restaurationem sanctæ ecclesiæ poscimus vestra ... excellentia, ut Kal. Aug. hic ad limina b. Petri ... si fieri potest, parate esse inveniantur . . . De camarado autem, quod est ypochartosin ad renovandum in basilica b. Petri apostoli nutritori vestro, prius nobis dirigite magistrum, qui considerare debeat ipsum lignamen. Quod ibidem necesse fuerit, ut, sicut antiquitus fuit, ita valeat renovari. Et tunc per vestram regalem præcellentiam iussionem dirigatur ipse magister in partibus Spoletii et demandationem ibidem de ipso faciat lignamen, quod in prædicto ypochartosin, hoc est camarado, necesse fuerit, quia in nostris finibus tale lignamen minime reperitur. Et pro hoc sanctissimus frater noster Wilcharius archiepiscopus nunc minime fatigetur venire, dum ipsum lignamen per semet ipsum siccetur; quia dum viride est, non audemus exinde opera qualecumque facere.

14. *Cod. Carol. ep. 82.*

(Hadrian I. an Karl M. 781—786.)

Sepe vestræ . . . potentiæ petentes direximus, ut pro mercæde animæ vestræ trabes maiores ad ecclesias Dei restaurandas per vestrum regale præsidium emittere iuberetis. Et nullum ab illis quibus præceptum erat, suscepimus effectum. Quatenus et ipsas ecclesias, in quibus nobis trabes maiores necessariæ sunt, ex parte ruerant, et alias rui conspicimus. Et ipsas trabes præstolantes, quid agere nescimus . . . Quampropter quæsumus, ut nulla deinceps eveniat mora. Sed . . . nobis ipsas trabes maiores celerius emittere præcipitatis, ut nullo modo qualibet neglectum ponere audeant. Quia freti prorsus existimus, quantas ecclesias Dei ex ipsas trabes restauratas fuerint, in vestrum sempiternum memorialem . . . restaurantur. Quampropter poscimus, ut vestrum proprium idoneum missum dirigere iubeatis, qui ipsos actores, qui pro iam dictas trabes neglectum ponere ausi sunt, distringere debeant . . . .

Simili modo et hoc recordari credimus . . . qualiter pro amore b. P e t r i clavigeri regni cælorum et eiusdem ecclesiæ restaurationis pro ipsius aule tectæ, vestra excellentia nobis est pollicita dirigere stagni libras м. Simili modo et I t h e-r e u s vester fidelissimus per vestrum eximium dispositum similiter alias м. libras dirigere promisit. Pro quo poscens petimus . . . ut ipsum stagnum nobis per vestrum bonum dispositum dirigere iubeatis quia ipsa ecclesia fautoris vestri b. Petri tempus verni ab aquis nimis invalescit, et unde aulæ eius tecti restaurare minime habemus. Sed obnixe petimus, ut per comites vestros, qui in I t a l i a sunt actores, ipsum iam dictum stagnum dirigere iubeatis per unumquoque comitem libras c.

15. *Cod. Carol. ep. 89.*

(Hadrian I. an Karl M.)

. . . potentiæ vestræ per A r u i n u m ducem suscepimus apices. In quibus referebatur, quod palatii R a v e n n a t e civitatis mosivo atque marmores ceterisque exemplis tam in strato quamque in parietibus sitis, vobis tribuissemus . . . tam marmores quamque mosivo ceterisque exemplis de eodem palatio vobis concedimus abstollendum.

16. *Einharti cp. 56.*   *840 a. d. 14 Mart.*

(Einhart an seinen Sohn*) Vussin, Schüler Hrabans.)

Misi igitur tibi verba et nomina obscura ex libris Vitruvi, quæ ad præsens occurrere poterant, ut eorum notitiam ibidem perquireres. Et credo, quod eorum maxima pars tibi demonstrari possit in capsella, quam domnus E.(i g i l) columnis eburneis ad instar antiquorum operum fabricavit. Et propter illud, quod V i t r u v i u s**) nominat scenographia, interroga, quid sit, quod Virgilius in III. Georgicorum libro scenam vocat, dicit enim:***)

> »ad delubra iuvat cæsosque videre iuvencos
> vel scena ut versis discedat frontibus utque
> purpurea intexti tollant aulæa Britanni.«†)

*) Er nennt ihn mi nate — ein Ausdruck, der allerdings auch im geist-lichen Sinn angewendet wird. **) De arch. I, 2, 2. ***) Georg. III. v. 23—25. †) Vgl. über diese Stelle meine Beiträge S. 36—41.

17. *Einharti ep. 59.*

Volumus ut Egmunelo de verbo nostro præcipias, ut faciat nobis lateres quadratos, habentes in omnem partem 2 pedes manuales et 4 digitos in crassitudine, numero 60, et alios minores similiter quadratos habentes in omnem partem 1 semissem et 4 digitos et in crassitudine digitos 3, numero 200. *)

*) Vgl. über diese und die folgenden Stellen meine Beiträge S. 28 ff.

18. *Alcuini ep. 167.*

(an Eanbald II. von York.)

. . . et de stagno libras centum ad opera necessaria fa-cienda (scil. direxi vobis); et cancellos quattuor. Videtur con-dignum, ut domuncula cloccarum stagno tegatur propter orna-mentum et loci celebritatem . .

19. *Sedulii Scotti Liber de rectorib. christ. v. 12 ff.*

> Fabrica nulla tenet stabilem per tempora formam
>   Si non fulturis nixa sit illa suis.
> Hæc stabilire queunt splendentia lumine templa
>   Aula nec et regum his sine firma potest.
> Iusti rectoris propriis sic stare columnis
>   Publica res poscit propitiante deo.
> Prima columna micat veri speciosa decore
>   Et patiens regimen rite secunda tenet.
> Tertia largiflua meritis dat munera dextra
>   Quartaque blandiloquax dulcia verba sonat.
> Quinta malos reprimit miro zeloque coruscat
>   Gaudet sexta potens magnificare bonos.

20—23.

Septima clementer populi levigatque tributum
Ast octava regit iustitiæ trutinam.
Nititur his solidis res publica fulta columnis
Sicut mons Sion his stabilisque manet. *)

*) Vgl. zu dieser Bausymbolik meine Beiträge S. 12—14.

20. *Odilonis Translatio s. Tiburtii p. 411.*

(Einhardus) . . palatii regalis domesticus. *)

*) Über Einhart vgl. die Biographie in Dohmes Kunst und Künstler. I. — Waitz, Verfassungsgesch. III. 528.

21. *Gesta abb. Fontanell. c. 17.*

(Ansigisus, Abt von Flavigny 807—833).

. . . dum prædictum Flaviacum iure precarii ac beneficii teneret, etiam exactor operum regalium in Aquisgrani palatio regio sub Einhardo abbate, viro undecunque doctissimo a domno rege constitutus est. Quod nobilissime administravit, atque in cunctis operibus suis prudenter se agebat.

22. *Catalogus abb. Fuld.*

(Ratger 815—817 ?)

. . . direxit . . . Brunan ad Einhartum tum variarum artium doctorem peritissimum.

23. *Hrabani carm. 85. (Epitaphium Einhardi.)*

Te peto, qui hoc templum*) ingrederis, ne noscere spernas
Quid locus hic habeat quidque tenens moneat.
Conditus ecce iacet tumulo vir nobilis isto,
Einhardus nomen cui genitor dederat.
Ingenio hic prudens, probus actu atque ore facundus
Extitit, ac multis arte fuit utilis.
Quem Carolus princeps propria nutrivit in aula
Per quem et confecit multa satis opera.
Nam horum sanctorum**) condigno functus honore
Exquirens Romæ corpora duxit et huc.

---

*) Seligenstadt. **) SS. Petrus et Marcellinus.

24. Einhart, Translatio s. Marcellini et Petri. IV, 8.

Gerwardus palatii bibliothecarius, cui tunc temporis etiam palatinorum operum ac structurarum a rege cura commissa erat . . .

---

b. PFLEGE DES BAUWESENS SEITENS DER ÖFFENTLICHEN GEWALT.

25. Lex Baiuwariorum. Tit. X. c. 2.

De scuria vero liberis, si conclusa parietibus et pessulis cum clave munita fuerit, cum 12 solidis conponat culmen, si autem septa non fuerit, sed talis, quod Baiuvarii seof dicunt, absque parietibus, cum 6 solidis conponat.

De illo granario, quod parc apellant, cum 4 solidis conponat.

De mita vero, si illam detegerit vel incenderit, cum 3 solidis conponat.

De minore vero, quod scopar appellant cum 1 solido conponat.

Et universa parilia restituatur.

26. Ebenda c. 3.

De minorum ædificiorum.

Si quis desertaverit aut culmen eiecerit, quod sæpe contingit, aut incendio tradiderit, uniuscuiusque quod firstfalli dicunt, quæ per se constructi sunt, id est balnearius, pistoria, coquina, vel cetera huiusmodi, cum 3 solidis conponat, et restituat dissipata vel incensa.

27. Ebenda c. 4.

Si eam columnam, a qua culmen sustentatur, quam firstsul vocant: cum 12 solidis conponat.

28. Ebenda c. 8.

Si interioris ædificii illam columnam eiecerit, quam winchilsul vocant, cum 6 solidis conponat.

29. Ebenda c. 10.

Exterioris vero ordinis columna angularis cum 3 solidis conponat.

30. *Ebenda c. 11.*

Illas alias columnas huius ordinis cum singulo solido conponat.

31. *Ebenda c. 12.*

Trabes vero singuli cum 3 solidis conponat.

32. *Ebenda c. 13.*

Exteriores vero quos spanga vocant, eo quod ordinem continent parietum, cum 3 sol. conponat.

33. *Ebenda c. 14.*

Ceteras vero, id est asseres, laterculi, axes vel quicquid in ædificio construitur, singula cum singulis sol. conponat.

34. *Ebenda Tit. XII, c. 9.*

Si quis priusquam finita fuerit contentio, per fortiam ædificia elevare voluerit, et e contrario ille alter i a c e n t i b u s c o l u m n i s contradixerit.

35. *Monachus Sangallensis I, 30.*

Fuit consuetudo in illis temporibus, ut ubicumque aliquod opus ex imperiali præcepto faciendum esset, siquidem pontes vel naves aut traiecti sive purgatio seu stramenta . . . ea comites per vicarios et officiales suos exequerentur, in minoribus dumtaxat laboribus; a maioribus autem, et maxime noviter extruendis nullus ducum vel comitum, nullus episcoporum vel abbatum excusaretur aliquo modo. Cuius rei testes adhuc sunt arcæ pontis M a g o n t i a c e n s i s, quæ tota E u r o p a communi quidem sed ordinatissimæ participationis opere perfecit. Fraudulentia vero quorundam malivolorum et de navium subvectione mercedes iniquissimas compilare volentium, consumpsit.

Si vero essent ecclesiæ ad ius regium proprie pertinentes laquearibus vel muralibus adornandæ picturis, id a vicinis episcopis vel abbatibus curabatur. Quod si novæ fuissent instituendæ, omnes episcopi, duces et comites, abbates, vel quicumque regalibus ecclesiis præsidentes cum universisque qui publica consecuti sunt beneficia, a fundamentis usque ad culmen instantissimo labore perduxerunt, sicut adhuc probat non solum basilica illa divina, sed et humana apud A q u a s-g r a n i, et mansiones . . . *)

*) S. des Weitern im topographischen Theil unter »Aachen«.

36. *Ebenda. I, 31.*

K a r o l u s quibuscumque primoribus in proximo consti-tuus præcepit, ut opifices a se directos omni industria susten-tare et cuncta ad opus illud necessaria subministrare curarent. Qui vero longinquis partibus advenissent, commendavit eos præposito domus suæ nomine L i u t f r i d o, ut eos de publicis rebus aleret et vestiret, sed et cuncta, quæ ad construc-tionem illam pertinerent, sedulus inpendere semper instaret.

37. *Karoli M. Capitulare generale (789) c. 17.*

ut super altaria teguria fiant vel laquearia.

38. *Ebenda c. 18.*

ut clocas non baptizent.

39. *Karoli M. Capitulare ecclesiasticum. (789) c. 42.*

. . . ut falsa nomina martyrum et incertæ sanctorum memoriæ non venerentur.

40. *Karoli M. Capitulare (794) c. 15.*

De monasteria, ubi corpora sanctorum sunt, ut habeatur oratorium intra claustra, ubi peculiare officium et diuturnum fiat.

41. *Ebenda c. 26.*

ut domus ecclesiarum et tegumenta ab eis fiant emen-data vel restaurata, qui beneficia exinde habent. Et ubi reper-tum fuerit per veraces homines quod lignamen et petras sive tegulas, qui in domus ecclesiarum fuerint, et modo in domo sua habeat, omnia in ecclesia fiant restaurate, unde abstracte fuerunt.

42. *Concilium Aquisgran. (811) c. 11.*

Et quamvis bonum sit, ut ecclesiæ pulchra sint ædificia, præferendus tamen est ædificiis bonorum morum ornatus et cul-men, quia in quantum nobis videtur, structio basilicarum veteris

43—51.

legis quandam trahit consuetudinem; morum autem emendatio proprie ad novum testamentum et christianam pertinet disciplinam.

43. *Ansegis, Capitularia Append. I. (Capitulare Karoli M.) c. 21.*

De altario non consecrando nisi lapideo.

44. *Ludwig I., Capitulare monachor. (817.) c. 40.*

ut domus semota his qui fugere aut pugnis baculisve inter se voluerint confligere, aut quibus ex integro factæ sunt regulares disciplinæ, habeatur huiusmodi, quod in hieme ignis possit accendi, et atrium iuxta sit, quo possint, quod eis iniungitur, operari.

45. *Ebenda c. 58.* ˙

ut dormitorium iuxta oratorium constituatur, ubi supervenientes monachi dormient.

46. *Formulæ imperiales c. 15.*

Præceptum quid sit immunitas. (822.)

Propter hoc volumus ut intelligatis non solum in claustra monasterii vel ecclesias atque casticia*) ecclesiarum immuniatis nomine pertinere . . .

*) Var. atria.

47. *Ludwig I. Capitulare Ingelheim. (826.) c. 18.*

ut de sepeliendis in basilicis mortuis illa constitutio servetur, quæ ab antiquis patribus constituta est.

48. *Ansegis, Capitularia I. c. 144. (Ludwig I.).*

ut ecclesiæ vel altaria melius construentur.

49. *Ebenda c. 146.*

ut presbiteri per parrochias suas feminis prædicent, ut linteamina altaribus præparent.

50. *Ebenda c. 153.*

ut nullus deinceps in ecclesia mortuum sepeliat.

51. *Einharti ep. 51.*

(an Ludwig II. den Deutschen.)

Dominus meus piissimus genitor vester iussit N . . . . *)
de monasterio N., ut nobis adiutores et cooperatores essent in
constructione basilicæ bb. Christi martyrum Marcellini et
Petri patronorum vestrorum. Sed illi, ut mihi videtur, nihil
de illo opere facturi sunt . . . umiliter peto, ut . . . curam
habere dignemini de constructione basilicæ illorum, ut per
vestrum adiutorium ut hoc perficiatur et detur nobis ad me-
moratos episcopos sacram iussionem vestram per litteras glorio-
sissimæ auctoritatis vestræ; quas autem temnere non audeant.

*) Lücke.

52. *Einharti vita Karoli c. 17.*

Præcipue tamen ædes sacras, ubicumque in toto regno
suo vetustate conlapsas conperit, pontificibus et patribus, ad
quorum curam pertinebant, ut restaurarentur, imperavit ad-
hibens curam per legatos, ut imperata perficerent.

53. *Ludwig II. Capitulare von 850. c. 7.*

qualiter autem palatia nostra, quæ longa vetustate vel
neglegentia sunt obsoleta, reparentur atque reficiantur, comitum
nostrorum consultus inquiritur.

54. *Alcuini ep. 20.*

(an Joseph.)

Valde placet, quod domum Dei renovare cœpisti; stude,
ut et istam perficias, de qua præsens dixi, facias, consecrari.

55. *Theodulfi Capitula ad presbyteros parochiæ suæ c. 9.*

. . . nemo in ecclesia sepeliatur, nisi forte talis sit persona sacerdotis aut cuiuslibet iusti hominis, quæ per vitæ
meritum talem vivendo suo corpori defuncto locum acquisivit.
Corpora vero quæ antiquitus in ecclesiis sepulta sunt nequaquam proiiciantur, sed tumuli qui apparent, profundius in terram mittantur, et pavimento desuper facto, nullo tumulorum
vestigio apparente, ecclesiæ reverentia conservetur. Ubi vero
tanta est multitudo cadaverum, ut hoc facere difficile sit,

56—59.

locus ille pro cœmeterio habeatur, ablato inde altari et in eo loco constructo ubi religiose et pure Deo sacrificium offerri valeat.

56. *Smaragdus, Commentarius in regulam s. Benedicti c. 53.*

(Regula s. B e n e d i c t i : Coquina abbatis — obediant imperanti) testimatur enim a multis, quia sicut coquina alia quam fratrum et in alio erat constituta loco, ita et mensa abbatis non tunc in communi refectorio erat cum cæteris mensis posita sed in alia erat cellula segregata, quam crebro venientes hospites frequenter cibis invenirent paratam. Sed modo ab episcoporum abbatum et cæterorum F r a n c o r u m magno concilio salubre inventum est concilium, ut pro sua et fratrum custodia habeat in communi refectorio mensam, ubi, quando adfuerit, cum hospitibus, quando vero defuerint, cum quibus voluerit, reficiat coram fratribus.

57. *Commonitorium cuiusdam episcopi c. 10.*

Locus in secretario vel iuxta altare sit præparatus, ubi aqua effundatur quando sacra vasa abluuntur, ibique vas nitidum cum aqua pendeat, ubi sacerdos manus lavet post communionem.

58. *Ebenda c. 11.*

Ecclesiæ sint bene coopertæ et cameratæ, atrium ecclesiæ undique muratum.

B. KLEINKUNST.

a. GEGENSTÄNDE DER KLEINKUNST ALS GESCHENKE ZWISCHEN DEN HÖFEN &c.

59. *Codex Carolinus. ep. 17.*

(Paulus I. an Pippin 758—59.)

. . direximus vobis apallaream unam, spatam ligatam in gemmis cum balteum unum, anulum unum habentem iacinthum; storacin pallium unum, habentem paones . . . . Domno C a r o l o et C a r l o m a n n o . . . anulos singulos, habentes yacinthos.

60—64.

60. *Cod. Carolin. ep. 24.*

(Paulus I. an Pippin 758—763.)

Direximus itaque excellentissimæ præcellentiæ vestræ et libros, quantos reperire potuimus: i. e. antiphonale et responsorium, insimul artem gramaticam, A r i s t o l i s (sic), D i o n i s i i A r e o p a g i t i s, geometricam,orthografiam, grammaticam,omnes græco eloquio scriptas, nec non et horologium nocturnum.

61. *Cod. Carolin. ep. 21.*

(Paulus I. an Pippin 761.)

Interea . . . . suscepimus et mensam illam, quam olim sanctæ recordationis domino et germano nostro b. memoriæ S t e p h a n o papæ et per eum b. P e t r o apostolo obtulistis; quam . . infra aulam ipsius principis apostolorum introduximus, quamque vestri missi in sacram confessionem, super corpus scilicet eiusdem cœlorum magni ianitoris ex vestri persona obtulerant. . . . decernentes apostolica censura sub anathematis interpositione: nulli umquam licere, eam ab ecclesia b. P e t r i alienare.

62. *Cod. Carolin. cp. 36.*

(Paulus I. an Pippin 764 - 66.)

Direximus itaque excellentiæ vestræ iuxta ut intimastis, signum nostrum præsentem missum per vestrum.

63. *Cod. Carol. ep. 84.*

(Hadrian I. an Karl 787.)

Crucem, quam nobis misistis, in sanctam nostram ecclesiam recondentes, vestra memoria in eternum in ea manebit

64. *Epistolæ Carolinæ 11.*

(Karl M. an Offa v. Mercia 796.)

Cognoscat dilectio vestra, quod aliquam benignitatem de dalmaticis nostris vel palliis ad singulas sedes episcopales regni vestri vel E t h e l r e d i direximus in elemosinam domni apostolici A d r i a n i.

. . . Sed et de thesauro humanarum rerum, . . . aliquid per metropolitanas civitates direximus, vestræ quoque dilectioni 1 balteum et 1 uniscum et 2 pallia syrica.

65—68.

65. Einharti Vita Karoli c. 27.

(K a r o l u s) colebat præ ceteris sacris et venerabilibus locis apud R o m a m ecclesiam b. P e t r i apostoli; in cuius donaria magna vis pecuniæ tam in auro quam in argento nec non et gemmis ab illo congesta est. Multa et innumera pontificibus munera missa . . .

66. Einharti Ann. Fuld. c. 798.

H a d o f u n s, rex G a l l e c i a e et A s t u r i a e per F l o r a m legatum suum papilonem *) miræ pulchritudinis regi transmisit.

*) »pavillon.«

67. Annales Altahenses maiores a. 800.

K a r o l u s R o m a m venit, obtulit natali . .·. . discum argenteum rotundum magnum; circumsectione coronam auream obtulit K a r o l u s librarum 50. Suspensa manet catenulis super ara P e t r i, variis preciosissimis lapidibus ornata, die epiphaniæ ad tumulum P e t r i calices 3, duo pro liberis, unum pro se librarum auri purissimi 42., patenam auream librarum 22.

68. Einharti Annales. a. 807.

. . . legatus regis P e r s a r u m, nomine A b d e l l a, cum monachis de H i e r u s a l e m, qui legatione T h o m a e patriarchæ fungebantur, quorum nomina fuere G e o r g i u s et F e l i x ad imperatorem provenerunt, munera deferentes, quæ prædictus rex imperatori miserat, id est papilionem et tentoria atrii miræ magnitudinis et pulchritudinis. Erant enim omnia bissina, tam tentoria quam et funes eorum, diversis tincta coloribus. Fuerunt præterea munera præfecti regis pallia sirica multa et preciosa.
. . . . . necnon et horologium ex auricalco arte mechanica mirifice compositum, in quo 12 horarum cursus ad clepsidram vertebatur, cum totidem æreis pilulis quæ ad completionem horarum decidebant et casu suo subiectum sibi cimbalum tinnire faciebant, additis in eodem eiusdem numeri equitibus, qui per 12 fenestras completis horis exiebant, et impulsu eggressionis suæ totidem fenestras, quæ prius erant apartæ claudebant. Nec non et alia multa erant in ipso horologio,

69—73.

quæ nunc enumerare longum est. Fuerunt præterea inter prædicta munera candelabra 2 ex auricalco miræ magnitudinis et proceritatis; quæ omnia in A q u e n s e palacio ad imperatorem delata sunt.

69. *Monach. Sangall. II, 7.*

Adduxerunt et idem præfati G r e c o r u m missi omne genus organorum, sed et variarum rerum secum, quæ cuncta ab opificibus sagacissimi K a r o l i quasi dissimulanter aspecta, accuratissime sunt in opus conversa; et præcipue illud musicorum organum præstantissimum, quod doliis ex ære conflatis follibusque taurinis per fistulas æreas mire perflantibus, rugitum quidem tonitrui boatu, garrulitatem vero lyræ vel cymbali dulcedinem coæquabat. Quod ubi positum fuerit quamdiuque duraverit, et quo modo inter alia rei publicæ damna perierit, non est huius loci vel tempus enarrare.

70. *Hincmari Ann. a. 870.*

(*Karl II.*) . . . pannum ad altare s. P e t r i de vestimentis suis aurèis compositum cum duabus coronis aureis et gemmis ornatis misit.

71. *S. Bonifatii et Lulli cpp. c. 75.*

(*Lullus Eadburgae abbatissae Thanetensi 732—751.*)

Parva munuscula . . . transmisi, id est unum graphium argenteum et storacis et cinnamomi partem aliquam.

72. *Ebenda ep. 103.*

(*Aethilbertus II. rex Cantiae Bonifatio 748—755.*)

. . . direxit devotio mea . . . nonnulla munuscula, id est caucum argenteum intus deauratum, pensantem libras tres et semis, et duo repte.

73. *Ebenda ep. 110.*

(*Cincheandus ep. Vintoniensis Lullo 755—56.*)

De nostro quoque vili vestitu parva exsenida direximus tuo cultui, quanquam indigna, tamen petimus accomoda, hoc

74—79.

est: tonica lanea aliaque linea, sicut mos est apud nos habendi, caligas; et peripcemata: orarium et coculam et gunnam brevem, nostro more consutam.

74. *Ebenda ep. 113.*

(Bregowinus archiep. Cantuariensis Lullo 759—65.)

. . . nos misisse vestræ beatitudini parva quedam munuscula, non parva siquidem caritate — id est capsam unam ad officium quidem sacerdotale, ex ossibus fabricatam.

75. *Ebenda ep. 123.*

(Idem Guthberto abb. Wiremuth. et Girwensi 767—781.)

Misimus etiam tuæ dilectioni parva munuscula: unam pallam olosericam.

76. *Ebenda ep. 134.*

(Gutberetus abb. Wiremuth. Lullo. 755—86.)

. . . olosericam ad reliquias b. memoriace B æ d a magistrir nostri . . . destinasti . . . . similiterque mihimet ipsi coopertorium variatum, ad tegendum scilicet propter frigus meum corpus misisti; quod videlicet omnipotenti Deo et b. Paulo apostolo ad induendum altare, quod in eius ecclesia Deo consecratum est, cum magno gaudio dedi.

77. *Ebenda ep. 134.*

. . . Duo vero pallia subtilissimi operis, unum albi, alte, tincti coloris, cum libellis, et clocam, qualem ad manum habui tuæ paternitati mittere curavimus.

78. *Alcuini ep. 9.*

(an Riculf.)

Mirum animal, duo habens capita, et dentes sexaginta non elefantinæ magnitudinis sed eburneæ pulchritudinis. *)

*) Bezieht sich auf einen elfenbeinernen K a m m.

79. *Alcuini ep. 53. Mai 796.*

(an Paulinus von Aquileja.)

Nam illa *(Liutgarda regina)* sanctitati tuæ direxit armillas auri obrizi, pensantes XXIII denarios minus de nova moneta regis quam libram plenam.

80—86.

80. *Alcuini ep. 57. 796 nach April 18.*

(Karl M. an Offa von Mercia.)

. . . dirigere studuimus unum balteum et unum gladium huniscum et duo pallia sirica.

81. *Alcuini ep. 59.*

(Edilburgae abbatissae Flaedanbyrgensi filiae Offae regis 796.)

Liudgardam*) quoque nobilem feminam, quæ tibi munusculi loco pallium direxit . . . . Misi dilectioni tuæ ampullam et patenam ad offerendum in eis domino Deo tuis manibus oblationem.

*) Gemahlin Karls M.

82. *Alcuini ep. 104.*

(Alcuin an Arno ? 798 ?)

Direxi vobis unam tapetam et unum sagellum tenuem.

83. *Alcuini ep. 105.*

(an Gisla) Äbtissin von Calais 798.)*

Placet·mihi valde labor vester in s. Dei genetricis exaltatione . . . . . plurimum mihi placet crux, quam vestra mihi benignitas direxit.

*) Schwester Karls M.

84. *Alcuini ep. 131.*

(an Petrus von Mailand 794—800.)

Liudgarda vero . . . . . scuttellam argenteam et unum storacen in ælymosynam sui vestræ sanctitati direxit.

85. *Alcuini ep. 203.*

(an Arno 803 ?)

Casula quam misisti . . . . utar in missarum solemniis.

86. *Alcuini ep. 204.*

(Dgl. 803 ?)

Duo vascula direxi vestræ caritati, . . . habeasque aliquantum temporis ante oculos tuos in mensa.

87. *Alcuini ep. 248.*

(an Aethelred von Canterbury 802—804.)

Misi dilectioni vestræ unam cuppam argenteam et unum olosericum et vestitum caprinum camissaleque lineum.

88. *Epp. Carol. ep. 51.*

(Dungal an einen Abt.)

Misi aliquid de argento per ill. *) vestrum servientem. Et volo rogare, si vobis facile est, ut iubeatis uni bono et perito de vestris fabricare illud et facere inde ministerium, calicem et patenam; et ut hoc diligenter a vobis sit commendatum et iussum, quasi ad vestrum proprium opus debuisset operari. Et ut hoc sciat ille faber, quod hoc fabricatum vobis ipsis debet iterum reddere et monstrare, ut iudicetis et probetis illud. Sed sic hoc rogo, si vobis grave non est, sin autem, non rogo.

*) Formelhaft: Der Name ist ausgefallen.

---

b. EINZELNES ZUR COSTUME- UND GERÄTHGESCHICHTE.

89. *Bonifacii ep. 70.*

(ad Cudbertum archiep. Canterbur. 748.)

Supervacuam et Deo odibilem vestimentorum superstitionem omni intentione prohibere stude. Quia illa ornamenta vestium — ut illis videtur, quod ab aliis turpitudo dicitur — latissimis clavis vermium marginibus clavata, adventum Antichristi ab illo transmissa, præcurrunt . . .

90. *Angilberti Carmen de Karolo M. (799.)*

(Liutgardis) v. 187.

Candida purpureis cinguntur tempora vittis
Aurea fila ligant clamidem, capitique byrillus
Inseritur, radians claro diadema metallo.
Enitet et vestis biscocco purpura bysso.
Ornantur variis radiantia colla lapillis.

(Rhodrud) v. 215.

Immixta est niveis ametistina vitta capillis
Ordinibus variis gemmarum luce coruscans

91.

Namque corona caput pretiosis aurea gemmis
Implicat et pulchrum subnectit fibula amictum.

— — — — — — — — — — —

(Berta) v. 223.

. . . caput aurato diademate cingitur almum
Aurea se niveis commiscent fila capillis.
Lactea quippe ferunt pretiosam colla murinam.
Ornatur vestis variis speciosa lapillis.
Ordine gemmarum numerosa luce coruscat
Bratea, crysolitis ornantur tegmina gemmis.

— — — — — — — — — — —

(Gisala) v. 231.

Tecta melocineo fulgescit femina amictu
Mollia purpureis rutilant velamina filis.

— — — — — — — — — — —

(Rhodhaid) v. 243.

Rhodhaid inde micat multis ornata metallis.

— — — — — — — — — — —

Pectora, colla, comae lucent variata lapillis
Serica et ex umeris dependunt pallia pulchris
Inseritur capiti nitido gemmata corona.
Stringit acus clamidem gemmatis aurea ballis.

— — — — — — — — — — —

(Theodrada) v. 253.

Pulchra peregrinis conlucent colla zmaracdis

— — — — — — — — — — .

Pallia permixtis lucent iachyntina talpis.

91. *Ermoldus Nigellus, De laude Hludowici IV. v. 373.*

Cæsar ei *) celsus prægrandia munera donat
Qualia Francorum gignere rura valent.
Consertam clamidem gemmis seu murice rubro
Aureus in gyro quam quoque limbus arat.
Dat lateri insignem Cæsar, quem gesserat, ensem,

*) Dem Dänenkönig Harald.

Aurea quem comunt cingula rite data.
Aurea mox geminos constringunt vincla lacertos
   Fœmora gemmatus balteus eius obit.
Et caput insigni donatur rite corona
   Perstringuntque pedes aurea plectra suos.
Aurea per dorsum resplendent tegmina latum
   Ornanturque manus tegmine candidulo.
Munera præterea matronæ regia Iudith
   Congrua namque dedit, gratificumque decus.
Scilicet ex auro tunicam gemmisque rigentem
   Conficit ast qualem arte Minerva sua.
Aurea vitta caput gemmis redimita coronat,
   Atque monile tegit pectora grande nova.
Flexillis obtorti per collum it circulus auri,
   Armillæque tenent brachia femineæ.
Fœmora lenta tegunt auro gemmisque peracta
   Cingula, dorsa tegit aurea cappa suum.
Nec minus interea Hluttharius ornat amore
   Heroldi natum vestibus aurigeris
Cætera namque cohors Francisco more paratur
   Vestimenta sibi Cæsar amore dedit.

92. *Theodulfi carm. 53.*

   (Ad quendam de muneribus.)

Ceu rubicundo ostro Romæ de nomine vestis,
   Quam vocitare patres — — — — — —

93. *Theodulfi carm. 62.*

   (In faldaone episcopi.)

Sessio Teudulfi placeat, precor, omnis et actus
   Rex deus alme tibi — — — — — —
   — — — — — — — — — — —
Cum te maior adit, stet plebs, tibi iunior adsit,
   Et circumstantes famine posce pio,
Sit tibi mens humilis, prudens cor et actio munda,
   Sessor, et adsiduo mente tuere deum.
Quisquis es hic adstans, hominem ne detrahe quemquam

94—96.

Absentum vitam rodier est facinus.
Parcite qui statis, vanis instare loquelis
Ne vos qui residet censeat ire foras.

94. *Audradus Modicus L. de fonte vitae v. 65.*

Et prima cum luce dies deiecerit umbras
Molliat argyllam, primo vel sole tepescat,
Et nota tornet specie, quam novit abunde:
Obducat cera ceramque recondat harena
Innocuos ignes iuxta mox collocet illud
Aequet lance metalla, placet cum pondere libræ.
Quæ commissa sibi meminit, lucrique memor sit
Per quæ pollet ovans nostris vernantibus aulis;
Ambabus manibus per omnia follibus efflet,
Et vacuet formam cera repleatque metallo:
Post aliquod spatium vas testis exuat assis
Effigiemque novam fero diffumiget unco
Concilietque tuis manibus venerabile pignus.

95. *Sedulii carm. 43. Item ad Bertam.*

(Filiam Lotharii I, abbatissam Avennacensem.)

Maternum specimen, patrium decus atque venustas
Aurea sic rutilus velut argentata columba
Electro similis, niveæ genitricis imago

— — — — — — — — — — — — —

96. *Manuale Dhuodæ c. 73.*

Cum autem et ego ipsa dies finierim meos, nomen meum cum illorum nominibus iube transcribi defunctum. Quod volo . . . . ut in loco quo fuerim sepulta, super ipso tecto sepulchri quod meum operuerit corpus, hos versiculos iube transcribere firmatim, ut cernentes ipsum epytaphium sepulchri, pro me indigna dignas ad Deum iubeant fundare præces.

Hic lege, lector, versiculos epytaphii

⊢⊖⊣ : ⊹⊕⊹ D ⊢⊕⊣ M ⊢⊕⊣ (Dîs Manibus.)

II. ABTHEILUNG.

TOPOGRAPHIE DER BAUTEN.

A. DEUTSCHLAND.

a. RHEINLANDE.

AACHEN (*Aquisgranum*).

Beeck, Aquisgranum 1640. c. 1 u. 4. Meyer, Aachen'sche Geschichten. Quix, Gesch. v. Aachen 1840.
Über das Münster: Quix, Histor. Beschr. der Münsterkirche zu A. 1825. Nolten, Archaeol. Beschr. der Münsterk. in A. Mertens in der (Wiener) Allg. Bauztg. 1840, 135 ff. Lersch im Niederrhein. Jahrb. f. Gesch. u. Kunst. 1843, I, 77, 193. Martin in Caumonts Bull. monum. X, 225; Bock im Bull. de l'Acad. belge 1850, 45; Debey, Münsterk. in A. in ihrer Wiederherstellung 1851. Weerth, E. ausm, Kunstdenkm. I, 2, 58. Schervier, Die Münsterk. zu A. u. deren Reliquien 1855; Bock F., Das karoling. Münster in A. u. die St. Gotthardsk. in Hildesheim in ihrer beabsichtigten inneren Wiederherstellung. Bonn 1859. Ders. Karls d. Gr. Pfalzkapelle. Köln 1865; Ders. Das Liebfrauenmünster in Aachen in seiner ehem. baul. Entstellung und in seiner theilweise vollzogenen Wiederherstellung. Vortrag. Aachen 1866. Rhön, Die Kap. der karoling. Pfalz zu Aachen. Ztschr. d. Aachener Gesch. Ver. VIII. 1887. Dehio Bauk. I, 153 ff. Ramé, im Bull. des trav. hist. 1882, 197. Dohme, Gesch. d. dtsch. Bauk. S. 8 ff. Clemen, Studien zur Gesch. der karoling. Kunst II, im Repertorium XIV, 117 ff. Über ein muthmaßl. Atrium: Corr. Bl. der westdtsch. Ztschr. V, 14. Über Ausgrabungen: Org. f. chr. K. 1861, 274. Über den Palast: Nolten u. Aus'm Weerth a. a. O; C. P. Bock im Rheinl. Jahrb. H. 5. Caumont, Arch. civ. 14. Zeitschr. f. christl. Arch. u. Kunst I, 139. Rheinl. Jahrb. XI, 154; Kessel & Rhön, Beschr. u. Gesch. der karoling. Pfalz zu Aachen. Ztschr. d. Aach. Gesch. Ver. III, 1. Über Ausgrabungen: Corr. Bl. des Gesch. Ver. 1866. p. 31 u. 82. Reber, Der Palast Karls d. Gr. in A. und dessen Vorbilder wird in den Denkschriften der phil.-hist. Cl. der Münchener Academie erscheinen. (Vgl. Beilage zur Münchener Allg. Ztg. 1891. no. 115. S. 7.) cf. a. u. no. 217.

97—99.

97. *Angilberti Carmen de Karolo M. III. v. 94.*

— — — — — — ubi R o m a   s e c u n d a *)
Flore novo ingenti, magna consurgit ad alta
Mole tholis muro præcelsis sidera tangens.
Stat pius arce procul K a r o l u s, loca singula signans
Altaque disponens ventura mœnia R o m æ.
Hic iubet esse forum, sanctum quoque iure senatum,
Ius populi et leges ubi sacraque iussa capessant.
Insistitque operosa cohors; pars apta columnis
Saxa secat rigidis, arcem molitur in altum.
Ast alii rupes manibus subvolvere certant
Effodiunt portus, statuuntque profunda theatri
Fundamenta, tholis includunt atria celsis.
Hic alii thermas calidas reperire laborant,
Balnea sponte sua ferventia mole recludunt,
Marmoreis gradibus speciosa sedilia pangunt.
Fons nimio bullientis aqua fervere calore
Non cessat; partes rivos deducit in omnes
Urbis. Et æterni hoc alii bene regis amœnum
Construere ingenti templum molimine certant.
Scandit ad astra domus muris sacrata politis.
Pars super in summis populi procul arcibus ardens,
Saxa locat, solido coniungens marmora nexu.
Altera stat gradibus portantum sorte receptans
Pars onera atque avidis manibus prædura ministrat.
Saxa alii subeunt, volvunt ad mœnia rupes.

— — — — — — — — — —

*) Die Schilderung schließt sich an Aen. I, 423 ff. an.

98. *Ebenda v. 123.*

Itque reditque operosa cohors, diffusa per urbem
Materiam R o m æ certatim congregat altæ
Hic alii arma parant, .acuentes utile ferrum
Marmora quo possunt sculpi et quo saxa secari.

99. *Einharti Vita Karoli c. 17.*

(K a r o l u s . . .) opera tamen plurima ad regni decorem
et commoditatem pertinentia diversis in locis inchoavit, quæ-

dam etiam consummavit. Inter quæ præcipua non inmerito videri possunt basilica s. Dei gen. Mariæ Aquisgrani opere mirabili constructa . . . .

100. *Einharti Vita Karoli c. 26.*

. . . plurimæ pulchritudinis basilicam Aquisgrani exstruxit auroque et argento et luminaribus atque ex aere solido cancellis*) et ianuis*) adornavit. Ad cuius structuram cum columnas et marmora aliunde habere non posset, Roma atque Ravenna devehenda curavit**) . . . . Curabatque magnopere ut omnia quæ in ea gerebantur, cum quam maxima fierent honestate, ædituos creberrime commonens, ne quid indecens aut sordidum aut inferri aut in ea remanere permitterent. Sacrorum vasorum ex auro et argento vestimentorumque sacerdotalium tantam in ea copiam procuravit, ut in sacrificiis celebrandis ne ianitoribus quidem, qui ultimi ecclesiastici ordinis sunt, privato habitu ministrare necesse fuisset.

*) Die bekanntlich noch erhalten sind. **) Vgl. no. 144. (Ingelheim).

101. *Chron. magnum Belgicum p. 44.*

Extruxit etiam Aquisgrani basilicam in honorem b. virginis plurimæ pulchritudinis, ad cuius structuram a Roma et Ravenna columnas et marmora devehi fecit.

102. *Poeta Saxo V, v. 431 ff.*

Ex quibus imprimis merito laudatur Aquensis
   Sedis mirifice condita basilica
Quam, pie Christe, tibi, sanctæquæ tuæ genitrici
   Ad laudem studuit perpetuam facere.

103. *Chron. Moissiacense a. 796.*

Nam ibi *(Aquis)* firmaverat sedem suam atque ibi fabricavit ecclesiam miræ magnitudinis, cuius portas et cancellos fecit ærea et cum magna diligentia et honore, ut potuit et decebat, in ceteris ornamentis ipsam basilicam composuit.

104. *Monach. Sangall. I. c. 27.*

Si prius de edificiis, quæ cesar augustus imperator Ka-

104—105.

rolus apud Aquisgrani iuxta sapientissimi Salemonis exemplum Deo vel sibi vel omnibus episcopis abbatibus, comitibus et cunctis de toto orbe venientibus hospitibus mirifice construxit, iuxta pauca satis et minima commemorem. *c. 28.* cum strenuissimus imperator Karolus aliquam requiem habere potuit, non ocio torpere, sed divinis servitiis voluit insudare, adeo ut, in genitali solo basilicam antiquis Romanorum operibus præstantionem, fabricare propria dispositione molitus, in brevi se compotem voti sui gauderet. Ad cuius fabricam de omnibus cismarinis*) regionibus magistros et opifices omnium id genus artium advocavit. Super quos quendam abbatem cunctorum peritissimum ad executionem operis ignarus eius fraudium constituit. **)

*) Kreuser, Christl. Kirchenbau I, 269. n. 2 denkt vorzüglich an Italiener. In der That ist für den Münsterbau in Aachen eine genaue Bekanntschaft mit dem lombardischen Gewölbebau, dann besonders mit S. Vitale vorauszusetzen. Dehio, Bauk. des Abendl. I, 152. Transmarini monachi (Angelsachsen und Iren) im Gegensatz zu Itali, Galli, Graeci, bei Paulus Diac. ep. 1. (Migne, Patr. Lat. 95, 1587). **) Vgl. Beiträge S. 28 ff.

105. *Karl d. Gr. Urkunde vor 814. M. 478.*

(Sickel, Urk. der Karolinger 392. Regest.)

Privileg über Gründung und Dedication der Mariencapelle. Fälschung. Eingereiht mit einer Confirmation Friedrichs I. 1166 in eine U. Friedrichs II. von 1244. *)

*) »Fälschung ohne echte Vorlage.« »Bestätigt dem Marienkloster zu Aachen, das er an Stelle der von ihm nebst den warmen Quellen auf der Jagd entdeckten Trümmer des Palastes des Granus, eines römischen Fürsten und Bruders von Nero und Agrippa, prächtig aufführen und von Papst Leo weihen ließ, das Vorrecht, dass dort als dem Hauptsitz und der Hauptstadt jenseits der Alpen der König gekrönt werde, stellt es unter besondern Schutz der Fürsten Galliens, garantiert den Klerikern und Laien ihre persönliche Freiheit und den Aachener Bürgern Zollfreiheit im ganzen römischen Reiche.« Mühlbachers Regesten no. 478. (Dort auch die Drucke.)

106. *Ann. Tielienses a. 804.*

Leo papa hyemavit Aquigrani et ibidem ecclesiam a Karolo constructam in hon. b. Mariæ virginis cum magna solempnitate consecravit. *)

107—110.

*) Die Einweihung durch Papst Leo den III. wird sonst nicht berichtet; seine Anwesenheit in Aachen steht aber fest. Die Annalen des Klosters Tiel an der Waal benützen wertvolle alte Aufzeichnungen. Vgl. hiezu die Bulle Hadrians IV. bei Quix, Cod. dipl. Aquensis. 32. (Jaffé, Reg. pont. 7052).

107. *Ms. bibl. caes. Vindobon. 969 (Theol. 354 fol. 556. saec. X.)*

(Einharti v. Karoli ed. Jaffé p. 51.)

Infra capella scriptum: Insignem hanc dignitatis aulam Karolus cæsar magnus instituit; egregius Odo magister explevit, Metensi fotus in urbe quiescit.*)

*) Dieser Zusatz zu der von Einhart überlieferten Grabschrift Karls findet sich in einem Sammelband der Wiener Hofbibliothek. Die gleich folgende im einem Leidener Codex überlieferte Inschrift erwähnt den Baumeister nicht.

108. *Tituli saec. IX. no. III. Versus in aula ecclesiae in Aquis palatio.*

(P. L. I, 432.)

Cum lapides vivi pacis compage ligantur
Inque pares numeros omnia conveniunt.
Claret opus domini, totam qui construit aulam
Effectusque piis dat studiis hominum.
Quorum perpetui decoris structura manebit
Si perfecta auctor protegat atque regat.
Sic deus hoc tutum stabili fundamine templum
Quod Karolus princeps*) condidit, esse velit.

*) Vgl. den übereinstimmenden Bericht Einharts üb. d. Inschr. unten no. 114.

109. *Mon. Sangall. II, 8.*

Ascendentesque (legati Persarum) in solarium*) quod ambit ædem basilicæ (s. Mariæ) et inde despectantes clerum vel exercitum . . .

*) Empore wie in S. Vitale. Vgl. Schlosser, Klosteranlage des frühen M. A. S. 29 (Fontanella), 59. 66. (Farfa). Über den Zusammenhang der Schlosskapellen des späteren M. A. und der karoling Pfalzkapelle vgl. Dehio Bauk. I, 155 u. 459.

110. *Thegani Vita Hludowici imp. c. 6.*

(Krönung 813.)

porrexit (Karolus) ad ecclesiam quam ipse a fundamentis construxerat, pervenit ante altare, quod erat in eminentissimo loco constructum cæteris altaribus, et consecratum in hon. domini nostri Jesu Christi.

111. *Einharti Translatio ss. Marcellini et Petri III, 15.*

Turricula, quæ signa basilicæ continebat, ab eis conspici potuisset *(Aquis)* — — — — —

112. *Annalista Saxo. a. 829.*

In ipso quadragesimali ieiunio paucis ante s. pascha diebus A q u i s g r a n i terræ motus factus est noctu; ventusque tam vehemens exortus, ut non solum humiliores domos, verum etiam s. D e i g e n i t r i c i s basilicam, quam capellam vocant, tegulis plumbeis tectam non modica ex parte denudaret.

113. *(Astronomus) Vita Hludowici maior c. 43.*

Porro venti violentia . . . etiam ipsum palatium A q u e n s e . . . ita agitavit, ut etiam laterculis plumbeis, quibus tecta erat basilica s. Dei gen. M a r i æ maxima ex parte detegeret.

114. *Einharti vita Karoli c. 32 (814).*

Tactum est etiam de caelo, in qua postea sepultus est, basilica; malumque aureum, quo tecti culmen erat ornatum, ictu fulminis dissipatum et supra domum pontificis quæ basilicæ contigua erat, proiectum est. Erat in eadem basilica in margine coronæ, quæ inter superiores et inferiores arcus interiorem aedis partem ambiebat, epigramma sinopide scriptum, continens, quis auctor esset eiusdem templi, cuius in extremo versu legebatur: »K a r o l u s p r i n c e p s«.

115. *Cod. Cat. 17656 der Bibl. nat. zu Paris (Vita Karoli M. sacc. XII.)*

(Abgedr. von Clemen im Repert. XIV, 119.)

De e x c e l l e n c i a a q u e n s i s e c c l e s i æ.

Digne autem nec immerito inter hæc et similia Imperatoriæ sanctitatis opera communicari emeruit et illa egregiæ pulchritudinis et admirandi decoris basilica, quæ a q u i s g r a n i sub

titulo et honore beatæ Dei genitricis semperque virginis
Mariæ prædicatur fundata . . . . miri decoris et formæ ad-
mirandæ perfectionis ecclesiam prædictam in loco præfato
exstruxit, quam auro et argento luminaribusque et vario ornatu solidi eris, cancellis quoque et ianuis magnifice et mirifice adornavit. Cuius summam vigilantiam in eiusdem operis
edificio quis non stupeat, cum illius basilicæ materiam et
formam diligentius attendat et musivum *) opus oculis et animo
advertat. Quæ omnia, ut certissime credimus, divina sibi sunt
ordinatione compacta et ad unguem consummata. Ad cuius
etiam fundationis structuram cum columpnas et marmora aliunde
habere non posset, Roma atque Ravenna devehenda curavit. Ut enim dignissimæ virgini fundaret ecclesiam, nullum
laborem et sumptum recusavit. Ad laudem etiam beatissimæ
virginis multis eandem basilicam animo inhyanti decoravit ornamentis. Quorum turbam, ut puto, infinitam pertranseuntes
unum de multis in publicum producere dignum duximus.
Quodam namque tempore rex Persarum præfato Augusto
Cesari magnifica transmisit munera, papilionem scilicet et tentoria vario colore respersa miræ magnitudinis et pulchritudinis.
Erant autem omnia tam tentoria quam funes eorum diversis
tincta coloribus. Fuerunt autem pallia et munera præfati regis
oloserica multa et valde preciosa et odoramenta et balsamum
atque unguenta. Misit propterea horologium ex auricalco arte
mechanica mirifice compositum, in quo XII horarum cursus
ad clepsidram vertebantur, cum totidem ereis pullulis, qui ad
completionem horarum decidebant et casu suo subiectum sibi
cymbalum resonare faciebant, additis in eodem horologio eiusdem numeri equitibus, qui per XII fenestras, completis horis
exibant et in cursu egressionis suæ totidem fenestras quæ prius
erant apertæ, claudebant. Insuper alia multa magnifice et laudabi-
liter disposita in eodem horologio fuisse memorantur. Fuerunt
propterea inter prædicta munera duo candelabra miræ proceritatis et formæ praccellentis. Quæ omnia præfatus christi-
anissimus imperator in ipsa Aquensi basilica virgini virginum
consecravit . . . . Basilicam igitur eandem inclitus eius
fundator mane et vespere, item nocturno et sacrificii tempore quoad

116—117.

valitudo eius corporis et sarcina imperii permittebat, in spiritu Dei et sacrificio cordis contriti et humiliati incessanter frequentabat. Quoad enim licuit et potuit locum eundem et eius habitationem sibi specialiter elegerat.

*) Der Münchener Cod. lat. 14279 hat inusitatum, offenbar verlesen, denn die drei Pariser Handschriften haben übereinstimmend musivum.

116. *Chron. Albrici monachi Trium fontium p. 722.*

Tunc reponit (Karolus) Aquisgrani celestem cum debitu veneratione thesaurum, quem locum in principale palatium sibi dicaverat, a nonnullis Aquile capellam vocatum, ab aquila deaurata radiante super capelle regalis ibi fastigium tamquam insigne dignitatis imperialis et signum.

117. *Ademari Historiæ L. II. ad a. 814.*

Karolus . . . sepultus Aquis in basilica Dei genitricis quam ipse construxerat. Corpus eius aromatizatum et in sede aurea sedens positus est in curvatura sepulchri, ense aureo accinctus, evangelium aureum tenens in manibus et genibus, reclinatis humeris in cathedra et capite honeste erecto, ligato aurea cathena ad diadema. Et in diademate lignum crucis positum est . . . Vestitum est corpus eius cum indumentis imperialibus et sudario sub diademate facies eius operta est. Sceptrum aureum et scutum aureum, quod Leo papa consecraverat, ante eum posita et sigillatum est sepulchrum eius. *)

*) Die ganze fabelhafte Geschichte, zu der noch der Bericht des Chron. Novaliciense über den Besuch Ottos III. heranzuziehen ist, findet ihre beste Widerlegung darin, dass der antike Sarkophag, der Karls Leiche barg, noch erhalten ist. Abgeb. in der Zeitschr. des Aachener Gesch. Ver. III 1881, zu dem Aufsatz von Berndt, Der Sarg Karls d. Gr. Über das Grab vrgl. Quast im Corr. Bl. der deutschen Gesch. und Alterthumsvereine 1866. S. 11 und 31. S. die ältere und neuere Literatur bei Mühlbacher, Nachträge zu den Regesten 780. 489 c. bei Simson, Karl d. Gr. II, 537, n. 3 und bei Clemen, Ztschr. des Aach. Gesch. Ver. XI, 201 ff. Auch von Galla Placidia wird (nach einem wenig vertrauenswürdigen Gewährsmann des XVI. Jhrts.) eine gleiche Bestattungsweise berichtet. cf. Rahn, Ein Besuch in Ravenna, Zahns Jahrb. I, 173. Das »evangelium aureum« Ademars ist nach einer ganz ungegründeten Tradition das berühmte Evangelium der Wiener Schatzkammer.

117ᵃ—118.

117ᵃ. *Alcuini Liber de sanctis Eborac. eccl. v. 1506.*

Ast nova basilicæ miræ structura diebus
Præsulis huius *) erat iam cæpta, peracta, sacrata.
Hæc nimis alta domus solidis suffulta columnis
Suppositæ quæ stant curvatis arcubus, intus
Emicat egregiis laquearibus atque fenestris
Pulchraque porticibus fulget circumdata multis.
Plurima diversis retinens solaria tectis
Quæ triginta tenet variis ornatibus aras.
Hoc duo discipuli templum doctore iubente
Aedificaverunt E a n b a l d u s et A l c v i n u s, ambo
Concordes operi devota mente studentes.
Hoc tamen ipse pater socio cum præsule **) templum
Ante die decima quam clauderet ultima vitæ
Lumina præsentis, sophiæ sacraverat almæ. ***)

*) Aelbert 766—778. **) Eanbald, der ihm (bei Lebzeiten) 778 folgte. ***) 30. Oct. 780. († 8. Nov. 780.)

B o c k (Bull. de l'Acad. belge a. a. b.) hat die Ansicht ausgesprochen, dass der Aachener Centralbau nach dem Muster der von Eanbald und Alcuin in York gebauten Kirche aufgeführt worden sei. Alcuin als Baumeister zu bezeichnen, wie Bock und auch O t t e (Bauk. p. 143) thun, geht allerdings nicht an. (Vgl. den Aufsatz: Bauführung und Baubehörden in karoling. Zeit in meinen Beiträgen). Die Stelle über York ist darum hier aufgenommen worden. S c h n a a s e G. S. b. R. III, 525) meint dagegen, die Kirche zu York sei gar kein Central- sondern ein Langbau gewesen, welcher Ansicht D e h i o Bauk. I, 292 beistimmt.

118. *Mon. Sangall. I, 30.*

. . . mansiones omnium cuiusquam dignitatis hominum, quae ita circa palatium peritissimi K a r o l i eius dispositione constructæ sunt, ut ipse per cancellos solarii sui cuncta posset videre, quæcumque ab intrantibus vel exeuntibus quasi latenter fierent. Sed et ita omnia procerum habitacula a terra erant in sublime suspensa, ut sub eis non solum militum milites et eorum servitores sed omne genus hominum ab iniuriis imbrium vel ni- vium, gelu vel caumatis possent defendi et nequaquam tamen ab oculis acutissimi Karoli valerent abscondi; cuius edificii descrip- tionem ego inclusus absolutis cancellariis vestris relinquens, ad iudicium Dei, quod circa id factum est, explicandum revertor. *)

*) Schnaase (III, 527. n. 4). erinnert an die italienische, speciell lombardische (und bolognesische) Sitte, bei den Rathhäusern Säulenhallen anzulegen, in welchen das Volk Schutz vor dem Wetter findet. Solche Säulengänge sind für die Antike wohl überliefert. Vgl. meine Beiträge S. 55 ff.

119. *Chron. Moissiacense a. 796.*

(Karolus).

Fecit autem ibi *(Aquis)* et palatium, quod nominavit Lateranis, et collectis thesauris suis de regnis singulis in Aquis adduci præcepit, fecit autem et opera multa et magna in eodem loco.

120. *Angilberti Carm. de Karolo M. v. 523.*

Invitat Karolus celsa intra tecta Leonem.*)
Clara intus pictis conlucet vestibus aula,
Auro, ostro, ornantur hinc inde sedilia multo.

*) 799 n. Chr.

121. *Theodulfi carm. 25. Ad Carolum regem (796). v. 62.*

Consilii celebretur honos, oretur in aula
  Qua miris surgit fabrica pulchra tholis.
Inde palatinæ repetantur culmina sedis
  Plebs eat et redeat atria longa tenens.
Ianua pandatur, multisque volentibus intrent
  Pauci, quos sursum quilibet ordo tulit.

122. *Einharti vita Karoli c. 22.*

Ob hoc etiam *(vapores aquarum naturaliter calentium cf. supra)* Aquisgrani regiam extruxit ibique extremis vitæ annis usque ad obitum perpetim habitavit. Et non solum filios ad balneum verum etiam optimates et amicos, aliquando etiam satellitum et custodum corporis turbam invitavit, ita ut nonnumquam centum vel eo amplius homines una lavarentur.

123. *Ebenda c. 32.*

Accessit ad hoc creber Aquensis palatii tremor et in domibus, ubi conversabatur, assiduus laqueariorum crepitus.

124—129.

124. *Einharti Translatio ss. Marcellini et Petri III, 2.*

Erat ibidem*) alter æque iuvenis nomine Gerlaicus de urbe Remorum inter eos, qui propter ædificia palatii construenda iussi de illa civitate venerunt.

*) In Aachen.

125. *Einharti vita Karoli c. 32.*

Porticus, quam inter basilicam et regiam operosa mole*) construxerat, die ascensionis Domini**) subita ruina usque ad fundamenta conlapsa.

*) Dieser Porticus wurde, wie die folgende Stelle zeigt, durch einen hölzernen Nothbau ersetzt, der aber durch die Feuchtigkeit so stark litt, dass er schon vier Jahre darauf abermals einstürzte. **) 813, 5. mai?

126. *Einharti Annales a. 817.*

Feria 5. qua coena Domini celebratur, cum imperator ab ecclesia peracto sacro officio remearet, lignea porticus per quam incedebat, cum et fragili materia esset edificata, et tunc iam marcida et putrefacta quæ contignationem et tabulatum sustinebant transtra pondus aliquod ferre non possent, incedentem desuper imperatorem subita ruina cum viginti et amplius hominibus, qui una ibant, ad terram usque deposuit.*)

*) Dass. berichtet der sog. Astronomus (v. Hludowici maior.) c. 28.

127. *Mon. Sangall. II, 21.*

. . . per latissimam curtem et curticulas Aquarum grani, quas Latini usitatius porticuum nomine vocant.

128. *Ebenda I, 31.*

Clerici vero cuncti, ita parati ad antelucana veniebant officia, ut vel in ecclesia vel in porticu, quæ tunc curticula dicebatur, imperatorem . . . . . expectarent.

129. *Ludwig II. der Deutsche. Urkunde für Prüm. 870 Oct. 17. M. 1440.*

(Mittelrhein. Urk. B. I, 118.)

. . . venientes ad Aquisgrani palatii invenimus ibi ecclesiam destructam, quam genitor noster et mater in elemo-

130—133.

sina illorum construi fecerunt, ut ibi cymiterium esset mortuorum . . . nos vero hoc cernentes commendavimus eam A n s-
b o l d o venerabili abbati ut ipse eam in providentia haberet
et quisquis post eum abbas in P r u m i a esse videretur.

1 30. *Ermold. Nigellus, De laude Illudowici III, 583.*

> Est locus insignis regali proximus aulæ
> Fama sui late, quæ vocitatur A q u i s.
> Marmore præcinctus lapidum sive aggere septus
> Consitus arboribus, quo viret herba recens.
> At fluvius medium prælambit gurgite lento,
> Hunc volucres variæ incolitantque feræ.
> Quando placet regi, paucis comitantibus illuc
> Venandi studio sæpius ingreditur. *)

*) Solche Thierparks kennen wir auch in den byzantinischen Kaiserpalästen.
B o c k, Rheinl. Jahrb. 1844.

1 31. *Adam Bremensis I, 40.*

A q u i s g r a n i palatium stabulum equis suis fecerunt *)

Scholia. A q u i s g r a n i palatium usque ad tempus O t-
t o n i s per annos 80 permansit, quod destruxit O r d v i g h
princeps.

*) Nämlich die Dänen im Jahre 876.

1 32. *Ann. Vedastini 882.*

D a n i vero famosissimum A q u i s g r a n i palatium igne
cremant et monasteria atque civitates, T r e v e r i s nobilissimam
et C o l o n i a m A g r i p p i n a m; palatia quoque regum et
villas . . . igne cremaverunt.

1 33. *Einharti Translatio ss. Marcellini et Petri c. 65.*

. . . ad cœmeterium A q u e n s i s p a l a t i i, quod in monte,
qui eidem vico ab orientali parte imminet, situm est . . .

1 33. *Ebenda c. 27.*

Processimus inde . . . usque ad oratorium quod erat in
domo nostra, vili opere constructum *(Aquis).*

134—136.

BINGEN *(Bingia.)*

134. *Vita s. Ruperti ducis Bingae et b. Berthæ eius matris. c. 3.*

(Bertha) . . . ad alium locum scilicet super Naham situm, (in quo nunc reliquiæ ipsius et b. Roberti requiescunt) se contulit, ibique ecclesiam ædificavit. *)

*) Vgl. Schneider, Über die Kap. unter der Nahebrücke in Bingen. Corr. Bl. der Ges. Ver. 1877, 35.

BLEIDENSTADT *(bei Wiesbaden)*.

Will, Mon. Blidenstad. 1874. IX. Falk in: Forsch. z. d. Gesch. 22, 435. Ders. das I. Jahrtausend christl. Bau- und Kunstthätigkeit. Ann. des nassauischen Alterth. Ver. II., Dahl, histor. Nachrichten von B. ebenda. Rhein. Antiquar. 2. Abth. XIII, 139. Will, Mainzer Reg. (Richolf 19). — Über die Kirche zu Bleidenstadt, welche nach Will I, 48 den 8. Juni 812 von Riculf geweiht wurde, berichtet Joannes Rer. Moguntinar. L. I, 186 (unten No. 935).

135. *Tituli saec. IX, no. II.*

(P. L. I, 431.)

Egregius meritis pausat Ferrutius istic

— — — — — — — — — —

Eugenius, Bernger conderunt ossa sepulchro
Post levita humilis Ricolfus condidit ista
Quam cernis, lector, signans et carmine tumbam.

136. *Hrabani Carm. 70. Versus in sepulchro s. Ferrutii martyris.*

Martyris ergo sacri dudum huc transtulit ossa
    Ferutii Lullus præsul et urbis honor,
Riculfus post hæc, Haistolfus præsul et ipse
    Amplificant aulam, ædificant tumulum.
Quorum successor vilis Hrabanus ad instar
    Maiorum hanc aram condidit et titulum.

Grandis honor Christi cultoribus extat ubique
    Maxime qui pro ipso iam posuere animam. .
Horum nam unus erat Ferrutius almus et aptus
    Martyr, cum Albano certificans socio
Præmio quis Christus tribuit pro sanguine fuso .
    Aeternam vitam et regni superna poli.

137—139a.

Edidit hos versus Hrabanus, coactus amore
Sanctorum, omnipotens cui miserere deus.

137. *Meginhardi Fuldens. Sermo de s. Ferrutio.*

Ibi (in Castello) membra sacratissima . . . . usque ad
Lulli venerabilis pacifice quieverunt pontificatus tempora..
Hic . . . reliquias s. Ferrutii in Lactantium locum
transtulit Deoque sub coenobialis normæ disciplina militantes
adunare curavit. . . . Postquam autem eius domus terrestris
habitationis huius luteæ soluta est . . . successores Richolfus, Haistolphus et Rabanus eadem devotione locum
sanctum coluerunt, ecclesiam amplificarunt, tumbam sanctarum exuviarum decenter composuerunt . . .

DIEDENHOFEN *(Thiodonis villa).*

138. *Continuator Reginonis ad. a. 939.*

(*Adalbero B. von Metz*).

. . . Theodonis villa capellam domni Ludovici pii
imperatoris instar Aquensis inceptam, ne perficeretur aut
pro munimine haberetur, destruxit.

ESSEN *(Asnidia).*

139. *Altfrid Bischof von Hildesheim, Urk. für Essen.*

(*Lacomblet, Niederrh. Urk. B. I, 34.*)

. . . in prædiolo meo quod Astnide vocatur, in hon. s.
et individuæ trinitatis consecratam sanctæque semper virgini
Mariæ et ss. martiribus Cosmæ et Damiano dicatam æcclesiam ex his quæ Deo donante possidebam, construxi . . .
sanctimonialium congregationem coadinans.

Anno i. d. 877 *) . . . . apud Coloniam civitatem, V.
kal. Oct. in ipsa die dedicationis basilicæ s. Petri. Ego Altfridus episcopus hoc privilegium coram domno Williberto
prædictæ civitatis archiepiscopo recitavi.

*) recte 873. cf. Dümmler, Gesch. d. ostfr. R. I, 806 in nota.

139a. *Chron. Hildesheim c. 4.*

(*Altfridus † 874 Aug. 15.*)

. . . Asnede in sua æcclesia quam ipse inchoavit, consummavit, dedicavit, sepultus quievit.

38

St. GOAR.

140. *Wandalberti Gesta s. Goaris p. 289.*

Perfecta iam basilica (s. G o a r i s), ubi iam tempus quo divino nomini esset consecranda, successit, missi sunt ab excellentissimo principe C a r o l o, L u l l u s M o g u n t i æ archiepiscopus . . . B a s i n u s N e m e t i, quæ civitas nunc S p i r a vocatur; et M e h i n g o d u s urbis, quæ trans R h e n u m sitae, sermone barbarico W i r z i b u r g appellatur, . . . ut per eos et ecclesia consecrari et corpus beatissimi viri in eum, quo nunc situm est locum transferre deberet. (*a. 771—782.*)

HÖCHST AM MAIN.

Die Kirche zu Höchst steht in ihren wesentlichen Theilen noch. F a l k u. H e c k m a n n, Die karoling. Säulenbasilika zu H.: Geschichtsbll. f. die mittelrhein. Bisthümer I (1883) 46. F a l k, Forschg. z. d. Gesch. XXII, 435; S c h n a a s e, III, 369 M ü l l e r, F. H. über die Architectur der alten Kirche zu Höchst, Nass. Ann. II, 3, 73. V o g e l ebend. 80; D e r s. Beschr. von Nassau 861. L o t z, Baudenkmäler im Reg. Bez. Wiesbaden. 229; O t t e, Bauk. 241. D o h m e, Bauk. S. 19 (wo auch Abb. eines Kapitäls.)

141. *Hrabani carm. 71. Versus ad sepulchrum s. Justini confessoris.*

— — — — — — — —

Istic I u s t i n u s pausat honorifice.
Quem O t g a r i u s præsul R o m a n a asscivit ab urbe et
Ecclesia ædificans ossa sacra hic posuit.

142. *Hrabani carm. 78.*

In ecclesia sancti I u s t i n i confessoris, isti versus
scripti sunt.

1. H o c e s t i n p r i m o a l t a r e
Hoc altare dicat C h r i s t i vere ecce s e p u l c r u m
V i r g i n i s et m a t r i s relliquiæque iuvant.
[Scriptor evangelii] M a r c u s, B o n i f a c i u s atque
Martyr et A l b a n u s suscipiuntque preces.

2. I n a q u i l o n a l i a l t a r e h i.
Hic S t e p h a n u s martyr, martyr L a u r e n t i u s æque
Sacra locant spolia atque aram retinent.

143.

Sanctus A l e x a n d e r, U r b a n u s papa beatus,
S e v e r u s præsul mixta locant spolia.

3. In australi vero isti.

Hanc aram F a b i a n u s habet sanctissimus ecce
Cum M a r c e l l i n o atque P e t r o sociis.
Hic ovat A g a p i t u s martyr F e l i c i s s i m u s atque
Sancta F e l i c i t a s, martyr et ipsa sacra.

4. Ad crucem isti.

Alma crucis Iesu hic portio condita Christi est,
Quo ascendit cælum, pars simul atque loci.
Principis hic P e t r i, A n d r e æ fratris et huius,
Multorum ad vitam pignora sacra manent.
Ecce T i b u r t i u s hic fratre est cum V a l e r i a n o,
Adstat M a r t i n u s et B e n e d i c t u s ovans.
C e c i l i a hic martyr, L i o b a et sanctissima virgo
Vota pia accipiunt atque deo referunt.

INDEN *) *(Cornelismünster, Inda).*

143. *Vita s. Benedicti Anianensis c. 48.*

Vallis autem erat vicina, quæ a palatio (ut reor) sex non
amplius millibus distat, quæ viri Dei placuit oculis; ibique
iussit imperator (*Ludovicus*) construere miro opere monasterium
quod vocatur Inda, mutuato de rivulo eiusdem vallis nomine.
In dedicatione vero ecclesiæ adfuit imperator, eamque de
suis copiosissime ditavit fiscis.

*) Bei Aachen.

INGELHEIM *(Ingilinheim).*

Ältere Abb. des Pal. bei M ü n s t e r, Cosmogr. univ. 1559, l. II; S c h ö -
p f l i n, De Cæsar. Ingelh. pal. in den Acta Acad. Palat. Mannh. 1766, I, 300;
v. C o h a u s e n, Der Palast Karls d. Gr. in Ingelheim und die Bauten seiner un-
mittelbaren Nachfolger daselbst; K r i e g v. H o c h f e l d e n, Gesch. d. Militärarch.
195 ff. F i o r i l l o, Deutschl. I, 34; C a u m o n t, Arch. civ. 15; B e n k a r d, Die
Reichspaläste zu Tribur, Ingelheim u. Gelnhausen, Frankfurt a. M. 1857. Über
die Päläste der späteren Karolinger im Allg. A n k e r s h o f e n im Jahrb. d. Central-
C. IV, 52; S t r i g l e r, Über die im J. 1875 zum Abbruch gelangten Baureste zu Nie-
der-Ingelheim (mit 6 Bll. Abb.). Corr. Bl. des Ges. Ver. 1883. vgl. 1882, 20. S i m -

son, Ludwig d. Fr. II, 254. Die Kaiserpfalz zu Nieder-Ing. Dtschc Bauz. 1887,
37; Steigler, ebend. 1887, 49. Clemen, Der Palast Karls d. Gr. in I. Allg.
Ztg. 1889, Beil. 269; Ders. Der karoling. Kaiserpal. zu I. Westd. Ztschr. 1890,
1. Ders. in der Ztschr. d. Aach. Gesch. Ver. 1889, 218; Neuwirth, Westd. Zeitschr.
1890, 92; v. Cohausen, Zwei Restaurationsversuche der Festhalle in der Kaiserpfalz
zu I. Rhein. Jahrb. XX. 40. — Capitäle aus I. im Mainzer Museum; Säulen (antik) im
Schlosshofe zu Heidelberg, andere am Marktbrunnen und im Dom von Mainz. Einige
Reste noch an Ort und Stelle. v. Cohausen, Abb. von Mainzer Alterhümern H.
5. Schneider im Corr. Bl. d. Ges. Ver. 1875, 6. Clemen a. a. O.

144. *Poeta Saxo l. I', v. 435 ff.*

> Ingylemhem dictus locus est, ubi condidit aulam
> Aetas cui vidit nostra parem minime.
> Quorum multiplicem si quis describere laudem
> Curabit, longum texet opus nimium.
> Ad quæ marmoreas præstabat Roma columnas
> Quasdam præcipuas pulcra Ravenna dedit.*)

*) Vgl. oben no. 100.

145. *Ermoldus Nigellus, De laude Hludowici IV, v. 183.*

> Quo domus ampla patet centum perfixa columnis,
> Quo reditus varii tectaque multimoda.
> Mille aditus reditus millenaque claustra domorum
> Acta magistrorum artificumque manu.
> Templa Dei summo constant operata metallo
> Aerati postes, aurea hostiola.
> Inclita gesta Dei, series memoranda virorum
> Pictura insigni quo relegenda patent.*)

*) S. die Fortsetzung im II. Theil.

KLINGEMÜNSTER IM SPEIERGAU*) *(Clinga).*

Falk, Forschg. z. d. Gesch. XXII, 436; Derselbe, das 1. Jahrtausend
etc. Nass. Ann. XII, 17. Will, Regesten (Raban 37).

146. *Ludwig II. der Deutsche. Urk. 849 Juni 6. M. 135.*

(Würdtwein Monast. palat. II, 20.)

> Hrabanus .... suggerens eo quod accidente casu mo-
nasterium vocabulo Chlingo situm in pago Spirahgouve
igne crematum sit .... propter ... venerationem b. Michaelis archangeli et Theodoli martyris, cuius honore ..
.. monasterium dicatum esse cognoscitur.

147. *Hrabani carm. 76.*

In sepulchro s. Theoduli martyris.

— — — — — — — — — — — — —

Huc Caroli asscitus studio atque adductus ab urbe
    Romana, hic multis pausat ad auxilium.
Sed vario eventu consumpsit flamma nefanda
    Domata hæc cuncta, tegmen et ecclesiæ.
Per pluresque annos combustus mansit inepte
    Hic locus, et nullus iam reparavit eum,
Indignus donec Christi compunctus amore
    Hrabanus præsul hunc renovandum adiit.
Qui ecclesiæ hanc ædem sollers renovavit et aram
    Construxit, sancti corpus et hic retulit.

148. *Hrabani carm. 73.*

    Versus in theca evangelii conscripti.
Hanc thecam ad laudem Christi sic condere iussit
    Hrabanus præsul — — — —
In quo et evangelium sanctum gestetur honeste
    Quando lecturus hoc diaconus erit

———————

Presbyter et martyr Christi Theodule precamur,

— — — — — — — — — —

    Artifici ut veniam poscas et dona salutis.

149. *Hrabani carm. 74.*

1. In ecclesia monasterii, quod dicitur Clinga, hi
    versus sunt conscripti iuxta primum altare.
    Hanc aulam dominus salvator consecrat ipse,
        Cuius hæc ara pignora sacra tenet.
    Sanctus Alexander papa hic, Urbanus et almus,
        Cornelius, Syxtus sacra locant spolia.
    Hos, Theodule sacer, martyr et presbyter alme
        Iuxta tuum corpus hic habeas socios,
    Qui populum iuvent precibus, placentque Tonantem,
        Ut famulos semper protegat ipse suos.

2. In secundo altare.

Principe cum Petro hanc aram Pauloque magistro
Andrea et Jacob cœtus apostolicus
Ornat, amat multum, meritis conservat et almis,
Devotisque adstat hic precibus populi.

3. In tertio altare.

Alma dei genitrix, sanctissima virgo Maria,
Hoc altare tene atque iuvato prece,
Quod tibi virginibusque sacris erectum constat et optat,
Semper ut adsitis hic precibus populi.
Cecilia hic maneat, virgo Agnes, martyr Agatha,
Lioba et Anastasia ac Juliana simul.

4. In quarto altare.

Præcursor domini, sacer et baptista Johannes,
Sanctus Callistus et Fabianus ovant.
Quos tu, Christe Deus, facias nos rite iuvare
Cum precibus sacris atque bonis meritis.

5. In quinto altare.

Martinus præsul, Britius confessor et almus,
Sanctus Germanus Remigiusque pius,
Gregorius papa hic, sanctus Benedictus et abbas,
Ornant hanc aram atque iuvant precibus.

KOBLENZ *(Confluentia)*.

A. J. Richter, Die Kastorkirche in K. 3. A. 1868. — Bock in Rhein-
länd. Baudenkm. — Dehio, Bauk. I, 165 ff. (I, 47, 7) weist bes. auf die Über-
einstimmung mit der Basilika zu Michelstadt hin und vermuthet, dass Einhart (s.
die folgende Stelle No. 151) seinem Freunde Hetti den Plan gesendet habe. (?)

150. *Gesta Treverorum c. 15.*

(Hetti episcopus ord. 814?)

. . . in 23⁰ anno Ludowici imp. apportavit corpus s.
Castoris de loco qui vocatur Cardena ad Confluentiam
ad monasterium quod ipse construxerat, et V. Id. Dec. consecravit in hon. s. Castoris et omnium confessorum, et
post consecrationem s. corpus in ecclesia recondidit.

151. *Einharti ep. 23.*

(an Hetti von Trier 836 ?).

. . . Sicut ex litteris sanctitatis vestræ vos velle cogno-
vimus, ita sine dilatione facere curavimus, mittendo videlicet
vobis reliquias*), quas vos habere velle ad dedicationem nove
basilicæ vestræ scripsistis.

*) Wie es weiter heißt beatorum martyrum d. i. des Petrus und Marcellinus.

152. *Zusatz des Cod. Vindob. zu Thegan's Vita Hludowici.*

(M. G. SS. II, 603.)

Eodem anno (836) H e t t i b. T r e v e r e n s i s archiepiscopus
divino iussu instinctus, asportavit corpus s. C a s t o r i s de loco
in quo antea requiescebat, qui vocabatur C a r a d o n a*), ad locum qui vocatur C o n f l u e n t e s, ubi Mosalla in Renum intrat,
ad monasterium, quod ipse supradictus archiepiscopus a fundamento construxerat, ... Et in festivitate s. M a r t i n i venit s. corpus ad C o n f l u e n t i s cum magno honore; et in crastinum die dominico consecravit supradictus pontifex illam ecclesiam in hon. s. C a s t o r i s et omnium ss. c o n f e s s o r u m.

*) Karden a. d. Mosel.

KÖLN (*Colonia*).

Die Gründung des Domes von K. in den Histor.-polit. Blättern f. d.
kathol. Deutschland 1846, 4. D ü n t z e r, Das Capitol der Marienk. und der
alte Dom von K. Rhein. Jahrb. H. 39—40. C a r d a n u s, Anfänge des K. Doms.
Hist. Jahrb. II, 2; L a m p r e c h t, Der Dom von K. und seine Geschichte. Bonn,
1881; vgl. S c h n a a s e III, 554. Dass die Thürme Rundgestalt hatten ist nicht er-
wiesen, aber wahrscheinlich (wie in St. Gallen).

153. *Notæ s. Petri Colon. p. 734.*

In monasterio b. P e t r i antiquo fuerunt magne fenestre 3
iuxta altare b. P e t r i, et 3 iuxta altare s. M a r i e. Item in lateribus
superiores fenestre 24 hinc et inde, item versus altare b. M a r -
t i n i 3 fenestre et 1 super altare. Item versus altare b. S t e -
p h a n i 3 fenestre et 1 super altare. Item versus altare b. S e v e -
rini. . . (*Lücke*) in turri 5. fenestre, et super altare 1 fenestra;
item versus altare b. martirum C o s m e et D a m i a n i . . .
(*Lücke*) 3 fenestre, et 1 super altare. Item in latere monasterii'

in quo edificata est gerekamere, inferiores fenestræ 6, et in
gerekamere 2 foris et 1 intrinsecus. Item in alio latere monasterii inferiores fenestre versus austrum 12 fenestre. Item
circa altare b. Petri 5 rotundæ fenestre, et in alto super altare
b. Petri ex utraque parte maiestatis*) 1 rotunda fenestra. Item circa altare b. Marie 5 rotundæ fenestræ, et super
altare b. Marie ex utraque parte maiestatis una . . . Has
quidem fenestras officiati seu prebendarii custodis secundum
quantitatem et qualitatem fenestrarum predictorum reparare
tenentur, prout consuetum fuerat ab antiquo ante incendium
monasterii predicti. Item cum fenestre reficiuntur, picte cum
picto, et non picte cum non picto vitro reparabuntur.

*) Über die Apsidendarstellung s. unten im II. Theil.

154. *Gelenius, De Coloniae Agrippinensis magnitudine. Cöln*
1645. p. 231.

Porro veteris huius Basilicæ formam *(Bau des Willibert von*
873) ita antiquus Thesaurariæ liber descripsit:

»Duos habuit Choros et Cryptas duas, superior chorus
erat s. Petri, inferior qui erat inter duas turres Campanarias
ligneas fuit chorus B. M. V. item in dextera turri erat altare
s. Stephani et in sinistra altare s. Martini. Item in choro s.
Petri fuerunt tres magnæ fenestræ iuxta altare et similiter
in choro B. M. V. In lateribus vero superioris fenestræ fuerunt viginti quatuor hinc et hinc. Item versus altare s. Stephani fuerunt tres et una super altare. Item adversus altare
s. Severini quod situm apud Januam per quam de Ecclesia
ad gradus b. Mariæ intratur ad Maiorem, ubi quondam una
turris, fuerunt quinque fenestræ et una super altare Cosmæ et
Damiani in dextero latere. Ubi quondam turris altera, fuerunt
quinque fenestræ et una super altare. Item in latere in quo
ædificata est Gerkammer (sacristia) inferiores fenestræ sex. Item
in alio latere versus austrum inferiores fenestræ duodecim.
Item circa altare s. Petri erant quinque rotundæ fenestræ et
super altare B. M. V. ex utraque parte Maiestatis, una rotunda fenestra. Sic etiam fiet Deo dante completo novo opere.«

155. *Alcuini carm. 107. (Inscr. Colonienses.)*

1.

Hac magnus colitur S t e p h a n u s protomartyr in aula
— — — — — — — — — — — — —
Cuius honore pio fecit A m b r o s i u s aedem.   .

2.

Rex C a r o l u s — — — — — — — — — —
Iusserat hanc aram sacris vestire metallis
— — — — — —
P e t r u s apostolico princeps in agmine primus.
Hoc altare regat, simul et hæc templa tuetur.
— — — — — — —
Hoc opus antistes rege mandante peregit
H i l d i b a l d u s ovans A g r i p p i n a præsul in urbe

3.

Ductus amore tuo magno, mitissime C h r i s t e,
Atque tuo pariter, sanctissima virgo M a r i a
Atque tuo, meritis præclare M e d a r d e sacerdos,
Iusserat hanc aram pulchris ornare metallis,
H i l d e b a l d u s *) ovans, humilis pater atque sacerdos
Pro quo, lectores tituli, exorare rogamus.

*) Erzb. v. Köln 794—818.

156. *Rudolfi Annales Fuldenses a. 857.*

(Synode in Mainz) . . . præsentata est epistola G u n t h a-
r i i, C o l o n i e n s i s episcopi ad A l t f r i d u m episcopum *(Hildes-
heimensem)* directa, in qua legebatur, contigisse C o l o n i æ
17 Kal. Oct. terribilem valde tempestatem; populo cuncto præ
nimio horrore in basilicam s. P e t r i confugiente et signis
æcclesiæ concrepantibus . . . . subito fulmen inorme ignei
draconis instar basilicam scidisse ac penetrasse, atque ex omni
illa multitudine tres homines diversis quidem locis . . . deiecisse,
presbyterum scilicet iuxta a l t a r e s. P e t r i, diaconum vero ad
altare s. D i o n i s i i, laicum autem a d a l t a r e s. M a r i æ.

157. *Annales Fuldenses p. III. a. 870.*

Habita est autem et synodus in civitate C o l o n i a iussu
H l u d o w i c i regis 6. die Kal. Oct., præsidentibus metripoli-

158—163.

tanis episcopis provinciarum, Liutberto Mogontiacensium, Berthulfo Treverorum, Williberto Agrippinensium cum ceteris Saxoniæ episcopis; . . . etiam domum s. Petri eatenus minime consecratam dedicaverunt. Feruntur etiam in eadem nocte quando basilica mane erat consecranda, voces malignorum spirituum auditæ inter se loquentium et valde dolentium, se ab obsessis diutissime sedibus expelli debere.

158. *Liudbert v. Mainz, Urk. für Köln 873. Sept. 28.*

Lacomblet, Nrh. UB. I, 32 no. 66.

. . . qualiter Willibertus venerande Coloniensis ecclesiæ archiepiscopus . . . nos de Moguntia civitate et Bertolfum sanctum uirum, Treuerensem archiepiscopum aliosque coëpiscopos plurimos tam suos quam nostros suffraganeos Coloniam rogaverat atque accersierat ob sue ecclesiæ i. e. domus dedicationem faciendam.

*) cf. die übereinstimmende U. Eb. Bertolfs v. Trier bei Lacomblet a. a. O. 67 und die Acten der Synode von 873 bei Hartzheim, Conc. Germ. II, 387.

159. *Catalogus abbat. s. Martini Coloniensis.*

Herbodus, qui rexit sub anno 778, quo monasterium a Saxonibus est destructum et denuo restauratum per Otgarium Daniæ ducem, adiuvante Karolo M. imperatore.

160. *Ebenda.*

Patritius . . . et sub eius regimine consecrata sunt altaria a b. Leone papa (799).

161. *Ebenda.*

Heynianus, vir illuster († 848) duo altaria instituit . . . Eo regente destructum est monasterium a Nortmannis.

162. *Ebenda.*

Gotfridus († 882) . . . quo tempore monast. Nortmannorum irruptionibus vastatum fuit et deinde Wiliberti et Herimanni archiepiscoporum Coloniæ beneficiis reparatum.

163. *Ann. Xantenses. a. 789.*

Karolus ad Coloniam venit ibique duos pontes construxit et ex utraque parte pontis castra edificavit.

164—166.

164. *Catalog von Köln s. IX (Gelenius, Pretiosa Hierotheca 1633, p. 42).*

(Becker, Catalogi bibl. antiqui p. 35. no. 16.)

Habet E r m b a l d u s ad suum ministerium evangelium cum argento scriptum, auro et lapidibus paratum. alium si- militer plane scriptum, et auro et lapidibus ornatum. sa- cramentorum G r e g o r i i cum auro scriptum. librum s. A u- g u s t i n i in quo iaciebant petulæ *) aureae.

　*) petalæ? Wattenbach.

LORSCH *(Lauresham).*

S a v e l s b e r g, Die Begräbnisstätte deutscher Könige zu L. (Eggers D. Kunstblätter 1851, 163). F r a n c k, Die Überreste des Klosters L. (Frankf. Corr. Bl. 1861, 239). B a u d r i, Organ f. der. K. 1862 no. 6. S c h n a a s e III, 542 ff. Über Ausgrabungen in L. vgl. E. a u s m W e e r t h, Rheinb. Jahrb. H. 74. 186. S c h n e i d e r im Corr. Bl. d. Ges. Ver. 1876, 45 und 1878, 1. E. W œ r n e r ebenda 1883, 2. R a m é, im Bull. des travaux hist. 1882, 185. D o h m e, Gesch. d. deutschen Bauk. S. 17. (ebenda auch beste Abb. nach Phot.) A d a m y, R. Die fränkische Thorhalle zu Lorsch a. d. Bergstraße. Darmstadt 1891. Vgl. Beilage zur Münchener Allg. Ztg. 1891. no. 141. S. 6.

Die Fabel von der Gründung durch Einhart und Imma steht im Chron. Laurisham. (M. G. SS. XXI, 357.)

165. *Chron. Laureshamense a. 764.*

. . . C a n c o r ill. Rhenensis pagi comes cum matre sua W i l l i s v i n d a, vidua R u p e r t i comitis, monasterium L a u r e s- h a m in insula, quæ nunc appellatur A l d e n m ü n s t e r, initi- antes venerabili R u t g a n g o M e t e n s i s ecclesiæ archiepis- copo ad instituendam inibi monasticæ professionis militiam tra- diderunt . . . ecclesiamque ibidem in hon. b. P e t r i apostoli præfatum pontificem consecrare exoraverunt.

166. *Ann. Lauriss. min. a. 767.*

(H r u o t g a n g u s M e t e n s i s urbis archiepiscopus) . . . condidit s. G o r g o n i u m in monasterio suo, quod ipse a novo ædificaverat, cui vocabulum est G o r z i a; s. N a b o r e m in monasterio alio, quod dicitur N o v a c e l l a; s. vero N a- z a r i u m in monasterio nostro L a u r e s h a m.

48

167. *Ebenda a. 776.*

Karlus ab Italia regrediens, dedicationem ecclesiæ s. Nazarii et translationem corporis ipsius in monasterium Lauresham celebravit a. inc. dom. 774 die Kal. Sept.

168. *Ebenda a. 809.*

Ecclesia s. Mariæ in monte dedicata.

169. *Ebenda a. 812.*

. . . Dedicata est ecclesia s. Johannis B. in australi parte monasterii iuxta flumen Gisalahha.

170. *Annales Laureshamenses. a. 775.*

Et Gundolandus abba mutavit monasterium Laureshaim in montem, ubi s. Nazarius requiescit in corpore.

171. *Chron. Laurisham. a. 805.*

Adalungus . . . qui suscepto huius loci regimine, nobiliter cuncta extrinsecus, nobilius quoque templum intrinsecus vario venustavit decore. Quippe altare dominicum (ut nunc est) quatuor ex partibus tabulis argenteis inclusit, nec minus altare ad crucem, atque s. Johannis B., sanctæ quoque Mariæ virginis, præterea altare s. Petri in ecclesia triplici*) mirifice perornavit: auream quoque crucem et opere et materia aliis pretiosorem fabrefieri iussit.

*) cf. Vita s. Cesarii: »Disposuit fabricavitque triplicem in una conclusione basilicam, cuius membrum medium in honore s. Mariæ virginis cultu eminentiori construxit, ex uno latere domni Johannis, ex alio s. Martini subiecit.« Quicherat (Cours d'archéologie) deutet dies als Grundrissform mit Hauptapsis und zwei kleinen Seitennischen (S. Pietro in Vincoli in Rom, Dom von Parenzo, Sto. Spirito in Ravenna). Mit der obigen Stelle ist auch die Beschreibung der Basilika von Nantes bei Venantius Fortunatus zusammenzuhalten. (Carm. III. 7.)

Vertice sublimi patet aulæ forma triformis

— — — — — — — — — — — —

Dextera pars templi meritis præfulget Hilari
Corpore Martino consociante gradum

— — — — — — — — — — — —

Altera Ferreoli pars est — — — — —

An bloße Kreuzform wird man kaum denken können; eher an das Dreinischensystem der späteren südfranzösischen Kirchen, das uns ja schon in den

172—173.

172. *Chron. Laureshamense a. 777.*

Gundelandus abbas perfecta iam templi fabrica, et ut domum Dei decebat, omni specie decoris exornata, apud Spiream civitatem regi occurrit, magnopore deprecans, ut ipsius ecclesiæ consecrationi præsens interesse dignaretur. Cui pius rex benigne assentiens cum regina Hildigarda filiisque Carolo, Pipino, Ludwico, ac plurimis regni principibus, per Lullum Magontinæ sedis archiepiscopum . . . . atque per episcopos Megingozum, Wiomudum, Angitrammum, Waldricum, magnifico apparatu et summa veneratione, in capite Cal. Sept.*) dedicationem eiusdem ecclesiæ celebravit, corpusque b. martyris Nazarii domini et patroni nostri in eam maximo devotionis honore transtulit.

*) = a. d. XIX. Kal. Sept. = 14. August.

173. *Præf. G. Helwichii, Mogunt. ecclesiae Vicarii ad Chron. Laurishamense.*

(Freher-Struwe SS. I, 87: Wiederabdruck aus den Antiqu. Lauresh. Francof. 1631.)

Anno igitur Dom. Inc. 777 . . . per indefessam Gundelandi abbatis diligentiam et Cancronis comitis impensas maximas, monasterium novum consummatum atque ad finem usque perductum fuit; cuius structura more antiquorum satis pulcra atque ampla fuit, ligneo tabulatu superius cooperta; dispositio vero claustri imitatione veterum ampla quidem sed simplicioris structuræ, talis scilicet, quæ non ad fastum, sed ad devotionem monasticam satis idonea videbatur: fratrum quoque habitacula per gyrum claustri disposita iuxta consuetudinem temporis illius satis pulcra atque ordinata erant.*)

*) Diese Stelle, welche fast in allen Handbüchern (zuletzt noch in Dohmes Gesch. d. deutschen Bauk. S. 17) als ein Hauptargument für die sog. karolingische Renaissance — als hätte man, wie im 15. Jahrhundert in Italien, mit Bewusstsein auf die antiken Formen zurückgegriffen — angeführt wird, entstammt also keineswegs einem mittelalterlichen oder gar gleichzeitigen Bericht, sondern ist lediglich die Ansicht eines, wenn auch unterrichteten, Schriftstellers aus dem

17. Jahrhundert, des Generalvikars von Mainz Helwich (cf. auch Bleidenstadt), welcher zu Frehers Ausgabe der Lorcher Chronik ein Vorwort geschrieben hat, (wieder abgedruckt bei Struve a. a. O.) A. Ramé ist es, welcher in seiner gehaltvollen, aber wie es scheint, wenig bekannten Abhandlung De l'état de nos connaissances sur l'architecture Carlovingienne (Bull. des trav. hist. 1882, p. 211) auf dieses historische Quid pro quo hingewiesen hat.

174. *Chron. Lauresham. a. 779.*

(Helmericus abb.) . . . Hic ecclesiæ laquearia fecit, pavimentum stravit, tumbam s. Nazarii auro argentoque decoravit, altare etiam simili impensa et opera mirificavit, quod postea ad ecclesiam s. Petri, quæ dicitur Altenmunster, translatum est.

175. *Ebenda a. 785.*

(*Richbodo*) qui statim in primordio destructis ligneis domibus, in quibus fratres eatenus commanebant, in aquilonali videlicet parte claustrum muris circumdans, ad meridianam partem uti nunc videtur, transtulit; dormitorium quoque cum ecclesia triplici fecit (s. Stefani), cancellos circa requiem b. Nazarii ex auro argentoque mirifice vestiens pavimentum etiam coram altari vario stratum marmore sublimavit.

176. *Ebenda a. 948.*

(Gerbodo) paradisum totum plumbo cooperuit; pulpita ante portas eiusdem paradisi fabricavit.

177. *Ebenda p. 109.*

(Ludowicus Germ.) . . . in æcclesia, quæ dicitur Varia*), sepultus est.

*) Als ein Theil dieser Kirche wird bekanntlich die noch bestehende Eingangshalle in Lorsch angesehen. Schneider (im Corr. Bl. des Ges. Ver. 1878. 1) erkennt darin eine Ehrenpforte nach Art der römischen Triumphbögen. Eine solche Eingangshalle erbaute Desiderius v. Monte Cassino vor der alten Klosterpforte (Leo Ost. III, 32: portam 30 circiter cub. extra veterem de quadratis et sectis lapidibus statuit, supra quam turrim fortissimam in 4 magnis columnis erectam ingenti camera confirmavit.) Ferner zur selben Zeit Abt Johannes in Subiaco. (Chron. Sublac. bei Mur. SS. XXIV. 936: fecit ante portam monasterii arcum Romano opere, super quam pulchram construxit ecclesiam.) Vgl. meine »Klosteranlage« S. 73 f.

178. *Ebenda p. 375.*

Ludowico (III.) rege Germaniæ filio Ludowici defuncto et iuxta patrem apud Lauresham in ecclesia quæ dicitur Varia, quam ipse huius rei gratia construxerat sepulto . . .

179. *Præf. Helwichii ad Chron. Laurisham. p. 88.*

(Vgl. oben no. 173.)

Extant ibidem in hanc usque diem ea regum*) monumenta licet anepigrapha, unum retro altare maius, cui applicatum et contiguum est, habens descensum in cryptam, in qua marmor ingens porphyreticum pulcherrimum minimo vulgare sepulcrum abunde comprobat, alterum in media navi (ut vocatur) templi columellis suis impositum, nec ineleganti fabrica antiquitatem suam referens. Quæ quidem duo Ludovicorum illorum regum esse videntur. Est ibidem tumulatus Hugo Dux Ludovici III præfati regis filius a Nortmannis a. 879 in proelio cæsus, Reginone testante. Item et Boiariae Dux Tassilo, qui male a Trithemio et aliis huius cœnobii fundator prædicatur . . .

*) Ludwig d. Dtsche. u. s. Sohn Ludwig III.

180. *Donatio Anotrat et Ozilonis a. 16 Karoli regis Mai 2.*

(Cod. Lauresham. II, 623 n. 2966.)

. . . in pago Wedereiba*) in villa Ilozhheim basilicam cum reliquiis s. Petri et capsam et crucem . . . et calicem cum patena, et pallam altaris.

*) Wetterau.

181. *Urkunde der Hildegunt, Lorsch, a. 38. Karoli regis März 12.*

(Cod. Lauresham. III, 111. no. 3420.)

Ego in Dei nomine Hildegunt Deo sacrata . . . dono ad s. Nazarium . . . 1 crucem cum auro et cipro et 1 caffam deauratam . . .

182—186.

182. *Donatio Guichati a. 22. Ludowici regis Mai 20.*

(Cod. Lauresham. II, 447. no. 2337.)

. . . dono ad s. N a z a r i u m etc. ecclesiam 1 lapideam in pago E n z i n g o w e in villa D o r m i n c a cum capsis 2 deauratis, lectionarium 1, missalem 1, vestimentum presbiteris 1, campanas 2, mansum indominicatum cum solario lapideo et casa lignea et curiam cum ædificiis . . .

MAINZ *(Mogontia).*

F a l k, Das erste Jahrtausend der Bauthätigkeit in M. Nass. Ann. XII, 12; C u y p e r s, Der Dom zu M. 'seine Gründung etc. Festschrift. M. 1875. S c h n e i d e r, Der Dom zu M., Gesch. u. Beschr. Mit 10 Tafeln, Berlin 1886.

183. *Tituli sæc. IX. no. II.*

(P. L. I, 431.)

1. De conditore ecclesiæ s. Albani (*805*).

Antistes humilis R i c u l f hanc condidit aulam
   Martiris A l b a n i nomine namque sacram.
Hanc quoque fulgenti iussit vestire metallo
   Cum titulis aram cumque decore sacro.

— — — — — — — —

Ecclesia hæc est consecrata in hon. s. salvatoris Domini nostri J e s u C h r i s t i Kal. Decembris DCCCV. ind. XIII.

———————

Martiris A l b a n i renovavit culmina R i c h o l f

— — — — — — — —

Exornans aram pretiosis atque metallis.

184. *Ann. Wirziburg. a. 805.*

H. a. dedicatum est monasterium s. A l b a n i Kal. Dec. Ind. 13.

185. *Annales Disibodenbergenses. a. 804.*

Hoc anno monasterium s. A l b a n i dedicatur.

186. *Rudolfi Ann. Fuld. a. 858.*

Ecclesia s. A l b a n i martyris ita concussa est, ut murus

187—192.

de fastigio cadens, oratorium s. Michahelis ad occidentem basilicæ bicameratum cum tecto et laquearibus ruina sua confringens, terræ coæquaret. *(Erdbeben in Mainz.)*

187. *Ann. Fuld. Pars IV. a. 886.*

Optima pars Mogontiæ civitatis, ubi Frisiones habitabant, post mediam quadragesimam mense Martio conflagravit incendio.

188. *Einharti Vita Karoli. c. 17.*

. . . et pons apud Mogontiacum in Rheno 500 passuum longitudinis; nam tanta est ibi fluminis latitudo. Qui tamen uno antequam decederet anno *(Karl M.)* incendio conflagravit, nec refici potuit propter festinatum illius decessum, quamquam in ea meditatione esset, ut pro ligneo lapideum restitueret.

189. *Ebenda c. 32.*

Item pons Rheni apud Mogontiacum, quem ipse per 10 annos ingenti labore et opere mirabili de ligno ita construxit, ut perenniter durare posse videretur, ita tribus horis fortuito incendio conflagravit, ut præter quod aqua tegebatur, ne una quidem astula ex eo remaneret.

190. *Vita Eigilis metrica c. 14.*

. . . ripam Rheni, in quem fluitans turgentibus undis,
(Nam parte ex alia castrum qua cernitur ingens,
Haud procul a ponte sursum, quem sospite regno
Olim Rex Karolus fecit) prolabitur amnis
Mogoin, ex quo ut fama sonat, Moguntia dicta est.

191. *Ann. Wirziburg. 803.*

Karolus pontem 500 passuum longitudinis trans Renum Mogontiæ construxit.*)

192. *Ebenda 813.*

Pons apud Mogontiam, quam Karolus construxit per 10 annos, combustus est.

193—194.

*) Vgl. über diese Brücke v. Quast in der Ztschr. f. chr. Arch. u. K. 2,
134; Kreuser, Kirchenbau 2 A. I, 385. Otte, Bauk. 74 und was der Mon. Sangall.
über die Betheiligung der Bischöfe berichtet (oben no. 35); ferner den Aufsatz in
der Dtsch. Bauztg. 1881: Karl d. Gr. Rheinbrücke bei M. eine Römerbrücke.

MOSELGAU.

193. *Walafrid, carm. 68.*

In ecclesia sancti Martiani . . . .*) Christi.

 Martianus præsul Terdona primus in urbe
  Moribus et meritis inclitus emicuit.
 Dogmate præclarus, sancto sermone suavis
  Et custos domini legis ubique fuit.
 Ignaros studuit populos errore reciso
  Factoris gregibus adsociare sui.
 Sed Satanas non tanta ferens sibi damna parari,
  Invidiæ facibus concitus arma levat.
 Cæsaris Adriani late dum iura virerent,
  Sapricium ultorem misit ab urbe suum:
 Qui massis ferri præcordia sancta perurens
  Corporis e solio fecit abire animam.
 Huius in obsequium sancti comes infimus Alpger**)
  Hanc ædem extruxi auxiliante deo,
 Laudibus ut domini societur palma patroni,
  Illius ut meritis dona superna metam.

*) Lücke; zu ergänzen belligeri (Christiani). Traube. **) Ein Alpcarius
fidelis wird in einer Urkunde Lothars I von 842, worin dieser ihm einige Man-
sen in pago Mosliuse schenkt, erwähnt. (Mittelrhein. Urkundenb. I, 76.)

NEUHAUSEN.

194. *Chron. Laurisham. p. 109.*

Adalungo abb. defuncto Samuel . . . . Wormaci-
ensi episcopo inthronizatur. Ubi ecclesiam b. Cyrici, quæ
appellatur Niuhusen, a fundamentis exstruens, armarium
huius loci ex parte evacuavit.

NIMWEGEN *(Noviomagus).*

Oltmans, Descript. de la chapelle carlovingienne et de la chap. romane,

195—199.

restes du château de Nimégue, Amsterdam 1847. Vgl. Otte, Bauk. 73. — Hermann, Der Palast Karls d. Gr. zu N. im Rhein. Jahrb. II. 77, 88. Dazu Tafel 8. — Dehio, Bauk. I, 155 (mit Abb. T. 41, f. 1, 2.) Die Palastkapelle auf dem sog. »Valkhof«, in ihrer Disposition dem Aachener Münster folgend, ist im Wesentlichen noch erhalten.

195. *Einharti vita Karoli c. 17.*

Inchoavit et palatia operis egregii; unum haud longe a Mogontiaco civitate iuxta villam cuius vocabulum est Ingilenheim; alterum Noviomagi super Vahalem fluvium, qui Batavorum insulam a parte meridiana praeterfluit.

196. *Gesta abb. Trudoncns. Cont. III. a. 883.*

(Sigebertus.)

Normanni . . . Noviomagum opidum et palatium ibidem imperatoris destruxerunt et incenderunt.

OPPENHEIM.

Sebastian, Pfarrkirche der Altstadt.—Franck, Gesch. d. ehem. Reichsstadt O. am Rhein. 1859.

197. *Chron. Laurisham. p. 109.*

(865.) Theodroch abb. . . . ecclesiam in Obbenheim et monasterium in monte Abrahae fundotenus crexit.

ORDORF.

198. *Vita Bonifatii c. 36.*

Monasteriumque . . . constructum est in loco qui dicitur Ordorp, qui propriis sibi more apostolico manibus victum vestitumque instanter laborando acquisierunt.

199. *Ann. Lamberti. a. 777.*

Dedicatio ecclesiæ in Ordorfa b. Lullo*) in hon. s. Petri.

*) Dem bekannten Mainzer Erzbischof.

TRIER *(Treveri).*

Müller, M. F., Literatur-Anzeige über die in Trier bestehenden und zerstörten Bauten aus der ältesten und mittleren Zeit. Trier 1840.

200. Gesta Treverorum c. 25.

(Hildolfus episcopus unter Pippin I.)

. . . construxit ecclesiam in hon. s. J oh a n n i s Evang. iuxta cellam s. Hilarii in campo Martio, in quam corpus s. Eucharii transtulit, cum aliis 300 martirum corporibus a Rictiovaro passorum *(leg. Thebeae.)* Quem locum et sua supellectile et fundis ditatum et cœnobitis repletum. . . .

201. Alcuini carm. 87.

Obtulit altithrono parvus munuscula servus
    Ricbodo*), quæ cernis, lector in aede sacra,
Ob scelerum veniam, ob vitæ cælestis amorem:
    Pro quo, quisque legas, funde preces domino,
Pro te, proque tuis quas fundes, frater amate,
    Ad hæc dum venias limina sacra domus,
Christus ab ætherea clemens exaudiat arce,
    Te faciens læto corde redire domum.

*) Von Trier 79i—804.

202. Gesta Treveror. c. 25.

(Hamalarius ord. 804). Karolus multum marmor et museum plurimum de Treberi ad Aquis palacium vexit, et b. Petro ad vicissitudinem munera dedit.

203. Ebenda.

(Hetti episiscopus)

sepultus est in monasterio s. Eucharii ante altare s. Johannis B. in absida aquilonali, ad cuius dexteram in altera absida requiescit vir magna in germinis nobilitate clarus, nomine Ruotgaudus.*)

*) cf. Brower Ann. I, 413.

203ᵃ· Carmina Centulensia CXVIII.

Item in ecclesia.

Aediculam, Christe, egregiam venerabilis abba
Hanc statuit Hetti*) plenus amore tui

204- -205.

Nec non sanctorum, sita sunt hic corpora quorum:
Scilicet Eusebii martyris eximii,
Pontiani pariter, Peregrini iure colendi
Qui pro martyrio regna superna colunt.
Detulit hos Roma, tumulavit hicque honeste
Cernitur omne quod hic, horum in honore dedit.
Quorum pro meritis miracula plura videntur
In hac ostensa saepius aedicula.
Huic etenim structori dic, rogo, lector, adesse
Hic et in aeternum prospera cuncta simul.
Audiat ipse sibi demum Christumque loquentem
Intrans iam domini gaudia magna tui,
Almorum meritis intervenientibus, ossa
Quorum sarcofagis condidit egregiis.

*) Wahrscheinlich Hetti II., Erzbischof von Trier (814—847.)

204. *Necrologium s. Maximini.*

IV. Id. Mai. obiit Ada ancilla Christi piae memoriae filia Pippini regis, soror magni imp. Karoli; quae multa bona circa et infra Moguntiam et Wormatiam et in pago Nachouve s. Maximino contulit et textum evangelii auro conscriptum et auro decoratum dedit; post finem vitae hic sepulta in pace quiescit. *)

*) cf. die Verse im Cod. aur. von Trier. P. L. I, 287; Menzel in der Publication der Trierer Adahandschrift, Leipzig 1889. S. 10 ff.

205. *Gesta Treveror. c. 27.*
(Normannengefahr c. 880.)

Treberici ergo . . . quicquid in civitate ecclesiastici census vel ornatus fuerat, in subterraneis occulunt specubus, sarcophaga etiam sanctorum altius terrae immergunt . . . Erat itaque in monasterio s. Paulini cripta, ubi circa ipsius sancti sarcophagum ferreis catenis suspensum 13 iacebant corpora martirum, quorum nomina aureis litteris in eiusdem criptae parietibus erant descripta. Religiosi igitur . . . iniere consilium, ut scilicet ablatis de parietibus litteris nomina eorundem martirum . . . in plumbea scriberentur tabula, ubi quandoque possent inveniri. Taliter autem scripserunt in tabula plumbea:

»In hac cripta iacent corpora sanctorum . . . martyrum preciosorum (s. *legionis Thebeae*) . . . In medio vero ipsorum s. Paulini clarissimi Treverorum episcopi corpus est ferreis catenis suspensum, quod ibi s. Felix huius sedis episcopus . . 3 Id. Mai. honorifice suspendit. Huius itaque et eorum martyrum vocabula, quorum hic videri possunt sarchofaga, aureis litteris in huius criptæ pariete conscripta fuerunt. Quæ inde devoti qui tunc erant cristiani huc transtulerunt, quando Northmannos . . . depopulaturos esse præsciverunt. Is ergo qui in dextro s. Paulini latere est repositus, Palmatius vocabatur . . . In sinistro autem latere ipsius qui iacet Thirsus vocatur (dux leg. Thebeæ). Ad caput autem huius s. Paulini iacent huius urbis senatores nobilissimi, martyrio cum ipsis Thebeis coronati, quorum medius vocatur Maxentius, iuxta quem dextrorsum qui iacet nomen habet Constantius, post quem est Crescentius, postea Iustinus. In latere autem sinistro Maxentii qui iacent 3 fratres germani, quorum maior natu proxime Maxentium Leander, iuxta quem Alexander, postea Sother. Ad pedes vero s. Paulini altrinsecus positi sunt 4 viri, genere et virtute clarissimi . . . Alter ergo duorum versus austrum positorum, interior scil. Hormisda, exterior autem Papirius vocatur. Alter autem eorum, quorum latera aquilonem respiciunt, interior item Constans, exterior Jovianus vocatur.«

WORMS (*Wormatia, Vangiona*).

206. *Ann. Mosellani a. 790 (791).*

h. a. palacium regale in Wormatia ex parte igne crematum est.

207. *Einharti Ann. Fuld. a. 791.*

Palatium Wormacense incendio consumptum est.

208. *Annales Xantenses a. 872.*

Nam principalis mater æcclesiæ s. Petri apostoli Vangionæ civitatis, nuper a novo restaurata per Samuelem

209.

episcopum et abbatem monachorum s. Nazarii, ictu fulminis prostrata atque succensa est.

209. *Bauordnung von Worms.*

(Forsch. z. dtsch. Gesch. 14, 397; Böhmer F. II, 209; M. G. SS. XVII, 37).

(Descriptio Wormaciensis civ. facta a Theodelacho episcopo Wormac. a. 873, qui obiit in Neuweiller a. 910 4 Kal. Sept., episcopatus a. 41.)

De loco qui dicitur Frisonenspira usque ad Rhenum ipsi Frisones restauranda muralia procurent.

Ridelsheim, Gimsheim, Eichana, Ham, Ubersheim, Durkheim, Alsheim, Mettenheim a supradicta Frisonenspira usque ad locum, qui Rhenispira vocatur, provideant.

In eodem latere civitatis familia s. Leodegarii portam quandam reædificare debent.

Deinde usque ad Pawenportam urbani qui heingereiden vocantur, operando pervigilent.

Hinc usque ad angulum meridianum Bobenheim, Ligrisheim, Roxheim, Agresheim, et omnes iuxta Rhenum habitantes usque ad Hemmingersheim prævideant.

Media pars de Rucheim et sic omnes ab alia porta Rheni habitantes usque ad fluvium qui Karlebach vocatur, in occidentali angulo terminum operis ponant.

De quo angelo incipientes ab utraque parte Karlebach usque ad Kircheim et usque ad s. Andreæ portam.

Abhinc omnes ex utraque parte fluvii qui Isara vocatur sedentes usque ad Mertesheim muros civitatis usque ad portam Martini procurent.

De qua omnes iuxta utramque fluvii partem, qui Prymina vocatur, quousque Malesbach eundem fluvium influit, usque ad iam dictam Frisonenspiram provideant.

Præterea de media parte Muntzenheim usque ad Dienheim tam hi quam omnes qui infra ambitum prædictorum fluviorum et villarum habitatores cum propugnaculis et omnibus necessariis, prout tunc temporis locus exegerit, incessanter insistant.

210—211.

XANTEN.

210. *Ann. Xant. a. 864.*

(Pagani*) æcclesiam s. Victoris mirifico opere construc-tam incenderunt igni.

*) d. i. die Normannen.

ZELLE BEI WORMS.

Falk in: Forschungen z. dtsch. Gesch. XXII, 436.

211. *Hrabani carm. 79.*

1. In ecclesia sancti Philippi.

Hoc altare tenet in domate rite Philippi
　　Relliquias sacras, lector honeste, lege.
Hic mensæ domini, hic portio sacra sepulcri est
　　Hic Christi ascensus pars veneranda satis.
Hic Michael princeps turmæ cœlestis honorem
　　Sortitur sancti atque viri pariter.
Albanus martyr, Bonifacius almus et ipse,
　　Cum Marcellino hic ovat atque Petro.
Martinus præsul, Benedictus nobilis abbas,
　　Gaudent orantes suscipiuntque preces.
Hic quicunque velis grata persolvere vota,
　　Corde tuo mundo hoc, rogito, facias.

2. Ad altare in medio ecclesiæ.

Continet hæc ara sanctorum pignora sacra,
　　Et Christi domini munera valde pia.
Nam Crucis hic pars est, qua Christus saecla beavit,
　　Quo crucifixus erat Calvariæque locus.
Præcursor domini manet hic, Cyriacus et almus,
　　Martyr Fabianus et Cyprianus adest.

3. In dextro altare.

Bis seni comites venerantur sorte beata
　　Hic Jesu Christi, nosque iuvant precibus.

212—214.

4. In sinistro altare.

Hic genitrix Christi veneratur sancta Maria,
Virginibus sacris associata manet.
Hic Agnes martyr, Juliana martyr et ipsa,
Cecilia et Lioba, martyr Agatha simul.

ZERSTÖRUNG DER RHEIN. KLÖSTER DURCH DIE NORMANNEN.

212. *Gesta Treverorum c. 27.*

(a. 880 unter B. Bertolfus.)

Nortmanni, qui ante complures annos exierant et civitatem Namnetis[1]) combusserant . . . Andegavis[2]) Turonis,[3]) Pictavis,[4]) Leodium,[5]) Traiectum,[6]) Tungrim,[7]) Coloniam, Bunnam,[8]) Tulpiacum,[9]) Juliacum,[10]) Niusa,[11]) Aquis,[12]) Hindam,[13]) Malmundurium,[14]) Stabulaus,[15]) Prumiam,[16]) Numago,[17]) regium castrum igne et ferro adnichilaverunt.

[1]) Nantes. [2]) Angers. [3]) Tours. [4]) Poitiers. [5]) Lüttich. [6]) Utrecht. [7]) Tongern. [8]) Bonn. [9]) Zülpich (Zülch). [10]) Jülich. [11]) Neuß. [12]) Aachen. [13]) Cornelimünster bei Aachen (Inden). [14]) Malmedy. [15]) Stablo. [16]) Prüm. [17]) Nimwegen.

---

b. LOTHRINGEN.

ST. AVOLD. (*Mon. s. Naboris, Nova Cella.*)

213. *Alcuini carm. 102.*

— — — —

Angelramnus*) — — — — — — —
Martyris egregii Naboris deductus amore
Cœperat intentus sacrum vestire sepulchrum.
Auxiliante pio Karolo per munera rege.
Ne compleret opus, rapuit mors improba patrem,
Post levita humilis Vasco compleverat illud.

*) Bisch. v. Metz († 791).

214. *De ven. Marcwardo abb. Prumiensi (853) c. 19.*

(*Contractus*) . per triduum se reptando per eccle-

215—218.

siam *(Novum-monasterium)* traxit, in crypta sæpe residens apud sanctorum memoriam . . . traxit se in vestibulum ecclesiæ. Verum nimio vento ibi sedere prohibitus, in aliam se contulit porticum, ducentem per ecclesiam ad pauperum hospitale et in ipso se proiecit introitu ecclesiæ.

BONMOUTIER *(Bodonis monasterium).*

215. *Gesta ep. Tullensium c.* 22.

> *(Bodo † c. 755.)*

. . . edificavit monasterium in hon. beatissimæ Dei gen. Mariæ et b. Petri apostolorum principis constituens inibi Deo sacratas feminas . . . quod ad honorem nominis sui usque hodie Bodonis monasterium vocatur.

CAMBRAI *(Cameracus).*

216. *Gesta ep. Camerac. I, 39.*

> *(Hildoardus ep. ord. 790.)*

tempore Karoli M. . . qui duas tabulas eburneas pulchre sculptas, anno 12. sui episcopatus, ut in eisdem tabulis liquet, fieri iussit.

217. *Ebenda I, 42.*

> *(Halitcharius eps.)*

a imperatore Karolo*) Constantinopolim missus et a Michaele imp. . . . honorifice susceptus est. Unde ipse . . . . asportavit; necnon et tabulas eburneas, quibus libri cooperti ibidem**) esse spectantur.

*) Vielmehr Ludwig d. Fr. 828. s. Ann. Einh. ad. a. 828. **) in ecclesia b. Mariæ (Aachen).

218. *Ebenda c. 49.*

> *(Theodcricus).*

. . . 863, 16. Kal. Jul. inceptum est templum s. Gaugerici ædificari, quod postea honorifice consummatum, sed tempore quidem Rotradi, eiusdem sedis ab ipso Theoderico tertii episcopi († 887) . . a Normannis etiam cum civitate incensum est.

219—223.

219. *Ebenda c. 57.*

(Johannes † 879.)

sepultus est in basilica, quæ erat in hon. s. Crucis constructa iuxta monasterium s. Mariæ ad australem plagam.

220. *Ebenda c. 61.*

(Rotradus.)

Hoc presule civ. Cameracus cum templo s. Gauge-rici a Normannis succenditur. Sub huius etiam diebus . . . . . 881 5 kal. Jan. Cameracum ingressi, incendiis et occisionibus civitatem omnem devastarunt . . . Iterum vero remeantes circa sollemnitatem s. Petri, urbem Atrebatum*) devenerunt.

*) Arras.

221. *Ebenda c. 65.*

(Heriveus s. X. in.)

Hic autem exstructis muris, menia urbis in tantum ampliavit, ut monasterium s. Autberti quod extra erat, infra murorum ambitum cohiberet. Monasterium etiam Dei gen. Mariæ ædificatum Kal. Aug. sollemniter consecravit, tabulamque altaris argenteam, quam nostris diebus vidimus, sciphumque argenteum, quem diebus festis subdiaconi in manibus ferunt, calicem quoque, cum aliis quoque ornamentis æcclesiæ fecit.

ESTIVAL *(Stivaium).*

222. *Gesta ep. Tullens. c. 22.*

Idemque *(Bodo † 755)* contulit s. Stephano locum Stivaium, sibi a suis parentibus derelictum, ubi monasterium in hon. b. Petri apostoli construxit super fluvium Murt*) et duodecim canonicos ibidem aggregavit.

*) Meurthe.

FLAMERESHEIM.*)

223. *Annales Bertiniani (Hincmari) a. 870.*

Quo Hludovicus dum pergeret ad Flamereshem in

224—227.

pago Ribuario venit, et de quodam solario vetustate confecto lignis subfractis cum quibusdam suorum cecidit.

*) Der Ort, auch bei Regino zum gleichen Jahr erwähnt, lag vielleicht in der Gegend von Lüttich.

FLEURUS *(Floriacum)*.

224. *Alcuini carm. 101 (Tit. monasterii Floriacensis)*.

1.

Hanc Magulf*) humilis cameram construxerat abbas
Ut dulcis patribus fieret habitatio sanctis,
Quos servire daret Benedicto Christus in ævum
Ut locus iste foret iam iamque legentibus aptus
Ut lux, prævidit, fulgens radiaret in illam,
Et domus orandi fieret quam proxima Christi,
In qua secreto potuisset tempore solus,
Ante altare iacens lacrimas effundere dulces.

2.

Empserat hanc mansam Magulf venerabilis abbas
Atque emptam patri Benedicto tradidit illam

— — — — — — — — —

Hanc tamen ecclesiam sacrari iusserat illi
Clavigero cœli Petro iam principe magno
Atque pii pariter Benedicti nomine patris

— — — — — — — — —

Tu quoque qui titulum recitas, rogitare memento
Obsecro pro patre Magulfo,*) lector amice.

*) Abt von Fleurus, vgl. Mab. Ann. II, 243.

225. *Mirac. s. Benedicti I. c. 18*.

. . . Gerberga regina . . . . ad templum (*s. Benedicti*) venit . . . cryptas ipsius ecclesiæ ingressa est, in quibus pretiosi patris Benedicti oratorium habetur.

226. *Illatio s. Benedicti (883) c. 5*.

Impius autem malignorum cœtus (Nortmannorum*) Floriacum perveniens . . . . . s. reginæ cœli ornatissimum oratorium, quod sacra monachorum religio per plures annos sanctissimo construxerat B e n e d i c t o, profano dissipavit incendio.

*) Zur Zeit Karlmanns.

227. *Ebenda c. 7.*

(Gislolfus comes.)

Data denique . . . totius restaurationis uberrima copia, in unius anni revolutione pæne omnia monasterii ornamenta in pristinum modum redacta sunt. Monasterium vero in eodem F l o r i a c e n s i castro antiquitus constructum et in hon. b. P e t r i apostolorum principis consecratum, divina protegente dextera remansit illæsum, quando cetera omnia hostile favillavit incendium.

GENT *(Ganda).*

228. *Annales Gandenses a. 813.*

Totum cenobium G a n d e n s e intestino incendio destruitur.

229. *Ebenda a. 826.*

E y n a r d u s, capellanus L u d o v i c i piissimi imperatoris, factus est abbas G a n d e n s i s cœnobii. Qui anno 828 reliquias sanctorum M a r c e l l i n i et P e t r i ibidem transmisit.

230. *Ebenda a. 851.*

N o r t h m a n n i et D a n i monasterium s. B a v o n i s*) incendunt et devastant.

*) B u s c h e r E. de, Les ruines de l'abbaye de St. Bavon à Gand.

231. *Ann. Blandinenses a. 851.*

Cœnobium s. B a v o n i s a D a n i s incenditur.

GEMBLOUX *(Gemblacum).*

232. *Auctarium Gemblacense. a. 771.*

Idem rex (P i p p i n u s) fecit fortem lacunarium, de quo a duobus fere milibus sub terra, per edificia cæmentaria, in palatium eius aquæductus influebat et ipsam dividens aquam, in basilica s. Johannis B. per ferrum et aes introduxit, ita ut sub ciborio per marmoream columnam interius concavam ebulliret ibique sacri baptismatis ablutio in hon. Domini nostri Jesu Christi et s. Johannis B. fieret atque iterum in ipsa lacunaria remearet. Hoc cenobium Angelisz vocatur.

GONDREVILLE (*Gundulfi villa*).

233. *Frotharii episcopi Tullensis ep. 11.*

(an den Archicaplan Hilduin † ca. 840.)

Præcipitur enim, ut in Aquis palatio operemur et laboribus ibidem peragendis insudemus. Sed ab hoc opere alia servitia et necessitates nos revocant . . . . Recordari siquidem vestra paternitas valet, quod cum in palatio Gundum — *(Gundulfi)* — villæ domnus imperator hoc anno staret, vestram continens manum, iussit ut in fronte ipsius palatii solarii opus construerem, de quo in capellam veniretur. Adiecit quoque quod quempiam illic manere sivisset, vestri personam tacite innotescens. Præcepit nihilominus ut in pariete ipsius domus ligneo alterum operis lapidei parietem superadiicerem et quamlibet huiusmodi opera sint festinanter explenda. Et tamen adhuc tertius labor nostræ cœptæ basilicæ adhibendus, de qua nihil postquam hic secessistis egimus; quia impediti sunt hactenus homunculi propter tempus hiemis et tempus sationis.

GORZE (*Gorzia*).

234. *Alcuini carm. CIII.*)*

2.

Claviger æthereus portas qui servat Olympi
Petrus apostolicus princeps et pastor ovilis
Perpetui regis sibimet hæc ara dicata est,
Assiduis precibus totum conservet in ævum.

3.

Ista domus domino Christo sanctisque dicata est
Ardentis Juli quinis et Idibus olim

235—237.

Hanc pius archipater Metensis gloria plebis,
Hrotgangus præsul**) magno sacravit honore.

*) no. 1. cf. Th. II no. 900. — **) Ann. Laurisham. ad a. 765 (SS. I,
28) venerunt corpora SS. Gorgonii, Naboris et Nazarii in Gorcia monasterio Id.
Mai. et V. Id. Jul. advenit preciosum corpus s. Nazarii in mon. Laurishaim. vgl.
Ann. Mosell. ad. a. 765 (SS. XVI, 496.)

ST. HUBERT*) (*Andagium*).

235. Translatio s. Hucberti episcopi Tungrensis in mon. Andaginense cap. 2.

*(Waltcaudus**) episcopus.)*

. . . obtulit· se eius munificentia cella quedam antiquo
nomine vocata A n d a g i u m, quæ olim quidem inhabitatori-
bus habitus canonici floruit . . . Namque hanc pæne a fundamentis restauratam in melioremque statum denuo renovavit . . . ædificiis honestis nobilitavit.

*) In den Ardennen. **) v. Lüttich (810—831.)

LAUBACH (LOBBES, *Monasterium Laubiense*).

Lejeune, Les édifices réligieux de Lobbes. Rev. de l'Art chrét. 2. Série.
1877. — Ders. Monographie archéo-historique de l'ancienne abbaye de St. Pierre à L. Docum. et rapp. de la Soc. paléontol. et archéol. du Charleroi XII. 1883.

236. Folcuini Gesta abb. Lobiens. c. 12.

(Harbertus 835 ord.)

Erat enim religioni studens et in construendis sive exornan-
dis rebus operam dans. Testatur campana percelebris eius iussu
facta et ecclesiæ nostræ donata, in qua sunt versus, qui abbatem et factorem, vel ad quid facta sit, quasi ipsa de se lo-
quente, hoc modo manifestant:

Harberti imperio componor ab arte P a t e r n i
Nec Musis docta, en cantus modulabor amœnos
Nocte dieque vigil depromam carmina Christo.

237. Folcuini Gesta abb. Lob. c. 12.

(Harbertus.)

temptavit et idem abbas aquæductum a foreste ducere,

5*

238—240.

ardua montium sulcans, ad competentem nutum in usum mo-
lendinorum, sed perficere non potuit opus præposterum et
sero inchoatum.

238. *Gesta episcop. Camerac. c. 65.*

(*Heriveus.*)

monasterium etiam L a u b i e n s e adhibito secum S t e-
p h a n i L e o d e c e n s i episcopo consecravit (*nach 901*).

239. *Folcuini Gesta abb. Lob. c. 18.*

(*Stephanus 901—920*).

Huius quoque tempore dedicatur ecclesia nostra ab ipso
evocato ad id opus, et coniuncto sibi D o d i l o n e C a m e r a-
c e n s i episcopo, quod in basibus columnarum, quis quam partem
dedicaverit, in promptu est cernere. Hanc ergo novellam dedicationem, ne forte iterata aut antea infecta fuerit, si quis
requirit, paucis absolvemus. Ecclesiam priorem, si meminit lector
prudens, sub P i p p i n o principe a s. U r s m a r o factam (697)
iam supra diximus diemque dedicationis eius 5 Kal. Sept.
annotavimus. Quæ, crescente copia rerum per munificentiam
regum seu ceterorum fidelium, quia loci nobilitati parva et
minus apta videbatur, destructa et funditus eversa est, et
ista quæ nunc est elegantioris formæ et speciei ædificata.
Quæ ad id opus columnis undecumque corrasis, cum basibus
et epistiliis seu ceteris latomorum vel cementariorum disciplinis pro moduli sui quantitate omnibus circum se positis
est incomparabilis, quod quia oculata, ut aiunt, probatur fide,
hæc hic satis sit tetigisse. Auctorem autem eius, sive rex
fuerit ille sive abbas, id nescimus. Si quis improperat, anti-
quitati quæ de his siluit, non nobis, succenseat.

LÜTTICH. (*Leodium*).

240. *Sedulius Scottus carm. 42. De quadam ecclesia.*

Hanc paradisiacam vernantis scematis aulam
Florigeras species, ista quas cernis in æde,
Inclitus H a r t g a r i u s *) præsul lampabilis actu

241—243.

Aethereæ Solimæ sacro dum flagrat amore,
Hoc vario specimen iussit splendescere cultu.

Item.　Hæc domus est Domini vitreis oculata fenestris
Quam Phœbus lustrat radiis et crine sereno.
Nam quintis decimis Maii sacrata kalendis
Albicat in specie, picto micat ipsa decore.

Item.　Hæc in honore nitet Petri Paulique coruscans
Virginis et Mariæ hanc sacrum nomen honestat.
Aedem lucifluam sparso ceu flore refertam
Sanctorum reliquusque chorus hæc tecta sacravit.

*) Der bekannte Bischof von Lüttich, und Gönner des Sedulius (840—855)

241. *Sedulius, Carm. 47. Item de quodam altari.*

In hoc altari sanctorum gloria pollet
Quod sacros claudit thesauros reliquiarum.
Hinc pretiosa crucis hic Christi portio regnat
Infera quæ vicit, cælestia regnaque pandit;
Hanc aram decorat genitricis honorque Mariæ
Virginis altithroni paradisi sceptra tenentis:
Servat apostolicum decus hoc altare per ævum
Inter quos renitet Petri Paulique triumphus;
Martyribus cineres redolent hic sorte beatis
In quibus est Stephani victrix ac prima corona.
Hoc altare sacrum Rorici tempore regis
Antistes domini Ratbaldus iusserat esse
Atque pio mentis voto tibi, Christe, dicavit,
Omnibus et sanctis fieri devovit honorem.

242. *Sedulius, Carm. II, 1.*

(Ad Hartgarium cp.)

Construit excelsam sublimi vertice turrim
Centenis cubitis, quo super astra volet.
Ingreditur scalam, quæ surgit in astra polorum
Moribus et verbis instruit ipse greges.

MAASEYCK.

243. *Vita ss. Harlindis et Reinulae abbatiss. Eikens. c. 23.*

Illa equidem ecclesia quæ primatum prædicti monasterii

244—245.

(*Eike*) tenuit, a prædictis genitoribus castissimarum Virginum lignea fuerat fabricata et diuturni temporis spatio stabat erecta. Post multum vero temporis putrescere cœpit ac magna pars illius iam erat dissoluta atque putredine contrita et potius ruitura quam stabilis fore conspiciebat. Unde b. mem. A v a abbatissa illam ad terram funditus prostravit, atque eleganti opere ac formosa constructione eam lapidibus restauravit novam. In qua etiam ecclesia ven. virginum corpora de pristinæ pausationis loco a F r a n c o n e episcopo *) translata ac in orientali plaga eiusdem ecclesiæ retro altare intemeratæ semperque virginis M a r i æ honorifice condita adorantur.

*) Bischof v. Lüttich 856—904 (?)

METZ (*Mettis*).

B a c h J u l., Les origines de Metz, Toul et Verdun.

244. *Vita Chrodegangi. c. 27.*

in pago M o s l i n s e *) monasterium magnæ nobilitatis conlocavit, quod Deo et s. P e t r o consecravit . . . . Insistebat igitur coepto operi in tantum, ut cottidie delata cathedra pontificali operariorum studiis ipse summus monitor esset, quem ardor animo semel iniectus quiescere nunquam sinebat; sed erat intentus divinis cœptis, sicut solent seculo dediti in palatiis construendis et in laqueatis domibus auro argentoque vernantibus, qui gemmarum diversi coloris et lapidum multo pretio adquisitarum decore mansorias heredibus præparant domos.

*) „in loco Gurgitensi" 6 mil. von Metz.

245. *Pauli Gesta episcoporum Mettens. p. 268.*

(*Chrodegang.*)

. . . clerum adunavit et ad instar cœnobii intra claustrorum septa conversari fecit, normamque eius instituit, qualiter in ecclesia militare deberent . . Hic fabricare iussit una cum adiutorio P i p p i n i regis rebam s. S t e p h a n i protomartyris et altare ipsius atque cancellos, presbiterium arcusque per girum. Similiter et in ecclesia b. P e t r i maiori presbiterium fieri

246—249.

iussit. Construxit etiam ambonem auro argentoque decoratum, et arcus per girum throni ante ipsum altare. Aedificavit præterea monasterium in parochia b. Stephani in pago Mosellensi, in hon. beatissimi Petri apostoli, et ditavit illud opibus magnis, monachosque ibi constituit atque sub regula s. patris Benedicti in una karitate coniunxit. Construxit etiam alterum monasterium quod Gorzia vocitatur . . . Expetiit denique a Paulo Romano pontifice 3 corpora ss. martyrum i. e. b. Gorgonii, quod in Gorzia requiescit, et b. Naboris, quod in Hilariaco*) monasterio conditum est, et b. Nazarii, quod ultra fluvium Rhenum in monasterio quod vocatur Lorishaim, ædificata in hon. ipsius martyris miri decoris basilica, collocavit.

*) = St. Avold.

246. *Regula canonicorum s. Chrodegangi c. 13.*

Sint etiam interius dormitoria, refectoria, cellaria et cæteræ habitationes usibus fratrum in una societate viventium necessariæ. Omnes in uno dormiant dormitorio, præter illos, quibus episcopus licentiam dederit . . . Et in ipsa claustra per dispositas mansiones dormiant, separatim per singula lecta, misti cum senioribus propter prævidentiam bonam.

*) Die Regel schließt sich im Allgemeinen eng an jene des h. Benedict an, vgl. bes. Reg. s. Ben. cap. 11—13 und 22.

247. *Gesta episcop. Mettens. c. 41.*

(Adventius 855—875 ?)

Hic in ornamentis et thesauris ecclesiam b. Stephani ampliavit . . . . sepultus est in capella s. Galli.

248. *Ebenda. c. 42.*

(Walo 876—882.)

. . . in ecclesia Salvatoris, quam ipse construxerat, sepelitur.

249. *Ebenda c. 43.*

(Robertus 883—911.)

reformator cœnobiorum et murorum urbis . . . orna-

menta cœnobiorum multa vel mutavit vel renovavit cum muris
senio collapsis . . . . sepultus est in ecclesia s. Galli.

250. *Vita Chrodegangi. c. 21.*

Hisque transactis, quia oportunum tempus. ecclesiarum
restaurandarum repererat, fretus auxilio Pippini Francorum
gloriosi principis, fecit fabricare rebam preciosissimi protho-
martyris Stephani. Altare etiam ipsius atque cancellos, pres-
byterium arcusque per gyrum miro operariorum cultu, miro
argenti et auri ornatu nobilissime exstruxit . . . .

In basilica etiam s. Petri apostolorum principis quæ
ideo maior appellatur, quia in eodem claustro habetur ecclesia
eidem sacrata minoris et vetustioris manus, pari decore et
honore presbiterium fieri instituit, sed et ambonem auro argentoque nobilissime decoratum et arcus per gyrum throni ante
ipsum altare construxit . . . .

251. *Amalarius presbyter Metensis, Regula sanctimonialium c. 11.*

. . . satagendum est, ut monasteria puellarum ita undique
firmissimis circumdent munitionibus, ut nulli intrandi aut ex-
eundi nisi per portam pateat aditus . . . Habeant itaque interius sanctimoniales refectoria, cellaria, dormitoria et cæteras
suis usibus habitationes necessarias præparatas.

252. *Ebenda c. 23.*

Quamquam intra claustra monasterii sanctimoniales canonice viventes proprias solitæ sint habere mansiunculas, propter anus tamen et infirmas debet intra claustra ab abbatissis
mansio fieri.

253. *Ebenda c. 28.*

. . . . quamquam ad portam monasterii locus talis sit
rite habendus, in quo adventantes quique suscipiantur, opor-
tet tamen ut extra, iuxta ecclesiam scil., in qua presbyteri
cum ministris suis divinum explent officium, sit hospitale pauperum . . . . . sit etiam intra monasterium receptaculum ubi
viduæ et pauperculæ tantumodo recipiantur et alantur.

254—258.

PRÜM (*Prumia*).

254. *Pippin I, Urkunde für Prüm. 762. aug. 13. M. 93.*

(*Mittelrhein. U. B. I, 19.*)

. . . . nos et coniuge nostra Bertradane in amore s.
Salvatoris, necnon et s. dei genitricis Mariæ atque beatorum principum apostolorum Petri et Pauli vel s. Johannis baptiste, seu et martirum s. Stephani, Diunisii et
Mauricii atque confessorum s. Martini, Vedasti atque
Germani monasterium in re proprietatis nostræ ædificare
quod est positum infra terminos bidense atque ardinne,
ubi rivulus qui dicitur dethenobach ingreditur in prumiam.

255. *Pippin I., Urk. f. Prüm. 763. aug. 3. Mb. 95.*

(*Mittelrhein v. B. I, 22.*)

ad monasterium qui dicitur Prumia, quem nos ad honorem s. Salvatoris a novo construximus opere.

256. *De ven. Marcwardo abb. Prumicnsi. (853.) c. 1.*

. . . . deferunt eas in Prumiam monasterium (reliquias ss.
Chrysanti et Dariæ); iacueruntque in eo quo delata fuerant feretro ad dexteram altaris usque XI. Kal. Nov. die,
scilicet quousque pars quædam antiqui templi complanata in
spatium prolixius extenderetur, tumulo dignus conderetur.

TOUL (*Tullum*).

S. o. ep. Frotharii 11. (no. 233).

257. *Gesta episcop. Tullens. c. 26.*

(*Frotarius 813—847.*)

Corpus vero illius in cimiterio s. Apri retinetur, infra
claustrum, in introitu monasterii.

258. *Gesta episcop. Tullens. c. 28.*

(*Arnoldus 872—894.*)

Non tantum enim ad pristinum decus secundum suum

259—261.

posse ecclesiam restituit, sed etiam ampliori et altiori fastigio eam sublimare honorifice studuit.

ST. TROND (*Monasterium s. Trudonis*).

259. *Gesta abb. Trudonens. Cont. III. p. 1. c. 15.*

(*a. 870.*) Adventius Metensis epyscopus per vicarios suos a Metis ad nostrum monasterium missos fecit descriptionem fieri omnium suppellectilium et iocalium huius loci. Quibus a nostris ostensa est magna copia pretiosorum clenodiorum et utensilium, tam pro divino cultu congruum quam pro humanis suibus decens et honesta.

260. *Ebenda c. 17.*

(*a. 881.*) Quia fama laborabat, Normannos infestaturos fore Lotharingiam, corpora s. Trudonis et Eucherii diligenter a loco eminentiori, in quo pridem translatione eorum solempniter celebrata, reposita fuerant . . . . intra subterraneam criptam seu voltam, quæ infra capellam ipsius b. Trudonis ad hoc nuper fuerat, suppinata et occultata sunt.

261. *Ebenda I, 2.*

Et ne quis videns hodie paupertatem æcclesiæ nostræ et in substantia et in thesauro, existimet eam semper iam tenuem tamque nudam fuisse, videtur michi non ingratum illi debere fieri neque nostris verecundum, si hic ei retulero quod in quodam alio libro inveni de thesauro quondam nostro et de substantia prebendæ fratrum ita anotatum:

c. 3. »Anno ab inc. domini nostri Jesu Christi 870, ind. 3 et a. 13 sedis domni Adventii, gloriosi presulis, sub die 18. Kal. Sept. facta est descriptio per iussionem ipsius ex abbatia s. Trudonis per suos legatos, videlicet Fredelonem et Herigaudum.« — Hinc etiam, sicut ex aliis multis, nostrorum negligentia debet merito reprehendi, qui hic neglexerunt annotare nomen abbatis sui, qui tunc temporis preerat, cum non tantum Mettensis episcopi nomen hic inveniatur annotatum sed etiam nomina legatorum eius, qui hanc descriptionem fecerunt. — »Repperimus de thesauro æcclesiæ s. Trudonis re-

261.

bam ipsius corporis auro argentoque fabricatam. Item rebam s.
Eucherii argento nobilitatam. Item in dextera parte s. Trudonis similiter. Item altare in hon. s. Mariæ et s. Petri
auro argentoque imaginatam cum cyborio desuper, in medio
cyborio pendentem coronam æream deauratam. Item altare
in hon. s. Stephani argento paratum. Capsam 1 gemmis
auroque insignitam. Item capsas argento tectas 21. Cruces
inter maiores et minores argento paratas 10. Capsas evange-
licas argento paratas 3. Mala granata argentea 2. Calices argenteos cum patenis inter maiores et minores 19. Item patenas
6. Item calicem 1 aureum cum patena argentea, unde debentur
de argento libræ 8 et dimidia. Item cruciculas aureas 3, argenteas 6, ex cupro 2. Altaria parva argento parata 5. Thuribula arg. 3 et 1 ex cupro. Candelabra arg. 7. Buxtas arg.
2 ad ferendum incensum. Offertoria arg. 16. Scyphos arg. 4
et 2 ex cupro. Buxtilem argenteum. Vitam s. Trudonis argenteam cum imaginibus decoratam. Lampades arg. 5, et 7 ex
stagno. Coronas arg. 2, et 8 ex cupro partim deauratas. Claves arg. 2. Item clavicellum ex auro. Cambutas 2 argento
tectas. Vexilla 4. Cappæ 38 preciosæ de pallio. Casulæ 12
preciosæ de pallio. Dalmaticas 9 cum tunicis subdiaconalibus.
Cussinos sericos 3. Pallia inter maiora et minora 44. Item
palliam 1 cum friso et margaritis. Item pallas lineas serico
coopertas 10. Item pallas lineas sine serico 98. Facis-
tergios 4. Fanones ad offerendum 8. Cortinas lineas 6,
laneas 2. Buxtas eburneas 3. Anappum 1 cum aqua. Manile
ex cupro. Faldones 2 cum cussinis. Cultellum 1 auro paratum. Fuscinulas aureas parvas de auro pensas denariorum
5. Fialam 1 argenteam. Item de argento fracto libras 4½.
Mucronem 1. Situlas 2 ex cupro. Circulos 2 arg., cuprinos 3.
Restant adhuc inquirendæ inaures aureæ appendentes 21.
cum gemmis decentissime ornatæ. Item aliæ inaures aureæ
appendentes denarios 13. Item mancosos 5, pensantes denarios 6.«

Talem quondam fuisse thesaurum nostrum . . . repperimus, diu tamen ante istum Adelardum,*) maioremque partem
permansisse ferme usque ad ipsum, ipsumque nichilominus non-

nulla perdita reparasse, quædamque illius studio acquisita usque ad nostra tempora, non tamen usque ad nostram prelationem perdurasse. Nam . . . furor pertinacissimus debachantium symoniacorum . . . miserabiliter nimis preciosissimum æcclesiæ nostræ thesaurum subtraxit.

*) Abt von St. Trond, Anfang des 11. Jhdts.

ST. VAAST *(Monasterium s. Vedasti)*.

Cardevacque et Terninck, L'abbaye de St. Vaast. 3 voll.

262. *Chron. Vedast. a. 808.*

Rado abba ven. et rector patris Vedasti cœnobii vitam finivit. Is . . . quam plurimum in restaurandis rebus æcclesiæ insudavit, qui concremato templo b. Vedasti alium in melius reædificavit, ut diligens lector in versibus repperiet subscriptis, qui sic initium dant legendi:

Hæc domus alma Dei flammis crepitantibus olim
    Arsit et in cineres tota redacta ruit.
Sed miserante Deo Rado venerabilis abba
    Construxit melius ac renovavit eam.
Plurima præsenti domui ornamenta ministrans
    Exornans totam muneribusque sacris.
Cancellos, aras voluit vestire metallis
    Vedasti fabricans sarcofagumque patris.
Pallia suspendit parietibus atque lucernas
    Addidit, ut fieret lumen in æde sacrum.
Officiis Domini fecit quoque vasa sacrata
    Argento necnon aurea tota quidem.
Induit altaris speciosa veste ministros
    Ut foris ægregium, semper ubique decus.
Omnia mellifluo Christi devotus amore
    Restaurans opera, vir pius in melius.
Pro quo quisque legis titulos rogitare memento,
    Adiuvet utque illum gratia summa Dei.

263. *Alcuini ep. 224.*

(an die Mönche von St. Vaast. c. 796—804.)

Sicut domni abbatis *) vestraque carissima caritas deman-

davit, versus per singulos titulos ecclesiarum et altaria singula dictavimus.

*) Rado.

264. *Alcuini carm. 88.*

1. In æcclesia sancti Vedasti in pariete scribendum.

(Gleichlautend mit den Versen unter no. 262.)

2. Ad corpus sancti Vedasti.

Hic pater egregius Vedastus corpore pausat
Cuius honore sacro hæc domus alma micat.

— — — — — — — — -- — — — —

3. Ad aram sancti Vedasti.

Pontificalis apex meritis vivacibus aram
    Vedastus sanctus hanc regit ipse pater.
Hanc abbas humilis vestivit Rado metallis
    In domini laudem, ductus amore patris.

4. Ad aram sancti Martini.

Hoc altare dei præclarus in orbe sacerdos
    Martinus meritis servat ubique suis.
Abluat et lacrimas plangentis crimina plebis
    Deposcens veniam, voce potente, piam.

5. Ad aram sancti Dyonisii sociorumque eius.

Sanguine martyrii præsul Dionysius aram
    Hanc ornet pariter cum sociisque suis,
Magnificus doctor, verbi qui semina sparsit
    Imbribus æthereis arida rura rigans.

6. Ad aram sanctorum Remigii et Audoini.

Francorum doctor Remigius inclytus aram
    Hanc tenet almivolus Audoinusque simul.
Horum nam meritis currens tu forte, viator,
    Per loca sancta pius, sit tibi certa salus.

264.

7. Ad aram sanctorum Lantberti et Richarii.

Lantbertus habet hanc atque Richarius aram
   Hic confessor erat, martyr et ille pius.
Ambo deo cari, meritorum pondere patres
   Plurima portantes lucra suo domino.

8. Ad aram sanctorum Gregorii et Hieronimi.

Gregorius præsul doctorque Hieronimus almus
   Aecclesiæ ille pater, iste magister erat.
Nostra ferant precibus pariter quoque vota tonanti,
   Ut nos conservet semper ubique deus.

9. Ad aram sanctorum Benedicti et Scolasticæ.

Hic pater egregius colitur Benedictus in ara
   Qui vitam monachis scripserat ipse piam.
Ipsius atque soror præclara Scolastica virgo
   Iungitur hic fratri nobilis ipsa suo.

10. Ad aram sanctorum Cosmæ et Damiani.

Hac duo germani Cosmas et Damianus in ara
   Scribuntur pariter versificante manu.
Quamque bonum fratres habitare est semper in unum
   Ut psalmista canit*), ecce, iocundus amor.

*) Ps. 132, 1.

11. Ad aram sanctarum virginum.

Cæcilia, Agathes, Agnes et Lucia virgo:
   Hæc istis pariter ara sacrata micat.
Lilia cum rosis fulgent in vertice quarum
   Et lampas rutilat luce perenne simul.

12. Ad aram sanctæ crucis.

Hæc est ara crucis sanctæ sacrata triumphis
   In qua iam mundi vita salus patitur.
Martyris egregii Crispini et Crispiniani
   Nominibus quorum fulget et illa sacris.

264.

13. Ad aram sanctæ Mariæ et Clementis.

Hoc altare dei genitrix pia virgo Maria
Aspiciat solita cum pietate potens.
Pontificalis apex, Petri successor et almus
Præclaris Clemens augent et meritis.

14. Ad aram sanctorum Johannis et Matthei.

Hoc symmista dei tenent altare Johannes
Matheus o meritis ornet et ipse suis.
Hi scripsere quidem Christi sacra gesta tonantis
Quapropter pariter hæc tenet ara duos.

15. Ad aram sanctorum Piati et Georgii.

Piatus martyr victorque Georgius aram
Præsentem teneant, ambo piis meritis.
Qui pro pace dei vicerunt proelia mundi,
Et meruere sacrum, rore rûbente, polum.

16. Ad aram sanctorum Laurentii, Johannis et
Pauli.

Johannes, Paulus pariter, Laurentius atque
Conservent aram hanc miserante deo,
Hic lævita fuit, illi sed sanguine fratres.
Martyrio toti regna beata tenent.

17. In æcclesia sancti Petri in pariete scribendum.

Claviger æthereus servat qui regmina cœli
Solvere quæque placet atque ligare potens,
Piscator quondam, cœli nunc ianitor almus,
Aecclesiæ princeps, pastor et ipse bonus,
Cui Christusque suum servandum tradit ovile
Dum redit ad patris regna beata sui.
O nimium felix, totus quem diligit orbis:
Huic Christus nomen Petrus habere dedit.
Hoc pietate sua templum, precor, undique cingat,
Adventuque suo protegat atque regat.
Auxiliumque suis famulis protector in illo

264.

Perferat in precibus adsit ubique piis.
Destructum flammis renovaverat hoc quoque R a d o,
Cui rogo mercedem reddat et ipse P e t r u s.

18. Ad aram sancti Petri.

Hanc quoque s e r v a t o r t e m p l i tutabitur aram
Ecclesiæ princeps totius ipse dei.
Adiuvet atque deo Christo hic vota ferentes,
Lætemur semper illius ut meritis.

19. Ad aram sancti Pauli.

Ara quidem præsens sacrata est nomine P a u l i,
Qui populos mundi duxit ad astra poli.
Gentibus et populis, regnis atque urbibus iste
A domino electus doctor ubique fuit.

20. Ad aram sancti Andreæ.

Doctor apostolicus (hunc hæc vox alma J o h a n n i s *)
»Ecce dei veniens agnus ab arce patris,«
Miserat ad Christum semper sequeretur ut illum)
A n d r e a s aram servet ab hoste suam.

*) Ev. Joh. 1, 29, 36, 40.

21. Ad aram sanctæ Aldegundis.

Hæc A l d e g u n d i s veneranda est virginis ara,
Adsit et hic præsens hæc precibus populi.

22. Ad aram sancti Johannis Baptistæ.

Hoc altare tenet sanctus b a p t i s t a J o h a n n e s
Præcursor Christi magnus in orbe dei.
Qui solus digito Christum monstravit adesse,
Iste preces nostras adiuvet, opto, suis.

23. Ad aram sancti Germani.

Præsuli Germano magna est hæc ara dicata,
Quam modo iam cernis, ecce viator ovans.

265—267.

24. [Ad aram sancti Amandi.]

Hanc aram Christi præclarus amator Amandus
Defendat meritis semper ab hoste suis.

25. [Ad aram sancti Quintini et Michaelis archangeli.]

Martyris egregii Quintini altare triumphis
Hoc fulget, populo huic qui ferat auxilium.
Aligeros inter socios summosque ministros
Michael princeps, primus in arce poli,
Hæc loca conservet magna pietate tonantis
Et veniens veniam poscat et ipse suam.

26. [Ad aram sanctæ Genovefæ.]

Virgo sacrata deo cœlestibus inclyta donis
Lætetur votis hic Genofeva suis.

27. Versiculi Albini ad Radonem abbatem.

Noli quæso, pater, munuscula spernere nostra
Parvula si videas, magna hæc dilectio mittit.

265. *Miracula s. Vedasti episcopi Atrebat.* (852.) *c. 1.*

Repositæ sunt autem reliquiæ beati viri sub sigillo episcopali in eadem basilica (s. *Mariæ*) quoad fabricaretur cripta
tantis pignoribus apta.

266. *Annales Vedastini. a. 892.*

(*Rudolfus abb.*)

. . . sepultusque in æcclesia b. Petri in sinistra parte
altaris in monasterio s. Vedasti. . . . .

267. *Ebenda.*

Sed die lunæ ante pascha contigit nobis malum tale, quod
inrecuperabile est. Nam casu hora diei 6ᵃ ipsum castrum igne
accensum, combussit æcclesias inibi s. Vedasti, s. Petri,
s. Mariæ.

268. *Ebenda.* 895.

(*Odo rex.*)

. . . . ingressusque monasterium seu castellum, ad limina perrexit s. Vedasti coroque eius coram sepulchro humi prostatum, devotissime oravit.

269. *Sedulius. Carm. 32. De quadam speciosa domo.*

— — — — — — — — — — — — —

Altera sed vestris, si fas est dicere, tectis
   Multi color varians Iris honore micat.
Aureus in primo color enitet ordine flagrans;
   Gramineus sequitur veris honore virens.
Purpureum flagrat specimen mirabile visu
   Saphirus ridens spargit in astra decus;
Emicat et vitreus supter supraque coruscus
   Glaucicomum pelagi gaudet habere modum;
Nobilis altithroni crucis exprimitur decus almum
   Vitrea qua varium linea carpit iter.
Aureus ac viridis, croceus color æreusque
   Conveniunt domino, qui regit astra, deo:
Sic ruber ac viridis hominem per vulnera passum,
   Aureus, æreus sceptra deique canunt.
Phebus amat talem, niveis et crinibus aulam
   Dedicat illustrans, aspicit atque polo.
Tempore brumali pollent hic verna serena
   Fitque hiemps æstas tempore nubifero.

270. *Ebenda.*

Verba comediæ.

Inclitus hinc fratrum coetus pia gaudia ducit.
   Hic das lætitiam, clare Liee, novam.
Oscula das pacis felicia pocula donans
   Permulces sophicos, optime Bache, viros.
Hic est libertas, Liber hic liberat omnes:
   Liber ut esse queam, Liber adesto pater.
Sancte Vedaste, fave, ne sternat forte Falernum
   Sed nos lætificet dulce madoris ope.

271—274.

Nos, fratres, modicum vini modiumve bibamus
Bachicus in cunctis sit modus aut modius.

— — — — — — — — — — —

Fors deus altithronus hæc tam sollemnica vota
Respiciet, supera qui sedet arce poli.
Sed nos, eximii fratres, lætemur in unum
In dominoque deo gaudia nostra cluant.

VERDUN (*Virdunum*).

271. *Vita s. Magdalvei episcopi Virdunens. c. 20.*

. . . principalis ecclesia . . . succenditur . . . . statim in meliorem statum reparare fabricam iussit. Conventione porro facta cum artificibus, deputatisque custodibus . . . imperatque opus inchoare maturius, accelerare attentius, explere diligentius

272. *Gesta episcop. Virdunens. c. 18.*

(*870 Juni 1.*)

Hatto . . . inchoavit nostram æcclesiam et ex magna parte construxit.

273. *Ebenda c. 19.*

(*Berhardus ca. 874.*)

cuius studium sanctissimum fuit, basilicam inceptam ad perfectionem usque perducere, quod miserante Deo et fecit. Signa grandia et honorabilia et minora valde bona in illa basilica suo opere ibidem esse constituit; pontificalia vestimenta et evangelium auro gemmisque paratum, turibulum aureum, aliud argenteum valde bonum et feretrum, ubi nunc reliquiæ sanctorum, honestissimo decore composuit et alia quam plurima æcclesiastica ornamenta isti æcclesiæ suæ tribuit.

———————

c. SACHSEN.

ALTWEILER (*Cœnob. Altivillarense.*)

274. *Transl. s. Helenae in coen. Altivillarense c. 17.*

. . . ubi est a devotis fratribus ecclesia constructa in

275—278.

hon. et veneratione atque nomine b. Mariæ semper virginis et b. Johannis B., et hoc antiquo primoque loci ipsius fundamento; in qua ecclesia habet s. Helena pro loci possibilitate mausoleum . . .

BÖDDEKEN (*Budica*).

275. *Vita s. Meinulphi. c. 22.*

Absoluto autem opere*) templum quod construxerat, constructum Deo eiusque genitrici. IV. Jd. Nov. dedicari fecerat.

*) in Budica (Böddeken in Westphalen — vgl. Lübke, Die m. a. Kunstdenkm. in Westphalen, 1853.)

DOCKYNCHIRICA.

276. *Alcuini carm. 86.*

Versus Alchuini de ecclesia s. Liudgeri.
Hic pater egregius meritis Bonifatius almis
Cum sotiis pariter fundebat sanguinis undam*)

— — — — — — — — —

Hic manet ille cruor cuncto precosior auro
Menbraque cælesti rore hic perfusa quiescunt.
Adiuvat hinc Paulus, doctor Bonifatius inde
Hæc illis quoniam constat simul aula dicata . .

*) Vita s. Willehadi: ad locum qui dicitur Dockynchirica, quod est in pago Hostraga, ubi et domnus Bonifacius episcopus iam olim martirio coronatus fuerat. (SS. II., 408.)

DRÜBECK (*Drubiki*).

277. *Ludwig III. d. J. Urk. f. Drübeck 877 ian. 26. M. 1510.*
(*Jacobs U. B. von Drübeck I.*)

qualiter Theti et Wikker nostri fideles comites . . . tradiderunt nobis quoddam monasterium quod dicitur Drubiki, quod domna Adelbrin, soror eorum . . . in honore s. Mariæ perpetuæ virginis et s. Johannis B. et ss. martyrum Viti, Crispini, et Crispiniani construxit.

ERFURT (*Erphesfurt*).

278. *Annales Lamberti a. 836.*

Otgarius archiepiscopus ossa s. Severi episcopi sibi

279—282.

delata transtulit in E r p h e s f u r t, Thuringiæ civitatem et in alto monasterio*) reposuit 11 Kal. Nov. *(Cod. v. Gotha.)*

*) Vgl. über diesen Ausdruck meine Schrift: Die abendländ. Klosteranlage. Wien, 1889. S. 61.

ELTZE *(Aulica villa).*

279. *Annalista Saxo ad a. 815.*

K a r o l u s M. imperator, postquam . . . . Saxoniam . . . fidei catholice inpressit sigillo, inter cetera Saxonie quæ episcopalibus sublimanda sedibus decrevit, A u l i c a m *) v i l l a m, ab insigniente eundem locum regis aula appellatam . . . sede episcopatus dignam indicavit . . . Quo decreto K a r o l u s A u- l i c e n s i s ecclesiæ primam fundamenti petram ipse ponens eandem ecclesiam quasi primicias Saxonie et desudati Christo triumphi titulum, fundato super petram, quæ Christus est, c e l i c l a v i g e r o dicavit. Et subsequenter morato ibidem pio imperatore, ad primam usque cementarii staturam murus eius- dem surrexit ecclesiæ.

*) Eltze in Hannover.

ERESBURG.*)

280. *Annales Laureshamenses a. 785.*

Rex C a r l u s demoratus est in Saxonia ad H e r e s b u r g de natale Domini usque in mense Junio et edificavit ipsum ca- stellum a novo sed et basilicam ibidem construxit.

281. *Annales Quedlinburgenses a. 772.*

K a r o l u s in Saxonia E r e s b u r g expugnat et fanum eorum quod vocatur I r m i n s u l subvertit.

282. *Translatio s. Alexandri (851.) c. 3.*

Truncum quoque ligni, non parvæ magnitudinis in altum erectum sub divo colebant, patria eum lingua I r m i n s u l ap- pellantes, quod latine dicitur universalis columna, quasi susti- nens omnia.

*) Vgl. auch no. 333. (Korvey.)

283—286.

FRECKENHORST.

283. *Vita s. Thiadildis abbatissae Freckenhorsti in Westphalia.*
c. 6.

(*Ewerwordus.*)

. . . L u t b e r t u m episcopum, qui tunc temporis M i m i-
g a r d e f o r d e n s i *) præerat sedi, adiit . . . atque eius aucto-
ritativo consilio arbores præcidit, truncos omnes et radices
funditus exstirpavit, et nomini Domini oratorium ædificavit,
quod postmodum præfatus episcopus in hon. s. P e t r i apostoli
dedicavit.

*) Münster.

284. *Ebenda c. 7.*

. . . nec ab incoepto destitit (*Ewerwordus*) donec in circuitu oratorii refectorium hiemale et æstivale, hypocaustorium,
cellarium, domum areatum, coquinam, granarium et dormitorium, et omnia necessaria habitacula ædificavit . . . et duodecim tunc primum sanctimoniales . . . inibi Domino et s.
B o n i f a c i o perpetim serviendum aggregavit.

FRITZLAR (*Fridislare*).

285. *Vita s. Bonifatii c. 38.*

duas ecclesias Domino fabricavit, unam in F r i d i s l a r,
quam in hon. ss. P e t r i et P a u l i principis apostolorum consecravit, et alteram in H a m a n a b u r c h, hanc etiam in hon.
s. M i c h a e l i s archangeli dedicavit. Duo quoque monasteriola
duabus iniunxit ecclesiis . . .

286. *Annales Quedlinburgenses a. 774.*

Saxones ecclesiam in F r i d i s l a r e, quam s. B o n i f a t i u s
ædificavit et dedicavit, lignis et igne implentes incendere vo-
lebant, sed minime valebant.

GANDERSHEIM.

Otte, Baukunst 106.

287. *Chron. Hildesheimense c. 4.*

(Altfridus 847—872).

. . . a. i. 852 cum Liudolfo Gandeshemense cœnobium primo in Brunesteshusen et 4°. post hæc anno in Gandesheim, ut prænotatum est, inchoavit. Qui et æcclesiam ibidem ædificare cœpit et Hathamodam eius ducis filiam primam abbatissam ibidem ordinavit.

288. *Ebenda c. 6.*

(Wicbertus episcopus ord. 880.)

. . . a. 883. i. d. . . . . consumnatam æcclesiam in Gandesheim dedicavit.

289. *Ebenda c. 8.*

(Sichardus.)

qui a. 926. i. d. turrim occidentalem in Gandesheim dedicavit.

290. *Annales Quedlinburgenses a. 852.*

Inchoatio Gandesheim monasterii in antiquiori loco et adventus ss. confessorum Anastasii atque Innocentii.

291. *Hrotsuithæ primordia Gandersheimenses v. 234.*

(Lindolfus dux † 866.)

Protinus ecclesiæ construxit moenia pulchrae.
Quæ splendor lucis designavit rutilantis
Hac igitur causa fuerat iam coepta secundo
Coenobii sub honore Dei constructio nostri.
Interea lapides structuræ convenientes
Non potuere locis nancisci prorsus in illis,
Unde moram templi patitur perfectio coepti.

— — — — — — — — — —

292. *Ebenda v. 252.*

(Hathumod abbatissa.)

— — — — — — — — exire iubetur

Atque sequi volucrem, quam iam progressa sedentem
Cerneret in saxi cuiusdam vertice magni.
Ipsaque complectens animo præcepta parato
Egreditur, dictisque credens ex corde iubentis
Ac cementariis secum sumptis bene gnaris
Perrexit citius, quo duxit spiritus almus
Donec ad cœptum perrexit nobile templum.

293. *Ebenda v. 275.*

(Entdeckung eines Steinbruches.)

Unde monasterii cum templo mœnia cœpti
Omnia materiam possent traxisse petrinam.
Hinc magis atque magis toto conamine mentis
Factores templi, Domini sub honore sacrandi
Sustabant operi mox nocte dieque recenti.

— — — — — — — — — — —

294. *Ebenda v. 392. (881. nov. 1.)*

— — — Wichbertus præsul Domini benedictus
Dedicat hoc templum Domini sub honore decorum.

295. *Ebenda v. 396.*

Hoc nam facta fuit clari sacratio templi.
Centum mansuris, octo vicibus revolutis
Octonis denis uno pariter superaucto
Postquam virgo puellaris sine sorde pudoris
Seclorum regem peperit propriumque parentem. (881.)

296. *Ludwig III. d. J. Urk. für Gandersheim 877 ian. 26*
M. 1508.

(Origg. Guelf. IV, 370.)

. . . B r u n et O t t o nostri fideles comites . . tradiderunt
nobis quoddam monasterium quod dicitur G a n d e s h e i m, quod
Liutolf genitor eorum inprimis ædificare coepit . . . et cui
Girbirg, soror eorundem comitum, sanctimonialibus fœminis
præesse videtur.

297—300.

GEISMAR *(Gicesmere).*

297. *Vita s. Bonifatii c. 34.*

. . . ligneum ex supradictæ arboris (q u e r c u s J o v i s) metallo oratorium construxit, illudque in hon. s. P e t r i apostoli dedicavit.

HALBERSTADT.

298. *Gesta episcop. Halberstadensium a. 827.*

(H i l d e g r i m u s) ecclesiam præterea a fratre suo s. L i u d e r o episcopo inchoatam perfecit, annexam maiori ecclesiæ in civitate et in hon. b. martyrum J o h a n n i s et P a u l i sollempniter consecravit. *)

*) Der »Annalista Saxo« berichtet zum gleichen Jahre das nämliche.

299. *Walafrid Strabo, carm. 43.*

1. I n e c c l e s i a m o n a s t e r i i, q u o d R u r a v o c a t u r.

Hoc templum S t e p h a n i celebratur honore dicatum
Cum J a c o b o nostri fratre simul domini

— — — — — — — — — — .

H i l d i g r i m *) struxit, H a d a b a l d u s **) episcopus archi
Sanctificavit — — — — — — —

2. S u p e r u n u m a l t a r e e i u s d e m e c c l e s i a e.

Istam L a n t b e r t u s retinet M a r t i n u s et aram.
Quorum nos precibus, Christe, tuere piis.

3. S u p e r a l i u d.

Hic matri domini sociaris sancte G r e g o r i
Cum qua pro nobis poscito sceptra dei.

*) Von Halberstadt, angeblich 814—827. **) von Köln 818—842.

300. *Annalista Saxo ad a. 859.*

H i l d e g r i m u s iunior H a l b e r s t a d e n s i s episcopus monasterium quod a prioribus inceptum invenit, perfecit et . . . Non. Novembr. dedicavit in hon. Salvatoris J e s u C h r i s t i et in memoria s. S t e p h a n i protomartiris. In supremo al-

301—306.

tari reconditus est sanguis s. Stephani et dens s. Innocentii pape et de corporibus martirum Dionisii, Rustici et Eleutherii et de corpore s. Viti martiris.

301. *Acta s. Liutbirgis Reclusae in diocc. Halberstadensi c. 14.*

Ille vero interrogans, quis esset tantae ruinæ sonitus, utrum tota porticus ecclesiæ an illa pars, quæ cellulæ Liutbirgae coniuncta fuerat, occidisset, illa respondens neque porticum neque cellulam ruentem, sed terrorem inimici pronuntiavit.

HAMBURG-BREMEN. *)

S. no. 285 (Fritzlar).

302. *Vita s. Willehadi c. 5. (779.)*

. . . Willehadus per Wigmodiam (Saxoniam) ecclesias coepit construere.

303. *Ebenda c. 9.*

Aedificavit quoque domum Dei miræ pulchritudinis in loco qui dicitur Brema, ubi et sedem esse constituit episcopalem; ac dedicavit eam Kal. Nov. die dominico in hon. domini nostri Jesu Christi sub invocatione s. Petri.

304. *Ebenda c. 10.*

eum in basilica nova, quam ipse ædificaverat, sepulturæ tradiderunt.

305. *Miracula s. Willehadi. c. 29.*

Properans quippe ad fores ecclesiæ, statim misericordiam Domini sibi obviam sensit; nam in ipso introitu basilicæ (novæ), cum ingrederetur fores atrii . . .

306. *Ebenda c. 38.*

Corpus autem ipsius sanctum, quod iam tunc a loco requietionis suæ in alterum translatum fuerat locum, ... in nova, quam tunc dedicavimus, collocavimus basilica.

307—313.

307. *Adam Bremensis. I, 20.*

(*Willericus Brem. episcopus † 837.*)

ecclesias ubique in locis congruis per episcopium erexit, tres vero B r e m a e, quarum primam, scilicet s. P e t r i, de lignea lapideam fecit et corpus s. W i l l e h a d i exinde translatum in australi parte quod fecit oratorio condidit.

308. *Ebenda.*

W i l l e r i c u s . . . sepultus est in domo s. P e t r i in parte altaris aquilonali, 4 Non. Mai. (837.)

309. *Ebenda I, 23.*

Inclyta civitas tota aut præda ant incendio disperiit . . . Ibi ecclesia, ibi claustrum, ibi bibliotheca summo collecta studio, consumpta est. (*Normanneneinfall in Hamburg 839.*)

310. *Ebenda I, 25.*

L e u d e r i c u s, Bremensis episcopus obiit et sepultus est in ecclesia s. P e t r i ab australi parte altaris (845?)

311. *Vita s. Anskarii c. 16.*

(837.) Ibi ecclesia miro opere magisterio domni episcopi constructa una cum claustra monasterii mirifice composita, igne succensa est.

312. *Adam Bremensis. I, 33.*

(*Ansgar*).

retranstulit corpus s. W i l l e h a d i in matricem ecclesiam b. P e t r i apostoli [ab illo australi oratorio, quo deportatum est a W i l l e r i c o] (861 ca.)

313. *Ebenda I, 36.*

(*Ansgar † 865.*)

Sepultusque est in basilica s. P e t r i ante altare s. Dei gen. M a r i æ.

314—317.

314. *Vita s. Rimberti c. 24.*

. . . humilitatis intuitu præcepit, ne in ecclesia sepeliretur. Quod præceptum transgredi non audientes fratres ecclesiæ illius sepelierunt eum foris basilicam, prope tumbam s. Willehadi, extra murum ecclesiæ orientalem; ipsumque sepulchrum postea super extructo et in hon. s. Michaelis sanctorumque martyrum Stephani atque Viti dedicato oratoriolo adornavit vir Adalgarius . . . qui et s. viro successit in pontificatum. Sicque completa est visio supra memorata, de sua et domni Ansgarii in una ecclesia detentione, sed muri medii interpositione ipsis ab invicem seiunctis. Est enim præfatum oratoriolum contiguum antiquæ ecclesiæ, muro tantum eius orientali ex uno in aliud aditum intercludente et in ipso, ut diximus, novo oratoriolo domnus Rimbertus sepultus est; in antiqua vero ecclesia domnus Ansgarius requiescit.

HILDESHEIM.

315. *Chron. Hildesheimense c. 4.*

(*Altfridus episcopus 847—872.*)

. . . monasterium nostrum in timore Domini inchoavit et sub ipso inchoationis exordio criptam orientalem in hon. s. Mariæ virginis consecravit . . . Ipse etiam anno 872 . . . inchoatum Hildenesheim monasterium Deo gratias consummavit et divinæ maiestati in hon. s. Mariæ sub tytulo s. Cosmæ et Damiani, Tyburtii et Valeriani, et s. virg. Ceciliæ devotissime dedicavit Kal. Nov.

316. *Annales Hildesheimenses et Quedlinburgenses a. 872.*

Ind. 5 in Kal. Nov. dedicata est ecclesia s. Mariæ in Hildenesheim a ven. episcopis Alfrido eiusdem æcclesiæ episcopo et Rimberto atque Theodrico, sed et Liuthardo cum interventione religiosi abbatis Adalgarii monachorumque et canonicorum.

317. *Annalista Saxo. ad a. 815.*

. . . contigit cum (*Ludovicum imp.*) transita Leina, venandi

318—319.

affectum, in loco quem nunc Hildinisheimensis occupat ecclesia tentorium fixisse ibique allatis regie capelle reliquiis missam audivisse *(Der „Capellarius" vergisst die Reliquien bei der Rück-kehr nach Eltze; sie werden wiedergefunden, sind aber nicht von der Stelle zu bringen.)* Instructus igitur hoc nutus esse divini, sacellum ibidem Dei acceleravit genitrici, altari eundem locum obtinente, quem et suspense reliquie. *(Übertragung des Bisthums von Aulica hieher, nach Hildesheim.)* Sacellum antem Hildinisheimense a rege Lodowico constructum et s. Marie dicatum, perduravit in sibi digno religionis cultu, non adiuncto sibi alio opere usque ad Altfridum quartum presulem ipsius ecclesiæ Guntarius enim, primus eius episcopus, episcopalem ecclesiam in qua principalis fratrum clerus Deo serviret, cum duabus altissimis turribus remotius a dicto sacello in meridiano eius latere construxit et principaliter in hon. s. Cecilie virginis dedicavit.

318. *Annalista Saxo. ad a. 852.*

(*Altfridus.*)

... Deum orans, locum sibi demonstrari in Hildinisheimensi civitate, quem mediator Dei et hominum dignaretur ecclesia in sui sueque genitricis honore construenda... visi sunt designati et quasi ad fodiendum ecclesiæ fundamentum artificioso metientis orthigonio limites descripti instar vernalis pruinæ, directi quidem a primitivo s. Marie sacello occidentem versus, lati quippe et longi inter seque distantes, prout muri spissitudo et eclesiæ longitudo ac capacitas poscebant. Revelatum est preter hoc eidem presuli eadem qua ieiunium finierat nocte, quia in cripta, quam adiuncturus erat sacello a Ludowico inperatore olim constructo, duo deberet altaria dedicare, alterum Johanni B. alterum Stephano protomartiri. Mox illustris presul ... posito ut sibi revelatum est fundamento eclesiam tam honesti quam firmi sed arti edificii construxit.

HIRNTOLDT A. D. LIPPE.

319. *Vita s. Idae viduae Hertzfeldi. c. 5.*

... non multo post in loco supradicto ... lapidea ba-

320—324.

silica opere polito construitur ac in s. Mariæ gen. Dei hon. sanctique Germani episcopi consecrata est.

KORVEY*) (*Corbeia nova*).

Vgl. die Aufsätze von Nordhoff: Corvey und die westphälisch-sächs. Früharch. im Repert. XI.—XII. Letzner, Chronica des kais. freien Stiffts Corbei 1604.

320. *Catalog. abb. Corbeiens.*

A. d. i. 822. ind. 13. 8 Kal. Sept. 2. feria, monachi qui in loco qui Hetha dicitur, per 7 annos demorabantur, inde egressi cum crucibus et reliquiis in hunc locum pervenerunt, locoque ab episcopo Badurado, qui tunc præsens aderat, Corbeiæ nomen impositum est. Erectoque tentorio atque illatis crucibus cum reliquiis locum dedicaverunt in hon. et nomine s. Stephani protomartyris, infodientes crucem Christi, ubi nunc altare esse dinoscitur.

321. *Annales Lamberti a. 822.*

Inchoatio monasterii novæ Corbeiæ.

322. *Mirac. s. Adalhardi Præf. c. 2.*

(*Corbeia vetus.*)

. . . . sicque pratis aquis et campis longe lateque paten-tibus similis et dissimilis habetur Saxonum Corbeiæ: illius cuius cum ista rector et fundator extitit s. Adalardus.

323. *Vita s. Walae abb. Corbeiens. c. 18.*

. , . . istud vero quod ab istis Domino dedicatum est (*monasterium Corbeiae novae*), constructum iuxta illud Hiezechie-lis, quasi ædificium vergentis ad austrum. Eisdem itaque mensuris super eadem fundamenta, eadem latitudine et longi-tudine, totidem habens portas, easdemque fenestras, et nullam crescendi altarum rerum magnitudinem.

324. *Annales Corbeiens. a. 844.*

Dedicatio ecclesiæ novæ Corbeiæ s. Stephani proto-martyris.

325—329 a.

325. *Ebenda a. 863.*

Dedicatio novæ ecclesiæ s. P a u l i.

326. *Ebcnda a. 870.*

Basilica ictu tonitrui fulmine percussa, ad orientem exarsit.

327. *Ebenda a. 873.*

H. a. fundamenta trium turrium posita in C o r b e i a nova a ven. A d a l g a r i o abbate, 6 Id. April. feria 4.

328. *Ebenda a. 885.*

Dedicatio trium turrium.

329. *Vita s. Adalhardi c. 65.*

. . . pervenit usque ad S a x o n i æ fines, ubi iam parvis sima cellula a s. viro, suo æquivoco A d a l h a r d o nomine, sumtu huius monasterii ædificari coeperat . . . Violens . . . cœptum opus. . . . . regem adiit et petivit ab eo, ut daretur ei locus ædificandi, quia ille in quo situm fuerat, non utilis aut aptus esse probabatur. . . . . Accepta autem potestate a rege, sit ubi vellet, illud ædificaret, elegit locum valde amo-enum et monachis nimis congruum ad habitandum . . . c. 66. . . . in medio fit vallis, figuram △ hoc modo, quantum re-cordor, exprimens. Nec immerito; nam magister . . . talem elegit locum, qui et Christi nutriret discipulos, et suo eos describeret charactere et signaret situ. *)

*) Nämlich die Trinität cf. cap 67. Über dergleichen mystische Gedanken vgl. meine Beiträge S. 12 ff.

329 a. *Ebenda c. 87.*

Sepulta sunt autem decenter membra carissimi senis *(Adalhardi † 826)* in basilica beati P e t r i apostoli sub fastigio inter eiusdem medioximæ quatuor ecclesiæ centra, tectus polito lapide.

330—332.

330. Translatio s. Viti Corbeiam (836) c. 11.

Venerunt ergo (*Adalhardus et Wala frater eius*) anno 822 dom. inc., sub die VIII. Id. Aug., regnante Ludovico serenissimo Augusto undecimo anno ad locum memoratum*) circumspectoque ex omni parte, et undique circuientes, prostrati in orationem decantaverunt psalmos ad hoc officium pertinentes. Et postquam compleverunt letaniam et orationem, iactaverunt lineam, et infixerunt paxillos, et cœperunt mensurare, prius quidem templum, inde habitationes fratrum. Quod cum peregissent, constituentes, qui quaedam habitacula initiarent, ad propria sunt reversi. Sed primum petierunt episcopum, ut veniret ut sanctificaret locum vexillumque s. crucis in loco altaris poneret nomenque, ut Corbeia vocaretur, aptaret. Quod factum esse VIII. Kal. Sept. constat. Et eadem die cœperunt qui aderant, ædificia erigere. Erant tamen pauci numero usque ad diem II. Kal. Oct. VII. Kal. namque eiusdem mensis surrexerunt a loco, quo usquequaque habitaverant cum omni suppellectili sua, senes et pueri, et alia die venerunt ad locum destinatum et celebraverunt missarum solemnia.

*) Huxere (cap. 10) = Höxter.

331. Transl. s. Viti. c. 29.

Nam cum ex more ad vigiliarum surrexissemus officium celebrandum, atque solito lucernæ illuminarentur ecclesiæ, accidit, ut crucicula in medio ecclesiæ appensa, in qua quinque vitreæ lampades dependebant, trahente custode, funis rumperetur, et effuso oleo omnes in pavimento dispergerentur.

332. Ludwig d. Dtsche, Urkunde für Korvey u. Herford (Fälschung) 853 mai 22. M. 1365.

(*Wilmans, Kaiserurk. I, 119.*)

... Hludovicus imp. ambo hec monasteria construi iussit ad normam videlicet precipuorum in Gallia monasteriorum. Novam utique Corbeiam ad similitudinem antiquæ Corbeiæ, Herifordense vero cœnobium ad exemplum monasterii sanctimonialium in Suessionis civitate consistentium.

333—335.

333. *Ludwig I. und Lothar I., Urkunde für Korvey 826, Juni 20, M. 804.*

(*Migne, Patr. Lat. 104, 1151.*)

notum sit quia nos . . . quoddam monasterium quod Corbeia vocatur, in honorem b. Stephani protomartyris infra Saxoniam supra fluvium Wisera, in loco qui dicitur Huxeri, construi iussimus, quod et viro ven. Adalhardo construendum regendumque commisimus, qui erat abbas in altero antiquiori monasterio quod æque Corbeia vocatur, a quo et supradictum monasterium nomen constat esse sortitum.

. . . concessimus eidem monasterio capellam, quam dudum dominus ac genitor noster Carolus imperator in castello, quod dicitur Heresburg, construi iusserat . . .

334. *Ludwig I. Urkunde für Korvey 823, Juli 27, M. 754.*

(*Migne, Patr. Lat. 104, 1128.*)

. . . cuidam ven. viro Adalhardo seni abbati ex monasterio cuius vocabulum est Corbeia, in eadem provincia Saxonia ob mercedis nostræ augmentum monasterium construere iussimus et ad idem cœnobium dedicandum ex sacro palatio a capella nostra misimus venerabiles ac sacrosanctas reliquias b. Stephani protomartyris, super Wiseraa, in villa regia, in loco nuncupante dudum Huxori . . . et prædicto monasterio ideo Corbeia nomen impositum est. . . .

MÖLLENBECK. *)

335. *Arnulf, Urk. f. Möllenbeck 896, aug. 13, M. 1871.*

(*Wilmans, Kaiserurk. II. 396.*)

qualiter quædam nobilis femina nomine Hiltipurg et quidam ven. presbiter Folchart dictus unum monasterium in loco Mulinpeche in sua etiam proprietate, in pago Osterpurge infra terminum villæ quæ nuncupatur Achriste pro Dei amore a fundamentis construxerunt et in hon. s. Petri dedicari rogaverunt.

*) Frauenkloster in Westphalen.

336 – 339.

MÜNSTER (*Mimigardeford*).

336. *Vita s. Ludgeri episcopi Mimigardeford. II., c. 8.*

. . . disposuerat adhuc vivens, ut in loco nuncupato Werthina,*) ubi in hereditate propria ob habituculum monachorum, in hon. s. Salvatoris et s. Dei gen. sanctique apostolorum principis Petri ipse construxit ecclesiam, eius sepeliretur corpus . sed . . . . . inito consilio ad monasterium ab eo compositum, vocabulo Mimigerneford . . . perduxerunt illud, atque in ecclesiæ s. Mariæ inhumatum reliquerunt, donec ven. episcopus ecclesiæ Cadalonensis,**) Hildgrimus nomine, germanus eiusdem . . . . ageret eum glorioso rege Karolo, ut . . . sanctum illius conderetur corpus extra ecclesiam a parte orientali, ut iusserat ipse; non enim erat umquam consentiens, ut in ecclesia sua consecrata sepeliretur corpus humanum.

*) Werden. — **) Chalons s. Marne.

PADERBORN (*Padresbruna*).

337. *Transl. s. Liborii c. 4.*

(*Leo III. papa.*)

. . . in æcclesia tunc ibidem noviter constructa quoddam altare consecrans, adorandas in eo reliquias protomartyris Stephani collocavit.

338. *Ebenda c. 6.*

(*Baduratus B. von Paderborn, nach 814.*)

Cura prima iminebat, æcclesias per omnem parochiam suam sub celeritate construere, principalem vero basilicam ingenti decore et grandi opere extollere, res omnes ad eam pertinentes modis variis adornare.

339. *Annales Laureshamenses a. 799.*

Ad Padresbrunnam ædificavit (*Karolus M.*) ecclesiam miræ magnitudinis et fecit eam dedicare.

340—342.

240. *Gobelini Personæ Cosmodromium. Act. I7. cap. 52.*

M e i n w e r c u s (*episcopus Paderborn.*) quandam capellam prope maiorem ecclesiam P a d e r b o r n e n s e m, quondam per G e - r o l d u m consanguineum et signiferum C a r o l i Magni per Græcos operarios*) constructam in hon. b. M a r i æ desolatam reformavit, et eam in hon. s. B a r t h o l o m æ i consecravit.

*) Darunter können höchstens süditalienische Arbeiten verstanden sein. Vgl. die hiehergehörige Notiz Adams von Bremen über Adalbertus von Hamburg. (III. 3.) Interea fervet opus et surrexit ecclesiæ murus, cuius formam ante Ale- brandus instar Coloniam inecpit, ipse vero ad exemplum B e n e v e n t a n æ d o m u s cogitavit perducere.

RIDIGIPPI (*Frauenkloster*).

341. *Arnulf, Urkunde für Ridigippi 888, M. 1758.*

(Mitth. des Inst. f. österr. Geschichtsforschung, V, 40.)

. . . secundum petitionem venerandæ memoriæ H i l d i - g r i m i episcopi *(v. Halberstadt 853—886)* in cuius hæreditate idem monasterium fuit constructum.

SELIGENSTADT.

342. *Gesta episcopor. Halberstadensium a. 781.*

(Karolus M.).

a. igitur d. i. 781. ind. 4. . . primum in loco S e l i g e n - s t a t nuncupato, nunc autem a vulgo O s t e r w i k dicto . . . monasterium construxit atque in hon. Dei omnipotentis et s. prothomartiris S t e p h a n i dedicavit.*)

*) G r o t e - S c h a u e n, Zur Frage, ob Seligenstadt das jetzige Osterwick sei? Corr. Bl. des Ges. Ver. 1866, 23.

WERDEN (*Werthina*).

Vgl. oben no. 336. Geck, Abteikirche von W. mit Ansicht. 1856. Dehio, Bauk. I, 164 und 192 ff. (T. 42, 4). Die Kirche zu W. (Reste im spät- roman. Bau noch erh.) reiht sich dem Typus der fränkischen Kreuzbasilika (Altersreihe: Fulda, Köln, S. Gallen, Hersfeld) an. Die Krypta ist noch wohl- erhalten. (Abb. bei Dehio T. 42, 4 a.) Auch die Emporen (mit quergelegten Tonnen) möchte Dehio (I, 217) noch ins 9. Jhdt. setzen.

7*

343—345.

343. *Vita s. Idae, (c. 813.) c. 8.*

Marmoreum sarcophagum sibi longe ante obitum iussit præparari.

d. FRANKEN.

ANSBACH (*Onolzbach*).

344. *V. s. Gumberti confess. Anspachensis c. 9.*

. . . adiit imperatorem (Karolum M.) et fabricandæ ecclesiæ libertatem ab eo petiit et accepit. . . . Ipsa vero ecclesia in Onolspach, in hon. sanctiss. Dei gen. . . . Mariæ, honorifice dedicata est. *(cf. supra:* ecclesiam in quodam pago suo nobilem a fundamentis ædificavit atque ornatum illuc non contemptibilem congessit.)

345. *Karl d. Gr. Urkunde für Ansbach, 786 März 29, M. 262.*

(*Hänle, Skizzen z. Gesch. v. Ansbach 113.*)

. . . qualiter vir ven. Guntbertus episcopus monasterium aliquod in pago Rangouvi infra Ualdo, qui vocatur Vircunia rastas 4 inter 2 flumina, quæ nuncupantur Rethratenza*) et Onoldisbach**) in loco ubi insimul confluunt. . . in hon. s. Dei gen. Mariæ semperque virg. in sua proprietate a fundamentis suo ædificavit opere.

*) Rednitz. **) Onolzbach.

FULDA.

Schneider in der Zeitschr. Buchonia I, 2, 85 ff. II, 1. 148 ff.; Lange, Baudenkmale u. Alterthümer Fulda's 1847. Ders. Die Michaelsk. zu Fulda. 1855. Schlereth, Der Dom und die Hauptkirchen Fuldas in Schneiders Buchonia II, 1, 148. Krieg v. Hochfelden, Militär-Arch. 199. Kugler, Bauk. I, 415. Otte, Bauk. S. 89 f.; Caumont, Arch. écl. p. 16. Dohme, Bauk. S. 16. H. Graf, Opus francigenum p. 51 und 99—103 macht aufmerksam, dass Sturm 754—755 sich in Jumièges, das eine kreuzförmige Basilika, anscheinend nach dem Muster von Luxeuil hatte, sich aufhielt und möglicherweise die Salvatorkirche in Fulda jener nachgebildet war.

Vita s. Filiberti abb. Gemeticensis (684) Mab. A. SS. sæc. II. 828. cap. 7. Ubi eius providentia construxit per quaedam moenia turrita mole surgentia claustra receptionis mira, adventantibus opportuna. Introrsus domus alma fulget habitantibus digna: ab Euro surgens ecclesia crucis instar erecta, cuius apicem optinet b. Virgo Maria, altare ante faciem lectuli coudente beatissimo Filiberto pietum gemmarum lumine, comptum auri et argenti congerie, ab utroque latere Johannis et Columbani aræ dant gloriam Dei. Aderat a Borea Dionysii martyris et Germani confessoris ædicula, in dexteris nobile permanet s. Petri oraculum, e latere sancti habens Martini sacrarium. Vergit a meridie cellula ipsius sancti Dei petreo margiue florescente. Operosa saxis claustra comitantur arcus, variumque decus oblectans animum, cinctum triumphantibus lymphis. Duplex vergens ad Austrum 290 ped. longitudinis 50 in latitudine eminet domus quiescendi obtentu. Singula per lecta lux radiat fenestras, vitrum penetrans, lychnus fovet adspectus legentis. Subter aedes geminæ duabus officiis opportunæ. Hinc falerna servanda conduntur, hinc praudia clara parantur; ibique conveniunt, qui digue Christo deserviunt, nihil habentes proprium . . . .

c. 20. multa mouasteria per eius exemplum*) sunt constructa iu Neustria.

Über die merkwürdige Anordnung der Claustrums vor der Westapsis der Bonifatiuskirche »more Romano« vgl. meine Abhandlung: Die abendländ. Klosteranlage des frühern M. A. Wien, 1889. S. 20.

*) Jumièges gehört zu den fränkischen »Musterklöstern« wie Luxeuil, Agaunum u. a.

346. *Ann. s. Bonifatii a. 744.*

Initium Fuldensis monasterii.

347. *Ebenda a. 790.*

Basilica s. Bonifacii Fuldae fundatur.

348. *Ann. breves Fuld. a. 792.*

Initium ecclesiæ s. Bonifatii.

349. *Ebenda c. 791. Ann. Lamberti.*

Fundatum est ecclesia s. Bonifacii in Fulda.

350. *Ebenda a. 818.*

Vuldensis basilica dedicatur.

351. *Ann. antiqui Fuldenses. a. 819.*

Dedicatio ecclesiæ s. Bonifatii.

352. *Pippin I. Urk. für Fulda 752, Juni, M. 70.*

Jaffé, Bibl. III, 500.

. . . pro monasterio, quod a te*) noviter constructum est in solitudine Bochonia iuxta fluvium Fuldae.

*) Bonifatius.

353—356.

353. *Bonifatii ep. 79.*

(an Papst Zacharias 751. Jaffé, Mon. Mogunt. 218.)

. . . Est præter ea locus silvaticus in heremo vastissimæ solitudinis, in medio nationum prædicationis nostræ, in quo monasterium construentes monachos constituimus,· sub regula s. Benedicti viventes, viros strictæ abstinentiæ, absque carne et vino, absque sicera et servis proprio manuum suarum labore contentos. Hunc locum supra dictum per viros religiosos et Deum timentes, maxime Carlmannum quondam principem Francorum, iusto labore adquisivi et in hon. s. Salvatoris dedicavi.*)

*) s. den Brief P. Zacharias 751. Nov. 4. ep. 80.

354. *V. s. Sturmii abb. Fuld. c. 14.*

(Sturmi)

. . . adsumtis secum duobus fratribus, quarto ad locum prædictum *(Fulda)* ingressionis anno (747) Romam profectus est, atque in illa terra cunctis monasteriis lustratis, et omnium mores ibi fratrum consistentium traditionesque monasteriorum ad plenum discens, integrum annum apud illa monasteria perseverans, secundo inde anno . . . regressus est.

355. *V. s. Sturmi c. 20.*

(Sturmi)

coepit . . . . templum, id est ecclesiam, quod tunc habebant, ornare et domos omnes monasterii recentibus columnis et grandibus trabibus novisque tectorum structuris corroboravit. Post autem non longum tempus cogitans, qualiter adimpleri potuisset, quod s. regula præfatur, ut artes diversæ intra monasterium continerentur, ne forte propter aliquam necessitatem foris vagandi fratribus opus fieret . . . . .

356. *V. s. Sturmi c. 20.*

Super sepulcrum vero b. martyris Bonifacii auro argentoque compositam statuit arcam, quam nos solemne »requiem« apellare; quam, ut tunc moris erat, pulcro opere edi-

357—360.

dit; quæ usque hodie super tumulum ipsius Christi martyris in altari aureo perseverat.

357. *Karl d. Gr. Urkunde für Fulda. 810 apr. 22. M. 438.*

(*Schannat, Cod. probat. 83.*)

... habeat prædictus abbas (R a t g a r i u s) successoresque eius potestatem decimas accipiendas propter ædificia perficienda vel instauranda, luminariaque ecclesiæ renovanda.*)

*) Über die Echtheit s. Mühlbacher a. a. O.

358. *Libellus supplex monachorum Fuldensium Carolo imperatori porrectus (822) c. 12.*

ut ædificia immensa atque superflua, et cetera inutilia loca omittantur, quibus fratres ultra modum fatigantur, et familiæ foris dispereunt, sed omnia iuxta mensuram et discretionem fiant. Fratribus quoque secundum regulam certis horis vacare lectioni liceat, et item certis operari.

359. *V. s. Eigilis abb. Fuld. c. 12.*

(*Ansprache Ludwigs I. an den neugewählten Abt.*)

Immensa vero ædificia, pater, et opera non necessaria, quibus familiæ foris et intus fratrum congregatio fatigatur, exinde penitus ad mensuram dimitte.*)

*) Vgl. die vorhergehende Stelle.

360. *V. s. Eigilis c. 16.*

Non multo igitur post hæc temporis intervallo *(819)* coepit .... ecclesiæ mundare loca; pavimenta refundi constituit; altaria nihilominus locis congruis fieri demandavit, in summo lapidibus cooperta politis. In eadem vero ecclesia duas cryptas magnifico opere conlocavit, unam quæ respicit solis ortum; alteram, quæ solis occasum intendit. *c. 17.* Cumque hæc et alia multa diversarum specierum ornamenta in templo Dei collocasset, accepto fratrum consilio, misit epistolam ad H e i s t o l f u m archiepiscopum, ut dignaretur venire ad dedicandam ecclesiam in laudem omnipotentis Dei constructam .... et translatum est corpus Martyris Christi B o n i f a c i i in locum,

361.

quem præparaverat ei Pater Eigil una cum fratribus suis . .
.c. 19. Altera quoque die, duas ecclesiæ cryptas Humbertus
chorepiscopus iussu archiepiscopi sui Heistolfi consecravit . . .
Cuius nimirum dedicationis diem, tempus, numerum, et annum
simul etiam et sanctorum nomina, quorum reliquiæ ibidem
plantatæ sunt, disciplinabiliter litteris inserendo Hrabanus
magister memoriæ commendavit.

361. *Hrabani carm. 41.*

Denotatio dedicationis ecclesiæ s. Salvatoris constructæ in monasterio Fuldae, ubi pretiosus martyr et
electus Dei pontifex Bonifacius corpore sacro requiescit . .
Anno d. i. DCCCXVIII, ind. XII mensis Novembris I.
die mensis dedicatum est hoc templum ab Heistolfo archiepiscopo Moguntiacensis ecclesiæ in hon. s. Salvatoris,
domini videlicet nostri Jesu Christi et in hon. s. Dei gen.
Mariæ et s. Petri apostoli et ceterorum apostolorum
domini et s. Johannis B. et s. Bonifacii martyris Christi
et aliorum plurimorum sanctorum. Et translatum est ipsa die
ab eodem archiepiscopo et ceteris episcopis atque sacerdotibus
corpus s. martyris Christi Bonifacii post martyrium eius
expletis annis LXV mensibus IIII, diebus XXVI in locum,
quem ei præparaverat ven. abbas Aegil una cum fratribus
eiusdem monasterii cum magno studio et pia devotione.

1. In crypta orientali versus Hrabani.
Hoc heremita sacer Antonius adstat ad altar
    Hoc senior Paulus, martyr Anastasius.
Hic monachus Saba simul et Theodosius abbas
    Adsistunt votis atque piis precibus.

2. In porticu septemtrionali hoc est in sinistra
    absidae orientalis.
Levita hanc Stephanus simul et Laurentius aram
Exornant meritis Pancratiusque pius.
Donatus, Victor, Vincentius et Cyriacus,
Quintinus martyr atque Sebastianus

361.

Cumque quater denis Ferrutius ipse precando
Instat martyribus; poscite lucis opem.

3. In Absida orientali.

Hoc altare deo primum Bonifacius ipse
Nam salvatori rite dicavit amor,
Quod super exstructum Heistolf sacraverat atque
Sanctorum spolia plura locavit ibi.
Hic Salvatoris pariter genitricis et huius
Bissenum et comitum dignus habetur honor.

4. In porticu meridiana i. e. in dextera eiusdem absidae.

Hic Clemens martyr pariter cum martyre Lino
Sanctus Alexander et Fabianus adest.
Marcellus, Stephanus, Cornelius et Cyprianus
Lactantum et turba, sanguine tincta suo,
Aureus hic praesul Justinus martyr et ipse
Rite iuvant precibus atque bonis meritis.
Hisque Saturninus martyrque Georgius ante
Exorat iunctus pro populis dominum.

5. Ad crucem ubi martyr Bonifacius primum fuerat tumulatus.

Membra beata senex Bonifacius hic sua clausit
Postquam martyrio astra superna petit.
Qui translatus ab hinc precibus tamen adstat honestis,
Munera vice Dei sancta reliquit et hic.
Pars crucis hic Domini est, ubi caesus parsque columnae,
Petra cruentata calvariaeque locus.
Spongia quae Christo potum porrexit aceti
Cum qua hic sancti mixta locant spolia,
Andreas, Paulus, Gervasius atque Protasius
Felix et Papias, sanctus Apollinaris,
Gregorius praesul, Cosmas simul et Damianus,
Atque Coronati quattuor ecce manent,
Landebertus honor, Leudgarius et Nicolaus
Caecilia, Eugenia, martyr Anastasia.

361.

Commanet hic Simeon, Christi portator honestus
Zacharias vates atque videns Samuel.

6. In parte septemtrionali transversæ domus.

Martyr Agatha dei, Petronella et tu Juliana
Lucia, Perpetua, nosque Sabina fove.
Praxede cum sacra foveas nos, virgo Basilla,
Sicque piis meritis sancta Pudentiana.
Regina virgo coniuncta sororibus istis,
Tu nobis pandas regna poli precibus.

7. In sinistra parte illius arcus, qui respicit domum orientalem.

Lucas, qui scripsit cum gestis dogmata Christi
Vinclis hic Petri mixta locat spolia.
Augustinus adest, Germanus et ipse Remeius,
Maximinus præsul, atque Medardus ovat.
Ambrosius doctor, Eusebius atque Vedastus
Supremi nobis numen adesse petunt.
Hic simul adiunctus pro nobis martyr et Hermes
Exorat dominum, postulat et veniam.

8. In dextera eiusdem.

Marcus evangelium qui scripserat arte Pelasga
Martyre cum Paulo hic atque Johanne manet.
Ipse Valentinus, Gorgonius atque Nazarius
Germani et septem, Gordianusque simul,
Candidus, Exuperus, Victor Mauritius atque
Silenus martyr et Timotheus ovat.
Abdoque cum Senne, Prothus martyrque
Hyacinthus
Quos nobis, Christe, rite favere facis.

9. In parte meridiana ipsius transversæ domus.

Agnes et Eufemia, Genofefa, Susanna, Columba,
Hoc altare ornant rite suis precibus.
Cum quis tu Brigida, et tu virgo Scholastica, semper
Placatum nobis altithronum facias.

361.

10. In absida occidentali ubi martyr Bonifacius
quiescit.

Pars hic ecce loci est, quo Christus astra petivit,
Præsepis partem continet ara dei hæc.
Syndonis, mensæ, pelvis partemque sepulchri
Principis et Petri sacra tenet spolia.
Baptista et domini hic Martinus Hilariusque est
Hic Leo, Sylvester atque Dionysius.
Quos tumulo hic sacro Bonifacius adsociavit
Albanusque suus et Chilianus adest.

11. In crypta eiusdem absidæ.

Hanc, Benedicte pater, cryptam tutaberis aram
Sanctus Honoratus hanc simul ipse colit
Eucherius, Trudo, Arnulfus, Servasius atque
Cuthbertus Beda hic Equitiusque manent.
Hicque Columbanus fixa stat rite columna
Martyris et tumulo subsidia apta feret.

12. Ad altare sancti Ignatii.

Hunc titulum martyr Ignatius et Florianus
Ursicinus servat atque Rogatianus.
Emmeramus adest, Julianus Patriciusque
Sanctus Wigbertus, martyr et Hippolytus.

13. — — — — — — — — —
— — — — — — — — — — — — — *)
Hoc altare deo fulget honore novo.
Candida, Wirina, Concordia, cum Mederisma
Assistunt tecum Gertrud et ipsa simul.
Nam dilecta deo hic rite Theophila mixtim
Adiungit vota atque favet precibus.
Virginei flores, meritis pulsate tonantem.
Placatum et nobis reddite, quæso, deum.
*) Lücke.

14. Et in dextro altare iste.

Hoc altare tenet Timotheus apostolus almus,
Vitalis martyr, Vitus et ipse simul.

362.

Fortunatus adest, Felix, Tiburtius atque.
  Servilianus amor, Sulpitiusque pius.
Marius et Martha pariter cum pignore bino,
  Martialis martyr cum Diogene simul.
Sanctus Firminus, Liberalis, Fuscianusque
  Rusticus et Firmus, Castulus atque Zenon.
Cum quibus en gaudet hic Victoricius apte
  Gentianus martyr congratulando manet.
Hos peto tu orator, precibus placare patronos,
  Si velis summi scandere regna patris.

362. *Vita Eigilis metrica c. 15.*

(*Infecta basilicae opera peraguntur.*)

Ecclesiæ mundare loca, pavimenta refundi
Constituit, quadrata locans altaria circum
Fixerat in summo petris contecta politis.
Arcubus idem *(Eigil)* Racholfo dictante magistro
Et monacho, fratrumque simul sine felle ministro

— — — — — — — — — — — — —

Arcubus atque interpositis hinc inde columnis
Binas magnifice erexit pulcro ordine cryptas.
Quarum prima quidem spectans intendit Eoum.
Ternis luminibus, oriens ubi lucis ab axe
Signifero pluvia tempestateque sonora
Disiecta primum radios sol aureus orbi
Terrigeno spargit; unam quæ continet aram
Interius comptam, sanctorum rite patronum
Relliquiis, quas inferius subnectere mens est.
Nec minus hoc speleum capitis in vertice gestat
Altare, sanctus quod iam sub tempore prisco
Consecrat ipse suo Bonifacius Omnipotenti
Quæ super addita sunt, alii sacranda relinquens.
  Ast aliud quoque nobiliter, ubi martyr adest nunc
In parte occidua constructum cernitur antrum
Multum dives ope, interius spoliisque piorum.
Ternis prospiciens fixis post terga fenestris
Obscuratus hinc atque clausisque duobus

363—364.

Solis ad occasum, qua Phoebus more recepto
Mergitur in solitum vergens lux aurea callem
Lustrandoque rotat iterum tollendus in ortum.
Hoc summo in capite, duris præ viribus aram
Fortiter insistens pedibus nam sustinet, in qua
Christi martyris eximii nunc membra locata
Cum sociis quoque sacra manent sine fine beatis.

363. *Ebenda c. 17.*

Ecclesiasticus hinc atque inde collectus in unam
Martyris ad tumbam extimplo convertitur ordo
Quæ tunc noscitur in medio consistere templo.

— — — — — — — — — — — —

Regia quippe via pannis candentibus apte
Regis perpetui magnum quæ ducit ad altar
Strata fuit, illuc idem, quod ipse sacerdos
Ercanberctus ovans Christi devotus amore
Martyris exhibuit ostro, peplumque rigentem
Insuper accumulans auxit per seque suosque.

364. *Ebenda c. 19.*

(De crastina dedicatione et reliqua.)

— — — — — — — — — — — —

cum sociis iussus Humberct corepiscopus antra ad
Ecclesiæ sacranda duo, quæ luce reliquit
Hesterna præsul: primum quod spectat Eoum,
Pontificis vice, rigido conspectus in ostro
Agreditur speleum saltim, quo nempe sacrato
Una cum titulo, simili mox ordine sacrat
Solis ad occasum spectans, quod respicit antrum.
Excipiuntur enim infecta altaria bina
Unum qua martyr media testudine templi
Ante fuit, aliud qua Styrmi corpore quiescit.
Ac digna Liobgid pausans Bonifacia neptis
Sola iacet busto mulierum sorte sepulta.
Quæ rediens una Jacobi simul atque Philippi
Cum titulo præsul venturo dedicat anno.

110

365—366.

365. *V. Eigilis c. 20.*

Pater namque monasterii .... cum consilio et fratrum consensu ecclesiam parvam ædificavit rotundam, ubi defuncta corpora fratrum sepulturæ tradita requiescant, quam c i m i t e-r i u m vocant .... cuius etiam ædificii structura sub terram, ubi pervium circuit antrum, ab una columna lapidea in medio posita, arcubus hinc et inde in eamdem compaginata, valenter exsurgit: supra vero octonis subrigitur columnis, atque in summitate operis lapide concluditur uno. Hoc siquidem ædi-ficium Pater iste venerandus ac supra commemoratus ma-gister (= H r a b a n u s) cum sociis, nescio quid magni fingentes, divino magisterio docti, quod tamen ipse, salva fide, Christi et ecclesiæ puto præsignari posse figuram. P a u l u s namque apostolus . . . de ecclesia Christi ex lapidibus vivis, hoc est de sanctis hominibus compaginata, quod sit habitaculum Dei . . . ait: »Templum enim Dei sanctum est quod estis vos« *(1 Cor. 3.)* Cuius tecture princeps et conditor est Christus Jesus, fundamentum scil. columnaque manens semper immobilis . . . in quo omnis ædificatio crescit in templum sanctum in Do-mino. Quid vero significet hoc, quod in summo uno lapide istius ædificii perfectio consummatur, idem Doctor insinuat, qui nos intenta mente docet orare, ut ille qui cœpit in nobis opus bonum, perficiat usque in diem Christi Jesu, quatenus cuncta operatio nostra a Deo semper incipiat, et per eum coepta finiatur. Octo igitur columnae in hoc templo Domini stantes octo beatudinibus, quas ipse Dominus in evangelio comprehendit, convenienter coaptantur . . . Circulus vero ec-clesiæ qui nullo fine terminatur, interius habens compendia vitæ, id est divina sacramenta, regnum perpetuæ maiestatis et spem vitæ æternæ ac præmia mansura, quibus iusti merito coronantur in ævum, non incongrue significare videtur.

366. *Ebenda c. 21.*

Hoc igitur templum, quod iste vir ven. .... construxit, H e i s t o l f u s Moguntiacensis ecclesiæ præsul T u r i n g e a rura transiens, dedicavit in hon. Domini nostri Jesu Christi et s. M i c h a e l i s archangeli Christi et reliquorum. *)

*) Die noch heute erhaltene aber stark restaurierte St. Michaelskirche; vgl. D e h i o, Bauk. I, 43 (mit Tafel 9. fig. 4, 5.)

367.

Descriptio ecclesiæ dedicatæ quam cœmeterium
vocant Hrabani magistri.

Anno i. d. DCCCXXII ind. XV. dedicatum est hoc cymiterium ab Heistolfo archiepiscopo Moguntiacensis
ecclesiæ mense Januario XVIII. Kal. Februarias in hon. s.
Michaelis archangeli et s. Johannis Evang., s. Abundi
martyris, et s. Amandi confessoris et aliorum plurimorum
sanctorum martyrum atque confessorum Christi.

1. In primo altare.

Hoc altare Deo dedicatum est maxime Christo
  Cuius hic tumulus nostra sepulcra iuvat.
Pars montis Sinai, Moysis et memoratio digna
  Hic Christi domini est genitale solum.
Hic Michael princeps domini et symmista Johannes
  Victoresque foci tres simul et pueri.
Privatus martyr, pariter et Habundius ipse
  Suscipiunt vota atque deo referunt.
Sulpitius præsul, simul et confessor Amandus,
  Hic monachus Mammas, hic ovat et Simeon.
Cum quibus hic semper votis adsiste, precamur,
  Virgo sacrata Deo martyr Anastasia.

2. In sinistro altare.

Hic Anianus adest martyr, Desiderius atque
  Rex Sigemundus ovat Genesiusque simul.
Tu quoque, Christophore, nostris pie mentibus adsis
  Cumque tuis sociis ipse iuvato preces.

3. In dextro altare.

Paulinus præsul, Brixius Perpetuusque
  Sanctus et Isidorus, Martialisque pater
Hanc aram meritis semper vivacibus ornant,
  Adistant precibus, quas pie quique dabunt.

368. *V. Eigilis c. 22.*

. . . licet iam senio morborum tricatus lassasset, tamen claustrum monasterii ex novo construere cogitavit. Vocantur ad consilium fratres. Quæsitum est, in quo loco ædificatio claustri congruentius potuisset aptari: quidam dederunt consilium, contra partem meridianam basilicæ, iuxta morem prioris; quidam autem, R o m a n o more, contra plagam occidentalem satius poni confirmant, propter vicinitatem martyris, qui in ea basilicæ parte quiescit: quorum consilio adsensum præbuere priores; concordabat nihilominus et reliqua pars fratrum. Quibus vero ita in unum coadunatis, tendebatur statim mensura laboris, effossaque terra, operis magistri consequenter fundamenta ponebant. Erat enim in hoc opere, et non solum in hoc, verum etiam in omnibus utilitatibus monasterii par cura, voluntas ac studium fratribus et abbati.

369. *Ebenda c. 27.*

Postea namque accepto farculo designavit locum sepulcri ipsius in orientali parte cimiterii . . . Sarcophagum vero in locum monumenti aptavit, in quo se post obitum eius condere humili supplicatione poposcit.

370. *Vita s. Rabani Mauri c. 5.*

. . . monasterium totum domibus apertis et habitaculis congruentibus extruxit; et ecclesiam ex diverso metallorum pretiosarumque vestium genere pulchra varietate decoravit. Per cellas quoque fratrum sibi commissorum et per alia loca multa ad se pertinentia, in quibus prius non erant, ecclesias cum permissione episcopi sui construxit . . .

371. *Ebenda c. 48.*

Aliorum autem sanctorum reliquias de diversis partibus orbis plurimas congregavit, atque in oratoriis, quæ tempore sui regiminis numero XXX construxerat, et ab episcopis, in quorum diœcesi fuerant, dedicari fecerat, honorifice collocavit.

372.

In ecclesia sanctæ Mariæ in monte qui vocatur
Episcopi.

1. In dextro altare.

Hoc altare tenens Bonifacius ipse sacerdos,
    Et Christi martyr rite patronus adest.
Cui quoque coniunctus fit papa Gregorius isthic,
    Aequati et meritis regna superna tenent.
Non minor ergo fide martyr Laurentius istis
    Hic ovat et precibus adiuvat ipse pios.

2. In sinistro altare.

Hic, pater alme virum, monachorum maxime pastor
    Tu, Benedicte, tuos rite iuves precibus.
Cui soror adiuncta Scholastica sancta virago,
    Tu tibi devotis posce salutis opem.
Martyr Anastasia simul tu funde, precamur,
    Pro nobis Christo semper et ipsa preces.

3. In monte qui vocatur Episcopi, in turre ecclesiæ sanctæ Mariæ.

Annue, Christe deus, Michael archangelus istic,
    Assistat votis, nos iuvet et precibus.
Martinus præsul, martyr Palmatius atque
    Propitium nobis te faciant meritis.
Cassius, Anthemius, sanctus Florentius adstent
    Memmius antistes, hic soror Etpumia.
Credimus ergo satis placatum te adfore nobis,
    Si hi prece nos studeant rite fovere sua.

4. Ad Fuldam vero ecclesia sanctæ Mariæ, quæ in
monte sita est, in crypta orientali has reliquias
continet.

En montis Sinai tabularum ac portio sacra
    Condita hic domini est præsepis atque sui.
Hic Sixtus papa, Magnus Januarius atque
    Levitæ sacri martyrio et validi.

373—374.

Hermes hic martyr, Quirinus. Sulpitiusque
Eustratius, Romulus perpete laude manent.
Theodolus martyr, Humbertus præsul et almus
Cum almo Wigberto hic ovat et socio.
Virgo sacra hic Digna pariter et Emerita. fulgent
Aequales meritis atque sacris precibus.

373. *V. s. Rabani c. 46.*

Aedificavit etiam ecclesiam valde conspicuam in monte
excelso, XII fere stadiis ad orientem a suo monasterio di-
stantem; quam cum ex præcepto Otgarii archiepiscopi per
Reginbaldum corepiscopum eius in hon. bb. apostolorum,
patriarcharum, prophetarum, martyrum, confessorum et virginum omniumque sanctorum spirituum cœ-
lestium fecisset consecrari, intulit in eam ossa s. Felicitatis
matris VII filiorum martyrum et s. Concordiæ ss. quoque
virginum Basillæ, Emmerentianæ, Candidæ et Eutropiæ. Quibus addidit ossa ac vestimenta ss. Aquilæ et Priscillæ V Kal. Oct. erectamque desuper, sicut et in ceteris
fecerat ligneam fabricam auro argentoque decoravit, scriptis
ex utraque versibus qui gestæ rei ordinem declarant, hoc modo:

Hic locus ecce tenet sanctorum condita rite
  Ossa, simul memorans, et pia facta colit,
Mater Felicitas, sancta et Concordia, nutrix
  Hippolyti, hic pausant, Candida et Eutropia
Pauli itaque et hospes Aquila hic et Prisca
                        quiescunt,
Eugenia hic virgo atque Basilla manent.
Virginis Agnetis hic collactanea sistit
  Nempe Emerentiana martyr et ipsa sacra.

374. *Ebenda c. 46.*

Transtulit quoque eadem die ossa b. Leubae virg. . . . .
et posuit eam in crypta eiusdem ecclesiæ post altare, in hon.
s. Dei gen. sanctarumque virginum Christi dedicatum, in
arca saxea, quam etiam ligno circumdatam auri argentique
metallo decenter ornavit.

375—376.

375. *Hrabani carm. 44.*

Anno d. DCCCVIII*) ind. XV. dedicatum est hoc oratorium iussu **Otgarii** archiepiscopi a **Reginbaldo** corepiscopo VI Kal. Octobr. in hon. beatorum **apostolorum, patriarcharum, prophetarum, martyrum, confessorum** atque **virginum**, et s. **Felicitatis** matris VII filiorum martyrum, s. **Concordiæ**, s. **Basillæ**, s. **Eutropiæ**, s. **Candidæ**, s. **Emerentianæ**, sanctorum **Aquilæ** et **Priscillæ** et s. **Leobæ** virg.

*) corr. DCCCXXXVI.

1. In abside ecclesiæ s. **Petri** quæ est in monte sita.*)

*) S. no. 842.

2. Ibidem.**)

**) gleichlautend mit dem Titulus in no. 373.

3. In dextro altare.

Martyribus Christi cunctis hæc ara locata est
Præcipueque istis, littera quos numerat.

4. In sinistro altare.

Sors **confessorum** Christi hanc obtinet aram
Quos aula cœli possidet atque tenet.

5. In crypta subtus altare primo.

Hac **baptista** potens sacra venerabitur ara
Hac **vatum** turba atque **patrum** colitur.

6. Ad altare medium.

Virgo dei genitrix hanc aram rite teneto
Hanc tecum habeat **virgineusque** chorus.

7. Ad altare tertium.

Hoc altare Dei **Michael** archangelus ornat.
Hocque colunt pariter **agmina et angelica**.

376. *V. s. Rabani c. 28.*

Abbas vero desuper ligneum erexit ædificium, quod ex auro et argento decenter ornavit, scriptis in circuitu metricis versibus, gestæ rei causam declarantibus hoc modo:

8*

116

377—378.

(In ecclesia s. Johannis B. carm. 46.)

Præceptor Domini Christum qui tinxerat undis
  Hanc aulam inhabitat sanctificatque domum
Quattuor hancque viri, Christi magnalia scriptis
  Qui tum expresserunt ecce colunt pariter.
Sed homines sancti valde, et sacro ordine clari
  Non minus exsultant nobilitantque locum.
Quos huc diversis duxit ex partibus orbis,
  Servorum domini strenuus actus amor.
Urbanum Roma, Quirinum Siscia misit,
  Quos pie suscipiens continet iste locus.
Insignis præsul sanctus Venantius atque
  De Arimino veniens hic simul ipse manet.
Hic quoque susceptos Rabanus sorte locavit
  Sarcophago hoc digne, edidit et titulum,
Deposcens omnes templum qui gressibus intrant
  Ipsum ut commendent rite Deo precibus.

377. *Hrabani carm. 67.*

Ad altare s. Petri.

Coetus apostolicus pariter cum principe Petro
  Hoc altare tenens ecclesiam dedicat.

378. *V. s. Rabani c. 16.*

. . . ossa ss. mart. Alexandri et Fabiani cum magno
honore intulit in ecclesiam b. genitricis Mariæ, ad septentrionalem plagam monasterii sitam, atque in arca saxea inclusis
eorum plumbeis loculis ad orientem altaris collocavit IV.
Kal. Aug. erigens desuper ligneum ædificium, mechanica
arte fabricatum, quod argento et auro atque lapidibus pulcra
varietate decoravit addens etiam versus, quibus unde et quo
et ad quem translati sunt declaratur, metrica lege compositos et literis aureis scriptos, hoc modo:

  Pontifices summi, Roma huc quos misit habendos
    Rectores fuerunt sedis apostolicæ . . . . etc.
  Hos servus Christi Hraban suscepit ovando
    Illorumque ossa hic condidit et loculo.

Levitæ ergo duo prædicta ex urbe secuti
Venerunt istic digni et honore suo;
Quos idem famulus Domini mox obvius astans
Supplex accepit, hicque simul posuit.
Martyr Alexander, martyr Fabianus et ipse
Huc venere simul, doctor uterque pius.
Discipuli Sixti papæ dignique ministri,
Felicissimus hic Agapitusque manent.
Omnes hi pariter aulam hanc sacris ossibus ornant
Virgo Dei genitrix quam dicat et meritis.
Vos quoque, qui intrastis templum, istos cum prece fusa
Patronos vobis quærite in auxilium *)

Reliquorum vero sanctorum ossa, qui supra nominati sunt,**) in arca, quam ad instar arcæ fœderis Dei ex ligno fabricatam atque deauratam cum cherubin ac vectibus *(Var. aspectibus)* suis in basilica beati Bonifacii martyris in absida orientali posuerat, condidit, donec venerationi eorum locum congruum pararet. Quod et postea cum Dei adiutorio, quam celerime potuit, devotius implevit. Hæc autem gesta sunt anno ab Incarnatione Domini 835, indictione 13.

*) Hrabani carm. 45. **) c. 15: Castulus, Sebastianus, Pamphilus, Papias, Maurus, Victor, Concordia.

379. *V. s. Rabani. c. 45.*

Locus est a monasterio Fuldensi 10 et eo amplius leucis distans, ad boream, nomine Rathesthorph, a monachis quidem habitatus, sed ad præfatum monasterium eo tempore ad Hrabanum abb. pertinentibus, in quo pulchram et divinis officiis congruentem noviter construxit ecclesiam quam picturis et diversorum varietate metallorum decenter ornavit, altaribus et crucibus ex auro argentoque paratis, vasisque diversi generis, quæ divinus cultus exposcit, congruenter adhibitis; in quam cum auctoritate Humberti, qui Heriolfum presbyterum illuc vice sui miserat, ossa b. Cæciliæ virg. et ss. mart. Tiburtii et Valeriani intulit atque in sarcophago saxeo post altare posuit, singulorum ossibus in loculis singulis seorsum positis, erectamque desuper, ut ei moris erat,

ligneam tumbam auro paravit et argento. Titulum quoque . .
. . . litteris deauratis in circuitu conscripsit in hunc modum:

380. *Hrabani carm. 47.*

Postquam Rex regum Christus super æthera celsa
　　Victor conscendit arbiter omnipotens,
Servorum turbam hic liquit plebemque fidelem
　　Qui verbo et factis plurima lucra darent.
Inter quos isti, quorum hic membra quiescunt,
　　Virtutum titulis eximii fuerant.
Hi pompam mundi spernentes, rite tenebant
　　Martyrii palmam virgineumque decus.
Germani ecce duo hic pausant, quos Virgo beata
　　Sacrata est Christo dogmate Cæcilia.
Valerianus adest unus, Tiburtius alter,
　　Nomine præclarus, clarior et meritis.
Has tres personas Romana ex arce meantes
　　Suscepit Raban, Christe, tuus famulus
Patronosque tibi exoptans fieri, arte magistra
　　Ornavit tumulum, condidit et titulum.

381. *Hrabani carm. 57.*

In ecclesia s. Mariæ iuxta sepulchrum Bonifacii.
　　Postquam martyrium explevit Bonifacius almus
　　　　Martyr et antistes, æthera celsa petens,
　　De Fresia huc vectus cum theca hac rite locatus
　　　　Sanguinis hic partem liquerat hinc abiens.
　　Desuper hunc tumulum Hrabanus condere iussit
　　　　Ad laudem sancti exiguus famulus.
　　Indignus præsul, vernaculus attamen huius
　　　　Pro quo tu, lector, funde preces domino.

382. *Hrabani carm. 60.*

In ecclesia Vodilhohi.*)
Scriptor evangelii dilectus rite Johannes
　　Cum Luca hanc aulam consecrat en socio

383—384.

Imbuit hanc aram Cornelius ac Cyprianus
  Ipse Bonifacius atque Dionysius.
Hic precibus adstat Vincentius et Cyriacus
  Cumque Valentino Rusticus adstat ovans
Gorgonius martyr, Pancratius ipse, Naborque
  Adsistunt precibus hicque Sebastianus.
Hoc altare Petrus, Andreas, Paulus et ipse
  Exornant meritis atque sacris precibus.
Cum quibus hic gaudens Martinus præsul ovando
  Adsistit votis sanctus et Hilarius.
Virgo Maria dei genitrix intacta tonantis
  Hic præsens adsis ipsa tuis famulis.
Lucia, Cecilia atque Agnes et martyr ·Agatha
  Adsint hic tecum nosque iuvent precibus.

*) Mönch von Fulda, erwähnt von Bruun in der Vita Eigilis metrica, II,
7; nach den Ann. necrol. Fuld. 831 gestorben (SS. XIII, 172).

383. *Hrabani carm. 63.*

In Ara Mauri vel in Capsa.

Hæc plaga martyribus decoratur namque beatis
Hæc confessorum spoliis pars rite refulget.
Hac præco et sancti numerantur parte prophetæ,
Virginibus sacris hic præstat virgo Maria.
Omnibus hic sanctis digni celebrantur honores
  Omnibus hanc aram Hraban et ipse dedit.

384. *V. s. Rabani c. 38.*

. . . Hrabanus abb. Humbertum Wirziburgen-
sis ecclesiæ episcopum invitavit ad monasterium quod Holzkiricha vocari iam supra dictum est: et quia ad eius diœcesim locus pertinebat, cum illius auctoritate ossa ss. mart. Ja-
nuarii et Magni venerabiliter ibi in arca saxea ad orientem altaris collocavit, VIII. Kal. Nov., super quam ligneum
erigens ædificium, auri argentoque metallo pulchra varietate
decoravit, scriptis in circuitu metricis versibus litteris deauratis, hoc modo: Ecce viros istos præclaros valde patronos etc.*)

*) s. die folgende Stelle.

385.

385. *Hrabani carm.* 49.

In ecclesia sanctæ Mariæ, quæ in loco qui vocatur
Holzkiricha est constructa, iuxta introitum eius
hi descripti sunt versus.

1.

Quisquis hanc aulam petiturus gressibus intrat,
  Agnoscat primum quid locus hic habeat.
Virginis hic matris sacra pignora rite locantur
  Hanc aulam et totam ipsa dicat meritis.
Cum qua sanctorum turba hic pie nobilis adstat.
  Suscipiens vota atque Deo referet.
Unde decet valde, quod cordis pura voluntas
  Sermoque cum factis dona superna petant.

2. In sepulchro sanctorum martyrum, qui ibi requiescunt, hi continentur versus.

Ecce viros istos, præclaros valde patronos,
  Roma decus orbis miserat huc pariter
Quos quoque Hrabanus humilis susceperat abbas
  Præsul cum Humberto rite locavit et hic.
Hic pausat Magnus, martyr Januarius atque
  Officio insignes atque sacris meritis.
Qui cum pontifice Xisto mucrone perempti
  Levitæ cœlo reddiderant animas.

3. In primo altare.

Virgo Maria dei genitrix, hæc aula resultat
  Ecce tibi et tota fulget honore tuo.
Virginibus præsens sacra hæc decoratur et ara
  Qua supra pietas absida læta notat.
Cum quibus et sancta Praxis ovat atque Basilla,
  Candida virgo simul atque Pudentiana.

4. In dextro altare.

Coetus apostolicus hanc sacram continet aram
  Adiuvat et precibus, ornat, amore colit.
Vos quoque qui intrastis, cervices flectite vestras,
  Devoto hic corde poscite lucis opem.

386—387.

5. In sinistro altare. cf. Th. II. no. 943.

6. Ad crucem.

Qui crucis lignum, quo Christus sæcla beavit
Emblemate inclusum arx tenet ista crucis.
Baptistæ et Christi spolia tenet ara sacrata
Doctoris Pauli relliquias pariter.
Scriptor evangelii Marcus cum compare Luca,
Sennen atque Abdo hanc et amore colunt.
Sanctus et Hyppolitus, Prothus martyrque Hya-
cinthus
Hic simul adiuncti mixta locant spolia.

7. In crypta.

Martinus præsul simul et Gregorius almus
Hanc aram meritis rite colunt propriis,
Cum quibus Equitius ovat atque Antonius abbas,
Sanctus Maximinus pastor et ipse pius.

8. In capella.

Culmen apostolicum Petrus Paulusque magister
Hoc altare suis rite dicant spoliis.
Pontifices summi Xistus Bonifacius atque
Martyrio insignes hic habitant pariter.
Commanet hicque simul Felicissimus Agapitusque
Levitæ sacri, testis uterque dei.
Flectite vos genua, qui intrastis limina sacra
Christus adest rector: poscite meis opem.

386. *Catalogus abb. Fuld. A. D. 744.*

lus pater et fundator Fuldensis cœnobii Styrmi
(744—779) . . . inter alia multa utilia partem fluminis Fulde
monasterio per aqueductum introduxit, tantæ altitudinis, ut
vix verbis explicari queat.

387. *Ebenda.*

(*Baugolf abb. 2dus 779—815.*)

orientale etiam id templum mirificum artificiose constructum studio Ratgeres strenuissimi viri, honorabiliter extruxit.

388—391.

Per annos igitur 25 idem cœnobium nobiliter provectum, m o-
nasteriolum quod ex suo nomine construxit, perrexit. 8. Id.
Jul. obiit.

388. *Ebenda.*

3us abbas R a t g e r (815--817?), sapiens architectus, oc-
cidentale templum iam accepta potestate, mira arte et immensa
magnitudine alteri copulans, unam fecit ecclesiam. Eo quoque
tempore H r a b a n u m et H a t t o n T u r o n i s direxit ad A l-
b i n u m *) magistrum liberales discendi gratia artes, B r u n a n
ad E i n h a r t u m tum variarum artium doctorem peritissimum
. . . Sed et auro argentoque, coronis et lucernis (maxime
studuit).

*) Alcuin.

389. *Ebenda.*

Huic successit E i g i l 4us (817—822) grandevus et venerandus, qui idem templum dedicari fecit. Et tumulum statuens
auro argentoque paravit, et corpus s. B o n i f a c i i ibi requis-
cendum transtulit. Sed et aliam ecclesiam in cymiterio rotundam mira arte typice composuit. Uno lapidi tota domus
imminens subterius, uno lapide tota superius conclusa, quam
iure in hon. s. M i c h a h e l i s dedicari statuit.

390. *Ebenda.*

Abbas 5us . . . R h a b a n u s (822—856) . . . fecit arcam,
instar arce M o s a y c e, cum circulis et vectibus ex omni parte
auratam, propitiatorium, cherubim glorie, candelabrum ductile
ex toto auratum. Hic constituit processionem iocundissimam
in palmis fieri, ipsamque arcam cum prædicto decore et
magna gloria deferri fecit. Et sacrarium, quod sacris vasis
aureis et argenteis mira arte fabricatis replicuit. Fecit et bibliothecam, tanta librorum multitudine ditavit, ut vix dinu-
merari queant . . . abbatiam intus forisque refertam reliquit
et W e s b e r g, quam ædificavit perrexit.

391. *Ebenda.*

Thioto 7us (856—871) . . . ss. A n t o n i u m et E o n i u m

392—394.

martyres monasterio gloriose advexit, et porticos inferiores adornavit ibidemque honorifice requiescere fecit.

392. *Ebenda.*

Sigihart 8us (871—899) . . . thecam evangelii auream cum lapidibus pretiosis ornavit . . . fecit pontem lapideum longum, 120 calamos mensuræ virilis cub. in longitudine habentem.

393. *Ebenda.*

Huoggi 9us . . . ss. mart. Eobanum et Adalhardum ascivit et partem corporis s. Viti, arisque in eorum hon. structis et dicatis, honorifice requiescere fecit. Sancti etiam Eugegii sanctique Floræ aliasque nonnullas ss. reliquias conligens et in monte, dicato templo, recondens . . . Hic constituit, populares crucem inter ecclesias forinsecus constitutas omni die dominica portari et sequi. Sed et sancti tumulum Bonifatii auro probato et lapidibus pretiosissimis decenter ornavit et super aram s. Mariæ cyborium altum erigens et in circuitu cancellos, pulpitum etiam per totum auro argentoque paravit.

394. *Kartula traditionis Emhildae abbatissae de monasterio Milize. Milz, 800. Febr. 3.*

(*Schenkung von Milz an Fulda. Dronke, Cod. dipl. Fuld. p. 88.*)

. . . cum ipso monasterio, quod ego ipsa (Emhilt) proprio labore construxi et ædificavi . . . . donamus. Hæc sunt ornamenta ecclesiæ huius monasterii. Id est altare primum auro paratum. Cruces 3 auro paratæ, capsæ auratæ 11, calices argentei 4, totidem patenæ. 3 ampullæ argenteæ, calices cuprini cum patenis tribus. imagines auratæ 9, corona 1 aurea. casulæ purpureæ duæ, ceteræ diversi coloris 12. dalmaticæ 2. ceteræ albæ 6. glokkæ 4 et 1 tintinabulum. altarium vestimenta purpurea 9. palliola 4. reliqua vestimenta altarium 9. manicæ 6 auro paratæ. oraria purpurea 4. fanones auro argentoque parati 7. cetera purpurata 3. manicæ purpureæ 10 . . . Sed et iste breviarius ad ornamentum ecclesiæ pertinet, id

395—398.

est turibula deaurata 2. cortinæ 12. orciarii 4. manile 1. con-
chæ 4. bechin 2.

GREBENAU.

395. *Karl d. Gr. Urk. für Grebenau. 786. aug. 31. M. 266.*

(*Kopp, Schriftt. 15.*)

. . . qualiter ad monasterium Herolfesfeld super
ripam Fulde fluminis in honore beatorum apostolorum Symonis et Thathei constructum rogatu Lulli mogontia-
censis archiepiscopi instructoris eiusdem loci donamus nos
ecclesiam in grabonouua ab eodem Lullo episcopo constructam.

HEIDENHEIM.

396. *V. s. Wunebaldi abb. Heidenheimens. c. 12.*

(*in Heidenheim.*)

. . . ecclesiam fabricavit et monasterium construxit.

397. *Ebenda c. 25.*

Post aliquod annos episcopus noster Willibaldus cum
cuncta popularis multitudinis copia . . . . ecclesiam fabricare
disposuit, ubi s. Christi confessor in corpore requiescebat,
maiorem quam priorem . . . Tum illi congregati celeriter cum
clero civiumque coetu definitum domui locum libraverunt. Et
tunc confestim adprimitus illi fodientes fundaverunt lapides,
locaverunt fundamenta, et cum finitimis firmando fabricave-
runt . . . fere trium annorum spatio almum Altissimo oratorium construendo constituerunt . . . ipso die prius post annum
unum s. Willibaldus ecclesiam consecravit (*s. Salvatori*).

398. *Ebenda c. 28.*

(*Willibaldus episcopus.*)

. . . statim illum porticum quæ fabricata atque parata
in orientali plaga tenebatur, hoc est sanctuarium, . . . Domino
consecravit templum. Nec omnis illa ecclesia adhuc edita sub-
tiliterque in sublime fuerat erecta, sed una tamen porticus in
orientali plaga præpropero tenebatur opere, ut illic almus

399—402.

Altissimi athleta conderetur in crypta . . . posuerunt eum in monumento novo, in illa porticu de qua supra diximus.

399. *V. s. Walburgis abb. Heidenheimens. c. 23.*

. . . revelatione divina cuidam E y s t e t t e n s i u m episcopo O t g a r i o sexto, qui dum minus, quam ratio deposceret honestatis, idem monasterium quo b. sanctimonialis ossa tegebantur, excoleret, et ecclesiam eiusdem monasterii magnis ædificiis et structuris renovaret, monstratum est ei, ut corpus b. W a l p u r g i s de loco humili . . . ad locum excellentiorem magis ac reverentialem transferre deberet.

HERSFELD (*Herolfesfeld*).

De h i o, Bauk. I 162. (T. 42, 3).

400. *Karl d. Gr. Urk. f. Hersfeld 775 ian. 22. M. 173.*

(*Kopp, Schriftt. 8. Wenck 3b, 7.*)

. . . cædimus ad monastherio cuius vocabolum est h a- r e u l f i s f e l d i, quam sanctissimus vir L u l l o episcopus in honore beatissimorum apostolorum (si)m o n i s et t h a- t h e i vel citerorum sanctorum, cuius pignora ibidem venerantur, visus est ædificasse.

401. *V. s. Lulli, archiepiscopi Moguntini c. 30.*

Post · hæc b. L u l l u s cum monasterium illud *(Hersfeldense)* opibus affatim exornasset, ædificiis insigniter excoluisset, cunctum domus Domini decorem ad unguem elaborasset . . .

402. *V. s. Wigberti c. 25.*

(*corpus s. Wigberti.*)

. . . monasterio H e r o l f e s f e l d celeres invexerunt . . . magnifice primo loco est in ecclesia conditum. Atque L u l l u s, annuente Magno K a r o l o, monumentum illius, quo more per G a l l i a s G e r m a n i a m q u e ceterorum sanctorum visuntur, auro et argento nec non reliquis congruentibus metallis exornandum curavit et id tempus ad Idus Augusti complevit.

403.

403. *Hrabani carm. 77.*

1. Hi versus scripti sunt in ecclesia sancti Wiberi
confessoris, hoc est, in abside orientali, ubi ips
Sanctus corpore quiescit.

> Hæc domus alma dei sacrata est nomine Christi,
> Cuius relliquias ara dicata tenet.
> Præsepis hic pars est, et portio sancti sepulchri
> Montis Oliveti mensaque grata manet.
> Discipulus domini Thomas, Simonque Zelotes
> Cum Juda Jacobi sacra locant spolia hic.
> Scriptor evangelii Marcus, Bonifacius atque
> Syxtus et Albanus, Ferrutiusque manent.
> Landebertus amor, Pancratius atque Georgius
> Cum Valentino ecce aderunt socio.

2. In abside vero australi iuxta altare s. Petri e
Pauli hi versus continentur.

> Hoc altare Petrus princeps Paulusque magister
> Cum sancto Andrea rite iuvant meritis.
> Hic Clemens pastor, Marcellus papa beatus,
> Sanctus Alexander, atque Callistus ovant.
> Inclytus Urbanus, Sylvester, ac Fabianus
> Pontifices vota hic pia suscipiunt.

3. Super proximum vero altare, in sinistra part
isti positi sunt.

> Hoc altare tenet Stephanus, Laurentius atque
> Levitæ officio martyrioque sacri.
> Agapitus pariter et Felicissimus almus
> Hunc titulum retinent atque dicant meritis.
> Hic ovat et Zenon, Vincentius, ambo ministri,
> Qui fuerant Christi, nunc et in arce manent.

4. Supra dextrum vero altare isti sunt conscript

> Martyrio insignes Venantius atque Quirinus
> Pontifices clari hunc titulum retinent.
> Sanctus Alexander, Cornelius atque beatus,
> Rectores summi sedis apostolicæ.

Hic Isidorus ovat præsul Theodulus et almus
Qui Christi testis clarus in orbe fuit.
Maximus Hippolytus, Victor et Candidus ipse
Cum quater hic denis martyribus aderunt.

In abside vero aquilonali, iuxta aram dei genitricis, hi versus continentur.

Virgo dei genitrix hanc aram tu ipsa dicato
Hic tecum maneat virgineusque chorus.
Agnes, Cecilia, Juliana et martyr Agatha,
Euphemia, Eutropia atque Pudentiana.
Rufina, Prisca, Emeritaque, et Lioba beata,
Hic adstent votis Brigida et Eugenia.

Qui proximum altare, quod in aquilonali parte
constat, hos versus continet.

O Benedicte pater, monachorum maxime pastor,
Hoc altare iuva rite tuis precibus.
Cuthbertus præsul, Arnolfus episcopus almus,
Hic adsint tecum nosque iuvent meritis.
Felix Justinus, Goar et presbyter almus
Cum Fortunato hoc simul et faciant.

In dextra vero parte hi versus super altare
scripti sunt.

Hoc altare tenet Gervasius atque Prothasius.
Martyrio insignes sicque Sebastianus.
Vitus, Sinizius, Cosmas simul et Damianus
Gordianus pariter atque Epimachus amant.
Sergius et Bacchus, Prothus simul atque Hya-
cinthus
Sanctus Nazarius martyr et ipse pius.

Ad crucem ergo altare positam. Has reliquias
continet.

Pars crucis hic domini est. qua Christus sæcla
beavit
Portio sudarii chlamydis atque sacræ.

Papa en G r e g o r i u s, M a r t i n u s præsul et a l m u s,
  A m b r o s i u s doctor atque M e d a r d u s ovant.
M a x i m i n u s adest, G e r m a n u s, hicque R e m i g i u s,
  Virgine cum insigni et martyre A n a s t a s i a.

9. In a b s i d e e t i a m o c c i d e n t a l i i p s i u s . e c c l e s i æ,
i u x t a a l t a r e p r æ c u r s o r i s d o m i n i i s t i v e r s u s s c r i p t i
s u n t.

Hic præco insignis Christi et b a p t i s t a J o h a n n e s
  S c r i p t o r e v a n g e l i i atque J o h a n n e s ovat.
Hicque D i o n y s i u s, C h y l i a n u s martyr et almus
  Adstantes orant cum sociis pariter.
M a r c e l l i n u s adest martyr, et P e t r u s honestus
  N e r e u s, A c h i l l e s, P r i s c a q u e et ipse A q u i l a.
R o m a n o M a r c u s, C r i s p i n o C r i s p i n i a n u s
  Adiuncti adsistunt ecce sacris precibus.
Ecce T i b u r t i u s hic præsens cum V a l e r i a n o
  C æ s a r i s q u e simul vota pia accipiunt.
Quapropter moneo cunctos, qui huc rite propinquant,
  Orandi causa, ut mente proba hoc faciant.

404. *Ann. Hildesheim., Quedlinburg. Lamberti. a. 850.*

H. a. 5. Kal. Nov. ecclesia s. W i g b e r t i dedicata est
a R a b a n o, M o g o n t i æ ecclesiæ archiepiscopo.

MEGINGAUDESHUSEN.

405. *Litt. fundationis monasterii Megingaudeshusen (816).*

(*Ussermann, Episcopatus Wirceburg. Cod. prob. no. 6.*)

. . . ego M e g i n g a u d u s vir illuster, comes et uxor
mea Y m m a ista pertractantes ... . placuit nobis, ut in locelle,
qui modo vocatur M e g i n g a u d e s h u s e n super fluvium L e-
g i n b a c h, in pago Y p f i g a w i, monasterium et habitationem
monachorum secundum regulam s. B e n e d i c t i degentium,
in hon. Domini et S a l v a t o r i nostri construere . . .

Tradimus etiam omnes nostros codices ac varia vasa vel
vestimenta ecclesiastica, videlicet cruces, capsas, calices, patenas, coronas, thuribulos, candelabrum, planctus, dalmaticas,
pallia, bancos, faldones, cum auro et argento operatos, nec

406—408.

non et alia utensilia, quæ in monasterio sunt necessaria, multimodarum specierum ac metallorum . . .

MICHELSTADT (*u. Seligenstadt*).

Michelstadt. Schneider, Die karoling. Basilika zu Steinbach. Nass. Ann. XIII. — Draudt, Das Kloster M.—Steinbach. Archiv f. hess. Gesch. XIII. 3. — Schäfer in Lützows Ztschr. f. bild. K. 1874, 129. — Ders. in der Darmstädter Ztg. 1874, 289. — Adamy R. Die Einhardbasilika zu Steinbach im Odenwald. Im Auftr. des histor. Ver. f. d. Großhz. Hessen untersucht u. beschr. Mit 24 Zinkätzungen und 4 Tafeln. Fol. Hannover 1885. — Die durch ihren kreuzförmigen Grundriss merkwürdige Krypta abgeb. bei Dehio, Bauk. T. 42, 5. und 45, 1.

Seligenstadt. Steiner, Gesch. u. Beschr. der Stadt u. ehem. Abtei S. 1820. — Dahl, Das alte kais. Palatium in S. In Justi's Taschenbuch: Die «Vorzeit« 1823, 85. — Ders. Das tausendjährige Jubelfest der Pfarrk. zu S. am 28. Aug. 1825. Nebst Gesch. u. Beschr. der Kirche. 1825. — Schneider, im Org. f. chr. Kunst. 1872. 275. — Ders. im Anz. des Germ. Mus. 1872. — Ders. in Nass. Ann. XII. — Braden, im Arch. f. hess. Gesch. XIII, I, 100. — Ders., Die Pfarrk. zu S. vor der Restauration. 1866. — Otte, Bauk. S. 739. — Dehio, Bauk. I, 164 u. 187 (mit T. 42 u. 44).

406. *Ann. Antiqui Fuld. a. 821.*

Dedicatio ecclesiæ Michilinstat in Odtonwald.

407. *Ludwig I. Urk. für Michelstadt u. Mühlheim. 815 Jan. 12. M. 549.*

(*M. G. SS. XXI, 359.*)

. . . quia concessimus eidem fideli nostro Einhardo, nec non et coniugi suæ Immæ in partibus Germaniæ locum qui vocatur Michlinstat, in silva quæ vocatur Odonewalt, in cuius medio est basilica lignea modica constructa . . . . nec non et villam quæ dicitur Mulinheim, quæ est in pago Moynecgowe sita super ripam fluminis Moyni, quæ quondam Drogonis comitis possessio fuit, et habet basilicam parvam muro factam . . .

408. *Einharti Hist. Transl. ss. Marcellini et Petri c. 2.*

. . . Is locus est in saltu Germaniæ, qui inter Neccarum et Maenum fluvios medius interiacet, ac moderno tem-

408 a.—410 a.

pore ab incolis et circum manentibus O d a n w a l d apellatur. In quo cum, pro modo facultatum ac sumptuum, non solum domus et habitacula ad manendum, verum etiam basilicam, non indecori operis ædificassem, dubitare cœpi, in cuius potissimum sancti vel martyris nomine atque honore dedicari deberet.

408 a. *Ebenda c. 14.*

. . . ad locum M i c h i l i n s t a d t nuncupatum . . . perveniunt. Is locus est in eo saltu Germaniæ, qui tempore moderno O d a n w a l d appellatur, et distat a M a e n o flumine circiter leucas sex. In quo cum basilicam noviter a me constructam, sed nondum dedicatam invenissent, in hanc illos sacros cineres intulerunt . . .

409. *Hrabani carm. 83.*

(de s. s. M a r c e l l i n o et P e t r o.)

— — — — ·— — ·— — — — — —

Hos Christi testes R o m a n a asscivit ab urbe
   Vir probus A i n h a r d u s constituitque locum.
Cuius successor perfecta presbyter aula
   R a t l a i c u s sanctis condidit hunc titulum.

— — — — ··· — — ·— — ·— — — —

410. *Transl. ss. Marcellini et Petri. c. 21.*

Postridie vero sacra b. martyrum corpora novo loculo recondita*) in absida basilicæ locavimus, et sicut in F r a n c i a mos est, superposito ligneo culmine, linteis et sericis palliis ornandi gratia conteximus, apponentes altare; ac duo vexilla dominicæ passionis, quæ in via feretrum præcedere solebant, hinc atque inde erigentes, locum illum divinis officiis celebrandis, pro modulo paupertatis nostræ, idoneum atque aptum facere curavimus.

*) Nach der Übertragung nach Mulinheim (Seligenstadt).

410 a. *Ebenda c. 52.*

. . . cumque eo loci ventum esset, ut iam turricula, quæ signa basilicæ continebat, ab eis conspici potuisset . . .

411—413.

411. *Einharti ep. 46.*

(abbati cuidam 828—840.)

. . . illud dico colloquium quando in palatio simul positi, de tecto basilicæ bb. Christi martyrum, Marcellini et Petri, quam ego nunc licet cum magna difficultate construere molior, locuti sumus et constitit inter nos de plumbo emendo contra precium 50 librarum. Sed quamvis opus basilicæ nondum ad hoc perductum sit, ut tegendi necessitas me rei admonere compellat, tamen propter vite mortalis terminum semper videtur esse festinandum . . . proinde precor benignitatem tuam, ut me de eodem plumbo emendo per literas tuas digneris facere certiorem.

412. *Einharti ep. 14.*

(an Ludwig I.)

. . . Item rogo, ut cogitare atque pensare dignemini, quæ merces vos apud Dominum maneat et laus coram sæculo vobis adcrescat, si per vos et in diebus vestris locus requietationis ss. martyrum (Marcellini et Petri), tam in ædificiis, quam in aliis necessariis rebus fuerit auctus, ornatus, et excultus; ut etiam exstructio eius nomini vestro adscribatur.

NEUSTADT AM SPESSART.

413. *Ludwig I. Urk. für Neustadt (Interpoliert.) Nimwegen. 815. aug. 17. M. 573.*

(M. B. 31, 40.)

. . . quia ven. Spatto episcopus et abbas ex monasterio quod vocatur Niwenstatt, quod est situm in silva Spechteshart iuxta fluvium Moyna detulit obtutibus nostris auctoritatem immunitatis Domini et genitoris nostri Karoli*) . . in qua continebatur [insertum, eo quod ipse propter venationis suæ dulcissimum diversorium, quod ibi primitus habuit, prædictum monasterium fundatum . . . in hon. s. Dei gen. semperque virginis Mariæ consecrari iusserit . . . interp.]

[(Filomuot, Helbburc, Aldigart sorores) . . . contradiderunt, cum infinitis mancipiis et vario ornamentorum

414—416.

apparatu, auro, argento, gemmis, lapidibus præciosis, sericys
vestibus et deauratis, tentorys, dorsalibus, cortinis, mappalys
mensarum ac lectisternys.   interp.]

*) cf. Die Gründungs-Urk. Karls d. Gr. (Fälschung) von 794. (M. 315.
M. B. 31, 14.

WEISSENBURG.

414. *Walafridi carm. 44.*

In Wizunburg.

1.

Hanc sancti sub honore Petri renovavit et auxit
Abbas Grimaldus lucis amore domum.

— — — — — — — — — — —

2.

Hoc quoque, virgo Dei genitrix veneranda, sacellum
Grimaldus humilis compsit honore tuo.

— — — — — — — — — — —

415. *Martyrolog. Weissenburg.*

Id. Jun. obiit Grimaldus abbas. Qui æcclesiasticæ uti-
litati studiosus intendens monasterium s. Petri post incendium
maiore ædificio restauravit.

WÜRZBURG.

Niedermayer, Kunstgeschichte der Stadt Wirzburg. 1860. — Pöhl-
mann, Der Dom zu W. mit 5 Tafeln. Arch. f. Unterfranken 30, 187.

416. *V. s. Burchardi episcopi Wirzburg. c. 7.*

. . . visum est omnibus, ut monasterium quod in monte*)
constituere disponebat, circa sepulturam martyrum (s. Kiliani, Kolomanni, Totnani) . . . potissimum fabricaret;
quod et primum de lignea materia initiatum, post hæc accu-
ratiori lapidum structura per s. Dei pontificem ad unguem est
perductum, ubi et denuo sanctorum corpora relata et in
operoso sarcophago gloriose sunt recondita.

*) S. Mariæ.

417—420.

417. *Ebenda c. 8.*

. . . in arto proclivi montis sæpedicti (Wirciburg) et allapsu Moeni fluminis coepit iustituere cœnobium, quod in hon. Dei genetricis s. apostoli Andreæ constructum . . . Recondidit etiam in eadem basilica digna cum veneratione corpus cuiusdam martyris Magni nomine.

418. *Traditiones quaedam factae ecclesiae Herbipolensi saec. IX. (ad calcem cod. Herbipolens. eccl. cath. quo continetur Augustinus super v. haereses.) no. 17, 4.*

(Schenkung des Vualath an S. Kilian. Pez, Thes. VI. 86.

Hæc est commemoratio rerum, quas ibi accepi: duo vasa argentea. 4 sperones . . 3 buxæ argent. 2 coopertoria siricea, 1 ad s. Kilianum, alium ad s. Simphorianum. 12 capsæ argenteæ et aureæ. 4 cruces de auro, argento et ære fabricatæ. altarium vestimenta siricea octo, duo linea. 8 casulæ, quatuor ex illis siricea. 2 calices argent. cum patenis 1 calix vitreus de auro paratus cum sua patena. 6 camisæ cum tonis. 12 manicæ siriceæ. 5 fanones siriceæ. 2 oraria. 5 missales. 3 comiti. 2 psalteria, erunt signa propitiæ divinitate. 1 turibulum. Passio s. Margarithæ. 1 crux aurea cum reliquiis Dominicæ crucis, palmas paratas.

419. *Ann. Wirziburg. a. 856.*

Aecclesia s. Kiliani in Wirziburc exusta est.

420. *Rudolfi Ann. Fuld. a. 855.*

Fulminum ictibus ædes plurimæ crematæ sunt. inter quas basilica s. Kiliani martyris (Wirciburgensis) Nonis Juniis . . . repentino ictu percussa atque succensa est: et mirum in modum sub laquearibus domus ignis pendulus inlæsa materia tamdiu oberrabat, donec ossa s. martyris et totus ecclesiæ thesaurus efferretur intactus . . . Sequentis vero mensis die 8., instante sollempnitate eiusdem s. martyris, muros æcclesiæ, quos prius coelestis non consumpserat ignis, subito terribilis exorta tempestas funditus evertit.

421—425.

e. SCHWABEN.

ANDLAU (*Elcon*).

421. *Karl III. Urk. f. Andlau. 884. Fcbr. 19. M. 1635.*

(*Grandidier Hist. de Strasbourg II b. 272.*)

... R i g a r d a dilectissima coniux nostra monasterium puellarum quod dicitur E l e o n, in proprietate sua paterna a fundamento construxit.

422. *Annales Argentinenses pleniores a. 887.*

(R i c h a r d i s imperatrix) in A n d e l a h e n s e cœnobium virginum a se constructum secessit.

AUGSBURG (*Augusta*).

423. *Gerhardi V. s. Oudalrici ep. c. 13.*

Sepulchrum S i m p e r t i*) episcopi in choro iuxta gradus situm adhuc sine tecto remanebat, de cuius operimento in visione admonitus, lignis more operculi arte coniunctis tegebat.

*) Über Bischof Simpert vgl. no. 470.

BUCHAU AM FEDERSEE (*Buchaugia*).

424. *Herimanni Chron. Augiense a. 902.*

B e s i n g e r, R e g i n o l f et G e r h a r d nobiles germani fratres filii A t o n i s comitis et A d e l l i n d æ, non longe a B o u c h a u g i e n s i cœnobio virginum in pago A l e m a n n i æ E r i c h g e w e, a matre per ipsum tempus studiose in hon. s. C o r n e l i i et s. C i p r i a n i martyrum constructo . . . occisi sunt et a matre sua apud ipsum cœnobium sepulti.

ELLWANGEN.

425. *V. s. Hariolfi*) c. 2.*

A d eum locum, quo postea oratorium s. S t e p h a n i protomartyris, nunc autem altare s. B e n e d i c t i constructum est, Domino ductore pervenerunt. . . .

*) Gründer von Ellwangen.

426—430.

426. *V. s. Soli c. 4.*

 de ipsius loci situ, ubi beatus Christi confessor sibi tugurium nobile statuit. Quod licet exiguum ac vile visui haberetur, proprio tamen spretis palatiis, hoc delectabiliter potitus est.

427. *Ebenda c. 10.*

(*Solus.*)

. . . cuius tu hic ex aquilonali oratorii latere monumentum adspicis. . .

ESCHAU (*Hascovia*).

428. *Series episcopor. Argentinens.*

R e m i g i u s, fundator ecclesiæ in E s c h o w e, a. d. 803, temporibus K a r o l i M.

429. *Notitia fundationis et restaur. mon. Ascoviensis p. 995.*

. . . quod R e m i g i u s A r g e n t i n e n s i s ecclesiæ episcopus *) in insula quæ vocatur H a s c o w i a pro remedio animæ sue sub die Id. Marcii, anno 10. regni gloriosissimi K a r o l i regis *(778)* precipue in hon. s. Dei genitricis M a r i æ et s. S o p h i æ et filiarum eius F i d e i, S p e i et C a r i t a t i s et s. T r o p h i m i martyris monasterium sanctimonialium construxit . . .

*) 765—783.

ST. GALLEN (*Monasterium s. Galli*).

J. v. A r x, Gesch. v. St. Gallen; K e l l e r, Bauriss, Zürich 1844; L e n o i r, Arch. monast. I, 25; R a h n, Zur Statistik schweizerischer Kunstdenkm. St. Gallen. Suppl. zum «Anz. f. Schweiz. Alterthumsk.« No. 4. 1886; N e u w i r t h, Die Bauthätigkeit der alemann. Klöster St. Gallen, Reichenau u. Petershausen. SB. der Wiener Acad. d. Wissensch. phil. hist. Cl. Bd. 106; D e h i o, Bauk. I, 161. (T. 42, 2); G r a f, Opus francigenum. p. 110 ff.; S c h l o s s e r, Die abendländ. Klosteranlage. S. 24 ff.

430. *Annalium Alemann. Continuatio Augiensis a. 830.*

Initium basilicæ s. G a l l i.

431—438.

431. *Ebenda a. 835.*
Dedicatio basilicæ s. Galli.

432. *Annales Weingartenses a. 835.*
Initium basilicæ s. Galli.

433. *Annales brevissimi Sangallenses a. 831.*
Initium basilicæ s. Galli. *(So cod. no. 250; cod. no. 459. ad. a. 830.)*

434. *Annales Sangallenses maiores a. 830.*
Initium basilicæ s. Galli et translatio s. Otmari de eadem ecclesia in basilicam s. Petri apostoli.

435. *Ebenda a. 864.*
Translatio s. Otmari apostoli de ecclesia s. Petri in basilicam s. Galli.

436. *Annales maiores Sangallenses a. 829.*
Initium basilicæ s. Galli et translatio s. Othmari de eadem ecclesia in basilicam s. Petri apostoli. Unde versus Notkeri Balbuli:

Justitiæ Gozbertus heros fratris Winihardi
Artibus eximiis fasces portantibus omnes
Pauperibus monachis lapidum calcisque et harenæ,
Ut quondam largus fecitque Sisinnius almus.
HANC STRUXIT ECCLESIAM.

437. *Ebenda a. 833.*
Dedicatio basilicæ s. Galli.

438. *Ratperti Cas. s. Galli p. 66.*
(Gozbertus abb.)

ad augmentum quoque nostri monasterii, veteri destructa, novam s. Gallo cœpit ædificare basilicam, quæ hodie rationabili proceraeque magnitudinis statura cernentibus apparet constructa, a. videlicet inc. Domini 830, Illudowici vero imperatoris 17°. Quam utique spacio 7 annorum ad plenum

439—441.

aedificando perduxit annoque IX. dedicationem ipsius basilicæ perpetravit, convenientibus ad idem monasterium Wolfleozo, ad cuius diocesim pertinebat, Constantiensi episcopo, unaque Oadalricho, Basiliensi episcopo, Erlebaldo quoque Augensis monasterii abbate cum aliquantis suæ congregationis fratribus præsente manente aliisque Alemannorum principibus non paucis.

439. (*Ratpert?*) *De capella quadam.*

(Goldast. Alam. Rer. SS. p. 85. Migne 105. 1080.

Condidit hoc sanctum stabili fundamine templum
Cum genitore pio Ludovico principe terræ
Hildigarda potens Christi clarissima virgo.
Cui Deus æternæ concedat gaudia vitæ.

440. *Ludwig II. der Deutsche. Urk. für St. Gallen. 854 iuli 22. M. 1368.*

(Wartmann UB. II. 50.

Unde divæ memoriæ Karolus avus noster et Hludowicus . . . genitor noster . . . decreverunt. præceptum confirmationis illis scribere, ut . . . abbates ipsius monasterium s. Galli . . . ecclesiam s. Stephani extra muros civitatis constructam, quando necessitas fieret. proprio sumptu cooperirent.

441. *V. s. Otmari c. 16.*

Quid nuper quoque circa eiusdem viri sancti sepulcrum gestum sit, quando ecclesia b. Galli reædificandi causa destruebatur, arbitramur non esse silentio supprimendum. In eadem basilica iuxta aram b. Johannis B. arca quædam parieti contigua non magnis lapidibus opere cæmenticio in quattuor lateribus constructa. superius autem tabulis, quarum grossitudo trium vel quattuor erat digitorum. in transversum positis cæmentoque desuper litis cooperta videbatur. in qua s. viri corpusculum pauilo altius a pavimento sublevatum tabula lignea tantum supposita iacebat. Aestimantes igitur multi corpus s. patris sub terra positum, arcæ vero constructionem ad designandum tantummodo sepulturæ locum cæmentatam: ideo

tumulum remanere intactum posse credentes, muros ecclesiæ
machinis agressi crebris arietum ictibus ruere compulerunt.
Qui cum ex omni parte magnæ altitudinis essent, magnis ma-
chinarum impulsibus pariter paene corruentes, sepulcro viri
dei superferrentur, mirum in modum nullam arcæ particulam
læserunt. . . . Tandem itaque cognito quod in ea reliquiæ s.
patris haberentur, cum magno eas honore inde transtulerunt,
et in ecclesia b. Petri post altare posuerunt.*)

*) a. 830.

442. *Transl. s. Otmari I, c. 5.*

Evolutis post hæc 10 annis, a suis monachis ad monasterium translatus inter aram s. Johannis B. et parietem ecclesiæ in dextera altaris parte honorifice commendatur ac deinde
interpositis non minus 60 annis, XVII Kal. Mai. in die sancto
Parasceve Paschæ ad oratorium s. Petri deducitur. Post hæc
autem 35⁰ anno Inc. autem Dom. 864. ind XIII. sub piissimo
rege Ludovico, translationem quam supra descripsimus
(ad b. Galli ecclesiam, quae iam Deo opitulante, decenter adornata refulsit cap. 2.)
Grimaldus regis archicapellanus atque ipsius abbas mona-
sterii cum Salomone Constantiensis ecclesiæ præsule, 4.
feria sub VIII. Kal. Nov. die peregit.

443. *Ebenda I, c. 7.*

In proximo etiam sabbato, i. e. 4⁰ die a beati viri trans-
atione sanctum corpus post aram s. Joannis B. interim
collocatur, donec nova basilica sub eius honore dedicanda
ipsius habitationi ædificaretur.

444. *Ebenda II, c. 1.*

post translationem igitur supra memoratam evolutis
trium pene annorum spatiis, cum b. Otmari basilica studiis
devote eam ædificantium decenter iam perfecta fuisset, senior
noster Grimaldus præfatum Constantiensis ecclesiæ
præsulem ad peragenda consecrationis eius sollemnia monasterium itidem venire rogavit . . . Episcopus autem interea
sacras pii patris exuvias in arca saxea recondens, sub altario
supposuit . . . facta sunt autem hæc anno Inc. Dom. 867 . . .

445—447.

VIII. Kal. Oct. die, 4. feria, Ind. I. . . . Quibus peractis
(Salomo) b. Michaelis archangeli ecclesiam consecravit.

445. *Ratperti Cas. s. Galli p. 71.*

Corpus s. Otmari de ecclesia s. Petri festive sublatum;
in basilicam s. Galli . . . est perlatum . . . 4. feria sub 8.
Kal. Nov. die a. i. domin. 864. Collocatum est autem corpus
s. viri in ecclesia s. Galli iuxta altarium s. Johannis B.
. . . usque dum nova sibi ædificata basilica, quæ statim in
brevi tempore est peracta, tumbaque argento et auro sibi
parata, honorifice in eam s. viri exuviæ sunt perlatæ. Quæ
basilica etiam post tempora Grimaldi abbatis ab Hart-
moto abbate, ita, ut hodie videtur, aucta est atque constructa,
tumba videlicet et altari plenius decoratis.

446. *Transl. s. Otmari II, c. 8.*

. . . quidam de ministris ecclesiæ coronam, quæ ob eius
festivitatis gaudia coram sancto corpore incendebatur, extinxit.

447. *Ermanrici ep. ad Grimoaldum archicapellanum p. 26.*

Sed neque in ædificiis construendis ex omni materia
tam industrios viros vel raro usquam reperi, sicuti bene in
nido apparet, quales volucres ibi inhabitant. Cerne basilicam
et cœnobii claustrum et non miraris, quod refero. Et ne de
omnibus sileam, quid est Winihardus, nisi ipse Dædalus:
vel quis Isenricus, nisi Beseleel secundus?; in cuius manu
versatur semper dolabrum . . . Tanta humilitas in eis est, ut
tam perfecti viri non dedignentur opus rusticum per se ipsos
actitare . . . Taceo de domno Ratgario, viro simplicissimo,
usquequoque ventum fuerit ad hoc, quo latius id valeam ex-
ponere, qualiter omnis congregatio illa per totum diem labo-
raverat in una columnarum illarum, quæ in basilica ipsa circumstant. Ad ultimum omnibus iam fessis, ac inde seceden-
tibus, solus ille ab incepto opere non recessit; sed tamen
frustra sudabat, antequam in hæc verba prorupit, dicens: s.
Galle, finde illam, mirumque in modum in his verbis simpli-

448—451.

citer edictis rupis illius moles immensa, sua sponte inde fissa
enituit, unde tota illa multitudo ante laboravit . . .

448. *Inschrift der Abtei zu St. Gallen.*

(*Dümmler, Kl. Denkm. a. d. Karolingerzeit p. 213.*)

Splendida marmoreis ornata est aula columnis
Quam G r i m a l d u s ovans firmo fundamine struxit.
Ornavit, coluit H l u d e w i c i principis almi
Temporibus multos lætus feliciter annos.
Aula palatinis perfecta est ista magistris;
Insula pictores transmiserat A u g i a clara.

449. *Ratperti Cas. s. Galli p. 68.*

(*Grimaldus abbas.*)

. . . curam H a r t m o t o iniunxit, ut spiritalis structuræ
edificia in fratribus fundaret et non minus in exteriora officinarum necessaria studiose construeret. Qua indictione H a r t-
m o t u s benigna mente suscipiens, non multo tempore succe-
dente, omnia nostri claustri habitacula, quamvis prius cepta,
pulcherrime ad perfectionem, ut modo cernimus perducta veni-
enti G r i m a l d o consignavit. Nec non etiam singulare eidem
abbati domicilium cum omnibus necessariis ad illud pertinentibus utilissime et pulcherrime construxit.

450. *Ratperti Cas. s. Galli. p. 70.*

(*Hartmotus*)

principio vero tumbam s. G a l l i cum reliquis altaribus
et analogia atque confessione ita innovari maximaque ex parte
totum ex integro fecit ædificari, sicut hodie videtur et cernitur. Præterea coronis argenteis aliisque diversis luminaribus
pariter cum multimodis variorum ornamentorum splendoribus
ipsam magnopere studuit insignire basilicam.

451. *Ann. Sangallenses maiores a. 872.*

G r i m a l d u s abba obiit et H a r t h m u o t u s ei seccessit,
cui et hoc epitaphion posuit:
Ilic manet interius divinæ legis amator,
G r i m o l d u s humilis templum hoc qui condere iussit.

452—457.

452. *Ratperti Cas. s. Galli p. 71.*

(*Hartmotus*)

lectiones evangelii, quem librum auro et argento ac lapidibus pretiosis ornavit. Lectionarium elefanto et auro paratum*) . . . Inter hos *(libros)* etiam unam mappam mundi subtili opere patravit.**)

*) Erst im 16. Jhdt. verloren gegangen. **) Vgl. darüber meine Beiträge S. 160 u. 183.

453. *Ekkehardi IV. Cas. s. Galli p. 82.*

Erat munus illud (Arnolfi regis) capsa solide aurea, gemmis regaliter inclita, reliquiis summis referta, in forma capellæ creata, cuius simile quidem nihil unquam vidimus. Superscriptio eius est: »En crucis atque piæ cum sanctis capsa Mariæ.« Hanc Karolus*) summam delegit habere capellam.

*) Karl III. (der Dicke) ist gemeint.

454. *Ebenda p. 82.*

(895 *ca. Landolaus B. von Treviso.*)

disposuit igitur adhuc vivens ad titulum s. Petri, cui iam ibat, qui est in cimiterio s. Galli, capellam, qua itinerans utebatur*) cum reliquiis et libris et omnibus utensilibus sacris; in quo et corpus illius cum omni honore humatum est.

*) Reisealtar.

455. *Ebenda p. 79.*

(898 *ca.*)

Incipit igitur *(Salomo)* tandem in colle concambii sui æcclesiam in honore et modum s. Crucis ædificare.

456. *Ebenda p. 81.*

Parat autem *(Salomo)* . . . insignem crucem s. Gallo, quam argento partim deaurato vestitam, analogio nocturnali superposuit.

457. *Ebenda p. 84.*

(*Gastmahl bei Salomo v. Constanz.*)

. . . cum mirarentur artificia vasorum auri argentique, maxime autem vitreorum.

458—459.

458. *Arnolf, Urk. für St. Gallen. 898 Oct. 13. M. 1893.*

 (*Wartmann UB. II, 317.*)

 . . . Salomonem Constantiensem episcopum quandam in monasterio s. Galli, consentiente et cooperante fratrum illic Deo et s. Gallo famulantium collegio supra fluvium Nigra aqua*) vocitatum basilicam in hon. s. Magni confessoris construxisse.

 *) Irabach.

459. *Cod. ms. eccl. maioris Turicensis.*

 (*Neugart, Cod. dipl. Alem. I, 549, instr. 667.*)

 Anno ab inc. Christi Domini DCCCCVIII, regnante Hludowico Arnolfi imperatoris filio, undecimo regni ipsius anno, ind. XI, id. Oct. die sabbati in vigiliis s. Galli confessoris, venit b. memoriæ nobilissimus Augustæ Vindelicæ*) pontifex Adalbero iuncto sibi mitissimo Sebonensis**) ecclesiæ antistite Meginberto, in monasterium s. Galli, eius cupiens interesse festivitati . . . . Mane basilicam ingressus, ad s. confessoris tumbam accessit. Deinde fratribus ad se, dextro altaris lateri ipse coniunctus, accersitis crucem auream gemmis interpositam, calicemque onichinum auro et gemmis eleganter paratum cum patena aurea nihilominus gemmata altario imposuit. Palliolum etiam casulamque pretiosi generis nec non et albam cum cingulo stolaque ac mappulas, cunctis his auro perfectis eidem applicuit aræ. Sed et magnam ceræ copiam sanctæ contulit ædi. Campanam quoque miræ magnitudinis, et eximiæ sonoritatis loco contradidit. Ex hinc s. Othmari loculo accedens ipsius aræ palliolum satis pretiosum super expandit. Post hæc s. Petri ecclesiam ingreditur, magnæque ibi æstimationis palliolum condonat.

 Sequenti vero die, in qua sancti dedicatio templi colebatur, plerosque monachorum præcipuis honoravit eulogiis; quibusdam purpuras Tyricas, quibusdam palliola viridia cum camisilibus seu glizis donavit. Tertia itidem die unicuique fratrum pellicium cum pelle curtamisia dari præcepit. Quarta item die cuncti per ordinem iterata ab eo munera perceperunt: scilicet aut sagum laneum album, aut camisile subtile ac grande, seu chozzonem, sive lenam opere plumario contextam. Eademque die refectorium omne miro apparatu ornavit, tapetibus videlicet plumatis sessiones fratrum undique sternens, quæ simul numero tredecim fuerunt. Pulpitum etiam facitergula cocco imaginata circumdari iussit, gradusque eius tapetio velari. Nec non et palliolum grandis pretii a tergo fecit abbatis suspendi mensasque omnes operimentis mandavit glizinis vestiri. Sed et foris ostium refectorii eiusdem texturæ manutergiæ sunt hinc et inde suspensæ . . . . Calices etiam argenteos et ipsos pergrandes secum attulit, monachorumque eos usibus deinceps deputari mandavit. His exactis idem liberalissimus præsul pyrale congregationis intravit, pectinesque eburneos magnitudine et artificio insignes catenis fecit æneis ibidem suspendi ac manutergias pro singulos singulas adiungi.

*) Augsburg. **) Säben-Brixen.

HERBRECHTINGEN.

460. *Karl d. Gr. Urk. für Herbrechtingen 774 sept. 7. M. 166.*

(Tardif, Mon. hist. 63.)

. . . pro quo donamus villa nostra Hagrebertinges ad sacrosanctam ecclesiæ beatissimi Dionisii marthuris, ubi sanctus Varanus marthur corpore requiescit, in loco que dicitur Hagrebertingas et venerabilis vir Folradus abba*) preesse videtur, quem ipse in sua proprietate, infra ipsa fine Hagrebertingas, super fluvium Brancia, in doato Alamanorum, in comitato Hurnia, novo construxit opere.

*) Abt von St. Denis.

HIRSAU (Hirsaugia).

Christmann, Gesch. d. Kl. H. 1782; Krieg v. Hochfelden, Die alten Gebäude im ehemaligen Kloster H.; Mone's Anz. f. Kunde der deutschen Vorzeit IV. 1835, 101.; Beck, Das Kloster H. 1844.

461. *Ann. Quedlinburg. a. 832.*

Corpus s. Aurelii in Germaniam delatum est et Hirsaugia fundata.

462—463.

462. *Historia Hirsaug. monasterii c. 1.*

Anno d. i. 830. anno autem Ludovici Pii imperatoris
Karoli Magni filii decimo septimo corpus s. Aurelii episcopi et confessoris de Italia translatum est, et Hirsaugia
primum fundata. Nothingus namque, Erlafridi comitis
filius, Vercellensi cathedra sublimatus, tribuente Medio-
lanensi archiepiscopo, venerandi confessoris ossa que in ecclesia s. Dionisii eiusdem civitatis episcopi recondita erant,
cuius sepulchrum usque nunc ibidem honorifice recolitur, civibus ignorantibus accepit ac paterno fundo, ubi post modum
Hirsaugia fundata est, invexit, ubi tunc eiusdem comitis
domus saltus fuit. Sacre vero reliquie primum deposite sunt
in ecclesiola, que in hon. s. Nazarii martyris consecrata erat,
sita in vertice prominentis collis, quousque ad ipsius collis ra-
dicem condigno decore ecclesia construeretur. Unde et collis
idem nunc usque de nomine s. Nazarii nominatur. Ecclesia
constructa ac variis ornamentis decore adornata in hon. s.
Petri apostolorum principis consecratur ac sacrata ossa in
eadem sunt collocata . . . . . *(Adalbertus comes a. 1059)* pro certo
scire cupiebat, si ipsius s. viri reliquie, ut fama tulit, in eorum
loco reservarentur . . . Sed diligentia cuiusdam peritissimi
artificis adhibita, qui ex Veneciæ partibus cum filiis adve-
nerat; qui etiam postmodum multa beneficia eidem loco arte
sua administraverat, subtercavatum locum ex malleorum re-
percussione advertit nec sine magno labore tandem subterla-
tentem parvam cameram invenit, in qua adornatum sarcofa-
gum cum ossibus venerandi confessoris Christi . . . reperit
. . . . Vetere ecclesia destructa, que quidem spaciosa, sed in
modum veterum ecclesiarum sine columnarum sustentaculo
constructa fuerat, novum monasterium quod ad nostra usque
tempora permansit, construi precepit.

463. *Heinrich IV. bestätigt die Wiederherstellung des Kl. Hir-
sau durch den Grafen Adalbert von Calw. Worms 1075.
Oct. 9.*

(Wirtemb. U. B. I, 276.)

Quod tempore Ludovici pii regis in hon. s. Petri et

464—466.

s. Aurelii episcopi constructum honorifice et Deo dicatum est ab Erlefrido quodam, nobili senatore et religioso, et a Notingo filio eius, reverentissimo Vercellensi episcopo, aliisque parentibus Adalberti, comitis de castello Chalawa, sed deinceps a posteris eorum dissipatum est.

464. *Fundatio monasterii Hirsaug. p. 264.*

Tempore Ludovici Pii . . . erat in partibus Alemanniæ provincie quidam religiosus comes nomine Erlefridus; qui . . . Deo cenobiale monasterium construere in predio suo, in loco scilicet ameno qui Hirsaugia nuncupatur, idque Christo annuente feliciter et efficaciter patravit. Nam et monasterium edificavit, quod in hon. s. Aurelii confessoris atque pontificis, cuius etiam corpus sacratissimum ibidem reconditum est, consecrari fecit et fratres secundum regulam s. Benedicti summo Regi militiaturos collegit.

465. *Vita s. Aurelii. Cod. Stuttg. f. 38.*

(Pertz, Archiv XI, 271. Notingus B. von Vercelli.)

Temporibus vero Luodewici (I.) . . . *(corpus s. Aurelii)* trans Alpium iuga honorifice in domum saltus, quam in Nigra Silva Germaniæ hereditario iure possederat, detulit. Ubi oratorium tanto mansore dignum venustissime fabricans, et per se ipsum dedicans, prediis, codicibus, campanis et cæteris æcclesiasticis utensilibus pro sua possibilitate ditavit. . . .

466. *Jo. Trithemii Annales Hirsaug.* *) I, p. 4.

(Ed. s. Galli 1690.)

Anno dom. nativ. 837 ind. 25. structura monasterii s. Aurelii per comitem Erlafridum de Calba perfecta et consummata est . . . Erat autem ecclesia pro consuetudine illius temporis ad modum pulchra sine columnarum substitutione fabricata, ampla satis, et ligneo tabulato superius cooperta, ac quatuor duntaxat altaribus redimita. Porro claustri dispositio intrinsecus veterum imitatione simplex et quæ non ad fastum, sed ad habitationem monachorum satis videretur ido-

467—469.

nea . . . Prioris monasterii ab Erlafrido fundati nullum hodie remansit vestigium.

*) Die Nachrichten Tritheims, der wissentliche Fälschungen begangen hat, sind, wie die ältere Geschichte Hirsaus überhaupt, nur mit äußerster Vorsicht aufzunehmen. Vgl. Wolff, J. Trithemius und die älteste Geschichte des Klosters H. Württemberg. Jahrb. f. Statistik u. Landeskunde 1863. (Stuttg. 1865) S. 229 ff. Wattenbach, Geschichtsqu. II, 45 ff.

KEMPTEN *(Campidonia.)*

467. *Vita s. Hildegardis reginae c. 7.*

Fuit autem antiquum in eodem monasterio *(Campidonensi)* sepulchrum, non eminens quidem, sed lignis in quadrum positis, in pavimento et a pavimento distinctum: in hoc reginam Hyltegardam loci fundatricem quiescere, plurium fuit constans assertio . . .

468. *Ludwig I. Urk. für Kempten. 839 Sept. 1. M. 967.*

(Migne 104, 1305.)

. . . monasterio, quod dicitur Campidonia, quod est constructum in hon. s. Mariæ semper virg. et ss. Gordiani et Epimachi martyrum quos bonæ memoriæ Hildegarda mater nostra ad eumdem locum, pro divinis eis officiis adhibendis collocavit . . .

LEBERAU.

469. *Karl d. Gr. Urk. für Leberau. 774. Sept. 14. M. 167.*

(Tardif 58.)

. . . Fulradus abba*) clementiæ regni nostri suggessit, eo quod in amore vel reverentia beatissimi s. Dionisi, Rustici et Eleutherii in sua proprietate in pago Alisacense, in loco qui dicitur Fulradovilare infra finis Anboldovilare, cellam ædificasset vel a novo suo opere construxisset et in antea auxiliante Domino et bonorum hominum ædificare velleat, ubi beatissimus et s. Ippolitus corpore requiescit humatus.

*) Von St. Denis.

MURBACH.

470. *S. Simperti abbat. Murbacensis Regularia statuta.**)

XVII. capitulo, in quo præcipitur ut abbas ad portam cum hospitibus non convivet; quod nos in usu nunquam habuimus. In auditorio vero, ubi abbas legere solet et cum fratribus et cum hospitibus vicissim seu communiter colloquium habere solitus est, comedere cum hospitibus valde raro usi sumus. Quem usum, nisi certius interdicatur, habere volumus. Qui locus in confinio claustri et ianuæ monasterii situs est, ita ut fratres sine impedimento hospitum et hospites sine fratribus ad colloquium recipere possit.

*) Erhalten in einem Transsumpt vom J. 1500. Die Statuten dieser Synode stimmen mit keiner der unter Karl gehaltenen, sondern nur mit denen der großen Synode zu Aachen 817 unter Ludwig I. Das Murbacher Statut cap. 22. findet sich (Mühlbacher 631) dort als cap. 27.

Ein Simpert kommt als Bischof von Regensburg häufig in den Annalen vor, wo sein Tod ad a. 791 gesetzt wird. Ein Simpert von Augsburg (wo alle älteren U. verloren) erscheint in einer in der Transl. s. Magni angezogenen Traditions-U. an K. Pippin (deperd.) nach Sickel, Acta Karolinor. Acta dep. 362. (cf. no. 423.)

An eine Fälschung ist nicht zu denken. Der Inhalt ist unverdächtig.

471. *Ebenda.*

XVIII. capitulo, in quo carcer talis fieri iubetur, ut focus in eo fieri possit; iste quem hactenus habuimus, sufficiat, usque dum plus necessaria ædificia, quæ igne consumpta sunt, restaurentur.

REICHENAU *(Augia dives).*

Nikolai, Beitr. zur Gesch. der Insel R. 1843; Schönhuth, Chronik d. Kl. R. 1836; Staiger, Die Insel R. 1860; Adler, Baugeschichtl. Forschungen. I. (Ztschr. f. Bauwesen, 1869, 527); cf. den Aufsatz Neuwirths unter S. Gallen; Kraus, F. X., Die Kunstdenkm. d. Großh. Baden, Kreis Konstanz; Fickler, Die kirchl. Bauten auf Reichenau in: Denkm. der Kunst und Gesch. des Heimatlandes II, 2.

472. *Vita s. Pirminii (antiquior) c. 11.*

pervenit ad tabernaculum, in quo iacere solebant canes prædicti senioris *(Wernharii in Gamundio)* . . . Deinde omni spur-

473—478.

citia de supradicta domuncula ablata, virgis planis atque politis cemento obducto*) pulchrum ibi tabernaculum præparari
præcepit, facto intus altari in hon. dei gen. Mariæ, sanctifi-
cando benedixit omnipotenti deo ædificatum habitaculum.

*) »Das ist eine sehr alte Erwähnung, dass man Riegel- oder Holzwände
verrohrt hat«. M o n e.

473. *Vita s. Pirminii (antiquior) c. 18.*

W i d o, unus de stirpe præfati W e r n h e r i i præpotens
dominus terrenus loci G a m u n d i fuit, qui et ipse ædificando
atque aurum et argentum proprium fabricando ad laudem Dei
et ad ornandum faciem templi s. P i r m i n i i in prædicto loco
multa bona peregit. Cloccam igitur unam s. P i r m i n i i præfatus W i d o in locum qui dicitur L o c h w i l e r e,*) deferri
præcepit . . .

*) Lochweiler bei Mauresmünster (Unterelsass).

474. *Herimanni Contracti Chron. Augiense a. 799.*

Augiæ s. P e t r i basilica ab E g i n o n e V e r o n e n s i episcopo constructa et dedicata est.

475. *Ebenda a. 802.*

E g i n o quoque V e r o n e n s i s episcopus hac vita decessit,
A u g i æ in basilica cellæ suæ sepultus est.

476. *Ebenda a. 816.*

A u g i æ basilica s. M a r i æ a H e i t o n e abbate et episcopo *(Basileae)* constructa et dedicata est.

477. *Ebenda a. 830.*

Corpus s. M a r c i Evang. sub nomine V a l e n t i s mar-
tiris R a t o l t u s V e r o n e n s i s episcopus a duce V e n e t i a r u m
impetravit, et cum corporibus G e n e s i i martiris in A u g i a m
insulam attulit. B a s i l i c a s. G a l l i a G o z p e r t o i n c e p t a.

478. *Miracula s. Marci c. 2.*

(Egino.)

coepit in ultima eiusdem cespitis parte fabricare cellulam,

479—480.

quam in hon. s. Petri principis apostolorum construxit voca-
bulumque sui nominis eidem cellulæ aptavit. Quam dum innumerabilibus decoraret ornatibus, auro et argento, lapidibusque
preciosis, vestibusque variis ad Dei servitium pertinentibus . .
migravit ad Christum . . .

479. *Ebenda.*

(*Ratoldus B. von Verona.*)

. . . hunc *(locum)* cœpit excolere, domos ædificare, necnon
æcclesiam ad hon. Dei in eodem loco construere, nomi-
nisque sui vocabulum eidem cellulæ imponere, vocans eam R a -
t o l t e s c e l l a m *), quæ nunc usque comparet. Quam cum multimodis decoraret ornamentis . . . ad episcopalem sedem, unde
venerat, reversus est.

*) Radolfzell.

480. *Tituli Augienses.*

(*P. L. II, 425 no. 5.*)

1. Versus ad basilicam scribendus.

Quisquis ad hæc sacri concurris culmina tecti
Atque sub ingenti lustras dum singula templo
Sint lacrimæ rerum et mentem mortalia tangant.

— — — — — — — — — — — —

Mœnia quæ cernis quandoque elevata labore,
Olim convulsa agnoscuntur et undique lapsa,
Nudatosque trabes paries vacuatus habebat.
At nunc aula potens divino plena sereno,
Quæ disiecta solo rursus fundavit ab imo,
Haito, completus divino nutu sacerdos,
Fecitque, ut libeat cunctos huc currere cives.

— — — — — — — — — — — —

2. Versus ad basilicam in ciborio.

Ter trinis Hludovich Francis dum imperat annis
Obtulit hæc in honore Mariæ summo tonanti
Munera, conlata hic quæ fulgent, Haito sacerdos
Arcibus in superis optans sua cuncta recondi.

480.

3. Prosa rythmica ad altare sanctæ Mariæ.

Hanc quique devoti convenitis ad aulam
Poplitibusque flexis propiatis ad aram.
Cernite conspicuum sacris ædibus altar
Geroltus*) quod condidit lamina nitenti
Virgineo, quod condecet, almo pudori
Subque voto Mariæ intulit in aulam.
Hic agni cruor caroque propinatur ex ara
Cuius tactu huius sacrantur laminæ axis.
Huc quicumque cum prece penetratis ad aram,
Dicite, rogo: ‚Alme, miserere Gerolto,
Titulo qui tali ornat virginis templum,
Aetheria fruatur felix sede in ævum.'

*) † 799 »signifer et consiliarius pius contra Hunos pugnans« Herimanni Chron. a. 799.

4. Prosa rythmica de altari sancti Petri.

— — — — — — — — — — — —

Auctorem dati thesauri ne transeat prex humilis
Odilleoz vocabulo suo hoc auxit voto.
Nec minoris gloriæ structor dignus habebitur
Waldo præsul cœnobii hoc suo complens opere
Petri sacratam ædem tali dotantes munere.

5. Versus ante ianuam templi.

Quisquis sacra ad delubra cupit protendere gressum,
Ante fores templi huius pellat corde venenum
Iræ et potius iustæ concordia vitæ
Ei placeat, cui dux iteris dignatur adesse
Christus, quem constat cordis mundi antra cupire.
Nunc iterum loquitur mea cartula omnibus dicens:
»Vota vovete deo redolentes debita pacta,«
Luminum amborum salsam profundite undam,
Quærite largifluis lacrimarum fontibus almam
Ianuam, hoc est porta dei, qnam quondam electus
Vates prædixit*) iustis iam perviam esse

481.

His, quibus arcta via est ductrix, ut ad atria vitæ
Apte quis iusto moderamine scandere possit.**)

*) Psalm. 117, 20. Hæc porta domini, iusti intrabunt in eam. **) cf. Matth. 7, 14.

6. Versus ad capitulum.

Dulcia quos dudum iungebant fœdera legis
Divinæ gemina, in quibus sunt iussa salutis,
Auribus percipere studeant et mente devota,
Garrula quam mea nunc quoque prodat litera vocem.
Ecce quam, ut psalmista canit,*) bonum esse in unum
Fratres, quos sacri baptismatis unda lotavit,
Quosque salutiferi Christi coronavit oliva.
Hic iugiter propinat B e n e d i c t u s pocula vitæ,
Ardua astriferi hortans per scandere cæli
Limina et mundi damnatas linquere gazas.
Cui orbis tot quadrati oracula patrum
Uno concentu simul addant dare salutem
His, quos cura vocavit ad aurea præmia vitæ.

*) Psalm. 132, 1.

7. Item versus ad capitulum.

Hic adhibete pias monitis cælestibus aures
Corda riganti iuvenum patrum syntagmata sancta.
Hic fiet idcirco iugiter conventio fratrum
Et pia mellifluis satiant hic pectora verbis.
Dulcia, minati, fugite non verbera pacis,
Carmen apostolicum vestræ præposite mente.
Ars solet esse suis præceptis arcta et amara,
Sed fructus pacis dulcissima mella ministrat.

8. Versiculus ante refectorium.
(cf. Th. II. no. 915.)

481. *Gallus Oheim, Chronik von R̦eichenau p. 44.*

(ed. Barack.)

(*Odilleoz*) Hat denocht umb das end sînes lebens durch sinen brûder N u n o n e m in dises closter O w e ainen grossen und sweren knollen silbers gesant, darûs W a l d o den altar und andre gezi_erd, darzû dienende, berait und uffrust.

482. *Walafridi carm. 69.*

In ecclesia.

Condidit Erlbaldi*) abbatis sub tempore templum
   Hoc Einmuot vilis presbiter et monachus,
Paupertas dum magna foret, dum tempus egenum,
   Dumque fames illinc, morbus et hinc premeret.

*) 822—838.

483. *Abbat. Augiens. Catalogus p. 30.*

Haito, abbas et archiepiscopus Moguntinus annis 26.
Iste fundavit ecclesiam s. Georgii in superiori cella.

484. *Walafridi carm. 66.*

1. Ante ecclesiam s. Mariæ in insula.

Qui sacra templa petis, votis accitus honestis
Si tibi pro foribus magni residere sacelli
Contingat, mentem studiis incende beatis.
Hic venerans matrem domini Paulumque
                     Petrumque
Cum reliquis sanctis subies templi bene pyrgos.

2. In interiori vestibulo ante portam.

Limina magnifici properas qui scandere templi,
Iram, odium, invidiamque tuo de corde revelle.

— — — — — — — — — — — —

Sic tibi perpetuae reseratur ianua lucis.

3. Ante ingressum maioris ecclesiæ.

Christus, ut intremus, foris est perpessus in aulam
Qui te noris ibi, huc devotus adito, redemptum
Pacifici Salomonis opus veneranter adisti.
Exhilara mentem, Christo simul hospite gaude.

— — — — — — — — — — — —

485. *Catalogus Monasterii Augiensis a. 822.*

(Becker, Cat. bibl. antiqui. 6, 8.)

(Brevis librorum, qui sunt in cœnobio Sindleozès-
Auva, facta anno VIII. Illudovici imperatoris.)

486.

De architectura vol. I. Mappæ clavicula de efficiendo auro vol. I.

486. *Cod. v. St. Paul in Kärnten. no. 6. (Als Liber Augie maioris auf einem Vorsetzblatt des 9. Jhdts. bezeichnet.)*

(Ztschr. f. Gesch. d. Oberrheins. Bd. IV, 250, 1.)

. . . et dimidiam.

Item calix 1 argenteus deauratus, pensat lib. I et dimidiam. patena eiusdem calicis argentea deaurata pensat unc. 7.

Item calix arg. deauratus, pensat unc. 7½. patena arg. ipsius calicis deaurata, pens. unc. 3½.

Item calix arg. deauratus sine patena, pens. unc. 6. [patena arg. appendens unc. 6. sine calice. *Spätere Hand.*]

Item calix arg. pens. lib. 2, patena eiusdem calicis argentea pens. lib. 1 et. unc. 7.

Item calix arg. appendens lib. 1. et unc. 3. patena ipsius calicis argentea appendens lib. 1. et unc. 3.

Item calix arg. appendens unc. 11, patena ipsius calicis argentea appendens unc. 9. et den. 6.

Item calix arg. appendens unc. 7. patena eius arg. appendens unc. 3½.

Item calix 1 de auricalco imperfectus. [Flascha argentea appendens libram 1. patena arg. appendens unc. 6.]

In summa calices argentei inter maiores et minores 12. et patenæ eorum argenteæ 12.

. . . cum auro porto*) parata. Pallas tremidinas 2. pallas lineas mediocres sirico paratas 16. palla linea grecisca 1, sirico intertexta. Item pallas lineas greciscas 2, cum auro porto paratas. Item pallia linea 1 polimita et ipsa cum auro porto parata. palla 1 linea veneti coloris**) cum sirico.

Summa eorum: lineæ pallæ 28, tremidinas 2.

Uuindas lineas grandes ad altare s. Mariæ 3. Ad ipsum altare fanones linei grandes et boni cum sirico parati 3. Corporales linei grandes et boni 2, unus ex eis lenis***) et duo polimiti. Corporales linei minores 16.

Brandeus 1, crocei coloris, habet longitudinis cubitos 14. Item brandeus 1 purpurei coloris, habet in longitudine cub. 3 et in latitudine cub. 1.

491—494.

Iludowici regis filia de hoc seculo migravit ad Christum et
umata est in ecclesia s. Regulæ et Felicis mart. Christi
n castello Turego.

91. *Ebenda.*

Hoc iacet in tumulo Christi dignissima virgo
Hildigarda nitens moribus egregiens.
Hæc fuit eximii Hludowici filia regis,
Mentem sponte sua voverat illa deo.
Bis denos octo vitæ conpleverat annos
Migrans ad sponsum virgo beata suum.
Decessit X. Kal. Jan. *)

*) Vgl. no. 1099.

92. *Bullingers Chronik II, 13.*

(bei Wyss, Gesch. d. Abt. Zürich, Beil. 9. b. S. 12.)

»Dessglichen hab ich, der das schriben, zuo dem frowen-
münster im thurns — dahin was es in der Reformation ent-
öchnet und heymlich behalten, ward erst hernach funden
. D. 1535 — gesähen ein Sarch, darin lag Bischoff Geb-
arts Zügnuss in ply geschriben, damitt er züget, das er die
vlchen gewycht und das heiligthumm dahin gelegt hätte . . .«

93. *Karl III. Urk. f. Zürich. 878 Febr. 10. M. 1542.*

(Wyss, Gesch. d. Abtei Z. Beil. 14.)

Dilectissimæ nostræ Rihgardæ paterna fidelitate nobis
ommissa duo monasteria . . . concessimus . . . unum quidem,
uod dicitur Sekinga . . . aliud vero quod dicitur Thu-
egum, in hon. sanctorum Felicis et Regulæ munifice
onstructum.

f. BAIERN.

ALTOMÜNSTER *) (*Altonis monasterium*).

94. *Vita S. Altonis abb. in Bavaria sup. c. 3.*

. . . construxit habitacula servitio divino apta, necnon
nonasterium religiosorum . . . . Quapropter usque in diem
iodiernum locus ipse dicitur Altonis-monasterium.

495. *Ebenda. c. 4.*

Quo constructo . . . B o n i f a c i u s, qui eo tempore in
G e r m a n i a verbi divini propagator eximius habebatur, visionis
divinæ nutu quodam admonebatur, ut s. A l t o n i s monasterium
celeriter pergere consecrandum. . . . Cuius petitioni consentiens mox s. B o n i f a c i u s ecclesiam quidem consecrando
tam fæminis quam viris fecit esse communem, sed fontem
quemdam in eodem loco iuxta ecclesiam positum ea benedixit
ratione, ut mulieri nulli liceret ad eum accedere et haurire.

*) Diöcese Freising.

BENEDICTBEUERN (*Monasterium Burense*).

496. *Chron. Benedictoburan. c. 2. (740.)*

Erant namque istis beatissimis viris L a n t f r i d o, W a l-
d r a m n o, E l y a n d o una cum sorore supradicta K a y l s-
w i n d a prædia et bona iuxta fluvium videlicet L y u b a s a *)
. . . . construxeruntque ecclesiam adiuncto monasterio quod
vocatur B u r n viaque parata euntibus ad eundem locum
supra paludem iuxta fluvium supradictum L y u b a s a, super
quod pontem erigere iusserunt atque omnibus quæ iste locus
expetebat rite peractis, in muris et ædificiis et in ornamentis,
nichil aliud exposcebat nisi pontificis benedictionem. Post hæc
statuerunt etiam ecclesiam ædificare in loco A s c a h i, qui
nunc dicitur C h o c h a l o n,**) ubi soror eorum nomine K a y l s-
w i n d i s partem prædii sui traderet . . . Perfectaque ecclesia
supradicta statuerunt aliam ecclesiam in S c h l e c h d o r f e n s i
loco,***) adiunctoque monasterio, ubi vir venerandus W a l-
d r a m m u s partem prædii sui traderet pro commemoratione
sui sive ad servitium C h r i s t i. Post hæc communi consilio
ædificaverunt iterum ecclesiam in S t a p h a l a s t a g n a†) loco,
adiunctoque cœnobio ubi pro commemoratione sui beatus vir
E l y a n d u s partem prædii traderet ad servitium C h r i s t i.

*) Loisach. **) Kochel am Kochelsee. ***) Schlehdorf. †) Staffelsee.

497. *Ebenda c. 2.*

(Anno ab inc. D. DCCXL ind. VIII.) cuius conditores et
cultores primi fuerunt tres fratres, viri clarissimi, L a n t-

498—503.

frid, Waldram, Ellilant, ... hic perficiunt ecclesiam cenobiumque operosissime coëdificantes incomparabiliter structuris, picturis et preciosis perornaverunt metallorum ac thesaurorum insignibus.

498. *Rotulus historicus Benedietoburanus a. 1070 exaratus p. 7.*

Tunc namque tempore *(Elylandi abb.)* ecclesia s. Benedicti erat plumbeis tegulis tecta in isto Buronensi cœnobio ac diversis erat decorata modis.

499. *Chron. Benedictoburan. p. 217.*

Heripertus episcopus *(saec. IX. in.)* iussit sarcophagum argenteum fabricari et ossa, quæ supradicta sunt, *(s. Tertulini)* in eo collocare.

500. *Ebenda c. 6.*

(Kisila regina francorum) ... ingressa ergo templum immensa obtulit sacrificia librorum thesaurorum, ornamentorum ... Ipsa in vestitu religionis ad s. Michaelis celebrem tunc pudicicie aulam se contulit, cui et specialiter amplissima rerum insignia, pecuniæ, codicum diversorumque utensilium, nec non et altaris vasa sacerdotaliumque vestimentorum species preciosissimas attulit ...

CHIEMSEE.

501. *Ann. Salisburg. s. Rudberti a. 782.*

Ecclesia in Kiemsee dedicatur.

502. *Auct. Garstense a. 782.*

Monasterium constructum est in Chiemsee stagno, et basilica dedicata 1. die Sept. ind. 5.

CHUR *(Curia).*

503. *Testament Tello's von Chur. 766. Dec. 15.*

(Mohr, Cod. dipl. I, 10. aus Mabillon.)

curtem meam in Secanio imprimis salam cum solario

504—507.

subter caminata, de super alias caminatas subter cellarium, coquina, stuta, circa curtem, stabulum, tabulata, torbaces, vel alia hospitalia vel cellaria . . . Item in castro S a l a muricia subter cellaria, torbaces in ipso castro . . . Item ad V i c u m curtem meam cum tabulata, cum bareca, cum omnibus quæ ad ipsam curtem pertinent, cum introitu suo ex integro.

EICHSTÄDT.

504. *V. s. Willibaldi episcopi Eistetensis. c. 28.*

S. B o n i f a c i u s tradebat nostro episcopo s. W i l l i - b a l d o illam regionem *(Eistet)* quæ adhuc tota erat vastata, ita ut nulla domus ibi esset, nisi illa ecclesia s. M a r i æ quæ adhuc stat ibi, minor quam alia ecclesia quam postea b. W i l l i - b a l d u s ibi construxerat.

505. *Ebenda c. 30.*

in loco qui dicitur E i s t e t, monasterium construere incipiebat.

506. *Anon. Haserensis, De episcopis Eistetensibus c. 6.*

(Geroch c. a. 781.)

Hic calicem illum aureum, quem nosti cuius magnitudinis sit, ex optimo auro fieri iussit et veterem illam evangeliorum capsam ex electro et auro purissimo gemmisque pretiosis parari fecit. Altare quoque aureum liberaliter inchoavit, quod postea successorum devotio prout hodie est, perpolivit.

FREISING *(Frisinga)*.

S i g h a r t, Der Dom zu F. 1852. D e r s e l b e : Die m. a. Kunst in der Erzdiöcese München—F. 1855. D e r s e l b e : Gesch. d. b. K. in Baiern 1862 ff. passim.

507. *Cozroh, Liber tradit. Frisingens.*

(Hitto † 836.)

. . . Domum s. M a r i æ, cui præesse dinoscitur; . . . . miræque pulchritudinis opere pretiosarum metallorum et aliorum ædificiorum, ædificationum decoratibus in omnibus honorifice adornavit . . .

508—510.

508. *Carmen de miraculo fontis s. Corbiniani.*

Inde comes proprio dictus cognomine Timo*)

— — — — — — — — — — —

Frigisiensis adit frondosa cacumina collis
 Quo Stephanus facta martyr in æde micat.
Edita surrexere novi fastigia templi
 Eminus adveniens quod procul aspiciat.

*) Comes palatii z. Z. Ludwigs I.

509. *Ludwig IV. Urk. für Freising 903 nov. 30. M. 1961.*

(M. B. 28, 134.)

Ualdo reverendus sanctæ Frigisingensis ecclesiæ
præsul nostram adiit mansuetudinem, propter damnum com-
bustionis quod ecclesiæ*) suæ . . . noviter acciderat.

*) Vgl. weiter unten: eccl. nomine s. gen. dei Mariæ dicatam, ubi electus
dei confessor Corbinianus corpore quiescit.

510. *Cod. lat. Monac. 6427. (man. s. XII.)*

(bei Riezler, Abhdl. d. b. Akk. 1888, 273.)

1. Ante chorum in cancellis.

Prima fuit sancti sedes hic Corbiniani
Sanctæ Theotoco fundata, simul Benedicto,
Quam senio lapsam reparavit denuo structam
Presbyter ad sancti decus Engelschalc Benedicti.

2. Cis altare in tribuna.

Quilibet æcclesiam veneretur ut amplius istam,
Hoc per episcopium matrem sciat æcclesiarum.
Qua primo sanctus requievit Corbinianus,
Monasticus sub quo fuit hic venerabilis ordo.

3. (cf. Th. II, no. 893.)

4. In utroque latere tribunæ.

Pollet in hoc templo Martinus cum Benedicto.*)

*) Der Dom zu Fr. brannte 903 ab und wurde gleich darauf wieder neu aufgeführt. Ein Archipresbyter Eugilschalch erscheint in Freisinger U. bei Hundt (U. des Bisth. F. a. d. Zeit der Karolinger 91) 910—930. 1159 brannte der Dom zum zweitenmale ab. Vor diese Zeit, etwa 1050—1140, fallen nach Riezler die obigen Inschriften wegen des durchgängig angewandten einsilbigen Reims. (R. beruft sich auf W. Meyer, der Ludus de Antichristo p. 136 ff.)

511. *Causa Hunkeri presbyteri de Piparpah (sub Aribone epis-copo Frisingensi).*

    (Meichelbeck, Hist. Fris. I, 2, 76 instrum. XC.)

Notitia de ecclesia, quæ ædificatur in hon. s. Martini in loco nuncupante Piparpach . . . .

512. *Ebenda.*

Hunker presbyter excidit altarem de petra supradictæ ecclesiæ in loco nominato Piparpah.

513. *Liber trad. Frising. (Acta Erchamberti).**)

    (Meichelbeck, II. F. I, 1, 126.)

Breve commemoratorium.

Hic innotescit, quid ibi invenimus ad Perechirichum. Inprimis basilicam, infra basilica altare tria. Sindones 13. Capsam 1 deauratam. Crucem 1 deauratam et aliam crucem de stagno paratam. Coronam 1 deauratam. Calicem et patenam 1 auro decoratas et alium calicem et patenam stagnatas. Lectionarium 1. Missalem 1, campanas 2, 1 ærea et alia ferrea, albam 1 et planetam 1.

    *) Bischof von Freising † 855.

INNICHEN *(Inda).*

514. *Tassilo II. Urk. für Innichen (769—770).*

    (Meichelbeck I b, 38 no. 22.)

. . . . dono atque transfundo locum nuncupantem India, quod vulgus campo Gelau vocantur, Attoni abbati ad ec-

515—519.

clesiam s. Petri apostolorum principis . . . . in ædificatione monasterii atque ipsius servitio, a rivo quæ vocatur Tesido usque ad terminos Sclavorum, id est rivolum montis Anarasi.

KREMSMÜNSTER (*Monasterium Cremifanense*).

515. *Auctarium Ekkehardi Altahense a. 778.*

Tassilo dux Baioariorum et Theodo filius eius construxerunt monasterium in Chremsmuonster.

516. *Auctarium Cremifanense. a. 777.*

Tassilo II. filius amite Karoli M. dux monasterium Chremsmunster in hon. s. Salvatoris construere cepit ind. 1. a. ducatus sui 30. et dedit nobis primus privilegium.

517. *Tassilo II. Urk. für Kremsmünster.* (777.)

(U. B. v. Kremsmünster I.)

Nam bone memorii antecessores mei in quantum potuerunt res suas deo donauerunt, ecclesias dei construxerunt easque suis opibus ditauerunt; monasteria quoque studuerunt construere . . . . Nam monasterium construxi iuxta fluenta nuncupante Chremsa in honore s. Salvatoris, quem et deo dicaui.

518. *Karl d. Gr., Urk. für Kremsmünster. 791. Jan. 3. M. 302.*

(Ebenda no. 2.)

. . . quod Tassilo dudum baieariorum dux monasterium in honore s. salvatoris infra uualdo nostro loco qui dicitur chremisa in pago nuncupante drungave*) novo opere construere fecisset.

*) Traungau.

OBERALTAICH (*Altaha*).

519. *Acta ss. Salomes et Judith c. 20.*

(Waltherus abb. Altahens.) . . . cellulam ei ad parietem chori forinsecus versus austrum construxit.

520—524.

520. *Ebenda c. 25.*

Sepultæ sunt . . . utraque in loco cellulæ suæ; b. Sa-
lome quidem ad superiorem partem chori, forinsecus in latere
versus austrum; venerabilis autem Judith, ad occidentem, in
medio turrium ecclesiæ forinsecus.

ALT-ÖTTING (*Ottinga*).

521. *Breves Notitiæ Salisburg.*

(*ed. Keinz. S. 37.*)

(757?) Cella quæ dicitur Ottinga, temporibus domini
Pipini regis et Tassilonis ducis nepotis Guntherius
quidam comes in pago Chiemingov in propria hæreditate
sua construxit et ecclesiam . . . consensit Virgilius episcopus et consecravit ipsam basilicam in hon. s. Stephani
et omnem hunc locum.

522. *Karlmann, Urk. für Alt-Ötting 877. Febr. 24 M. 1479.*

(*M. B. 31, 101.*)

. . . monasterium noviter a nobis a fundamentis constructum in loco qui dicitur Otinga, quod etiam in hon.
s. Dei genitricis semper virginis Mariæ et s. Phylippi
apostoli domini nostri Jesu Christi aliorumque sanctorum plurimorum, quorum reliquias deo propicio aggregare potuimus,
ornatum esse cernitur.

523. *Arnolf, Urk. für Alt-Ötting 899 Juli 82. M. 1903.*

(*M. B. 31, 158.*)

ad Otingam capellam nostram, quam b. memoriæ
genitor noster Karlomannus in hon. s. Phylippi apostoli Christi operari ac /dedicari iussit.

PANNONIEN.

524. *Conversio Carantannor. et Bagoarior. c. 5.*

(*Modestus episcopus cum missis Virgilii episcopi*) dedicaverunt ibi
ecclesiam Mariæ*) et aliam in Liburnia civitate**) seu ad
Undrimas.

*) Maria Saal und **) Lurnfeld? in Kärnten.

525—526.

525. *Ebenda c. 11.*

. . . quondam Adalramnus archiepiscopus ultra Danubium in sua proprietate loco vocato Nitrava*) consecravit ecclesiam . . . . sed postquam prefatum munimentum *(in nemore Sellere fluminis)* aedificavit, construxit infra primitus ecclesiam quam Liuprammus archiepiscopus, cum in illa regione ministerium sacerdotale potestate exercuit in illud veniens castrum in hon. s. Dei genitricis Mariae consecravit anno videlicet DCCCL. . . . indeque rediens idem pontifex et cum eo Hezhil consecravit ecclesiam Sandrati presbyteri . . . . tunc quoque ad ecclesiam Erinperti presbiteri quam memoratus presul consecravit, tradidit Hezil . . . . . Transactis namque fere duorum aut trium annorum spatiis ad Salapuigin consecravit, in hon. s. Rudberti ecclesiam quam Privvina cum omni superposito tradidit deo et s. Petro atque s. Rudberto . . . . postmodum vero roganti Privvino misit Liuprammus archiepiscopus magistros Salzburch muratores et pictores, fabros et lignarios, qui intra civitatem Privvine honorabilem ecclesiam construxerunt, quam ipse Liuprammus edificari cepit . . . In qua ecclesia Adrianus martyr humatus pausat. Item in eadem civ. ecclesiam s. Johannis B. constat dedicata et foris civitatem in Dudleipin, in Ussitin, ad Businiza, ad Bettobiam,**) ad Stepiliperch, ad Lindolveschirichun, ad Beatuseschirchin, ad Keisi, ad Wiedhereschirichen, ad Isangrimeschirichun, ad V. basilicas***) temporibus Liuprammi ecclesie dedicate sunt et ad Otachareschirichun et ad Salomunteschirichun ceterisque locis ubi primo et sui voluerunt populi. Que omnes temporibus Privvinae constructe sunt et consecrate a presulibus Iuvavensibus.

*) Neitra. **) Pettau. ***) Fünfkirchen.

526. *Ebenda c. 11. (a. 865 Dec. 26.)*

. . . . *(Adalwinus)* in proprietate Wittimaris dedicavit ecclesiam in hon. s. Stephani protomartyris. Die vero Kal. Jan. ad Ortahu consecravit ecclesiam in hon. s. Michaelis

archangeli in proprietate **Chezilonis**. Item eodem a. ad
Weride in hon. s. **Pauli** apostoli, Id Jan. dedicavit ecclesiam.
Item in eodem a. 19. Kal. Febr. ad **Spizzun** in hon. s. **Mar-
garetæ** virginis ecclesiam dedicavit. Ad **Termperhe** dedicavit ecclesiam in hon. s. **Laurentii**. Ad **Fizkere** eodem
a. dedicavit ecclesiam. Sequenti quoque tempore veniens iterum . . . in locum qui dicitur **Cella**, proprium videlicet **Un-
zatonis**, ibique apta fuit ecclesia consecrandi. Quam dedicavit in hon. s. **Petri** principis apostolorum . . . Ecclesiam
vero **Ztradach** dedicavit in hon. s. **Stephani**. Item in **Weride** ecclesia dedicata floret in hon. s. **Petri** principis apostolorum. Postea vero 3 consecravit ecclesias, 1. ad **Quar-
tinaha** in hon. s. **Johannis** Evangelistæ, alteram ad **Muz-
ziliheschirichun**, tertiam ad **Ablanza** . . .

PASSAU *(Patavia)*.

527. *Auct. Ekkehardi Altahense. a. 788.*

Hic est **Thassilo** dux, qui in servitio et officio domino
ampliando devotissimus existens, monasteria celebria construxit, scilicet **Chremismunster***) et item monasterium
s. **Petri Lorshi****) et **Wezzinsbrunnen**,***) **Pataviam**
civitatem **Bawarie** instaurans et renovans.

*) Kremsmünster. **) Lorch. ***) Wessobrunn.

528. *Carta traditionis Madalwini chorepiscopi ad Burcardum
episcopum Pataviensem. (Cod. Patav. no. 3.) Passau, 903.
Sept. 8.*

Tradidit namque præfatus **Madaluinus** . . . totum
apparatum suum, id est sicut ipse paratus ad missam solitus
fuerat stare: pluviale purpureum, auro paratum, casulam purpuream siricam de sirico precioso. Stolas II cum anfanone
auro et gremmis paratum.

PETTAU.

529. *Auctar. Garstense. a. 874.*

Dietmarus archiepiscopus ecclesiam ad **Bettowe**
Gozwini comitis consecravit.

530—535.

RANSHOFEN.

530. *Arnolf, Urk. für Ranshofen. 899 Febr. 5, M. 1900.*

(U. B. des Landes o. d. Enns II, 45.)

. . . ad capellam, quam in loco Ranshoven Domino et s. Pancratio martiri suo ad fundamentis construximus.*)

*) s. a. das Diplom (M. 1895) 898. oct. 17. (Rantesdorf). U. B. d. L. o. d. Enns. II, 43.

REGENSBURG (*Ratispona, Reganespurc).*

531. *Series episcoporum Ratisponensium. p. 481.*

Signpertus . . . hic monasterium s. Emmerami magnifice fundavit iussu et sumptu Karoli M.

532. *Ann. Salisburg. s. Rudberti a. 783.*

Liutbertus ecclesiam s. Emmerami construxit.

533. *Auctar. Garstense a. 783.*

Liutpertus Ratisponensis episcopus cepit edificare ecclesiam s. Emmerami.

534. *Mon. Sangall. II. c. 11.*

(Ludwig d. Dtsche.) oratoria nova ad Franconovurt et Reganesburg admirabili opere construxit, cumque ibi propter magnitudinem fabricæ alii lapides non sufficerent, muros urbis destrui fecit. In quorum cavitatibus tantum auri circa antiquiora ossa repperit, ut non solum eandem basilicam eodem adornaret, sed et libros integros exinde conscriptos thecis eiusdem materiæ grassitudine prope digiti cooperiret.

*) s. Zappert, Antiquitätenfunde im M. A. Sbr. der Wiener Acad. 1850.

535. *Ludwig der Deutsche. Urk. für Regensburg. 875 mai 18, M. 1467.*

(M. B. XXVIII, 60.)

. . . concessimus ad nostram cappellam ad reganespurc quæ est constructa in hon. s. mariæ illud monasterium ad bergæ . . . in prefata cappela nostra ad reganesburc

536—538.

quam in hon. S. Dei genitricis semperque virginis mariæ construximus.

536. *Arnolfus de s. Emmerammo, De mirac. s. Emmerami. I, 5.*

· *(Arnulfus imp.)* adeoque illi *(s. Emmeramo)* adhæsit, ut in vicinitate monasterii regio cultui aptum construeret grande palatium.

537. *Konrad II., Urk. für Regensburg. 1024. sept. 11? St. 1854.*

. . . partem videlicet cuiusdam palatii veteris atque destructi incipientis a curte, quam tenet Eberhardus Babenbergensis episcopus ac contra septemtrionem in longitudine octo perticas habentem et inde ad orientem usque ad viam publicam quæ est inter ecclesiam s. Salvatoris predictumque curtiferum ad flumen Danubium ducit terminantem.*)

*) Es ist dies wahrscheinlich die Pfalz Ludwigs des Deutschen oder Arnulfs. cf. Jb. d. dtsch. Reichs unter Heinr. II. I, 20.

538. *Epistola presbyteri cuiusdam ad Reginwardum abb. s. Emmerami Ratispon. (inter a. 1052—1064).*

(bei Zirngibl, N. Hist. Abhandl. der churf. bair. Ak. III. Bd. (1791) p. 334 nota c.)

(Der Propst Arnold erklärt dem fremden Abte von Rheims von einem erhöhten Platze von S. Emmeram aus die Lage der Stadt.)

Aspice, inquit, pergrande illud palatium orientem versus, hic est sedes Augustorum, ibi aula regni late porrigitur, hic curiæ dux residens omnium negotiorum civilium publice et privatim ut nobilissimus moderamina disponit. Ipse Augustus palatio residens . . . . Hic exercentur iudicia et docentur fora . . . . Circum monasteria clericorum et virginum et pontificum tam provincialium quam exterorum magnificæ ædes curtem regiam ambiunt. Itaque omnis illa Regio orientalis a Danubio ad australem usque ad urbis terminum procerum regni domatibus referta regius pagus appellatur. Huius ad occiduum a boreæ plaga incipiens, ubi magni operis templum deifico cultu sublatum vides, cathedra Pontificis est, ad cuius diœcesim urbis non solam ambitus sed et provinciæ pleraque

539.

pars pertinet. Ergo a prædicto templo ultra basilicam s. Joannis, quæ baptisterium vocatur, quam ab aquilone ad austrum in longum porrectam vides, ac muro cinctum atrium Pontificis Danubium vergit, ultra prospicito et ad meridiem, ubi duo monasteria sanctimonialium altrinsecus posita sunt, a clericis et eorum officialibus, sanctimonialiumque officinis, aliquibus mercatoribus intermixtis urbis Regio secunda incolitur, quæ pagus cleri appellatur. Ibi urbs antiqua a Tiberio quondam Augusto munitissimis mœniis inter mellitos, ut sic dictum est, rivulos, et flumina satis pinguissima, constructa, quæ antiquitus Tiburtina dicta fuerat, extremo vallo desinebat. Enim vero ab illo, quem aspicis angulo totus et maximus muri ambitus ab aurora incipiens et per meridiem flexus, atque ad occasum extensus, boreæ plaga in Danubium se explicat, pro honore et reverentia huius loci Protectoris s. Emmerami martyris urbi adiectus est. Et hæc est urbs nova dicta Ratispona.

539. *Arnulfus de s. Emmeramo. I. 5.*

(*Arnulfus imp.*) contulit (*s. Emmeramo*) totum palatii ornatum: in quo erat ciborium quadratum, cuius auro tectum tabulatum, fastigium serto gemmarum redimitum, corpus vero, ad geminæ specimen dilectionis, similitudinem habens superioris et inferioris, sustentatur aureis octo columnellis, quæ et ipsæ tot virtutum seu beatitudinum instar exponunt.*) Erant etiam in eo evangeliorum libri plenarii auro et gemmis tecti, scripti, picti, ac omnimodis ornati, a quibus unus est cubitalis, opere, pretio, pondere siquidem talis, ut ei non facile inveniri possit æqualis. Cuius in dextra parte dispositio gemmarum centenarium etiam complet numerum, quarum quædam adeo quantitate præminent, ut quatuor ex his calices operiantur sedecim, in figuram s. crucis, per singulos quaternis ordine medio disparsitis. Intimus autem ordo contractior calices habet 32, singulatim gemmis minoribus opertos, quibus venuste respondet extimo, amplioribus per castella dispositis nec non margaritis per propugnacula insertis deliciosissime comptis . . . addidit argenteam craticulam prædicto ciborio subponendum. **)

*) vgl. meine Beiträge S. 14. **) cf. Eckhart, Comment. de reb. Franciæ orient. II, 563; Mabillon, Iter germ. (Analecta ed. 2. p. 10.) Pertz SS. IV, 551.

540—543.

540. *Ebenda I, 5.*

Adiecit *(Arnulfus imp.)* et pallia coloratu paria et varia, inter quæ unum unius texturæ, longitudinem habuit cubitor. XXX.

541. *Anamodi Liber trad. sanct-Emmeramens. I, 11.*

(Complacitatio inter Ambrichonem episcopum*) et Baldricum diaconum.)
. . . ut post obitum suum eadem proprietas perpetuo iure in potestate s. Emmerami permaneret una cum illa pecunia, quam donavit: id est, calix cum patena argent. Lectionar. II. Missal. II. Librum Omeliarum. Gradal. II. Nocturnal. II. Lib. Can. I. Psalterium I. Passion. II. Officiale I. Collectorium I. Paenitentiale I.

*) v. Regensburg 864—891.

542. *Ebenda I, 13.*

(Commutatio inter Ambrichonem episcopum et Gundpertum.)

Tradidit quippe *(Gundbertus nob. vir)* ad s. Petrum Apost. sanctumque Dei martyrem Emmeramum talem proprietatem, qualem habuit ad Purepah, id est, domum cum curte, ecclesiam et in ea capsam argent. 1. altare argento parat. 1. alia 2. Lapidem altaris argent. parat. 2. calicem cum patena argentea, crucem argenteam 1. Missale 1. Lection. 1. Albam 1. Casulam coccineam 1. Tholam 1. Thuribulum æneum 1. Tintinnabulum 1. Campanam æneam 2.

RODING.

543. *Arnolf, Urk. für Roding. 896. aug. 2. M. 1869.*

(M. B. 28. 113.)

. . . æcclesiam et regalem cappellam nostram quam ad Rotagiu a fundamentis construere iussimus et dedicare fecimus in hon. et veneratione s. Jacobi apostoli fratris domini et s. Pancratii sanctorumque quas a Roma nobiscum in istam patriam deferentes istis infra titulatis casis dotavimus.

544—547.
SALZBURG (*Juvavum*).

Vgl. Berger, Der alte Dom in S. — Mitth. der C. Comm. N. XIII. 1887.

544. *Gesta archiepiscoporum Salisburg.*

(Ms. s. XIII. ex. s. Petri Salisburg.)

A. autem inc. D. 767. Virgilius cœpit ædificare ecclesiam miræ magnitudinis apud Salzpurch, ind. 7. A. i. D. 773. dedicata est primo ecclesia s. Rudberti a s. Virgilio episcopo, a. 26. regni Thassilonis ducis. Eodem a. transtulit idem episcopus s. Rudbertum et duos eius capellanos b. Kunialdum atque Gisilarium.

545. *V. s. Virgilii episcopi Salisburg. c. 5.*

Quippe fabricam monasterii immenso opere et egregia dispositione a fundamento construxit, corpusque s. Rudberti, quod post obitum suum in ecclesia b. Petri principis apostolorum requievit, una cum sede episcopali quæ in prætaxata ecclesia similiter per aliquot annos extiterat . . . transtulit in eum videlicet locum, in quo usque ad presentia tempora perduravit.

546. *Ebenda c. 10.*

. . . cuius *(s. Virgilii)* corpus in latere meridiano monasterii, cuius ipse duodecim annis fabricator et in tertio decimo consecrator extitit . . . honorifice fuit repositum.

547. *Transl. s. Hermetis p. 298.*

(Zeit des Severin und Maximus.) nondum erat ibi alia cathedralis nisi ipsa monachorum ecclesia, secus quam erat baptismalis ecclesia ipsaque sinodalis in hon. s. Dei genitricis, que et hodie post vetustatem innovata in ipsius nomine est consecrata . . . et hoc perstitit sic, usque quo VIII. loci illius episcopus Virgilius hæc omnia in hunc modum et in hunc locum quo hodie cernuntur, mutavit et alteravit.

548.

548. *Alcuini carm. 109.*

1. In ecclesia sancti Petri, quam sanctus
Ruodbertus dedicavit.

Claviger ætherius, portas qui pandit Olimpi
    Petrus, apostolico præclarus in agmine princeps,
Protegas hanc aulam, Christo donante, per ævum,
    Quam pater egregius Hrodperctus fecerat olim;
Ut foret altithrono laus, gloria semper in illa;
    Septies inque die laudes ut dicere Christo,
Conveniant pariter devoto pectore fratres.
    Vos, dum signa sonent, prumptim concurrite cuncti,
Vertice submisso, devota mente venite,
    Angelicus quoniam coetus vos spectat in aula.

— — — — — — — — — — — —

2. In eiusdem.

Petrus apostolicus princeps pius adiuvet hic nos,
    Cuius honore sacro constant hæc tecta dicata.

— — — — — — — — — — — —

3. Item in eiusdem ecclesia Petri XII apostolorum.

Claviger ætherius princeps in principe Christo,
    Ecclesiam precibus hanc rege, Petre, tuis.
Paulus in orbe pius verbi vitæque minister,
    Quos docuit monitis, adiuvet et precibus.
Nos vocat ad vitam parva de puppe vocatus
    Andreas sanctis perpetuam precibus.
Qui cum puppe patrem Jacobus dimisit in undis,
    Ad Christum currens currere nos faciat.
O dilecte deo, cæli simmista Johannes,
    Nos semper meritis auxiliare tuis.
Qui Thomæ vulnus curavit vulnere carnis,
    Per veniam curet vulnera nostra piam.
Qui Jacobo iussit panem portare cibandum,   `
    Nos semper pascat pane salutis enim.
Qui, Philippe, tibi rogasti ostendere patrem,
    Posce piis precibus, ut videamus eum.

548.

Qui docuit nigros iam Bartholomeus Indos
  Hic precibus . . . . . .*) adiuvet ipse sacris.
Qui scripsit Christi miracula Matheus olim,
  Ipse dei famulis prosit ubique sui.
Symon, amate pii Jacobi tu frater, adesto,
  Hic nobis sacra cum pietatis ope.
Tatheus alme, tuis precibus hic annue nostris,
  Ut Christus solita nos pietate regat.

*) Lücke.

4. Ad aram sanctæ Mariæ in choro eodem.

Virgo Maria, dei genitrix, castissima virgo,
Lux et stella maris, nostræ regina salutis,
Hanc aram meritis semper vivacibus ornet,
Quæ sacrata suo condigno constat honore.

5. Ad aram sancti Andree in dextra parte.

Hoc altare suis meritis defendat ab hoste
Andreas Christi famulus, qui retia mundi
Contempsit, Christum tota virtute secutus,
De cruce qui sacra felix conscendit Olimpum.

6. Ad altare sancti Pauli.

Ara quidem presens sacrata est nomine Pauli,
  Qui populos mundi duxit ad astra poli.
Gentibus et populis, regnis atque urbibus iste
  A domino electus doctor ubique fuit.

7.

Nomine namque tuo, doctor clarissime mundi,
Paule, deo Christo cælo vocatus ab alto,
Hæc præsens titulis vitæ sacrabitur ara,
In qua magna salus veniat spes certa salutis.

8. In oratorio sancti Hruodberti sancti . . . .

Ara dicata tibi micat hæc, baptista Johannes
Laudibus hanc dignis semper memor est colendum,
Qui dominum sacris meruisti tingere in undis,
O felix, precibus nostras hic abluc culpas.

9 In ara Stephani

Hac Stephanus primum magnus protomartyr in ara
  Gratiae ori lapidum regia beata nitet
Et profusus cruor, nimium amabilis örox
  Sanius erat sidus Paulus in orbe prius.
Bestia mane rapax spolia quae vespere tractas:
  In preces nostras affatur sola rea

10 Ad sanctam crucem
  d. Th. II. nr. 92.

11 In ecclesia sancti Michaelis sanctique Benedicti

Michael aetherius princeps princepsque militum
  Aeterni regis summus in arce poli
Conserva aedis istam vivantibus aram
  Quae sacrata nitet armine nempe sex.
Ante omnesque dei summi in secreta potiora
  Offerto nostras offerat atque preces

12 Benedicti

Hac pater egregius rector Benedictus in ara
  Qui vitam amabilis sempiternam ipse pater
Ipsius atque soror praeclara Scolastica virgo
  Imagine hic suam nobilis ipsa sex

13 Cosmae et Damiani

Hac duo germani Cosmas Damianus in ara
  Imaganter dipsidam semper honore pater
Quos terris genuit una de viscere mater
  Par genuit fratres martirumque pole

14 In cimiterio sancti Amandi
  d. Th. II. nr. 93.

15 Ad sanctam Mariam

Auxiliare tuis precibus pia virgo Maria
  Aeterni regis famulos regina potens

548.

Nomine namque tuo quoniam hæc ara dicata est.
Tristia depellens, nobis et prospera donans.

17. Ad sanctum Paulum.

Hæc loca sancta tenet præclarus in orbe magister,
Paulus. apostolico numeratus in ordine doctor.
Vas sophiæ electum, cœlestis præco salutis.
Sanguine qui roseo cæli penetravit in arcam.

18. Ad sanctam Mariam.

Hæc domus ecclesiis aliis ut mater habetur.
Virgo dei Christi mater quapropter in ista
Cum Christo colitur, precibus quæ servet ovile
Istud ab hoste piis, flagitamus semper ubique.

19. Ad sanctum Johannem Baptistam.

Hoc baptista potens teneat altare Johannes.
Martyr et egregius simul Anastasius almus.
Hoc Maximilianus item confessor habebit,
Nos precibus horum Christi pia dextra tuetur.

20. Ad sanctum Paulum.

Hoc Paulus doctor mundi et Benedictus in ara
Atque Columba pater magno venerantur honore.
Nos pietas quorum precibus simul adiuvet istis,
Ut nobis tribuat Christus bona dona salutis.

21. Ad sanctum Florianum.

Florianus magnis præclarus in orbe triumphis
Cyriacusque puer propria cum matre Julitta
Præsenti pariter Christi celebrantur in aula:
Hic tibi sit, petitor veniæ, spes certa salutis.

22. Item ad sanctum Johannem baptistam.

Præcursor domini magnus baptista Johannes
Atque pius præsul pariter Martinus et ipse
Nominibus sacris ista iunguntur in ara.
Ante pedes quorum lacrimas hic funde, viator.

549—552.

23.

Hac Christus colitur, mundi salvator, in aula,
Qui regit imperio pelagum, terramque, polumque.
Ipse monasterii huius loca tota gubernet,
Protegat, amplificet, conservet et omnibus horis.

24.

Quæ cernis veniens, lector, hæc inclita tecta
Virgilius*) fecit, domini deductus amore.
Egregius præsul meritis et moribus almus
Protulit in lucem quem mater Hibernia primum.

— — — — — — — — — — — —

Maximus ecclesiæ princeps et claviger aulæ
Cælestis, Christus proprios cui tradidit agnos
Hanc regat ætherio clementer nomine Petrus.
Cum sanctis pariter, quorum hic corpora pausant;
Qui precibus populum Christi tueantur amicis:
Tempora deposcant nobis et prospera vitæ
Præsentis necnon æterni et gaudia regni.

*) 767—784.

549. *Carmina Salisburgensia no. II.*

(*Epitaphium Virgilii episcopi † 784.*)

— — — — — — — — — — — —

Interim et erexit pulchro molimine multa
Templa, loco quædam nunc quæ cernuntur in isto.

550. *Annales Juvavenses maiores a. 774.*

Dedicata ecclesia s. Rodberti.

551. *Annales Salisburgenses a. 774.*

Dedicata est maior ecclesia a Virgilio.

552. *Carm. Salisburg. no. 3.*

Quisque velis criptam subsistens nosse, viator
Scito quod ipse mihi vivus hanc Arno*) peregi.

*) 798—821.

553—557.

553. *Ebenda no. 14.*

De conditore templi.

Culmina ampla vides hæc; Hanc quis conderet ædem,
Nosse cupis si, novum præcelsa mole cenaclum,
Arn antestis — — — — — —
Parietibus politis concrepant corda fibrarum
Sanctarum volvuntur tunc pagina legum.

554. *Ludwig II. der Deutsche, Urk. für Salzburg. 837. sept. 23. M. 1326.*

(*Juvavia, Anh. 88,*)

Hoc itaque territorium*) cum ecclesia quam dudum
Adalrammus quondam secundam nostram licentiam ibidem
edificavit.

*) zu beiden Seiten der Ips westl. von dem Ort Wagreini.

555. *Ann. Salisburg. s. Rudberti. a. 845.*

Ecclesia s. Rouberti exusta est.*)

*) Gleichlautend Auct. Garst., Ann. Admunt., Gesta archiep. Salisb.

556. *Ebenda a. 847.*

Ecclesia s. Petri exusta est.

557. *Carm. Salisb. no. 16.*

Inclitus iste locus proprio cognomine Tedmons
Noscitur esse sacer procerum de pignore comptus.
Præsulis Annonis*) domus hæc fundata labore est
Istius ædis erat formator atque sacrator.
Haud latuisse ferunt homines venerabile signum
Quod dominus monstrare volens virtute potenti:
Sed prius in veteri patuit contingere templo
Illius antiquæ australis seu marginis aulæ
Fracturae crepuisse sonum murumque sequestrans.
Cumque diu populo spectanti fragmen apertum,
Tempore nocturno veniens athleta virilis
Fracturam compressit ovans, fuit integer ille.

*) B. von Freising 854—875.

558—561.

558. *Ebenda XV. 7.*

Hanc renovavit enim Liupprammus episcopus aulam
Ductus amore patrum, tribuat cui præmia Christus
Mitis in æternum felici in sede polorum.

559. *Ebenda no. 12.*

Hæc quisquis pedibus penetret solaria prudens
   Huc quoque se properet, quo ista fenestra patet
Atque per hanc infra cernat pia stemmata templi,
   In quo sanctorum multa vigent merita.
Inde roget supplex dominum sibi mox misereri
   Et pro se sanctos ferre preces flagitet.*)

   *) Vielleicht Titulus der Bischofspfalz vgl. Th. II. no. 1021.

560. *Auctar. Garstense a. 865.*

Adelwinus archiepiscopus ad Termberch dedicavit
ecclesiam in hon. s. Laurentii.

SCHEFTLARN.

561. *Codex traditionum Scheftlarnensis no. 1. Carta fundationis monasterii Scheftlarn. a. 762 (a. Tassilonis 15; ind. 15.)*

   (M. B. VIII, 363.)

Ego indignus presbyter Waltrich . . . cum licentia
illustriss. ducis Bavariorum, Tassilonis, in propria hereditate mea cepi edificare ecclesiam Dei in loco Peipin-
pach, villa nuncupata Sceftilari, prope fluvium Isure.
Ipsa enim edificata ecclesia, quam ego ipse manibus meis
fundavi, advocavi Josephum episcopum*) ut ipsam dedi-
caret ecclesiam . . . Dedicata autem ecclesia accessi et per
funis signo tradidi eam in manus Josephi episcopi, ut in
evum permansisset ad domum s. Marie ad Frisingas . . .
Ipsum autem oratorium dedicatum est in hon. s. Dyonisii
in Kal. Nov.

   *) B. von Freising † 765. ·

562—564.

562. *Ebenda no. 13 u. 14. Carta Traditionis Williburgæ. 806. Oct. 89.*

(*M. B. VIII, 370.*)

Et dedit mihi et filie mee S w i d b u r g e P e t t o episcopus . . . . in auro fabricato duos oringos, et unam spanam et unam tunicam de serico atque in aliis rebus multis, quod mihi bene placuit.

*) v. Freising 784—810.

SERRAS.

563. *Lothar I., Urk. für Serras. 841. oct. 17. M. 1055.*

(*Mohr, C. D. I, 39.*)

. . . ad quandam conferimus cellulam cuius vocabulum est S e r r a s et constructa habetur in hon. b. D e i g e n. semperque virginis M a r i æ et aliorum sanctorum, quam etiam cellam U e r e n d a r i u s *) vir venerabilis a fundamentis construxit . . .

*) Verendarius II. v. Chur 833—844.

TEGERNSEE.

564. *De fundatione monasterii Tegernseensis. cap. 4.*

. . . anno dom. inc. 752 locantes corpus sacratissimum (*s. Quirini*) in basilicam s. S a l v a t o r i s, quæ adhuc modica ecclesia dicitur. . . . (754.) tres comprovinciales episcopi, J o a n n e s S a l z b u r g e n s i s, E r i n b e r t u s F r i s i n g e n s i s, G a i b a l d u s R a t i s p o n e n s i s cum aliis religiosis viris invitantur, quorum diligentia eadem domus Dei (*Tegernseensis*) celeberrimo studio in hon. ss. apostolorum P e t r i e t P a u l i dedicatur . . .

Erat enim crypta subterranea facta et testudinata, et lapis excisus in medio eius positus . . . . Apponebantur quoque 4 thecæ sanctarum plenæ reliquiarum diversorum scilicet graduum, a p o s t o l o r u m, m a r t y r u m, c o n f e s s o r u m atque v i r g i n u m singulæ singulis lateribus lapidei sarcophagi (*s. Quirini*) circumquaque coaptatæ.

565—566.

WEIHENSTEPHAN.

565. *Cod. Weihenstephanens. p. 117.*

Centum sunt octies triginta scilicet anni
  Christi Verbigenæ regnantis in omnia sæcla,
Supplex Hittonis*) devotio præsulis olim
  Frisingæ, fundat statuens hic præposituram.

*) B. von Freising 820—855.

WESSOBRUNN.

566. *Notae Wessofontanae.*

Anno Christi 752 Thassilo . . . dux Baioarie . . . in
saltu proprio qui Rotwalt dicitur inter Aprariam et
Licim venationi operam dabat aprorum, iuxta fluvium, qui
Rotam*) influens ex eius nomine Thessilaspach nuncupatur, ubi dum sopori in tentorio iacens per noctem se dedisset, vidit in somnis iuxta fontem per 4 partes e terra scatentem se astare et exinde ad meridianum scalam ad celos
porrectam et angelos ascendentes et descendentes per illam;
[sanctum autem apostolorum principem innixum scalæ et ca-
nentem eam que in officio dedicationis communio cantari con-
suevit. add. Cod. lat. Monac. 22021] Cuius venatorum alter Ta-
ringeri, alter Wezzo dicebatur. Quorum Wezzo fontem qui
fons Weszonis dicitur a se inventum ostendit in modum †
ebullientem de terra. Ubi rex monasterium eiusdem nominis
cooperante s. Bonifacio, constituit. Ubi primus abbas
Ilsungus, Althahensis monachus, qui post 41 annos 2 Id.
Mai obiit et in meridionali plaga sepultus est.

*) Rott.

B. FRANKREICH.

Über die karoling. Architectur in Frankreich vgl. bes. Saint-Paul, Hist.
monum. de la France 1883. Ramé, De l'état de nos connaissances sur l'arch.
carlovingienne. (Bull. des travaux hist. 1882.) Aubert, Architecture caroling-
gienne in Mém. de la Societé des Antiquaires de France. 1883.

567—569.

ST. AIGNAN D'ORLÉANS (*Monasterium s. Aniani*).

Die Krypta scheint noch erhalten zu sein. Abb. bei Viollet-le-Duc
IV, 449. Ramé a. a. O. 187. Derselbe im Bull. monum. XXVI, 84 (Quel-
ques édifices d'Orléans présumés Carlovingiens.)

567. *Theodulfi carm. 65.*

In altare s. Aniani.

Hanc tibi, celsitonans, aram Teudulfus adorno
At faveas votis rex deus ipse meis.
Quisquis es hanc cernens, et tu sanctissime præsul
Aniane, exigui sis memor, oro, mei.

ST. AMAND D'ELNON (*Monasterium s. Amandi*).

568. *Ann. Elnonenses maiores a. 782.*

Obiit Gislebertus episcopus Noviomensis*) monachus et abbas s. Amandi sepultus in æcclesia s. Petri
sub arcu.

*) Noyon.

569. *Alcuini carm. 88.**)

I.

Hic Gislebertus præsul requiescit humatus *(782)*

— — — — — — — — — — — —

Hic pius ecclesiam sancti construxit Amandi
Cunctaque iam renovans claustra monasterii.

*) in mon. s. Amandi Elnonens. cf. Mab. Ann. II, 387. Bethmann, SS.
XI, 409.

2.

Virgo dei genitrix, nostræ regina salutis
Hic precibus famulis auxiliare tuis,
Hoc altare tuis quoniam est venerabile votis.
Virginibus sacris laus, decus atque salus.

3.

Hæc est aula dei, veniæ domus, aula salutis
Hic cultus Christi, hic pietatis honor.

— — — — — — — — — — — —

569.

Hic pater et pastor, præsul requiescit A m a n d u s
  Vir virtute potens et pietate bonus.
Adiuvat iste preces populi clamantis ad astra,
  Qui domino adsistit semper in arce poli.

4.

Dum sacra præsentis pervasit limina templi
Sæpius accrescens cumulatum gurgite flumen *)
Non tulit A r n o n u s **) fœdari templa sacerdos
Iusserat in melius renovari hæc omnia præsul
Latior ut fieret cripta et sublimior ista.
Supponens tectis firmatos ter quater arcus
Mysticus ut totam firmaret calculus aulam,
Parvula præcelso consecrans tecta ministro
M i c h a e l i, cæli Christo qui adsistit in arce

—   —   —   —   —   —   —   ---   —   —   —

H l o t h a r i u s ***) custos fecit mandante magistro:
Semper in æternum Christus conservet utrosque.
Qui legat hos versus dicat, rogo, pectore puro:
»A l c u i n o veniam scelerum da, Christe, precamur.«

*) Scarpe. **) später Eb. von Salzburg. ***) Ann. s. Amandi brev.
Elnon. mai 828. obiit Lotharius custos Helnonens. cœnobii.

5.

Præsul A m a n d e, deo tali tu nomine dignus,
Auxiliare, pater, famulorum vota tuorum
Et defende piis precibus famulosque domumque.

6.

Hæc S t e p h a n i fulget meritis protomartyris ara
  Qui lapides inter vidit in arce deum.
Qui veniam rogitans inimicis morte sub ipsa,
  Pro famulis veniam poscere certe valet.
Inclitus et Christi præclarus amatus A m a n d u s
  Et decus et pastor, dulcis amorque suis.

7.

Hæc porta est cæli, æternæ hæc est ianua vitæ

—   —   —   —   —   —   —   —   —   —

569.

Hic quoque peccator sceleratos abluat actus
Et lacrimis lavet limina sacra suis.
Purgatus lacrimis humili de corde profusis
Ad loca sancta dei dignior ut veniat.

8.

Hanc levita dei totam L a u r e n t i u s aulam
Conservet, quoniam hæc ara dicata sibi est.
Vir virtute fide flammarum incendia vicit,
Omnia tormenta et vicit amore dei.
Pauperibus tribuens in mundo quidquid habebat
In cælo ut Christi ⸗divitias caperet.

9.

M a r t i n u s meritis domini condignus amore
Qui sibi sacratam hanc regit ecclesiam.
Egregius præsul loco præclarus in orbe,
T o r o n a pausans pastor in urbe pius.
Hæc domus alma deo prima est fundata tonanti
Ante alia et sacri septa monasterii.
Crevit honor horum, domino donante, locorum
Et maior domino est ædificata domus.
Dum sanctus præsul hic inhabitavit A m a n d u s
Crevit honor patris, crevit et iste locus.

10.

Primus apostolicus Christum qui agnoverat inter
A n d r e a s, fratrem convocat atque suum.
Ista suis meritis iam tecta sacrata tuetur,
Ut procul effugiat hostis ab æde sua.

11.

P e t r u s, apostolicus princeps, pastorque fidelis,
Tam gregis ætherei, iam decus ecclesiæ,
Qui tenet æterni claves per sæcula regni,
Solvere vel sola voce ligare potens,
Cuius honore sacro præsens hæc aula dicata est:
Protegat atque regat pastor ovile suum.

570.

Digneturque suis portas aperire, precamur,
Aethereas ovibus munere perpetuo.

12.

Michael æthereus princeps, primusque magister
Aeterni regis, summus in arce poli,
Conservet donis istam vivacibus aram,
Quæ sacrata micat nomine namque suo.
Ante oculosque dei summi in secreta polorum
Officia nostra offerat atque preces.

13.

Hoc altare pater præsul Hilarius ornat
Notus in orbe procul doctor ubique pius.
Hac magnis Victor meritis memoratur in ara
Inclita præclarus miles in arma potens,

14.

Antistes humilis domini et devotus honore
Arnonus sancti tumbam renovavit Amandi,
Non parcens opibus; miseris nam quidquid habebat
Sparserat et Christi compsit sacra templa sacerdos:
Pro quo, quisque legas versus, orare memento.

15.

Hic pater et pastor magnus, Christique sacerdos
Sanctus Amandus obit, Christum qui semper amavit;
Plurima qui vivens meritis miracula gessit.

— — — — — — ·— — — — — —— —

Hic pater egregius Christo hoc fundavit ovile

—· — — — — — — — — — — —

Corpore nobiscum sancto requiescit humatus.

570. *Folcwini Gesta abb. s. Bertini Sithiens. c. 66.*

(*Adalardus † 864*) . . . Sepultusque est in eodem monasterio
(*s. Amandi*) in cripta, intrantibus in latere sinistro.

· 571—574.

AMBOURNAI*) *(Ambroniacum).*

571. *V. s. Bernardi archiepiscopi Viennens. c. 2.*

Quo in loco ædem sacram olim b. Virgini parenti dicatam, sed a perfidis gentibus dirutam, instauravit illicque restituto ut quondam fuerat monasterio, se pariter vitæ monasticæ addixit.

*) bei Bourges.

ANIANE *(Anianum).*

572. *V. s. Benedicti Anian. c. 10.*

. . . in patris suamque possessionem super rivulum, cui nomen est Anianus, necnon prope fluvium Arauris, cum præfato viro Witmaro paucisve aliis iuxta b. Saturnini permodicam ecclesiam, cellam exiguam ad habitandum construxit . . . .

573. *Ebenda c. 14.*

Et quoniam vallis, in qua primum insederat perangusta erat, paullulum extra confinia eius monasterium novo opere construere cœpit, . . . Lignamina vero sæpe propter penuriam boum humeris propriis cum discipulis deferebat. Domus enim in eo erat loco, quo fundare moliebantur monasterium, quam auctam in hon. s. Dei genitricis Mariæ consecraverunt. Concurrentibus undique et illius se certatim subiicere magisterio postulantibus et fabrica monasterii cito perficitur . . . Non enim ornatis parietibus tegulisque rubentibus, vel pictis laquearibus, sed stramine vilique maceria cooperire, vel facere domos decreverat . . . Vasa autem ad Christi conficiendum corpus nolebat sibi esse argentea; siquidem primum ei fuerunt lignea, deinceps vitrea *); sic tandem conscendit ad stannea. Planetam vero refutabat habere sericam, et si aliquis illi dedisset, mox aliis ad utendum præstabat.

*) s. den can. des Conc. Tribur. a. 895. (Mansi XVIII.)

574. *Ebenda c. 26.*

Anno igitur 772,*) Caroli vero Magni regis XIV.

adiuvantibus eum ducibus et comitibus, aliam rursus in hon.
Domini et Salvatoris nostri ecclesiam prægrandem construere cœpit; sed et claustra novo opere alia cum columnis
marmoreis quam plurimis, quæ sitæ sunt in porticibus: non iam
stramine domos, sed tegulis cooperuit . . . siquidem ven. pater
Benedictus pia consideratione præventus, non in alicuius
sanctorum prætitulatione, sed in deificæ trinitatis (uti iam
diximus) nomine præfatam ecclesiam consecrare disposuit.
Quod ut dico luce clarius agnoscatur, in altari, quod potissimum præ ceteris videtur, tres aras censuit subponi, ut in his
personalitas trinitatis typice videatur significari. Et mira dispositio, ut in tribus aris individua trinitas et in uno altari
essentialiter firma demonstretur Deitas. Altare vero illud
forinsecus est solidum, ab intus autem cavum, illud videlicet
præfigurans, quod Moyses condidit in eremo, retrorsum
habens ostiolum, quo privatis diebus inclusæ tenentur capsæ
cum diversis reliquiis patrum. **)

. . . . utensilia, quæ in eadem domo habentur, in septe-
nario numero consecrata noscuntur. Septem scilicet candelabra fabrili arte mirabiliter producta, de quorum stipite pro-
cedunt hastilia, sphærulæque ac lilia, calami, ac scyphi in
nucis modum ad instar videlicet illius facta, quod Beseleel
miro composuit studio. Ante altare etiam septem dependent
lampades miræ atque pulcherrimæ inæstimabili fusæ labore,
quæ a peritis, qui eas visere exoptant, Salomoniaco dicuntur conflatæ. Aliæ tantumdem in choro dependent lampades argenteæ, in modum coronæ, quæ in se insertis circulis
cyathos recipiunt per gyrum: morisque est præcipuis in
festivitatibus, oleo repletas accendi, quibus accensis veluti in
die, ita in nocte tota refulget ecclesia. Tria denique altaria
in eadem sunt dicata ecclesia vel basilica, unum videlicet in
hon. s. Michaelis archangeli, aliud in venerationem b. apostolorum Petri et Pauli, tertium in hon. almi protomartyris Stephani.

In ecclesia vero b. Dei genitricis Mariæ, que primitus
est fundata, s. Martini necnon et b. Benedicti haberi
videntur altaria. Illa vero, quæ in cæmeterio fundata con-

575—578.

sistit, in hon. s. Johannis B. consecrata dignoscitur. . . . In septem item altaria, in septem candelabria, et in septem lampades septiformis gratia spiritus sancti intelligitur.

*) richtig 782. **) Unter diesen wird im Ind. Anian. reliquiar. erwähnt eine Kreuzpartikel, »quæ est incastrata in auro et semper manet in scutella, quæ est argentea Karoli Magni.« Mabillon (schon zu dessen Zeit verloren).

575. *Ebenda c. 39.*

. . . . in oratorium s. Joannis B. quod in cimiterio situm est . . . . ad oratorium vero, quod in hon. s. Saturnini martyris dedicatum est, ubi venerabilis vir primum habitare cœpit . . . .

576. *Sermo s. Ardonis (Smaragdi) in consecratione altaris s. Salvatoris eiusdem (Aniancusis) monasterii die 29. mensis Dec. anno ab inc. D. 771 (782).*

Adest hic ara triplex, solius columnæ unitate subnixa, significans Trinitatis unitatem, ut in personis proprietas intelligatur, et deitatis unitas credatur . . . . Adest etiam dominicæ crucis figura, quam in suo tempore s. Salvatoris aula per sui fabricam depinxit, monstrans fidelibus Christi crucem spiritualiter esse gestandum, quam Deus Salvator crucifigendus sibi corporaliter baiulavit . . . . cuius crucis venerabile signum suo præcipuo Salvatoris conservat altario. *)

*) Beiträge S. 13.

577. *Karl d. Gr. Urk. 792. Juli 27. M. 309.*

(Migne 103, 1419.)

. . . qualiter vir venerabilis Benedictus abbas ex monasterio, quod ipse novo opere iure proprietatis a fundamentis in honore Dei genitricis Mariæ seu aliorum sanctorum ædificavit in loco nuncupante Aniano, in pago Magdalonense, subtus castro Monte-Calmense . . .

578. *Chron. Moissiac. a. 815.*

(Zusatz zu Einhart, V. Karoli c. 30.)

(Ludovicus) unam vero partem sibi reservavit, quam dedit

579—580.

Benedicto abbati s. Salvatoris Anianensis archisterii, videlicet crucis dominicæ cum gemmis, bratheas aureas contextas cum gemmis, baltheos aureos similiter gemmatos, calices aureos sive argenteos vel offertoria cum patenulis et offertoriis cum auro et gemmis ornatos. Inter alia dona dedit ei capsulam auream, ubi pignora sunt omnium apostolorum. Inter ea dedit ei sceptrum regale ex ebore valde mirificum et multa alia dona, quod dinumerare longum est. Ardoni quoque, qui et Smaragdo, religioso monacho, dedit tabulam lapideam tinnientem sicut æs.

ANILLE [ST. CALAIS] (*Anisola*).

579. *Carmina Cenomanensia no. X.*

De dedicatione senioris altaris Anisolæ*) monasterii, in quo s. Karilephus corpore requiescit.

Bis quadringentis triginta atque octo volutis
Annis salvator natus ut est dominus**)

— — — — — — — — — —

Undenos Maius propria vertigine mensis
Perficiens celeres mundi abeunte dies.
Prædictus præsul***) tunc aram iure dicavit
Aecclesiæ, recubat qua Karilephus ovans.
In domini sacrans hanc salvatoris honore
Virginis et Mariæ — — — — —
Sed nec excipitur ab hoc Martinus honore.

*) Dép. Sarthe. **) 838. ***) Aldricus B. von Le Mans.

AQUITANISCHE KLÖSTER.

580. *(Astronomus) V. Hludowici maior. c. 19.*

Et quidem multa, ut dictum est, ab eo (Karolo M.) sunt in eius dicionem reparata, immo a fundamentis ædificata monasteria, sed præcipue hæc: monasterium s. Fileberti,[1] monasterium s. Florentii,[2] monasterium Caroffi,[3] monasterium Concas,[4] monasterium s. Maxentii,[5] monasterium Menate,[6] monasterium Magni loci,[7] monasterium Musciacum,[8] monasterium s. Savini,[9] monasterium Mascia-

581—582.

cum, [10]) monasterium Noviliacum, [11]) monasterium s. Theotfridi, [12]) monasterium s. Pascentii, [13]) monasterium Do-
sora, [14]) monasterium Sollemniacum, [15]) monasterium puellarum s. Mariæ de Regula, [16]) monasterium puellarum s.
Radegundis, [17]) monasterium Devera, [18]) monasterium
Dentera in pago Tolosano, [19]) monasterium Vadala. [20])
In Septimania monasterium Anianæ, [21]) monasterium
Galunæ, [22]) monasterium s. Laurentii, [23]), monasterium
s. Mariæ, quod dicitur Inrubine, [24]) monasterium Cau-
nas [25]) et cetera plurima, quibus veluti quibusdam lychnis
totum decoratur Aquitaniæ regnum.

[1]) Hérrnoutier auf der Insel Noir. (Hér)moutier (Heri) unterhalb des Aus-
flusses der Loire. [2]) St. Florent-le-Vieil. [3]) Charroux (Poitou). [4]) Conques. [5]) St.
Maixent (Poitou). [6]) Menat bei Clermont-Ferrand. [7]) Manlieu. [8]) verschollen, in
der Nähe von Cahors. [9]) St. Savin (Poitou). [10]) Massai. [11]) Nouaillac. [12]) St. Chafre
bei Velay (Auvergne). [13]) Unbekaunt. [14]) Donzere bei Orange. [15]) Soliguac. [16]) in
Limoges. [17]) Frauenkloster in Poitou. [18]) Monasterium Verense uubekannt. [19]) in
der Gegeud von Toulouse, sonst unbekannt. [20]) ebenda, unbekannt. [21]) Aniane.
[22]) St. Guillem du Désert. [23]) St. Chignan? bei La Tour de Roussillon. [24]) la
Grasse (Carcassoune). [25]) bei Narbonne. (Obige geographische Bestimmungen sind
Bouquets reichhaltigem Ortsregister im 6. Bande seines Recueil eutuommen.)

581. *Ademari Hist. II, 16.*

(Pippinus rex † 838) . . . iussu patris fecerat monasterium
s. Johannis B. Angeriaco, *) monasterium s. Cipriani
Pictavis, **) monasterium Brantosmense, ***) et transtulit
canonicalem habitum in monasterii s. Eparchii Engo-
lismæ.†)

*) St. Jeau d'Angely. **) Poitiers. ***) Brautôme. †) Angoulême.

ARLES (*Arelate*).

582. *Ludwig I., Urk. für Arles. 820 sept. 17. M. 701.*

(Migne, 104, 1097.)

. . . quia vir ven. Castellanus abbas monasterii s.
Mariæ veniens ad nos, innotuit eo, quod ipse cum fratribus
suis in valle, quæ dicitur Asperia, monasterium in ædificia
antiqua construxerit . . .

583—587.

583. *Inscriptio vetus de capta Arelate et Saracenis ab ea expulsis et de restauratione monasterii Montis-Maioris per Karolum M.*

(Bouquet, Rec. V, 387.)

(Ex marmore, quod est in ædicula s. Crucis in monasterii Montis-maioris prope Arelatem super interiore porta.)

Fälschung, schon von Bouquet erkannt. Karl, dem die Gründung der h. Kreuzkirche in Arles zugeschrieben wird, war 793 gar nicht in der Provence (Baronius); die Gründung des Klosters fällt erst ins X. Jhdt.

ARQUES *(Arecas)*.

584. *Folcwini Gesta abb. s. Bertini Sithiens. c. 38.*

(Abt Odlandus 795—805) basilicamque inibi *(Arecas)* in hon. s. Martini construxit, cuius templi nunc solum fundamenta tantummodo se præbent oculis intuentium.

ATTIGNY *(Attiniacum)*.

585. *Karoli M. Capitulare Aquisgran. 808. c. 10.*

De illo broilo ad Atiniacum palatium nostrum.

586. *Karl III. der Einfältige, Urk. für Attigny. 916 iuni 7. BR. 1951.*

(Bouqu. IX, 529.)

. . . statuimus ædificare ecclesiam in Attiniaco palatio in hon. s. Walburgis, Christi virginis, quam . . . ex partibus Orientalium*) sagaci industria afferre voluimus . . .

*) Eichstädt.

AURILLAC [IN DER AUVERGNE] *(Aureliacus)*.

587. *Karl III. der Einfältige, Urk. für Aurillac. 899 iuni 2. BR. 1904.*

(Bouqu. IX, 478.)

. . . comes Geraldus . . . nostram deprecatus est celsi-

588—591.

tudinem, ut suum monasterium, quod est in pago Arver-
nico situm, cognomento Aureliacus, in hon. apostolorum
principis Petri et b. Clementis fundatum . . . sub immun-
nitatis nostræ tuitione suscipere dignaremur.

588. *V. s. Geraldi comitis (conditoris monasterii Aurilliac.) c. 54.*

. . . lapidici nos et mactiones undecumque iussit aggre-
gari et ad construendam in hon. b. Petri ecclesiæ fundamentum præcipit aperiri . . . fundamentum namque infirmiter
locaverunt. Et cum iam in expensa grandis nummorum summa
esset profligata, parietesque nihilominus in altum porrecti,
quadraminum compages subito dissutæ corruerunt.

589. *Ebenda c. 80.*

Biennio priusquam obiret, ecclesiam fecit solemniter
dedicari.

AUTUN *(Augustodunum).*

590. *Walafrid Strabo Carm. 6.*

Ad Muatwinum episcopum.*)

Ditis heri locuples capit aurea vasa suppellex
Argenti species adnumerant varias.
Hæc eadem non ficta luto, non lignea spernit
Vascula, sed propriis mancipat officiis.

— — — — — — — — —

Aurificis studium preciosa monilia fingens
Interdum gracilem corpore cudit acum.

*) von Autun 815—840.

AUXERRE *(Antisiodorum).*

Chardon, Hist. de la ville d'A. 2 voll. Lebeuf, Mém. concernant l'hi-
stoire civile et ecclesiastique d'A. et de son ancien diocèse, cont. par Challe et
Quantin. 4 voll. Die großartige Hallenkrypta mit Umgang von Viollet-le-
Duc (Abb. IV. 451) im IX. Jhdt. gesetzt; nach Dehio I. 185; Anf. des
XI. Jhdts. Vgl. Ramé a. a. O. 192.

591. *Gesta episcoporum Antisiodorensium c. 33.*

(Maurinus s. VIII. ex.) Super altare quoque matris ecclesiæ

592—594.

hic ipse pontifex pallium preciosissimum auro et margaritis obtulit decentissime exornatum. Crucem etiam ex auro purissimo et gemmis pretiosis composuit, nomine inscribens suo . . . Decessit 8 Id. Aug. atque in ecclesia s. Gervasii tumulatus est, quam et ipse quoque renovaverat.

592. *Ebenda c. 33.*

(unter Maurinus, s. VIII. ex.) . . . primus comes pagi Autissiodorensis Ermenoldis nomine in suo ipsius prædio monasterium in Salvatoris hon. construxit, quod idem episcopus sollempniter dedicavit.

593. *Ebenda c. 34.*

(Aaron c. a. 800) . . . ciborium super altare s. Stephani auro argentoque mirifice composuit.

594. *Ebenda c. 35.*

(B. Angelelmus unter Ludwig I.) Aecclesiam s. Stephani non simplici largitate ditavit, altare senioris ecclesiæ tabulis argenteis undique compegit, altare quoque s. Mariae nichilominus tabula argentea decoravit, s. quoque baptiste Johannis altare simili ornamento decoravit, ante altare s. Stephani tres coronas argenteas precipui ponderis preparavit, in circuitu altaris decem candelabra maxima argentea constituit, calicem argenteum optimum cum patena condonavit ac suo nomine presignavit; sed et crucem permaximam ibi collocavit, quam auro argentoque vultu Salvatoris decentissime decoravit, altare argentea tabula ornatum ante eam statuens. Eandem æcclesiam quatuor signis maximis et sonoris decoravit, fecit et capsam præcipui operis auro argentoque elegantissime comptam, ubi cappam beatissimi Amatoris cum multis ss. pignoribus condidit. Tapetia etiam optima ad sedilia basilicæ exornanda plurima contulit.

. . . . . vasa argentea plurima et precipua in thesauris eiusdem ecclesiæ collocavit, s. Germano calicem argenteum cum patena dedit eiusdem scematis, cuius et superiorem fecerat, huiusmodi largitatem sui nominis inscriptione

595—597.

designans. S. quoque Amatori calicem argenteum cum patena tribuit eiusdem operis, quamquam ponderis minoris. S. Petro similiter. Altare s. Eusebii tabula argentea exornavit, calicem argenteum cum patena dedit, evangelium quoque argenteum cum candelabris argenteis ac turibulo nichilominus argenteo preparavit, cortinas etiam in circuitu altaris ac nonnulla pallia condonavit. In cenobio s. Salvatoris tabulam argenteam cum signo sonorissimo dedit. Per totam denique sue potestatis dioecesim ecclesiis quidem vicanis ad preparandum calicem et patenam 3 libras argenti distribuit. Minoribus vero cappellis suis duntaxat ad opus simile solidos 15 destinavit; in vicis quoque prefatis congruam argenti quantitatem largitus est ad cruces in ecclesiis exornandas.

595. *Ebenda c. 36.*

(*Heribaldus s. IX. med.*) ecclesiam s. Stephani et parietibus et laquearibus renovavit, vitreis quoque ac picturis optimis decoravit; coronas argenteas 4 instituit; circa altare s. Stephani tabulas argenteas et sculptura et operis elegantia renovavit, capsam etiam auro argentoque mirifice decoravit, ubi vestimenta sacratissimi Germani reposuit: basilicam s. Johannis B. post defectum veteris ab imis extruens fundamentis, in sublime fastigium extulit ac 10. Kal. Jan. sollempniter dedicavit. Postmodum vero ss. martyrum Alexandri et Crisantii pignora, que ab urbe Roma detulerat, in eadem æcclesia decenter condidit fredamque cum cancellis benigno studio exornavit . . . basilicam s. Mariae laquearibus, picturis et vitreis renovavit.

596. *Ebenda c. 36.*

(*† 7. Kal. Mai.*) . . . . in basilica s. Germani in cripta s. Stephani nobilem sepulturam accepit, cuius etiam altare vivens adhuc tabula argentea decoraverat calicemque itidem argenteum cum patena condonavit.

597. *Ebenda c. 37.*

(*Abbo*) . . . s. Stephano crucem auream cum gemmis

598—601.

pretiosis contulit, pallium quoque peroptimum largitus est, cocleam a parte occidentali a fundamentis inchoavit, altare s. Stephani auro puro gemmisque exornare decreverat, sed morte intercedente prepeditus, non modicas tamen auri expensas ad id peragendum reliquit.

598. *Ebenda c. 38.*

(*Cristianus † 873*) . . . ecclesiam ab occidentali parte a predecessore suo inchoatam ad perfectum usque perduxit . . . . s. Amatoris corporis menbra a prime sepulture loco una cum archiepiscopi Burdigalensi Frotario*) nomine festive in criptam ipsius domus transvexit.

*) v. Bordeaux 860—876.

599. *Ebenda c. 39.*

(*Wala † 879*) ecclesiarum restaurationes instantissime peregit ac suo tempore pene feliciter consumavit, et cum nonnulli diocesianos suos expolient propinquosque ditent, iste a consanguineis maxima percipiens, ecclesiæ suæ filiis deperciebatur; neque enim alienis, sed propriis transigebat donis.

600. *Ebenda c. 40.*

(*Wibaldus † 887*) . . . ab occidentali parte ecclesiæ s. Stephani 2 construxit altaria, superius in hon. s. Crucis, . . . inferius vero b. Gregorii . . . eximiique Pauli apostoli, Amatoris etiam atque Germani ac Martini et Benedicti hon. honestissime dedicavit. . . . . Congregationi denique sibi commisse . . . attribuit, ut . . . sacrorum altarium, hoc est criptarum dedicationis die refectio congrua pararetur.

601. *Ebenda c. 41.*

(*Herifridus † 909*) . . . civitas improvise flammis exusta, penitus versa est in cineres tantum et rudera . . . hoc animo induxit suo, numquam sibi aliquod facturum in urbe 'habitaculum, donec edes Dei æcclesia scilicet b. semper virginis Mariæ, ac s. Johannis simulque primi martyris Stephani in pristinum redigerentur statum. Quas . . mox reædificare

602—603.

cœpit, et funditus eas opere mirifico exornans, in huiusmodi studio usque ad vitæ terminum permansit sicque ecclesiis nobiliter restructis, antecessorum suorum domos condere mors infelix prohibuit.

602. *Heirici miracula s. Germani Autissiod. episcopi c. 5.*

Erat locus naturali quodam situ commodissimus*) atque, a parte orientali clivo montis paulatim lentescente, competenter adcline pendulus, ultro se cuiusdam ingentis fabricæ conceptionibus ingerebat. Ad artifices talium experientissimos res confertur. Horum industria ad loci oportunitatem accedente, concepti operis exemplar conficitur,**) et quasi quodam præludio futuræ moles magnitudinis cæris brevibus informatur ea pulchritudine, ea subtilitate, quæ digna angelorum hominumque Rege, quæ sanctorum collegio, quæ ipsius etiam loci maiestate esset. Expensis competentibus præparatis, exactores magistrique ôperum diliguntur, quorum inrequieto studio summaque instantia immensum opus incredibili celeritate peragitur . . . De cuius qualitate fabricæ multa forent, quæ ad laudem operis iure litteris mandarentur; verum quia et oculis subiecta est et fere omnibus circumquaque notissima, parcendum intalibus paginæ . . .

*) St. Germain d'Auxerre. **) Beiträge S. 36.

603. *Ebenda c. 6.*

Operi magnifice elaborato si qua ornatui fore poterant, instantissime parabantur, et quoniam in nostra provintia marmorum copia minime suppetebat, in remotis hæc querenda regionibus decreverunt. Hac de causa quidam fratrum periculosæ expeditionis bis adgressi difficultatem, interque vastos Rhodani gurgites iter plenum discriminis subeuntes, Arelatum, ac deinde Massiliam . . . perrexerunt. . . . . Ibi ingentibus congressi periculis, multa astu, multa autu, callide audaces, audacter callidi, superarunt . . . . Eruderatis itaque ædificiorum veterum circumquaque ruinis, ingentem marmorum pretiosorum copiam obtentu partim, partim pretio congregarunt, oneratisque navibus præda peroptabili, victorioso successu cœptorum audacium memorabilem bis duxere triumphum. Per iter horribile divinum eis non defuisse favorem, incunctanter dixerim, quod et minacis tumorem pelagi et infidæ gentis, ferociam infracti animis infessi viribus, excesserunt.

604. *Ebenda c. 6.*

. . . perductis ad locum destinatum marmoribus, quicquid columnarum devectum est, tanta universis fabricæ partibus habitudine convenerunt, acsi indiscrepanter et, ut dicunt, in unguem eisdem ipsis deformatæ lineis proposito responderint exemplari . . . .

Harum unam non contempnendæ magnitudinis basi impositam, aggregata robustorum manu, superne ducto fornici collatis viribus inserebant, cunctisque summa ope nitentibus, cum iam erecta pæne consisteret, vicit molis immanitas impellentes, iamque elapsa manibus, suo ipsius in ruinam pondere ferebatur . . . tanto mox visa est absque visibili præsidio mole sua superna reposcere. Ita loco fixa inconvulsam perennis miraculi memoriam ingerit speciosam.

605. *Ebenda II, 4.*

De prima orientalis fabricæ conceptione.

(*Adelheid, Gemahlin Konrads, Schwagers Ludwigs I.*) . . . ad b. Germani cœnobium ex iussu principis profecta pervenit, ac primum loci positione perspecta diligentius . . . dici non potest, quanto se fervore addixerit cœptis insistere . . .

606. *Ebenda II, 2, 6.*

Perfecto opere cunctisque decorem prætendentibus consummatis, sanctiss. . . . corpus b. Germani in cryptam tanto condignam thesauro . . . translatum est. . . . Actum est hoc a. Dei hominis facti 841. . . . At a. eiusdem verbi incarnati 859. . . . amplificata eadem basilica, cryptarumque, ut supra digestum est, pulcritudine decorata, sæpe dicti . . . ,patris nostri ss. mausoleum a loco primariæ translationis denuo summotum est, ad conditorium suprascriptum, nova operosaque præparatum diligentia.

607—609 a.

607. *Ebenda II, 2, 10.*

Tabellæ tesserariæ, templi suspensæ vestibulo, monumentum ei rei*) fuere.

*) des Wunders einer Stummenheilung.

608. *Ebenda a. 873.*

. . . in ambone responsorium cantabatur.

609. *Ebenda II, 3, 13.*

iudicatum est, ut supra memoratæ martyrum reliquiæ, necnon et corpora b. pontificum Altissiodorensium, olim in ipsa ecclesia tumulata, transferentur in cryptas, et circa corpus beatiss. Germani . . . conderentur . . . factum ita est; et dextro quidem latere, id est a plaga Australi, ossa b. Urbani papæ cum capite s. Innocentii martyris eodem loculo composita sunt. Hinc corpus ven. Alodii, successoris quondam eius, ac 3 deinde ss. pontificum, Ursi, Romani et Theodosii. A parte pédum, i. e. plaga Orientali, secus aram, pretiosi confessoris et præsulis Aunarii membra sacratissima requiescunt. Sinistrum, i. e. septentrionale latus, gloriosi martyris Tiburtii pignora occuparunt, subiunctis 5 pontificum corporibus venerandis, h. e. s. Fraterni, episcopi et martyris, Censurii, Gregorii, Desiderii ac Lupi; et extra hos, s. Moderati pueri, quondam martyrio coronati.

609 a. *Todtenbuch von Auxerre.*

(Lebeuf, Mémoires d'Auxerre. Alte Ausgabe II. Anhang S. 247.)

19 (Ian.) Eodem die (obiit) Frodo levita et canonicus, qui pro salute animæ suæ fecit huic ecclesiæ columbam argenti auro mundo deauratam cum corona et catenis argenteis desuper altare pendentem ad corpus domini nostri Jesu Christi conservandum. *)

*) Die Eintragungen ins Todtenbuch von Auxerre fallen in das VIII. bis X. Jhdt.

ST. BASLES (*Monasterium s. Basoli*).

610. *Translatio s. Basoli c. 1.*

. . . aliud est monasterium (*s. Basoli*) a b. Nivardo Remensi archiepiscopo congruo satis et decenti opere fabricatum, habitaculis in circuitu iuxta cultum religionis convenienter dispositis.

611. *Ebenda.*

. . . (*Hincmar v. Rheims*) effodiens sacri corporis (*s. Basoli*) thesaurum, de loco, in quo prius iacuerat, . . . in ipsa ecclesia multo nobilius, quam ante fuerat repositum, collocavit. In eadem vero die . . . . . ipsa etiam dedicatur ecclesia in hon. b. Martini Christi Domini confessoris ac sanctissimi Basoli nostri per sæcula patroni specialis. Hæc vero translatio simul et ecclesiæ sacræ dedicatio Idus Octobris facta est . . .

612. *Ebenda c. 9.*

(*Ungarneinfall.*) Interea dum turiculam in summo ecclesiæ positam deaurata conspiciunt specie refulgere, eorum unus auri cupiditate ductus, . . . per tecta repit, culmen templi conscendit ac fulgida metalla convellere cœpit.

613. *Ebenda c. 6.*

Non longe a nostra ætate *)* . . . Benedictus nomine, ipsius monasterii abba et rector est constitutus. . . . . . qui Benedictus decus ecclesiæ spatiis ampliavit, et variis donariis exornavit.

*) »tempore scilicet domni Ebonis archiepiscopi« addit Frodoardus. i. e. imperante Ludovico Pio. Mabillon.

614. *Ebenda c. 13.*

Nam sacro templo parte occidentali adhærens quoddam priori aevo structum parvum fuerat habitaculum, in quo adhuc clausuris extantibus rebusque aliis deputatis, aræ iam collapsæ cernitur indicium.

615—619.
BELLA CELLA [AM AGOUT].

615. *Ludwig I., Urk. für Bella Cella. 819. März 9, M. 664.*

(*Migne 103, 1429.*)

. . . quia vir ven. B e n e d i c t u s abba . . . cuidam cellulæ in pago A l b i e n s i super fluvium qui dicitur A q u o t i s sitæ, nuncupante B e l l a - C e l l a, constructæ in honore s. B e n e d i c t i et aliorum sanctorum, quæ nuperrimis temporibus novo opere in rebus, quas V u l f a r i u s comes memorato monasterio A n i a n e n s i delegaverat, constructa est . . .

616. *V. s. Benedicti Anian. c. 46.*

Wlfarius etiam quidam nomine, . . . per chartam ei ad ædificandum monasterium locum tradidit in A l b i e n s i s confinio (= *Bellam Cellam*), ubi etiam monachos ordinato illis abbate fere duodecim misit, et his etiam, quoniam novo opere fabricam monasterii cœptam perficere satagebant, libros plurimos contulit, vestes sacras præbuit, calicem argenteum ac offertoria, crucemque . . . . administravit.

ST. BERTIN (*Sithiu*).

L a p l a n e, H. de, Les abbés de St. Bertin. 2 voll.

617. *Folcwini Gesta abb. Sithiens. s. Bertini. c. 58.*

(*Adalardus*) sub a. autem d. i. 853 s. P e t r i basilica asili est cooperta annoque insequente s. B e r t i n i ecclesia plumbo est tecta.

618. *Ebenda c. 66.*

(*Adalardus*) . . . inter reliquia donaria quæ huic sacro loco S i t h i u concessit, dedit quandam casulam colore purpureo, auro margaritisque mirifice insignitam, quam sub antiqua pulchritudine actenus habemus conservatam.

619. *Miracula s. Bertini. c. 6.*

(*c. 860. Normanneneinfall.*) Sicque communiter tractatum est, ut tecta ecclesiarum vetustate consumpta et demolita, cete-

rarumque officinarum perstillantia non solum resarcirent,
verum sine intermissione vel alterius negotii interpositione
pleniter renovarent. Quod . . . pulcre strenuissimeque est
perfectum. Ecclesia quoque requiei s. Bertini celerrime ex-
stitit miro opere plumbo cooperta. Sed et turrile ipsius, licet
noviter esset superpositum, quia antiquo more erat factum,
deposuerunt et aliud miræ magnitudinis mirabilisque fabricæ
studuerunt ædificare, cuius longitudo consistentis in terra
æquabat altitudinem culminis ecclesiæ, cui superponendum
erat. Nec mirum, tristegum enim (ut vulgariter loquamur)
trium tripodum ordinibus factum fuerat, excepta summa cla-
xendice.

620. *Ebenda c. 7. (Fortsetzung.)*

Itaque ecclesiæ superposito et erecto, per singulasque
compagines iuncto, cum tholus pomifer in edito una cum
triumphali signo crucis erigeretur, ac in gyro eiusdem stipitis
superrima rota, ubi hastulæ et tabulatæ præfatæ claxendicis
superinniti ac configi debuerant, humerando copularetur, unus
artificum, nomine Bertus, stans super eodem circo arripuit
malleum, et quasi gratulabundus pro appropinquata pæne
consummatione tam miri operis, ictum veluti iactanter longius
colligens incaute iecit. Sed eheu! resiliente rota et quatiente
vacillans pedibusque lubricans, de tanta altitudine præceps
terratenus venit. . . . aquam sibi quasi pro refocillatione offe-
rentibus sine doloris anxietate protulit, scilicet quoniam in
opere suo semper et labore iucundus erat, pro certo aiebat
eos scire, quod sitim restinguere potius gaudebat iugiter vino
quam aqua, nec oblato tunc egere lymphæ liquore.

621. *Vita s. Folcuini episcopi Tarvennensis. c. 17.*

(Sithiu) . . . intrantibus a regione meridiana intercludit
s. patris prædicti *(s. Bertini)* tumba ante posita, quod est præ-
cipuum s. Martini altare; atque ideo in dextera ipsius parte
primum occurrit b. Folquini tumulus ad iam dictam prius
tumbam ire volentibus.

622—627.

622. *Folcwini Gesta abb. s. Bertini Sithiens. c. 88.*

(*Folco 878*) Huius anno primo monasterium s. Petri et s. Bertini iam vice altera a Nordmannis est incensum 5. Kal. Aug.

623. *Ebenda c. 93.*

(*Odo 890*) In cuius anno secundo s. Bertini monasterium a tempestate est deiectum 16 Kal. Febr.

624. *Ann. Blandinenses. a. 878.*

Monasterium s. Petri et s. Bertini a Nortmannis incensum est 5 Kal. Aug.

625. *Ebenda a. 887.*

Monasterium s. Bertini a tempestate destructum est.

BESALU [BEI TOULOUSE].

626. *Karl II., Urk. für Besalu. 844. Mai 11. B. R. 1553.*

(*Bouquet VIII, 455.*)

. . . Domnulus abba ex monasterio s. Petri quod ipse in pago Bisuldunense super fluvium Sambuga una per licentiam Ramponis Marchionis propriis manibus construxit.

BRIX*) (*Brutius*).

627. *Gesta abb. Fontanell. c. 14.*

(*unter Austrulf 747—753.*) (Brutius locus) erat autem possessio cuiusdam illustris viri. Ibi namque ut æcclesiam construeretur in hon. b. Georgii martyris, omnibus placuit; comes tamen prædictus (Rihwinus) primus in hoc negotio erat, qui una cum populis sibi subditis condidit in eodem loco basilicam in hon. b. Georgii martyris. Duæque aliæ æcclesiæ . . ., id est una in hon. sanctissimæ matris perpetuæque virginis Mariæ, altera in s. Crucis est fabricata veneratione.

*) Brix bei Cherbourg, wo die Reliquien des h. Georg gefunden wurden. cf. unter St. Wandrille.

628—630.

CASSIGNOL.

628, *Miracula s. Benedicti c. 8.*

Inter quæ eminentissimum illud K a r o l i M a g n i principis palatium C a s s i g n o l, gloria quondam et decus curarum filii eius iam præfati H l u d o v i c i P i i. Quod ita Deo inimica gens *) subvertit, ut et inhabitabile redderet; et tamen quid aliquando fuerit, manifeste appareat. Id eo loci situm est, quo torrens C o d r o t G a r o n n a m influit, turrim lateritiam in margine memorati torrentis exstructam habens, e qua et adventus prævideri, et ingressus hostilium possit arceri navium; simulque ut classis regia, absque adversariorum impedimento fabricata in minori, ad fluenta maioris deduceretur amnis. Habet vero ecclesiam ampliori ecclesiæ coniunctam, miro opere ex lateribus fornicatam; in qua, si bene visa recordor, permodicum habetur sarcophagum, in quo frater H l u d o w i c i P i i geminus esse putatur sepultus. **)

*) Normanneneinfall 864. cf. Dümmler, Ostfränk. R. I, 558. **) Lothar.

CHÂLONS S. SAÔNE (*Cabillonum*).

629. *Transl. s. Agricolae, episcopi Cabilonens. c. 8.*

(S. Agricola) secus pedes s. M a r c e l l i unius tantum maceriæ interclusione fuerat humatus. In quo loco postmodum a devotis et religiosis crypta est mirifico opere et ornamentis exstructa, adhærens lateri domus extrinsecus, tabulatis et columnis decorata marmoreis, usque ad summitatem basilicæ in altum porrecta; sepulcrum vero tegebatur tabula speciosa marmorea, titulum in se continens scriptum, quo pandebatur quantum esset colendus, cuius ibi servabantur exanimes artus.

CHARTRES [ARPAJON] (*Monasterium Castrense*).

630. *Translatio s. Vincentii in Castrense Galliæ monasterium.* (855.) *c. 4.*

Decreverunt autem *(Castrenses)* novam basilicam in eius *(s. Vincentii)* hon. monasterio vicinam extruere, ad quam utriusque sexus personis devotis liber sit accessus.

631—634.

CHELLES *(Cala)*.

631. *Transl. s. Bathildis reginae (838). c. 8.*

... in ecclesiam genitricis Dei ac Domini, nostri Jesu-Christi, semperque virginis s. Mariæ, quam domina G i s l a *) a fundamentis struxerat, detulerunt, ac retro altare medianum condigne posuerunt.

*) Die Schwester Karls d. Gr. cf. Mabillon, Acta SS. IV, 2. p. 427 no. 3.

CLUNY *(Cluniacum)*.

Vgl. bes. L o r a i n, Hist. de l'abbaye de C. 1845.

632. *Hugonis Vindonensis Chronicon. a. 910.*

Constructio monasterii C l u n i a c e n s i s et 918 obiit W i l-lelmus dux constructor illius.

COMPIEGNE *(Compendium)*.

633. *Chron. Sithiense. a. 875.*

K a r o l u s postquam imperator factus est ecclesias plures ædificavit in villa C o m p e n d i o, quam de suo nomine C a r l o-p o l i m appellavit. Nam ibi maximam civitatem ædificare proposuit; ecclesiæ ss. C o r n e l i i et C y p r i a n i construxit, et in eadem villa in suo palatio ecclesiam s. D e i g e n i t r i c i s, quam pretiosis reliquiis adornavit.

634. *Hist. transl. corporis s. Cornelii papæ apud Compendium.*

Noscat ... Christianæ religionis fraternitas, qualiter domnus C a r o l u s L u d o v i c i filius ab illo magnanimo C a-r o l o rex cognomine tertius ...... cœpit ... loca collu-strando perquirere, quo ... Christi sub honore nominis ba-silicam valuisset fundando condignanter construere. ..... actum est, ut subductis lappis, paliuris et carduis, tali in loco ecclesiæ erigerentur maceriæ ... De huius scilicet ecclesiæ fabrica miro lapideo contabulatu constructa multum nobis quod loqueremur, aderat; sed quia eius minime frustramur præsentia, idcirco ratiocinando de ea dividi prohibemur sensu per plurima.*)

*) Im weitern Verlauf wird die Übertragung des h. Cornelius aus Rom erzählt.

635. *Hincmari Annales a. 877.*

(*Karl der Kahle*) ecclesiam, quam in eodem oratorio (*Compendio*) construxerat, . . . consecrari fecit.

636. *Karl II., Urk. für Compiegne. 877 Mai 5. BR. 1809.*

(*Bouquet VIII, 659.*)

Proinde quia divæ recordationis Imperator avus scilicet noster K a r o l u s . . . in palatio A q u e n s i capellam in hon. b. Dei genitricis et Virginis M a r i æ construxisse ac clericos inibi Domino . . . deservire constituisse, ac congerie quamplurima reliquiarum eumdem locum sacrasse multiplicibusque ornamentis excoluisse dinoscitur; nos quoque morem illius imitari . . . cupientes, . . . in palatio videlicet C o m pe n d i o, in hon. gloriosæ Dei genitricis et perpetuæ semper virginis M a r i æ monasterium, cui R e g i u m vocabulam dedimus, fundotenus extruximus . . . atque clericos inibi numero 100 . . . Domini misericordiam implorare decrevimus.

637. *Annales Vedastini. a. 879.*

(*Tod Ludwigs II.*) . . . sepeliturque in ecclesia b. Dei genitricis M a r i æ quam eius pater regio cultu in C o m p e n d i o palatio suo construxerat.

638. *Karl III. der Einfältige, Urk. für Compiegne.*) 915. Juli 7, BR. 1945.*

(*Bouquet IX, 522.*)

. . . E t b e r t u s noster dilectus atque R o d u l f u s comes . . . deprecati sunt enixe, quatenus amore dilectissimæ seu carissimæ coniugis nostræ F r e d e r i g n e concederemus in palatio nostro C o m p e n d i o terræ quadros LXXX ad capellam construendam in hon. s. C l e m e n t i s papæ et martyris . . .

*) cf. die Dotiruugs-U. vom 25. nov. 918 BR. 1960, Bouquel IX, 538.

639. *Karl III. d. Einf., Urk. für Compiegne. 917 Juli 26, BR. 1955.*

(*Bouquet IX, 532.*)

Cognitum est igitur omnibus quod cœnobium ab avo

640—642.

nostro Karolo imp. gloriosissimo constructum in Compendio palatio, peccatis exigentibus, bis igne est succensum.
Unde placuit serenitati nostræ reædificare ac restaurare eum;
quod semel ac bis fecimus.

CONQUES (*Conchas*).

Darcel, Le Trésor de Conques, L'A de Charlemagne mit Abb. ann. arch.
1860. Lasteyrie, F. de. Observations sur le trésor de C. 1867. Gay, Glos-
saire archéologique (1887) I. s. v. ABC.

640. *Liber mirabilis.*

(*Paris, Bibl. nat. fonds des ms. rec. de Doat. n. 143. 144.*)

(*Karl d. Gr.*) . . . cui monasterio Conchas, prima inter
monasteria per ipsum fundata, tribuit literam alphabeti A. de
auro et argento ibi relinquens . . .

641. *Ludwig I., Urk. für Conques. 819 Apr. 8. M. 668.*

(*Migne 104, 1090.*)

. . . qualiter vir religiosus Dado quodam nomine qui
nostris temporibus religione et sanctitate . . . emicuit, dum
quietem appeteret et vacando videre vellet quam suavis est
Dominus quoddam locellum in pago Rutenico super rivulum Dondunum, cuius vocabulum est Concas, inveniens
huic negotio aptum, quo in loco nonnulli Christiani propter
metum Saracenorum . . . dudum confugientes, permodium
construxerunt oratorium, ipse assumpto labore propriis manibus eumdem locum juxta vires mundare atque stirpare curavit
et ut aptus eius quieti foret, operam dedit. Sed non post
multos dies vir religiosus Medraldus nomine eumdem locum
simul cum memorato Dadone ad habitandum elegit . . . . .
nonnulli postponentes sæculum, quietam nihilominus, quam
ipsi legebant, appetere vitam conati sunt, . . . eorum se magisterio subdidere, ac dum paulatim ipsa congregatio cres-
ceret, ecclesiam ibidem in honore domini Dei et salvatoris
Jesu Christi construxerunt . . .

642. *Ermoldus Nigellus, De laude Hlud. I. v. 201.*

Hæc quoque cella pii constructa est munere regis;
Fundavit, coluit rebus et officiis.

643—645.

CORBENI (*Corbiniacus*).

643. *Karl III. d. Einf., Urk. für Corbeni. 906 Febr.* 22. *BR. 1925.*

(*Bouquet IX, 501.*)

. . . cui iam dicto fisco Corbiniaco, in hon. b. Petri principis apostolorum, eo quod in basilica, quæ est ipsius nomine dedicata, iam dictum corpus preciosum foret locatum (*s. Marculphi*); monasterium disposuimus facere et de rebus propriis ditare clericosque . . . . instituere curavimus.

644. *Urkunde des Eygil, Abtes von Flavigny. 864. März* 22.

(*Mab. A. SS. VI, 253.*)

. . . sociatis mecum cæmentariis, cum pluribus artificibus, locum adii Corbiacum; in quo fundato oratorio in hon. apostolorum principis Petri, duodecim ibi in memoriam duodecim apostolorum in initio ad manendum constituimus fratres.

CORMERY (*Cormaricus*).

645. *Alcuini carm. 104.*

1.

Hic patriarcha pius sedeat summusque sacerdos
Sit cui larga manus, placidum cor, verba serena.
Per cuius dextram benedicat dextera Christi,
Fratribus adpositum quicquid defertur edendum.

2.

Hæc est sancta domus, pacis locus, aula salutis,
Quam super o semper maneat benedictio Christi,
In qua multiplicet fratrum convivio large,
Qui quondam populi cælesti munere dives
Panibus ex quinque satiavit millia quinque.

5.

(cf. Th. II. no. 914.)

646—648.

6.

Urbibus egregiis, quarum nova culmina surgunt
Famigeræ laudes et super astra volant;

— — — — — — — — — — — — — —

Hæc est, quam cernis, silvestri rustica tecto
Constructa in heremo cellula nobilior.*)

*) Von Mabillon (A. SS. IV, 1. 176) auf die Zelle Cormery bei St. Martin
de Tours bezogen. Alcuini ep. ad Arnonem (Mon. Alcuin. 512): Noviter congregationem quandam feci, quasi octavo miliario a monasterio sancti Martini, mo-
nachicæ vitæ et regularis relegionis.

646. *Ludwig I., Schenkung an S. Martin de Tours. 837. Juni
16 M. 936.*

(*Migne* 104, 1301.)

. . . ad cellam s. P a u l i, quæ rustico nomine C o m a -
r i c u s dicitur, quam l t h e r i u s*) quondam abbas eiusdem
monasterii in propriis rebus novo opere construxit . . .

*) Der bekannte Kanzler Karls d. Gr.

CORBIE *(Corbeia vetus).*

647. *Adalhardus abb. Corbeiens. Statuta abbat. s. Petri Corb.
c. 1.*

Item de laicis. Matricularii duodecim, laici 30. Ad primam
cameram 6: sutores 3. cavalarii 2. fullo 1. Ad 2^{dam} cameram
14. Ex his ad cameram unus; fabri grossarii 6. aurifices 2.
sutores 2. scutarii 2. pergaminarius 1. saminator 1. fusarii 3.
Ad 3^{am} cameram 3. Ad cellarium et dispensam portarii 2.
ad domum infirmorum 1. gararii 2. ad lignarium in pistrino
1. ad portam medianam 1; carpentarii 4. mattiones 4; medici 2. ad casam vassallorum 2. Isti sunt infra monasterium.

Isti vero extra monasterium: Ad molinum 12; ad piscariam
6; ad stabulum 2. ad hortos 8; ad Buriam 7; ad arboretam
novam 2. berbicarii 2. ad vivarium 5.

648. *V. s. Adalhardi. c. 87.*

Sepulta sunt autem decenter membra charissimi senis in

649—652.

basilica b. Petri apostoli sub fastigio inter eiusdem medioximæ quatuor ecclesiæ centra, *) tectus polito lapide . . . .

*) vulgo »cintres,« i. e. axes fornicem sustentantes . . . Qui fuerint qua-
tuor illi abbates Corbeiæ Gallicæ, in quorum medio sepultus est Adalhardus, non
constat. Mabillon.

649. *Ebenda c. 88.*

Et sunt ibidem perhumati quatuor circumquaque venerandi viri . . . .; quod factum non casu contigisse puto, sed
ut quorum una in Christo fuit militia post Jesum crucem sub-
limius eodem in loco ferre propriam, unus esset et sepulturæ
locus, qui eo dumtaxat secundum similitudinem eiusdem crucis
insignius cohæreret. Quorum medius senex noster cernitur,
super quem signa ad horas divini officii pulsantur.

650. *Miracula s. Adalhardi. Præfatio c. 3.*

Siquidem sepultus *) apud ecclesiam Petri principatu
principalem, medio iacuit loco, ante gradum cancelli infe-
riorem. . . . Latuit diutius sepultura, ut reliquum terræ cal-
catur ab omnibus. **)

*) S. Adalhard. **) Die Stelle wird später durch ein Wuuder entdeckt
und ein »decens tumulus« errichtet. Mirac. I, 1.

651. *Ebenda. Præf. cap. 1.*

(*Corbeia vetus.*) Tres enim in ea principales habentur ecclesiæ, in quibus corda fidelium sanctæ trinitatis confessio
bene possit unire. Prima Petrum præfert piscatorem, secunda
piscatis Evangelistam Joannem, tertia evangelizatis Ste-
phanum protomartyrem.

CYSOING [BEI LILLE] (*Cisonia*).

Die Codices Eberhards v. Friaul befinden sich heute in der Municipal-
Bibliothek zu Boulogne. Gérard, Catal. des manuscr. de Boulogne.

652. *Hist. ecclesiæ Cisoniens. p. 87.*

Testamentum Evrardi comitis.

De paramento autem nostro volumus ut habeat primo-
genitus noster Unroch spatam unam cum aureis hilcis et

652.

cuspide aurea, et facilum 1 de auro et gemmis, balteum 1 de
auro et gemmis, sporones 2 de auro et gemmis, vestitum 1
de auro paratum cum fibula aurea, et alteram spatam volumus
ut habeat; urceum cum aquamanile argenteum 1, scyphum
aureum 1, scyphos eburneos 2, bruniam 1, hermum 1 et manicam 1 ad ipsum opus, beinbergas 2, mortariolum argenteum 1 cum pistillo. De paramento vero capellæ nostræ ciboreum cum cruce aurea et capsa aurea, et calicem aureum cum
patena, coronam aur. cum ligno Domini, crucem aur. cum
crystallo supra ciboreum, planetas 2 unam auro paratam, alteram de cendalo, dalmaticam auro paratam, 3 pannos super
altare auro paratos, 2 phylacteria in cruce pendentia, Evangelium de auro paratum, sia aurea, armillas 2 auro paratas,
missale cum argento et auro paratum, lectionarium similiter,
urceum cum aquamanile argent. 1. thuribulum argent. 1,
pipam auream 1, tabulas eburneas auro paratas, pecten vero
auro paratum 1, flavellum arg. 1, capsellam eburneam 1, candelabra argentea 2 . . .

Secundus Berengarius volumus ut habeat spatas 2,
unam cum hilcis argenteis et aureis simul, facilum de arg. et
auro 1, balteos aureos cum gemmis 2, sporones aureos 2, vestitum de auro paratum 1, alterum facilum cum gemmis aureum, scyphos de cornu et argento cum auro 2, scutellas
arg. 2, cochlearia arg. 2, bruinam 1, helmum 1, manicam 1.
De paramento capellæ nostræ altare argento paratum 1, calicem eburneum cum patena auro paratam 1, capsam eburneam auro paratam 1, phylacterium de crystallo cum auro
paratum 1, Evangelium eburneum 1, lectionarium simile, missale simile, commentarium sim., antiphonarium sim., smaragdum
similiter paratum, thuribulum arg. 1, planetas 2, unam variatam, alteram de cendalo, dalmaticam variatam 1, siricam
similem, pallium super altare 1, tabulas ad canendum auro et
argento paratas . . .

Tertius Adalardus, volumus ut habeat spatas 2, unam
cum hilcis eburneis et aureis, facilum similiter et balteum
eburneum et aureum, alterum vero facilum aureum et balteos
aureos 2 cum gemmis, vas ad bibendum marmoreum 1 cum

652.

argento et auro paratum, garalem arg. 1, scyphum arg. 1,
pallia 2, garales argenteos cum binis cochleariis 2, bruniam 1
et helmum cum hasberga, et manicam 1, brimbergas 2. De
paramento Capellæ nostræ altare de crystallo et argento paratum 1, capsam crystallo et auro paratam 1, calicem vitreum
auro paratum 1, calicem arg. cum patena, Evangelium argento paratum 1, planetam diploidam 1 de cendalo, dalmaticam 1, siricam 1, pannum super altare 1, phylacterium 1,
in quo sunt reliquiæ s. R e m i g i i.

Quartus R o d u l f u s volumus ut habeat spatas 3, man-
cofos 100, balteum 1, garales 2 argenteos, cochlearia 3, bruniam 1, manicas 2. De paramento vero capellæ nostræ busteam
crystallinam cum reliquiis, phylacterium de almandinis et
crystallo paratum 1. phylacterium arg. 1, calicem de nuce
cum arg. et auro paratam 1, calicem arg. cum patena, planetas 2, pannum 1 super altare.

E n g i l d r u d filia nostra volumus ut habeat scutellam
arg. 1 et pallium 1. J u d i t h volumus ut habeat scutellam arg.
et pallium 1. H e i l v i n c h volumus ut habeat argenteum vas
1 et pallium 1. Quibus singulis ne de capellæ nostræ exsortes
esse viderentur benedictione, dedimus singula phylacteria de
crystallo auro parata, de libris etiam ciusdem capellæ nostræ
divisionem inter eos facere voluimus. Imprimis volumus ut
U n r o c h habeat psalterium nostrum duplum et bibliothecam
nostram et librum s. A u g u s t i n i de verbis Domini et librum
de lege Francorum et Ribuariorum et Langobardorum et Alamannorum et Bavariorum et librum rei militaris et librum de
diversis sermonibus, qui incipit, de E l i a et A c h a b; et librum
de utilitate pœnitentiæ et librum de constitutionibus principum
et edictis imperatorum, et synonima I s i d o r i, et librum de
IV. virtutibus et Evangelium et librum bestiarum, et cosmo-
graphiam E t h i c i philosophi. B e r e n g a r i u s aliud psalterium
volumus ut habeat cum auro scriptum et librum de civitate
Dei s. A u g u s t i n i, de verbis Domini et gesta Pontificum
Romanorum et gesta Francorum et libros I s i d o r i, F u l-
g e n t i i, M a r t i n i episcoporum et librum E p h r e m et synonyma I s i d o r i et librum glossarum de etplanationis et dierum.

653.

Adalardus tertium psalterium volumus ut habeat, quod ad nostrum opus habuimus et expositionem super epistolas Pauli et librum s. Augustini de verbis Domini et super Ezechielem prophetam et lectionarium de epistolis et evangeliis cum auro scriptum et vitam s. Martini et librum Aniani, et volumen septem librorum Magni Orosii Pauli et libros s. Augustini Hieronymi presbyteri, in hoc quod Jacobus ait: Qui totam legem servaverit et in uno offenderit, factus est omnium reus. Rodulfus volumus ut psalterium cum sua expositione habeat, quem Gisla ad opus suum habuit, et Smaragdum, et Collectaneum, et Fulgentium et Missale quotidianum, quod semper in nostra capella habuimus et vitam s. Martini et Physionomiæ Loxi medici, et ordinem priorum principum.

Primogenita etiam filia nostra Engeldrud volumus ut habeat librum qui appellatur Vitas Patrum et librum de doctrina s. Basilidis et Apolloniam et synonyma Isidori. Judith volumus ut habeat missale 1, et librum qui incipit a sermone s. Augustini de ebrietate, et legem Langobardorum et librum Alguini ad Eridonem comitem. Heilvinch volumus ut habeat missale 1 et Passionalem et librum orationum cum psalmis et libellum de orationibus. Gisla volumus ut habeat librum de IV. virtutibus et enchiridion s. Augustini . . .

Actum in comitatu Tarvisiano in corte nostra Musiestro, Imperante Domino Hludovico Augusto, anno regni Christo propitio XXIV. *(867.)*

ST. DENIS (*Monasterium s. Dionysii*).

Ayzac, Félicie d', Hist. de l'abbaye de St. D. en France. 2 voll. Guilhermy, Monogr. de l'église royale de St. D. 1848.

653. *Karl d. Gr., Urk. für St. Denis. 775 Febr. 25. M. 175.*

(*Tardif 58.*)

. . . ad ecclesiam s. Dionisii, ubi ipse præciosus Domnus cum sociis suis corpore quiescunt et venerabilis vir Fulradus, abba, præesse videtur, et nos, Christo propitio,

654—655.

a novo ædificavimus opere, et modo cum magno decore iussimus dedicare.

654. *Testament Fulrads.*

(*Tardif, Mon. p. 61.*)

. . . . similiter Salona, ubi edificavi ecclesia in hon.
s. Mariæ, ubi requiescunt Privatus martyr, s. Harus confessor, ... similiter alia cella, qua dicitur Audaldovil-
lare, ubi s. Ipolytus requiescit; et tercia cella infra Vasta
Vosgo edificavi, ubi s. Cocovatus requiescit, super fluvium
Laima, quæ dicitur Fulrado-cella.

655. *Alcuini carm. 92.*

I.

Nudus eat hospes, placeat cui ludere mecum
    Atque fovere meo corpore fonte sua.
Qui pisces quondam gelidis generavit in undis,
    Nunc calidus homini forte minister erit.
Nunc ligno vehitur, quondam qui ligna vehebat,
    In pratis currens stat piger in domibus.
Dum nudus veniat calidam pius hospes in aulam,
    Fontibus ut lavet hîc sua membra meis,
Obsecro, ne videat, proprios avertat ocellos,
    Contexit prima quod rea dextra patris.
Hoc natura docet, hoc et persuasit honestas
    Ut tibi sit facies semper honesta, puer.

2.

Presbyter egregius valde et venerabilis abba
    Strenuus actu, opere, pectore, mente pius.
Corpore Fulradus*) tumulo requiescit in isto
    Notus in orbe procul, noster in orbe pater.
Inclytus iste sacræ fuerat custosque capellæ
    Hic decus ecclesiæ, promptus in omne bonum.
Hæc domus alma dei magno est renovata decore,
    Ut cernis, lector, tempore quippe suo.

656—657.

Iste pios patres magno dilexit amore
Relliquias quorum hæc domus alma tenet.
Credimus idcirco cælo societur ut illis,
In terris quoniam semper amavit eos.

3.

Hic sit sub pedibus tibi, M a g i n a r e,**) magistri
Iam sacra mundanis temporibus requies.
Te pius ille pater teneris nutrivit ab annis,
Tu quoque successor eius honoris eras.

— — — — — — — — — — — — — — — —

*) † 784.   **) Capellan Karls d. Gr. und Nachfolger Fulrads in der Abt-
würde von St. Denis. (Sickel, Acta Karol. I, 77.)

656. *Fardulfi carm. 1.*

Culmina cernenti lectori, littera, prome
,Fardulfus Carolo condidit ista suo.'

— — — — — — — — — — — — —

Inter quæ s. D i o n y s i rector ut aulæ
Fieret, indulsit pacificus C a r o l u s.
Hanc benefactori construxit providus aedem,
In qua cum famulis gaudeat ipse suis.
Ipse suis servis fidei quos vincula nectunt
Lætitiam princeps præbeat armipotens.
More tamen veterum consurgere iussit avorum
Culmina, profulgent regis honore domus.
Ut quoties regni præclara palatia lustrat,
F a r d u l f i famuli sit memor ille sui.*)

*) Einhardi ann. 792. Quæ (= coniuratio Pippini Gibbosi) cum per Far-
dulfum Langobardum detecta fuisset, ipse ob meritum fidei servatae monasterio
S. Dionisii donatus est. Über die Ausschmückung der Pfalz von St. Denis
s. den II. Theil, no. 1025.

657. *Fardulfi carm. 2.*

Hanc tibi præcursor domini, F a r d u l f u s opimam
Condidit ornatam divinis cultibus aulam.
Vota tibi reddens, supplex quæ voverat olim
Exilii primum cœpit dum nosse laborem.
Annuit hic C a r o l u s dictis, pulcherrimus heros . . .

658—661.

658. *Fardulfi carm. 4.*

Hoc opus egregium F a r d u l f u s fecerat abbas.
Da cui perpetuum mercedem, Christe, precamur.

Hæc est alma domus, veniæ locus, aula salutis
Hic Deus inhabitat, tribuens pia vota petenti.

Sanctorum meritis, quorum hic sacra corpora pausant,
Hoc quoque ciborium F a r d u l f u s fecerat abbas.

659. *Mirac. s. Dionysii, episcopi Paris. c. 23.*

. . . partem digiti s. D i o n y s i i, auro instar manus affabre composito inclusam. *(zur Zeit Fardulfs.)*

660. *Ludwig I., Urk. für St. Denis. 833. Jan. 20. M. 889.*

(Migne 104, 1224.)

. . . H i l d u i n u s abbas religiosus monasterii s. a p o s t o -
l o r u m p r i n c i p i s, excellentissimorumque Christi martyrum
D i o n y s i i, R u s t i c i et E l e u t h e r i i specialium protectorum
nostrorum, ecclesiam ante pedes eorumdem beatissimorum
martyrum . . . ædificavit. *)

*) Bouquet 6, 588 n. 6. »Ista ecclesia seu potius oratorium „B. Mariæ
hactenus visitur in crypta subterranea ad pedes veteris tumuli s. Dionysii eiusque
sociorum.«

661. *Carmina varia no. XVII.*

(P. L. II, 664.)

D u n g a l u (s) m a g i s t e r.

M a r t y r i b u s *) venerandis busta ut trina coruscant,
Arcubus hinc totidem decoratus consonat ordo,
Qui meliore novo ingenio rutilante metallo
Fulti marmoreis decorantur rite columnis.
Hos medio, extremos arcus hinc inde locatos,
Ecclesiæ H i l d u i n u s cultor, egregius abbas,
Struxit, cura cui semper potiora parare est,
Præmia cuique deus est non peritura daturus.

*) d. i. Dionysius, Rusticus und Eleutherius.

662—664 a.

662. *Mirac. s. Dionysii c. 13.*

columnam præterea quidam, ... ligneo muro, quo Fulradus abbas ambitum monasterii porrexerat, detractam ad domum proximam vexit.

663. *Ebenda c. 14.*

cum basilicam sanctorum, diruta priore, quæ cœpta a Pippino rege, augustius a Karolo regni successore consummata est, opifices architectarentur, unus clavorum, quibus tecto tabulæ adfigebantur, cecidit.

664. *Ebenda c. 15.*

Basilicæ fabrica completa, impositaque turri,*) in qua signa, ut moris est, penderent, Fulradus venerandus abbas, qui operi magnanimiter institerat, dum diu desideratum opus consideraret, adspexit necdum lignorum summota instrumenta, quibus nixi artifices prædictæ turris cacumen erexerant. Tum cuidam nomine Ainrado sibi adstanti imperat, ut ... eadem ... instrumenta deponeret.

*) Turris hæc post renovatam a Sugerio basilicam hactenus persistit. Mabillon.

664 a. *Paris, Bibl. nat. cod. no. 7230 saec. IX. (aus St. Denis).*

(Instructions adressées par le comité des travaux historiques etc. Delisle, Litt. latine etc. Paris 1890. p. 8.)

[De Gipsa super altare.]

In gipsa super altare sunt arcus XII, hubi habentur bandelli rotundi XII. Arcus maiores IIII^or, hubi habentur coronulæ IIII^or. Item arcus VII, hubi habentur bandelli cornuti VI et unus jacinctus cum tobatio superius posit[us] in medio. Item arcus III, cum bandellis cornutis maioribus II et in medio anulum cum jacincto, et desuper bandellum dependentem cum berillo. Arcus minores II, hubi habetur anulus in medio cum smaragdo, et desuper bandellus cum berillo, et ex utraque parte duæ cruciculæ. Et in superiorem arcum habetur anulus cum smaragdo, ceteris nobilior. Et de (?) superiorem arcum

664 b—666.

dependent ex utraque parte duæ cruciculæ minores [et be]rilus cum lapidibus auro optime intentis.

664 b. *Paris, Bibl. nat. Cod. no. 7230.*

(Instructions etc. a. a. O.)

Hoc accepit Odo rex de thesauro sancti Dyonisii.

Faislum aureum cum perulis et jacinetis, quem Karolus rex dedit. Item aliud aureum cum gemmis et balteo et cull (. . .) optime paratum, quem Ludowicus rex dedit. Fibulam auream ‹ pensantem libras IIII. Diademata aurea et gemmis optime parata II. Coronam cum perulis I, quam habet Vualterius. Evangelium auro et gemmis optime paratum, et intus auro scriptum I. Calicem ex smaragdo auro et perulis paratum I. Urceum cum aqua manile, auro gemmisque paratum. Cultellum auro et gemmis paratum, habentem vaginam auream et gemmatam. Vascula marina auro et gemmis parata II. Altare ex oninchino auro undique parato. Accepit de auro quod fuit ex evangelio libras VIII. Inter calicem I aureum et ex lecto sancti Dyonisii libras IIII. Calices argenteos cum (. . .) Accepit de argento libras VIII. Accepit cappam purpuream, a[uro] stellatam et in‚ circuitu optime paratam I. Cappam diocedrinam auro paratam I. Cappam ex diaspro cum aviculis auro paratam I. Pallium cortineum cum elephantis I. Pallium purpureum cum grifis I. Pallium diop[rasium] cum pavonibus I. Cortinas sericas II. Armillas II. Pateram I. Pallium I.

DIÈ *(Deas)*.

665. *Translatio s. Filiberti. (836.) c. 25.*

. . . ad Deas monasterium properatum est. Igitur cum monasterium ingressi fuissemus, atque in medio ecclesiæ, quæ est instar crucis constructa, scalam cum sacro tumulo, in quo sanctissimum corpus habebatur, deposuissemus . . .

666. *Ebenda c. 29.*

Interdum venerandum sepulcrum cum sacratissimo pignore

667—671.

de scala deponitur, et in dextro cornu ecclesiæ, quæ, sicut diximus, in modam crucis constructa est, collocatur, atque in sinistro latere ecclesiæ scala ipsa appenditur. Nova enim ad sepulturam capiendam fundamenta ipsius ecclesiæ apprime iacta fuerant, sed postea a prædicto Hilbodo venerabili abbate, pariete primæ frontis disiecto et quidquid altitudinis est crucis, funditus everso atque copiose extenso, locus sepulturæ mirifice est transvolutus tribus perinde absidis circumcirca adiectis.

DIJON *(Divionum).*

667. *Gesta episcoporum Tullensium. c. 23.*

(*Jacob c. 756.*) requiescit in cripta s. Benigni martyris ecclesiæ Divionensis, habens ad caput altare in hon. s. Mansueti confessoris.

668. *Ludwig I., Urk. für St. Benigne in Dijon. 814—825. M. 776.*

(*Migne 104, 1171.*)

. . . volumus ut adiutorium faciatis Herlegaudo diacono ad restaurandam et recooperiendam ecclesiam s. Benigni martyris Christi.

659. *Chronicon s. Benigni Division. ad a. 871.*

(*Dedit Carolus rex*) . . . in villa Carle mansum indominicatum cum capella.

670. *Ebenda ad a. 876.*

Dedit Gislebertus ecclesiam in Saviniaco sitam et mansum cum atrio et sepultura, et hortum cum ædificiis circumpositis.

671. *Ebenda ad a. 893 ca.*

(*Ademarus*) dedit et capellam suam mobilem et specialem cum reliquiis sanctorum scilicet s. Salvatoris et s. Mariæ.

672—677.

672. *Ebenda ad a. 912.*

(*B. Warnerius*) reddidit ipsi abbati G o d r a d o et monachis prædictam ecclesiam s. V i n c e n t i i*) cum habitaculis ad ipsam ecclesiam atrii loco pertinentibus, quas ipsi monachi olim ibi ad refugii locum construxerant.

*) in Dijon.

FERRIÈRES *(Ferrarias)*.

673. *Servati Lupi abb. Ferrariens. ep. 13.*

(ad Aedilulfum regem.) Ecclesiam in monasterio nostro, quod est mediterraneum et F e r r a r i a s appellatur, ac B e t l e h e m a conditore impositum nomen possidet, operire plumbo molimur post Deum in hon. b. P e t r i et omnium ceterorum apostolorum consecratam: cuius operis, si dignamini, vos esse participes precamur.

674. *Ebenda ep. 14.*

(ad Felicem) flagito . . . ut (*Aedilulfus rex*) . . . . ex eodem plumbi metallo ad memoratum opus, quantum ei Deus inspiraverit, nobis dignetur largiri. Quod si . . . vestra cooperante industria obtinuero, vestræ rursum erit sollicitudinis ut munificentiæ illius beneficium ad villam S t a p u l a s*) provehatur.

*) Etaples.

675. *V. s. Aldrici, archiepiscopi Senon.* († *840.) c. 18.*

. . . locum idoneum sepulturæ elegit, scilicet cœnobium F e r r a r i e n s e, quo corpus suum deferri . . . et in stillicidio ecclesiæ tumulari præcepit.

676. *Ebenda c. 19.*

. . . et in stillicidio iuxta oratorium b. A n d r e æ, in lapideo tumulo, quem vivus sibi construxerat, honorifice sepultus est.

677. *Ebenda. c. 22.*

Translatum est autem corpus eius a stillicidio ecclesiæ . . . et in sublimiori exedra venerabiliter collocatum.

678—681.

FLAVIGNY *(Flaviacus)*.

678. *Gesta abb. Fontanell. c. 17.*

(Ansegis 807—833 als Abt von Flavigny, coenob. s. Germani.) Quod fere *(Flaviacum)* ædificiis destitutum ac in ægestate redactum invenit; sed intra pauci temporis spatium nobili sua industria recuperare studuit. Omnia namque ædificia et publica et privata ipse ibidem, eliminatis atque proiectis his quæ vetustate consumpta fuerant, a fundamentis construi atque in maiori eligantia restaurari fecit, veluti cunctis illo advenientibus palam est . . . .

679. *Ebenda c. 17.*

In hon. vero s. Trinitatis basilicam ædificavit, ante cuius aram tabulam argenteis imaginibus decoratam collocavit ipsique aræ crucem argenteam imposuit universamque basilicam variis picturis decorari iussit.

680. *Ebenda c. 17.*

(Ansegis 807—833. Geschenke an Flavigny.) Ibi . . . largitus est calices argenteos diversos 10. aquamanile argenteum cum urceo suo argenteo, candelabra argentea numero 7. pallia diversa plus minusve 40; casulas planetas ac cindatos diversos 30, quarum colores honeri videtur describere; fanones ac lintea non occurrunt memoriæ, quot fuerint numero.

ST. FLORENT LE VIEIL *(Monasterium s. Florentii)*.

681. *Karl II., Urk. für St. Florent 849 Juni 8. BR. 1608.*

(Bouquet VIII, 501.)

Nam cum constat, eundem locum a piæ memoriæ Carolo avo nostro præclaris ædificiis et plurimis possessionibus nobilitatum.

GERMIGNY-DES-PRÉS *(Germiniacus)*.

Parker, Remarks on some early churches in France; in der Archeologia 37 (1857). Mérimée in Daly's Revue d'architecture VII. (1849). Vasseur, De Normandie en Nivernais, Bull. monum. 34 (1868), 601, 619. Bouet, l'église de G. ebenda 566. De Baudot, Eglises de bourgs et de villages II. (mit Restau-

682—685.

rationsversuch von Lisch). Lenoir, Arch. monast. II, 29. Kugler, Bauk. II, 212. Schnaase, G. d. B. K. III, 537. Anm. 1. Dehio Bauk. I, 156. (mit T. 41, f. 9, 10).

682. *Miracula s. Maximi abb. Miciacens.*

.... Theodulfus*) igitur episcopus inter caetera suorum operum basilicam miri operis, instar videlicet eius quæ Aquis est constituta, ædificavit in villa quæ dicitur Germiniacus, quo etiam his versibus sui memoriam eleganter expressit:

Hæc in honore Dei Theodulfus templa sacravi; Quæ dum quisquis adis, oro, memento mei. **)

*) Der ber. Bischof von Orléans. **) Die Kirche wurde im Jahre 1863 abgetragen und durch eine Copie ersetzt. Eine Abbildung des Mosaiks bei Lenoir, Arch. monast. II, 144.

683. *Catalogus abb. Floriacens. p. 491.*

(*Theodulfus*) ecclesiam tam mirifici operis construxit, ut nullum in tota Neustria inveniri possit ædificii opus, quod ei . . . . valeret æquari.

GIGNY *(Gigniacus).*

684. *Ann. Laubienses, a. 895.*

Berno ex comite Burgundiæ abbas Gigniacensis cœnobii a se fundati, ex dono Avæ comitissæ construxit Cluniacum in cellam Gigniacensem.

ST. GUILLAUME-LE-DESERT *(Gellona).*

Revoil, L'arch. romane du midi de le France. (unkritisch.) Er setzt die heute noch erh. Kirche ins 9. Jhdt. (nach Dehio I, 381. s. XI.)

685. *Ludwig, König von Aquitanien, Urk. für St. Guillaume. 808. Dec. 28. M. 498.*

(*Mab. A. SS. ord. Ben. V, 86.)*

. . . ad monasterium quod dicitur Gelloni, situm in pago Lutovense iuxta fluvium Araur,*) subtus castrum Virduni, sacratum in honore Domini et salvatoris nostri

686.

Jesu Christi ac s. Mariæ sanctique Michaelis ac ss. apostolorum Petri et Pauli et s. Andreæ omniumque apostolorum, constructum a iam dicto comite Guillelmo in causa nostri genitoris, ubi Juliofredus rector et abbas præesse videtur . . .

*) l'Éraus.

686. *Vita Willelmi ducis et monasterii Gellon.* († 812.) c. 8.

Visum est autem ei . . . . ut novum novo opere Regi omnipotenti debeat ædificare monasterium, in tali scilicet loco, ubi nullum antea fuerit oratorium . . . . . . *c. 9.* Requiritur nomen loci et invenitur quoniam Vallis-Gellonis antiquitus diceretur; et ideo fortassis, ut quidam interpretantur, quod in ipsa solitudine deserti, inter immensos scopulos et colles horribiles, quasi agellus vel parvus ager remansisse videretur. Videns igitur Dei amicus loci qualitatem . . . . . . accitis quoque magistris quos secum educebat, virisque sapientibus quos in suo comitatu habebat, quamprimum condecens metitur oratorium, metitur etiam totius claustri spatium, domum refectionis atque dormitorium, domum etiam infirmorum et cellam novitiorum, proaulam hospitum, Xenodochium pauperum, iunctum clibano pistrinum, de latere molendinum. His ita dispositis et congrue atque regulariter designatis, ipse dux ad opus rediit, operarios ponit, artifices præponit; qui quibus insistant operibus, quæve exerceant, studia diligenter et opportune disponit. Et sic quidem incipiens a capite, sicut dicitur »a Sanctuario meo incipite« *) exorsus est a sanctuario, in quo nimirum primos ipse lapides mittens, in nomine Salvatoris, i. e. Jesu-Christi, . . . initiat fundamentum, erigit parietes, sustollit tectum, consummat opus perfectum, marmore pretioso perficiens pavimentum. s. Regina cælorum et Princeps archangelorum, Petrus pastor ovium et Paulus doctor gentium, cum Joanne Theologo et Andrea Apostolo, cum omni duodeno Apostolorum numero, præmissa Salvatoris principali memoria . . . placuit sancto principi, ut specialiter colantur in eadem ec-

687—689.

clesia; fecitque et ipsis ibidem propria et veneranda altaria. **)

*) Ezechiel 9, 6. **) »prid. Kal. Octob. in arcisterio Gellonensi dedicatio basilicæ s. Salvatoris.« (Necrolog. Gell.) Mabillon.

687. Ebenda c. 16.

Denique cum rex ipse (*Karolus*) primo imperii sui anno, Romæ moraretur, et imperialem ad primam gloriam restauraret dignitatem, patriarcha Hierosolymitanus desiderans eum honorare, . . . miserat ille ab Hierosolymis per Zachariam . . . . sacerdotem, perque duos monachos Hierosolymitanos . . . . illud dominicæ crucis venerabile cunctisque mortalibus phylacterium adorandum, gemmarum splendoribus et auro purissimo . . . . . . decentissime perornatum.

688. Ebenda c. 17.

. . . defertur illud lignum mirabile (*Willelmo Duci*) cum sanctificata et venerabili ara, necnon et ipsius aræ pretiosus cultus et plurima ornamenta, sanctorum etiam pignora gloriosa*) . . . c. 21. Nec minus quoque aram deitate plenam . . . cuius superius fecimus mentionem, ipse in ulnis detulit ad hanc processionem.

*) Ea ligni dominici portio insignis, argento deaurato inclusa, hactenus adservatur in monasterio Gellonensi. Mabillon.

689. Ebenda c. 25.

Nondum enim monasterium ad perfectum ex toto perduxerat; sed postea in habitu s. religionis, adiuvantibus eum filiis suis Bernardo scilicet et Gaucelino, quos comitatibus præfecerat suis comitibusque vicinis, perfecit sicut cœperat. Difficilis ergo ad iam dictum monasterium pro asperitate montium ingressus erat; sed ipse . . . argumentose incisa rupe cum malleis et securibus et diversis ferramentorum generibus, iunctisque firmiter et diligenter ferro et plumbo lapidibus, iactatoque fundamento secus flumen Araris, viam altius sustulit, quantum potuit, direxit, et monti coniunxit . . . fecit quoque b. Willelmus circa monasterium vineta et oliveta

690—693.

plantari, hortos plurimos constitui, ipsam vallem, destructis arboribus infructuosis fructiferis pomeriis melius complantari.

690. *Ebenda c. 21.*

Oblatis muneribus .... calicibus scilicet aureis et argenteis cum suis offertoriis, libris etiam valde bonis multumque necessariis, sanctorum quoque reliquiis, ... nec minus et vestibus sericis cum stolis auro textis et palliis transmarinis, positisque omnibus reverenter super altare s. Salvatoris ...

ST. JOSSE SUR MER *(Monasterium s. Judoci).**)

691. *Auctarium s. Judoci (ad Sigbertum Gemblac.) a. 795.*

(*Karolus M.*) Cenobium vero fundavit monachorum s. Judoci, quod supra mare dicitur.

692. *Ebenda a. 840.*

.... facta est elevatio s. Judoci, qui vulgo supra mare dicitur.

*) Diöcese Amiens.

LAON *(Laudunum).*

693. *Alcuini carm. 66, 2.*

Hæc domus alma dei, Christi et venerabilis aula,
Tempore prælongo viluit diruta ruinis.
Sed dum Gerfridus*) præsul simul atque sacerdos
Ecclesiæ regimen susceperat istius almæ,
Ductus amore dei totam renovaverat illam
Parietibus, tectis, picturis atque columnis,
Vestibus et vasis, cleri simul ordine sacro,
Non parcens propriis opibus. Nam quidquid habebat,
Distribuit larga mente in donaria Christi,
Viribus intentis ornaret ut undique templum.
Ut decus egregium domini fulsisset honore,
Divinis resonasset necnon laudibus aula,
Fecerat ut domini septenas tota per horas.

694—696.

Suscipe, Christe deus, clemens hæc omnia grate,
Deque tui famuli manibus hæc vota, precamur.
Tuque dei genitrix, sanctissima virgo Maria,
Auxiliare preces famulorum, virgo, tuorum.
Hæc sacrata tuo quoniam sunt nomine templa.
Hic laus, cultus, honor maneant per secula Christi.
Die rogo, tu lector, »Albinum, Christe, tuere.«

*) von Laon, um 798.

LEBRATH.

694. *Chron. Senoniense. II, 9.*

In ipsa enim valle (*Lebrath*) in inferiori loco, quia spatiosior erat, famosissimus imperator Carolus Magnus cellam in hon. b. Dionysii ædificavit, in qua corpus sanctissimi papæ Alexandri et martyris a Roma delatum collocavit, et eam magnis redditibus ampliavit; cuius etiam ecclesia pavimentum diverso colore marmoreo artificiose, sicut hodie in aliqua parte sui apparet, substravit . . .

LE MANS *(Cenomannum, Vidunum).*

Die Ansicht der franz. Archäologen, die Kath. von Le Mans habe einen Umgang mit Kapellenkranz gehabt, wird von Dehio (I, 269) nicht getheilt. Ältestes Beispiel ist bekanntlich der uns jetzt vollständig bekannte Perpetuusbau in S. Martin von Tours. (Vgl. die Forschungen von Chevalier.) Die Krypta und die untern Mauertheile von Notre Dame de la Couture gehören noch ins IX. Jhdt. (Dehio T. 119, 17 und 17 c, welcher auf die Ähnlichkeit mit dem Grundriss von Hersfeld aufmerksam macht). Vgl. Congrès archéologique 1878.

695. *Ludwig I., Urk. für Le Mans. 836, März 22. M. 927.*

(*Migne 104, 1256.*)

. . . Aldricus venerabilis Cenomanicæ urbis episcopus suggessit nostræ excellentiæ monasterium s. Mariæ et s. Petri situm extra muros memoratæ urbis, a decessore suo Innocente quondam episcopo in rebus et ex rebus sui episcopii fundatum atque constructum . . .

696. *Ludwig I., Urk. für Le Mans. 837. Juni 18, M. 937.*

(*Migne 115, 59.*)

. . . Aldricus Cenomanicæ urbis nostræ suggessit

697—698.

mansuetudini eo quod . . . claustrum qui canonice vivere debent eatenus nullum habuerant, sed ipse divini cultus amore fervens, ex domibus quas episcopi antecessores sui propriis usibus habere solerent, memoratorum canonicorum habitaculis ac variis usibus attribuerit, illicque constructis et secundum opportunitatem cuiusque usibus ædificatis ac decoratis eos secundum auctoritatem canonicam fecerit habitare. Retulit etiam serenitati nostræ eo quod iam dictæ matris ecclesiæ quibusdam additis oratoriis aliisque forinsecus ecclesiis solemniter religioseque eorum devotionem adimplere curaverit, easdem dedicationum festivitates propriis temporibus solemniter memorati canonici, convenientibus tam sacerdotibus quam religiosis laicis reliquoque populo solemniter celebrare valerent, eiusdem . . . villam Buxarias . . . delegaverit.

697. *V. s. Aldrici, episcopi Cenomanens. (ca. 856.) c. 7.*

Animum mox ad basilicarum urbisque ornatum adiecit Aldricus. Cum ergo cives videret aquæ penuria conflictari, quam foris in urbem importari, pretioque redimi oportebat, tantum industria magnificentiaque promovit, ut subterraneis aquæductibus e longinquo in urbem aquæ derivarentur, atque ante ipsam sacram ædem copiose effluerent, ubi haud modico sumptu insignem illum fontem erexit, qui etiamnum s. Juliani appellatur.

698. *Ebenda c. 7.*

Aedificatam olim a s. Juliano basilicam ætate nonnihil labefactatam restauravit, sed quod angustiorem cerneret, quam ut tantam hominum multitudinem . . . capere posset, novum ipse templum magnis impensis ædificavit, quod nunc s. Juliani chorus nuncupatur, quia in illud transtulerit Aldricus s. Juliani confessoris reliquias, ex Pratensi cœnobio, ubi antea fuerant sepultæ. Propter illustre hoc depositum, s. Juliani nomine eam basilicam insignivit, quæ primum Virg. Deiparae fuerat honori consecrata, deinde ss. martyrum Gervasii ac Protasii. Facta est hæc translatio anno Christi DCCCXXXIV. VIII. Kal. Aug.

699—701.

699. *Ebenda c. 7.*

Tum vero ut Canonici tanto ecclesiæ viciniores, nec vulgo permixti habitarent, ædificia satis, ut tam usus habebat, opportuna construxit; adhuc locus nomen retinet, ut claustrum Canonicorum dicatur.

700. *Ebenda.*

Ad S a r t a m deinde flumen vico B e r u l l o, insigne condidit monasterium atque amplo censu ditavit . . . s. V i n c e n t i i cœnobium, bellorum iniuria præsidumque negligentia fœde collapsum restituit.

701. *Carmina Cenomanensia.*

I. **T i t u l u s C e n o m a n i c æ u r b i s m a t r i s æ c c l e s i æ m e t r i c e c o m p o s i t u s.**

Cuius ab æterno succedant iura salutis
Nomine, præcelso colitur hic C h r i s t u s honore;
Hinc pia, quæ genuit dominum, M a r i a coruscat,
Virgo parens et virgo manens in fine dierum.
Hic honor atque decus seclis memorabile cunctis,
Præsulis A l d r i c i nomen factumque rependens,
Secula quod referent donec consumpta recedant.
Sed magis ut cœptum sequeretur gloria votum
Et bene dispositum celsa consisteret arce,
Inclita sanctorum posuit veneranter ibidem
Pignora G e r v a s i i, testis pro sanguine Christi,
Nec minus et socii P r o t h a s i i morte sub una,
Et quibus assurgit S t e p h a n i redimita corona,
Singula constituens proprio de corpore dona.
His quoque cœlestis retinet quos litera scriptos
Ac sibi delectos, steterant cum tempora necdum
Alma tui sanctos copulat devotio rite,
Nec sine spe certa pietatis perficit usum
Solaque de numero solius gratia Christi
Certa refert novitque suam de nomine plebem.

— — — — — — — — — — —

702.

II. Versus iamdictæ æcclesiæ supra sedem episcopalem.

Pontificem meritis Aldricum, Christe, benignis
   Protege, quo famulis prosit et ipse tuis.
Quatinus antiqui gradiens vestigia callis
   Praemia sectandi recta referre queat.
Signe supernum capiens consorcia regum
   Sedibus optatis sit sibi parta quies.

III. Item versus iuxta sedem ipsius æcclesiæ.

Hanc tua devotis Aldrici gratia sedem
   Numinibus servet semper ubique, deus.
Qualiter hic pastor mereatur munere fungi,
   Grex quoque commissus conditione pari.

IV. Versus de patena aurea miro opere composita, quam prædictus præsul de suo proprio auro in supra scripta matre æcclesia ad laudem domini nostri Jesu Christi fieri iussit.

Corpore, Christe, tuo dignanter pasce redemptos,
   Quo medicina animæ, vita salusque gregi,
Aldricique tui famuli memor esto benignus,
   Dans veniam scelerum cui pietatis ope,
Qui tibi deque tuis decus hoc venerabile donis
   Obtulit ecce pio vatis amore tuus.

702. *Carm. Cenom. no. 7.*

De Aldrico episcopo.

Hinc bona plura sacer quæ præsul fecerit ipse
   Eius scripsere omnia discipuli.
Necnon æcclesias, quas condidit atque dicavit
   Quas fecit magnas multiplicesque domos
Vel quæ fundavit monachorum habitacula plura.

703. *Carm. Cenom. no. 8.*

De rebus nonnullis æcclesiasticis, quas prædictus
pontifex *(Aldricus)* Deo ecclesiæque sibi commissæ
obtulit.

— — — — — — — — — — — — — —

Huic regina potens J u d i t h *) cognomine dicta
  Mirifici calicis aurea dona dedit,
Obtulit hunc sancti mox salvatoris ad aram
  Ac s. M a r i æ, martyris et S t e p h a n i,
Necnon — — — — — — — — — — —
  G e r v a s i i sancti P r o t h a s i i q u e simul.
Hinc quoque vestimenta dedit pulcherrima trina,
  Quis fruitur digne pontificalis honor.
Obtulit — — — — — — — — — —
  Altera mirifica plurima seu varia
Quisque sacerdotes utuntur tempore sacro
  Denique levitis altera plura dedit.

  *) Die Gemahlin Ludwigs d. Fr.

704. *Hugonis Floriacens. modernorum regum Francorum actus.
a. 843.*

Hac etiam seviente procella *(Danorum)* urbs C e n o m a n-
n i c a devastatur et cenobium s. virg. S c o l a s t i c æ extra
muros urbis situm exustum est.

LIESSIES *(Cœnobium Lesciense).*

705. *V. s. Hiltrudis* *) virg. in cœnobio Lesciensi. († 790 ca.)
c. 2.*

  (Wibertus comes et Ada **) . . . domum illi orationis ædificare
deliberant . . . locus huic operi providetur aptus et mona-
sticis officiis competens, qui aquam necessariis usibus semper
ministret, qui molendinum, pistrinum, coquinam, hortum, vel
artes diversas intra monasterii claustra capiat. Tunc sumtus
dinumerant, ad normam iaciunt fundamenta; . . . . Oratorio
tandem expleto et ecclesiæ parietibus erectis et culmine ad-
posito claustroque bene officinato . . . denunciant rem C a m e-

706—708.

racensi antistiti, ad cuius diœcesim oratorium respicit; qui cum debito honore et reverentia s. Lamberti nomini illud dedicavit die III. Non. Nov.

*) Vgl. Capelle, St. Hiltrude de L. sa vie, son cult, ses miracles. **) Die Eltern der h. Hiltrud, Gründer des Klosters Liessies (zur Zeit K. Pippins).

LIMOGES (Lemovicum).

706. *Pippin I., Urk. für S. Marie de Limoges (ohne Datum). M. III.*

»Diploma Pippini imperatoris Augusti, quo Crucem de Buxeriâ et alia donat ad reædificationem ecclesiæ b. Mariæ quæ Regula dicitur et ad sustentationem monachorum ibi Deo famulantium.« (Hist. de s. Martial, par S. Amable II, 239. bei Brequigny, Table chronol. (Par. 1769) I, 104. ad a. 767.)

LUXEUIL (Luxoium).

Ecrement, L. Essai hist. sur la ville et l'abbaye de L. 1868.

707. *Gesta abb. Fontanell. c. 17.*

(Ansegis 807—833.) Aecclesiam s. Petri altiorem in fabrica sua muros eius exaltans reddidit ac cum clavis ferreis eam cooperuit. Porticum præterea, quæ vadit de æcclesia s. Petri ad s. Martinum a novo fecit, et eam cooperiens, scindulas eius ferreis clavis affixit.

708. *Gesta abb. Fontanell. c. 17.*

(Ansegis 807—833.) In Luxoviensi namque cœnobio hæc dona obtulit: crucem auream mirifice factam, gemmis pretiosissimis decoratam, habentem baculum argento coopertum, quem secum solitus erat in itinere baiulare; offertorium aureum cum patena sua aurea opere mirabili; calices argenteos 3 deauratos anaglifico opere patratos; hanappum argenteo opere optimo factum, habentem limaces aureos 4 in fundo exterius sibi adnixos; aquamanile et urceum argenteum mirabili opere. Altare illud in hon. perpetuæ virg. Mariæ decoravit lignea tabula, quam imaginibus argenteis diversis cooperuit. De

709.

vestimentis vero: dirodimum optimum 1, planetas casulas 5, cindados 12 coloris diversi, dalmaticas 3, pallia fundata 6, tapetia optima 8.

LYON *(Lugdunum)*.

709. *Epp. Carolinae no. 42.*

(Leidradus episcopus Lugdun. Carolo M. 813—814.)

De restauratione etiam ecclesiarum in quantum valui, non cessavi, ita ut eiusdem civitatis maximam ecclesiam quæ est in hon. s. Johannis B., a novo operuerim et macerias ex parte erexerim. Similiter ecclesiæ s. Stephani tegumentum de novo instauravi. Ecclesiam quoque s. Nicetii de novo etiam reædificavi; similiter ecclesiam s. Mariæ.

Præter monasteriorum restaurationes domus quoque episcopales, inter quas unam restauravi, quæ iam pene destructa erat, quam operui. Aliam quoque domum cum solario ædificavi et duplicavi; et hanc propter vos paravi, ut si in illis partibus vester esset adventus, in ea suscipi possetis. Claustrum quoque clericorum construxi, in quo omnes nunc sub uno conclavi manere noscuntur.

In eadem civitate alias restauravi ecclesias. Unam quidem in hon. s. Eulaliæ, ubi fuit monasterium puellarum in hon. s. Georgii, quam de novo operui et ex parte macerias eius a fundamentis erexi. Alia quoque domus in hon. s. Pauli de novo operta est. Monasterium quoque puellarum in hon. s. Petri dedicatum — ubi corpus s. Anemundi martyris humatum est, quod ipse s. martyr et episcopus instituit — ego a fundamentis tam ecclesiam quam domum restauravi; ubi nunc sanctimoniales numero 30 . . . habitare videntur . . . Monasterium regale insulæ Barbaræ*) ita restauravi, ut tecta de novo fuerint, et aliqua de maceriis a fundamentis erecta, ubi nunc monachi secundum regularem disciplinam num. 90 habitare videntur.

*) Späterer Zusatz: situm in medio Araris fluvio, quod antiquitus est dedicatum in hon. s. Audreae apostoli et omnium apostolorum, nunc autem in hon. s. Martini recens esse fundatum iussu domni Caroli imperatoris, qui ibidem praefecit domnum Benedictum abbatem, cum quo simul direxit ibi suos codices.

710. *Vita s. Benedicti Anian. c. 36.*

. . . Leidradus, Lugdunensium pontifex, volens monasterium quod vocatur Insula-Barbara, reædificare, quæsivit instanter qui ei initium bonæ vitæ ostenderet et accepit.

711. *Flori Lugdun. carm. XV.*

Titulus altaris.*)

Hæc Christi mensa est, hic cælica sumitur esca

— — — — — — — — — — —

Antistes opus hoc Agobardus**) supplice voto
    Protulit et Christo rite sacrando dedit.
Argentum rutilo certatim ubi fulgurat auro,
    Marmore cum vario picta cipressus olet.

*) In St. Stephan zu Lyon? **) Der bekannte, unter Ludwig I. lebende Bischof von Lyon und Verf. der Schrift de cultu imaginum.

MAGUELONNE *(Comitatus Magdalonensis).*

712. *Chron. Moissiacense a. 812.*

(Zusatz zu Einhart. V. Karoli c. 17.) Fecit idem a parte meridiana prope littore maris in comitatu Magdalonense (ecclesiam) in hon. domini nostri Jesu Christi seu perpetuæ virginis genitricis Dei Mariæ, cuius basilicas composuit auroque et argento adornavit. Ad cuius structuram cum columnas et marmora habere non posset, Nemauso*) civitate cum magna diligentia adduci præcepit, et collectis thesauris suis de regnis singulis, in Aniano monasterio adduci præcepit, nec non lignis tres cruces dominicas et opera multa et magna in eodem loco composuit.**)

*) Nimes. **) cf. Einhart, Vita Karoli c. 26.

MANLIEU *(Cænobium Magniloccnse).*

713. *V. s. Boniti, episcopi Arvernens. († ca. a. 709.) c. 17.*

. . . . Jubare perlustrante splendent s. martyrum aulæ: insignis micat s. semper virginis Deique genitricis Mariæ, atque celsior eminet turris pentagona, quadrangulo emergens fulcro: supragrediens ceteris præeminet una. Quater sena centra*) decora inferius superius connexa surgunt, celsaque fastigia micant. Apostolorum aula non minus interea fulget, quasi nota trigona, sanctorum altaria nitent; centra hinc indeque geminata connectunt columnæ priscorum sculptæ fulgretine,**) emergunt more mire elatæ cameræ. Signa laqueariis adfixa consistunt, necnon et domorum candido decore rutilant muri urbis modo: inter nemorosa pomaria sistunt infra biquadrum claustra gemina munitione, crebrisque arcuum maceriæ foraminibus***) manent; columnarum capitibus sculpta *(sculptura? Mab.)* depictis variaque pictura superficies nitet. Arboribusque generis diversi suo in tempore poma magnitudine virgæ dependent, vite frondes detritæ veluti serta particulæ haud densissimæ manent. Odora lilia cum rosis rubentibus candent, necnon et reliqui florum aurea luce splendent.

*) »subsidiarii illi arcus qui fornicem sustentant« Mab. nach Mittheilung Ducanges (cintres). **) = fulgore? ***) = fenestrae. Mab.

MARMOUTIER (*Maior-Monasterium*).

714. *Translatio s. Gregorii. (846.) cap. 2.*

Anno igitur Domini nostri Jesu Christi 846 . . . contigit, ut R a i n a l d u s Cellæ M a i o r i s - m o n a s t e r i i venerabilis abbas . . . corpus alicuius martyris Christi ad memoratum monasterium s. M a r t i n i, quod ipse pretiosissimus confessor Christi a novo fundamine summopere ædificavit, secum deferret; . . . festivitate ipsius s. M a r t i n i in loco prædicto noviter constructo celebrata, iam dictus abbas cum suis clericis R o m a m perrexit.

MASSAI*) (*Cœnobium Masciacense*).

715. *V. s. Benedicti Anian. c. 45.*

Rursus ei aliud contulit**) monasterium quod est in territorio B i t u r i c e n s i situm *(= Masciacense)* . . . et quoniam locus ille novo opere erat fundandus, adiutorium præstitit, libros vestesque sacras dedit.

*) in Berry. **) Ludwig von Aquitanien.

716—721.

716. *Ann. Masciacenses. a. 849.*

Sarraceni baselicam s. Petri et Pauli devastant.

ST. MAUR-DES-FOSSÉS *(Monasterium Fossatense).*

Piérart, Z. J. Hist. de St. Maur-des-Fossés, de son abbaye etc. Paris, Claudin 1875.

717. *Ludwig I., Urk. für St. Maur. 816, Juni 20. M. 597.*

(Tardif 78.)

. . . Bego, fidelis noster, retulit serenitati nostræ, qualiter quoddam cœnobiolum in pago Parisiaco, in loco qui dicitur Fossatus, in honore beatorum apostolorum Petri et Pauli, vel s. Mariæ semper virg. constructum, situm super fluvium Maternam, ubi olim monachi sub s. regula deguerunt, pæne destructum inveniens, ob æmolumentum animæ suæ eundem locum adsumpto labore restaurare et ad pristinum statum revocare curavit.

718. *V. s. Aldrici, archiepiscopi Senonens. c. 15.*

. . . prece Fossatensis abbatis templum, quod ipse construxerat in hon. b. Mariæ dedicavit.

719. *Translatio s. Mauri abb. in monasterium Fossatense. c. 8.*

(Rorigo comes cum uxore)*) . . . mox summo studio in fabrica monasterii laborare aggressi sunt convenienter coram eis, quos evocaverant, iactis fundamentis.

*) unter Ludwig d. Fr.

720. *Ebenda c. 17.*

(Gauzlinus abb. 845) . . . corpus b. Mauri de australi climate altaris b. Martini retro (ut nostro sacculo mos est) ad orientalem scilicet eiusdem mensæ transtulerit partem.

721. *Ebenda c. 18.*

. . . ordinatus est famulus Christi Gauzlinus primus abbas post restaurationem monastici ordinis in cœnobio s. Mauri, in ecclesia s. Salvatoris ante altare, quod ipse ædificaverat in hon. individuæ ac vivificæ Trinitatis . . .

722—726.

722. *Ebenda c. 20.*

(*Anowareth*) . . . ecclesiam ingressus, . . . inter duos cancellos . . . stare cœpit . . . viditque per fenestram ab australis altaris parte angelum ingredientem.

723. *Karl III. d. Einf., Urk. für St. Maur. 921. apr. 22.*
BR. 1970.

(*Bouquet IX, 551.*)

Quia præsul reverentiss. A b b o, unaque comes ven. H a-
g a n o, atque reverendus abbas R u m a l d u s nostræ studuerunt
innotescere serenitati, qualiter cœnobium F o s s a t e n s e, ubi
nunc præest præfatus R u m a l d u s abbas consanguineus ex
nostræ genetricis parte A d e l e i s i æ, olim destructum iidem
reædificantes restauraverunt ad integrum . . .

MAURIAC (*Mauriacus*).

724. *Chron. s. Petri Vivi a. 814.*

(*Hieremias, Erzbischof von Sens*) . . . ædificavit cellam in A q u i-
t a n i a, in loco qui dicitur M a u r i a c u s, mutans nomen eius
et vocans N o v i a c u m, in hon. s. P e t r i, in proprio fundo
ipsius s. P e t r i S e n o n e n s i s quam T h e o d e c h i l d i s filia
regis C l o d o v e i, et K a r o l u s comes A r v e r n i æ . . . . ad
stipendia monachorum reliquerant.

ST. MESMIN-DE-MICY *) (*Coenobium Mitiacense*).

725. *Vita s. Benedicti Anian. c. 36.*

. . . T h e o d u l f u s quoque A u r e l i a n e n s i u m præsul,
cum monasterium s. M a x i m i *(Mitiacense)* construere vellet, a
iam præfato viro postulat regularis disciplinæ peritos.

*) bei Orléans, Dep. Loiret.

726. *Theodulfi carm. 30.*

A d m o n a c h o s s. B e n e d i c t i.

Utque pium consurgat opus fundamine iacto
  Quod me iam mulcet, iam mea corda fovet
Sit melius culmen, bonus et fundaminis ordo
  Quem gemini numeri sorsque decusque sacrat.

727—729.

MONTIÉRENDER (Ders).

727. *Ludwig I., Urk. für Ders. 832. Febr. 16. M. 869.*

(*Migne* 104, 1204.)

. . . qual. Haudo venerabilis abbas monasterii cuius vocabulum est Ders; quod constat esse constructum in pago Pertense*) super fluvium Viera,**) quod olim vocabatur Puteolus et dicatum in hon. s. Petri principis apostolorum, ac s. Bercharii cuius corpus ibidem requiescit; quique idem ipsum monasterium a novo opere construxerat et monachos sub regula s. Benedicti vitam degentes collocaverat . . .

*) Pertois. **) Voire.

MOYENMOUTIER (Medianum monasterium).

728. *Chron. Mediani monasterii c. 2.*

(*Madalwinus c. 790*) archam denique super beatissimi patroni nostri Hildulfi artus fabricare instituit, quam etiam honorifice auri argentique metallis adornavit. Pari modo condecoravit ss. reliquiarum feretrum, cum scriniolis; tum turibulum cum candelabris fecit et calicem maximum nomine suo insignitum, nostræ pauperiei adhuc reservatum. Hic decori ararum b. Dei genitricis, s. Petri aptans tabulas, preciosis metallis insignivit ambas multaque huiusmodi reliquit loco suæ industriæ credito monimenta.

NANTES (Nannetum).

729. *Fragm. Hist. Britanniae Armoricae. a. 871.*

Hermengarius (*Bischof von Nantes*) . . . reperit in quadam capsa vetere reliquias de pilis barbæ et capitis apostolorum Petri et Pauli; et in signo Domini argenteo eas honorifice reposuit: quod de tam præclarissimis signis Domini solummodo post devastationem Normannorum in ecclesia Nannetensi usque hodie habetur, et nomen suum ibi scriptum imposuit, sicut hic scribitur: ‚Hermengarius sacerdos fecit hoc signum in hon. Petri et Pauli.'

730—732.
NARBONNE *(Narbo)*.

730. *Vita s. Theodardi (Audradi). archiepiscopi Narbon.* († *893*.)
c. 29.

. . . Nempe ecclesiæ suæ parietes, qui plerisque in locis destructi pariter et discooperti erant, suo sumptu restituere magnopere studuit; quod quidem per quadriennium exercuit et Deo favente illud pleniter ac perfecto complevit.

731. *Ebenda c. 30.*

Fecit autem idem b. pontifex A u d r a d u s eidem ecclesiæ, ex magno et candidissimo marmore, aram miro sculpturæ opere cælatam; quinque nihilominus marmoreis stipitibus, quibus erant bases et epistylia marmorea, locis opportunis ac congruis fultam. Hanc utique aram . . . dicavit in Dei omnipotentis hon., sanctorumque illius . . . martyrum J u s t i ac P a s t o r i s memoriam sempiternam; unde et ipsum altare congrua sublimitate extulit atque ei prædictorum martyrum . . . . nomina imposuit; unde hodie usque id ipsum altare . . . eisdem . . . vocatur nominibus. *)

*) Der Autor vertheidigt den Heiligen gegen einen etwaigen Vorwurf, den Altar der hh. Justus und Pastor in der Kathedrale von Narbonne »temere vel superstitiose« (nämlich auf deren Namen) gesalbt und geweiht zu haben; und führt als Beispiel aus dem A. T. die Salbung des Steins durch Jakob. (Gen. 28, 18; 32, 32) an. Das erinnert an die Bilderstreitigkeiten im IX. Jhdt.; vielleicht geht also diese Stelle, die für das XIII. Jhdt. keine Bedeutung mehr hat, auf eine Schrift des IX. Jhdts. zurück. cf. nam. Agobard, de imagg. c. 34, wo ebenfalls die Geschichte Jakobs erwähnt wird.

732. *Ebenda.*

Fecit etiam in circuitu altaris basim marmoream et quibusdam præeminentibus cælaturis ornatam, atque latinis characteribus hæc continentem:

Huius cum summo templi T h e o d a r d u s honore
Eximius præsul condecoravit opus,
Composuitque solum hoc devotus, marmore claro
Erexit regias undique mirificas,

733—736.

Atque ædem sacram, fuerat quæ perdita dudum
Propter barbariæ multimodam rabiem,
Restaurans, quinto Nonas Octobris inunxit
Hanc aram Domino iure dicando pio;
Mercedem qui reddat ei certamine tanto
Justi et Pastoris egregiis precibus.

733. *Ebenda c. 31.*

Fecit etiam et valde mirificum ex præclarissimo marmore colitum et sublimi fastigio alte porrectum solium, in quo
et hæc scripta sunt:

Hoc solium domnus Theodardus marmore fecit
Egregius præsul: surgent hinc inde peralte
Terni politis saxis ex ordine gradus.

Idem autem gloriosissimus pontifex, anno verbi incarnati
890, episcopatus quoque sui V. prædictum opus explevit,
anno III. regis Odonis, Ind. VIII.

734. *Ebenda c. 54.*

. . . in suum quod quondam parentes eius in proprio, ut
fertur, prædio sub s. Martini Turonensis olim episcopi,
ven. . . . memoria construxerant cœnobium, suum iter illico
vertit . . . Est autem iam dictum monasterium in Catur-
censi territorio, in monte, qui Aureolus nuncupatur . . . .

735. *Ebenda c. 58.*

sanctum illud cadaver novo atque lapideo confestim
traditur sepulcro, sito iuxta s. Martini altare ad orientalem
partem, intra eiusdem ecclesiæ ambitum.

NEUVILLE SUR SARTHE (*Broialus*).

736. *Ludwig I., Urk. für Neuville. Gondreville* 837, *M. 935.*
(*Baluze, Misc. III, 80.*)

. . . quia vir venerabilis Aldricus Cenomanicæ urbis
episcopus, ... monasteriolum in sua parrochia novo opere
suoque proprio sudore et labore in hon. Dei et Salvatoris

nostri ac s. eiusdem genitricis M a r i æ beatorumque martyrum
G e r v a s i i et P r o t h a s i i atque S t e p h a n i cunctorumque
generaliter sanctorum in loco qui prius vulgo B r o i a l u s vocabatur, construere studuit, et ad optatum dignumque decorem
atque perfectionem summo studio perducere procuravit, con-
gruoque tempore dedicavit solemniter.

NEVERS (*Aedua, Nivernum*).

737. *V. s. Hugonis, mon. Aeduens. († 930 ca.) c. 7.*

(Badilo, comes Aquitanus.) . . . conspiciens apud civitatem
A e d u a m egregii confess. Christi M a r t i n i monasterium,
olim a regina B r u n e c h i l d a nimium excellenter atque honorifice constructum, tum tamen miserrime dirutam atque
omni suppellectili nudatum atque dehonestatum, . . . regem *)
humiliter petiit, ut sibi ad restaurandum daretur præfatum
monasterium . . . statim . . . utensilia operis apta coadunavit,
atque . . . qualiter potuit, totum basilicæ reintegravit opus.

*) Karl II. d. Kahlen.

738. *Ann. Nivernenses. a. 858.*

H. a. apud N i v e r n i s dedicatio ecclesiæ in hon. Dei et
Salvatoris nostri et s. Dei genitricis M a r i æ et s. P e t r i apostoli aliorumque sanctorum ab H e r a r d o T u r o n e n s i s metropolis archiepiscopo 3 Non. Mai.

NOUAILLÉ (BEI POITIERS) *(Nobiliacus).*

739. *Alcuini carm. 99.*

I.

Egregius martyr, præsul Christique fidelis
    Hæc loca L a m b e r t u s inclita sanctus habet.
Iungitur huic patri pariter C e c i l i a virgo
    Virginitate potens martyrioque simul.
Ecclesiæ fuerat magnus nam pastor et ille
    Hæc Christi regis sponsa percussa erat.

739.

Hanc humilis abbas Ato*) iam construxerat aedem,
Dona cui Christus donet in arce poli.

*) Gründer und Abt von Nouaillé.

2.

Quintinus martyr, pater et Dionysius aram
Hanc servent precibus semper ab hoste suis,
Doctores vitae meritis vivacibus ambo
Sanguine qui roseo regna beata tenent.

3.

Hanc pater egregius aram Filibertus*) habebit
Plurima construxit qui loca sancta deo.
Huic quoque coniuncta est clarissima martyr Agatha
Venerat in thalamum sanguine virgo poli.

*) Gründer und Abt von Jumièges (im VII. Jahrh.)

4.

Magnus ab arce poli Michael archangelus aulam
Hanc precibus semper servet ab hoste piis.
Quisque legas versus, pro quo exorare memento
Pro sudore brevi ut praemia longa legat.

5.

Sulpicius praesul, pastor, patriarcha fidelis
Auxilium nobis hic ferat iste pium.
Inclyta martyrio pariter hic virgo Columba
Defendat precibus tecta sacrata deo.

6.

Hic honor ecce tuus, praesul Amandus, in ara
Iam colitur, nobis tu auxiliare pater.
Virgo sacrata deo nec non veneratur Agatha,
Hic simul haec nobis auxiliumque ferat,

7.

Quam dilecta, deus, mihi sunt tua templa, Sabaoth,
Virtutum dominus, rex meus atque deus.

739.

Te, pater alme, meum cor, te caro quærit ubique,
    Tuque deus vivus gaudia magna mihi.
Quique suis tectis habitant, sunt valde beati,
    Et resonant laudes hic tibi perpetuas.
Hic mihi, quæso, domum tribue, mitissime pastor,
    Utque tuas laudes hic sine fine canam.

8.

Hanc levita dei meritis L a u r e n t i u s ædem
Inclytus ornet, domini iam plenus amore.
Quem nec flamma vorax vicit, nec vincula, ferrum,
Per gladios, ignes cælum conscendit in altum.
Ecce dei famulis faciens suffragio semper,
Adiuvat atque suos cultores, credimus, inde.

9.

Hic quoque sanctorum pausant duo corpora patrum
E l i d i u s præsul P i c t e n s i s gloria plebis,
Inclaususque pater meritis L e o n i u s almis.
A r n u l f u s frater templum renovaverat istud,
Præmia cui Christus tribuat per secla salutis.

10.

Hic locus hospitibus pateat venientibus ultro
Semper erit quoniam susceptus in hospite Christus.
Sicque minister ovans fesso servire vianti
Et lavare pedes peregrinis gaudeat ille;
Hæc exempla dedit Christus pietatis amator:
Ille prior plantas lavavit discipulorum.
Hæc faciens frater operet sibi præmia magna
In cælis tribui, Christi præcepta secutus.

— — — — — — — — — — — —

11.

Pontificalis apex, præclarus in orbe sacerdos
Virtutem meritis M a r t i n u s maximus auctor
Hæc sacrata sibi defendat tecta patronus,
Adiuvet atque preces nostras pietatis amore,

739.

Ut deus omnipotens famulorum vota suorum
Impleat et donis cælestibus augeat illos.
Sit pius et clemens nobis rex optimus ille.
Hic quoque iam pausat præsul G e l a s i u s almus
Clarus in urbe pater præsente, et doctor honestus,
Præcipuus meritis, vivax sermone salutis.
Hanc renovavit enim iam G u n d v i n presbyter aulam,
Ductus amore patrum, tribuat cui præmia Christus
Mitis in æternum felici in sede polorum.

12.

Hæc loca quæ cernis, lector, venerabilis aulæ
Partibus ecclesiæ, fuerant ecclesia quondam.
Sed pater et pastor supplex A t o sustulit illam
E terris, quoniam nimio dilexit amore,
· V i r g o M a r i a, dei genitrix tu intacta tonantis,
Tu regina poli, vitæ spes maxima nostræ,
Ut tibi cultus, honor fieret memorabilis istic,
Tu quoque respiceres solita pietate precantes
Hic famulas famulosque dei, mitissima virgo.

13.

Huius hic pausat præclarus episcopus urbis
  Nomine J o h a n n e s, *) vir pius atque bonus.
Hic requiescit A p e r, **) huius venerabilis abbas
  Ecclesiæ, pastor promptus in omne bonum.
Sed pedibus populi fuerant calcata sepulchra,
  Nec paries cinxit, ut decuit patribus.
Hoc A t o non suffert, A p e r i successor honoris
  Corpora calcari sacra patrum pedibus,
Sed monumenta brevi placuit concingere muro,
  Pervia ne populi busta forent pedibus.
Addidit et nostræ statim piæ signa salutis
  In quo salvator victor ab hoste redit.
Insuper altare statuit venerabile C h r i s t o,
  In quo pro patribus hostia sacra foret,

739.

Ut deus omnipotens requiem concederet illis
Cum sanctis pariter semper in arce poli.

*) Zweiter Bischof dieses Namens von Poitiers. **) Abt von St. Hilaire-
Poitiers, ca. 780—792.

14.

Gervasius martyr simul atque Protasius almus
Hac duo germani pariter venerantur in ara,
Quos tulit una dies terris simul unaque cælo,
Martyrio similes, similes fervore fidei.

15.

Porta domus domini hæc est et regia cæli
Hæc tibi pandit iter sancti et sacraria templi,
Quo mox invenies magnos requiescere patres.
Sic tibi spes precibus horum præclara salutis:
Si tu corde pio, prostrato et corpore poscis
A Christo scelerum veniam, peccator habebis.
Nullatenus dubius sacri tere limina templi:
Omnia credenti præstat pia gratia Christi.
Fecerat has valvas aræ pius Abba minister,
Ut mandavit Ato fratrum venerabilis abbas.
Ingrediens templum pro quo intercede, viator,
Ut deus omnipotens illum conservet ubique.

16.

Discipulus Christi verus primusque secutor
   Hæc regat Andreas tecta sacrata sibi,
Adferat auxilium nobis habitator Olympi,
   Ut nostræ ad Christum perveniant lacrimæ,
Exaudire pius cælesti Christus ab arce
   Dignetur famulus semper ut ille suos.

17.

Hac quoque præsenti præsul requiescit in aula
   Fortunatus*) enim vir, decus ecclesiæ,
Plurima qui fecit sanctorum carmina metro,
   Concelebrans sanctos laudibus hymnidicis.

739.

Qui sermone fuit nitidus sensuque fidelis,
Ingenio calidus, promptus et ore suo.

*) Bischof von Poitiers; s. dessen von Paulus Diaconus verfasste Grab-
schrift; P. L. I, 56.

18.

Nobilis hac Stephanus colitur protomartyr in ara,
Vim faciens cælo, dum prior astra petit.
A terra ad cælum lapidum sibi grandine scala
Hæc erat, ut Christum cerneret arce poli.

19.

Hoc altare tenet Christi symmista Johannes
Qui super in caena pectora sancta cubat,
Qui secreta poli sacro de fonte bibebat
Hanc totam precibus protegat ille domum.

20.

Virginibus sacris hoc est altare dicatum
Corpora namque quarum templa fuere dei.
Sanguine vel roseo cæli quæ regna tenebunt,
In fragili sexu fortia bella gerunt.

21.

Martyribus mundum quinam vicere triumphis,
Omnibus hæc præsens ara dicata micat.
Per gladios, ignes, et per tormenta, flagella,
Mentibus intrepidis regna beata petunt.

22.

Hæc diruta quidem renovavit templa sacerdos
Gundvinus magno ductus amore dei,
Justitiæ cultor, vitæ melioris amator,
Providus ingenio, cautus in eloquio.
Reddat in æternum mitis cui præmia Christus:
Illius hic corpus pausat in hoc tumulo.

739 a. *Alcuini carm.* 100. *)

1. Versus Alquini ad mensam.

Christe deus, nostræ benedic convivia mensæ,
Quæque tuis servis mitissime dona dedisti,
Per te sint benedicta quidem. Tu largiter almus,
Omnia tu dederas nobis, iam quicquid habemus.
Sunt bona quippe tua, quia tu bonus omnia condis.
Vos quoque convivæ laudes, rogo, dicite Christo:
Semper in ore sonent pacis vel verba salutis.
Semper amat pacem Christus, qui dixerat ipse:
»Do vobis meam pacem pacemque relinquo.« **)
Sit quoque nostra manus miseris largissima semper,
Pauperibus tribuens panes partemque ciborum.
Accipiet Christus, dederis tu pauperi quicquid,
Et tibi non tardat mercedem reddere magnam.

2. Ad caminatam ubi abbas dormit.

Ad requiem noctem dederas, lucemque labori,
Prospera conservans famulis noctesque diesque.
Ad te cor vigilet, somnus si claudet ocellos,
Te labor et requies conlaudent omnibus horis.

3.

(Xenodochium.)

Frigidus hiberno veniens de monte viator
  Non mea despiciat hospita tecta rogo.
Si mea dona tibi cupias, nimbose viator,
  Da prior ecce tua, sic tibi prende mea.

*) si Nobiliacensi monasterio conveniant hi versus (die vorhergehenden ti-
tuli). ut ego quidem existimo, etiam tria sequentia epigrammata de fratrum refectorio dormitorio et hospitio eidem tribuenda sunt. Mabillon, A. SS. sæc. IV.,
1, 432. **) Ev. Joh. 14, 27.

740. *Transl. s. Juniani abb. Nobiliacum (830) c. 1.*

. . . sub piissimo imperatore Carolo pax reddita est,
et unitas ecclesiæ restituta; et loca incendiis conflagrata et

741—745.

clade bellorum consumta, iterum restaurata, et ad sui decoris statum ornatusque perducta. *(coen. Mariciacense.)*

741. *Ebenda c. 2.*

Verum tamen locus ille nequaquam postea ad pristinum monastici ordinis vigorem pervenit, ea videlicet de causa, qualiter inventus est locus, utilior monachis ad incolendum, nomine N o b i l i a c u s constructus in agro ecclesiæ beatissimi pontificis H i l a r i i confess. Christi, ad quam basilicam etiam illud cœnobium, ubi idem venerabilis corpore requievit, cum omnibus ad se pertinentibus adspicit.

742. *Ebenda c. 2.*

Denique anno XVII° imperii iam supradicti Cæsaris *(Hludowici)* . . . translatum est corpus sanctiss. viri a G o d o - l e n o abbate et monachis iam supradicti loci *(Nobiliacum)* . . . . in basilicam s. H i l a r i i, quam idem ven. abbas mira operis pulchritudine construxit.*) Situm est ad Orientis partem iuxta altaris crepidinem.

*) J. c. in basilicam abbatiæ s. Ilarii subiectam; uam eccl. Nobiliac. b. Mariæ sacrata erat, saltem ab instauratione per Atonem facta, ex vetustis char-tis et ex versibus Alcuini. M a b i l l o n.

ST. OMER *(Monasterium s. Audomari).*

743. *Ann. Blandineus. a. 881.*

Monasterium s. A u d o m a r i incensum est II. Kal. Apr.

ST. QUENTIN *(Monasterium s. Quintini, Augusta Viro-mandorum).*

L e c o q, St. Quentin, son hist. et ses monum. Amiens 1875 (Extr. de la »Picardie«.)

744. *Ann. s. Quintini Veromandensis a. 813.*

H. a. cepta est fieri æcclesia s. Q u i n t i n i.

745. *Ebenda a. 826.*

H. a. perfecta est.

746—749.

746. *Ebenda a. 883.*

H. a. ecclesia s. Quintini a paganis incensa est.

747. *Folcuini Gesta abb. Lobiens. c. 9.*

(800.) Erat quippe *(Folradus abbas)* Carolo ex patruo ne-
pos, sicut elucet in pariete turris ecclesiæ s. Quintini in
Augusta Viromandorum — nam id quoque monasterium
rexerat — sculptis, in hunc modum se habentibus:

> Cum denis lustris ternos minus inclitus annos
> Rex ageret Carolus, sceptra tenendo pia,
> Rebus et humanis exemptus culmina regni
> Linqueret ingentis, rex Ludovice tibi,
> Condere cœpit opus huius venerabilis aulæ
> Abbas Fulradus nobilitate cluens.
> Namque huic Hieronymus, Carolus pater exstitit illi
> Qui propriæ specimen gentis ad alta tulit.
> Bella gerens pacemque tuens, qui culmina regni
> Ad prolem misit auxiliante Deo.

REDON *(Roton).*

Vgl. Hist. abregée de la ville et de l'abbaye de R. 1867.

748. *Ludwig I. Urk. für Redon. 838. Aug. 30. M. 948.*

(*Migne 104, 1251.*)

. . . Conwoion, venerabilis abbas monasterii cuius vocabulum est Roton, quod ipse in pago Broweroch in loco
qui dicitur Bain, nostra permissione de fundamento construxerat . . .

749. *Vita s. Conwoionis, abb. Rotonens. († 868.) c. 3.*

Venientes vero ad locum ab æterno, ubi domus fieret
orationis, a Deo prædestinatum, cum hæsitarent ubinam castra
figere, et oratorium construere deberent, conscenso Belli-'
montis vertice, dum preces ad Dominum fundissent, pro
huiusmodi ostensione erectis in cælum luminibus, circa tertiam
pæne horam visum est redemtoris nostri signum coruscum

resplendens lumine descendere, ubi nunc Salvatoris veneratur altare.

750. *Vita s. Conwoionis maior. L. II. c. 7.*

Dum quadam die fratres dormitorium ædificarent, et trabes et laquearia desuper componerent . . .

751. *Ebenda II, 1.*

Cum vero *(caecus Goislenus)* sedisset prope o s t i u m monasterii. . . . . »Defer hanc aquam cæco, qui stat in atrio monasterii.«

752. *Ebenda II, 10.*

Eodem tempore transmisit N o m i n o e princeps coronam auream cum gemmis pretiosissimis donum b. P e t r o apostolo per virum venerabilem C o n w o i o n e m. *(an Papst Leo IV.)*

753. *Ebenda c. 12.*

Sepultusque est . . . in S a l v a t o r i s ecclesia a S a l o m o n e *(rege Brittonum)* fabrica mirabili constructa . . .

754. *Ebenda c. 11.*

. . . tradidit rex inclitus *(Salomo)* abbati in eleemosyna sempiterna regiam, quam sibi in P l e b e l a m construxit.

REMIREMONT (*Romaricum*).

G u i n o t, Étude hist. sur l'abbaye de R. 1861. Vgl. meine Beiträge S. 35.

755. *Transl. s. Adelphi. abb. Romaricens. c. 12.*

(vor 899) Acquievit T h e o d o r i c u s *(procurator huius monasterii)* divinis monitis, novamquæ basilicæ descriptionem aggressus est, in qua sanctorum pignoribus destinatus a Deo locus, honoratiorem, ut par erat, templi partem obtineret . . . . Muralis structuræ opifex, fallente vestigio, in fossam prolapsus est, fundandæ columnæ excavatam, ac momento eodem saxum ingens pro basi superne devolutum, miserum hominem obruit.

756. *Ebenda c. 13.*

Cum cameræ umbilicus e crasso lapide tractoria grue sursum attolleretur, erant structores in suprema contabulatione, qui lapidem dirigerent. Ex iis unus vehementius connisus, e tabulato præceps ruit. In lapsu (mirum dictu) offendit in ligneum fulcrum, cui altera coxendice adhærens, capite deorsum pendulo tamdiu stetit, donec a sociis . . . . . incolumis exceptus est.

757. *Ebenda c. 14.*

Alia die, perfecto concamerationis templi arcu maximo, cum subsidiarius fornix ab operariis summæ testudini innixis demitteretur, nescio qua ratione illis excidit . . . et e sublimi decidens . . . aliquot famulos . . . obruit . . .

758. *Ebenda c. 15.*

Baddo presbyter, lapidariæ structuræ et ipse incumbens, perducto pene ad summitatem pariete, crassum satis lapidem in eo componebat: sed cum is alliquoties applicitus male conveniret, . . . forte lapis ad famuli caput, inferiore loco laborantis . . . hominem solo prosternit . . .

759. *Ebenda c. 16.*

Hæc miracula cum ad pavimentum basilicæ Theodoricus monasterii sindicus Geimmoni*) architecto narraret, atque hic vix adduci posset, ut fidem adhiberet, repente e tecto, quod tum latere instruebatur, per medias fossiles perticas delapsa tegula directo petiit architecti caput.

*) »Nescio an hoc nomen, cuius syllabæ ac litteræ obscure sibi invicem connexæ sunt, in Ms. recte expresserim.« Jo. Perier. ˅

760. *Ebenda c. 17.*

Tegebatur tectum, quod templi vestibulo imminebat . . .

761. *Ebenda c. 19.*

Itaque annum unum non amplius tenuit universa exædificatio, eodemque ipso die, quo per visum imperata fuerat,

absoluta est; divino utique consilio potius, quam Theodo-
rici operum præfecti, qui se animum in id ne quidem adver-
tisse necdum intendisse confirmabat.

762. *Ebenda c. 20.*

Perfecta basilica sub nomine ac tutela beatiss. virg.
Mariæ et sanctorum apostolorum Petri et Pauli, solenni
ritu dedicata est. Translata quoque in præparatum locum simulque . . . collocata bb. confessorum Amati, Romarici
atque Adelphi sacra corpora; cum prius pretiosis involuta
pannis, capsisque ornatissimis fuissent composita. Ea translatio in XV. diem Februarii mensis incurrit . . .

763. *Ebenda c. 21.*

Sacellum et altare archangeli Michaelis extra novam
basilicam erat, haud longe ab ostio, . . . decretum est, ut
intra eius septa transportarentur. Cum id factum fuisset, ac
recens s. Michaelis sacellum, . . . dedicaretur, *(accurrit una ex
sanctimonialibus.)*

RHEIMS *(Remi).*

Cerf, Hist. et description de Notre-Dame de R. 2 voll. Histoire de la
ville de R. Rheims 1864. Lacatte-Joltrois, Essai hist. sur l'église St. Rémy
de R. 1845. Marlot, Hist. de la ville de R. 4 voll. Leblanc im Congrès archéologique de la France 1875, 234. Demaison im Bull. des travaux hist. 1882,
219. Dehio, Bauk. I, 195 und 262. Vom Bau Hincmar's scheint nichts mehr
erhalten zu sein. Ramé im Bull. des trav. hist. 1882, 192.

764. *V. s. Rigoberti, archiepiscopi Remens. († 749.) c. 12.*

Karlus *(Martellus)* autem propter urbem Remorum
transiens, fertur eamdem extrinsecus circuisse universam, quousque pervenit ad portam, super quam structis inibi ædibus
sibi congruis almificus manebat Rigobertus... *c. 13.* Hæc
denique . . . porta, ex consuetudine cascorum a plerisque
Collaticia, a pluribus. usque hodie Basilicaris vocatur;
ibique tam huius quam singularum claves totius urbis por-
tarum apud se reconditas pro tempore servabat. Quæ porta
ideo nuncupatur Basilicaris, sive quod in gyro sui

reliquis plus portis feratur antiquitus basilicis abundasse; seu quia euntibus ad basilicas in vico s. Remigii consistentes, semper fuit pervia. Supra quam et idcirco potissimum mansisse dicitur, quoniam fenestris cœnaculi sui patefactis, eas inde consueverat contemplari, nequaquam sola quasi pulchras et excelsas gratia speculandi, sed multo magis orandi . . . . Propter quod et iste sanctus ostium in pinnaculo ecclesiæ s. Petri quæ finitima erat suæ domui, præcepit fieri, per quod in eamdem gradibus adiectis descendebat ad adorandum; indeque revertens, per hoc ipsam intrabat in oratorium, quod iuxta domum suam fecerat super civitatis murum, dedicavitque in memoriam s. Michaelis archangeli.

765. *Ludwig I., Urk. für Rheims. 817—825. M. 777.*

(*Migne* 104, 1071.)

. . . Ebo venerabilis archiepiscopus Rhemensis ecclesiæ . . . clementiæ nostræ innotuit, quia vetustatis senio contrita iam dictæ metropolis urbis sancta mater nostra ecclesia, in honore sanctæ semperque virginis ac genitricis consecrata, existeret . . . . Quam . . . renovare cupientes et ad id loci exequendum loci incommoditatem cernentes, concedimus ad hoc opus et ad cætera quæque pro servorum dei ibidem degentium necessitatibus ædificanda, murum omnem cum portis ipsius civitatis et omnem operam cum cunctis impendiis, quæ ex rebus èt facultatibus ipsius ecclesiæ et episcopatus Rhemensis Aquis palatio nostro regio peragi et exsolvi solitum fuerat . . .

766. *Flodoardus, Hist. Rem. II, 19.*

(*Ebo*) . . . archivum ecclesiæ tutissimis ædificiis, cum crypta in hon. s. Petri, omniumque Apostolorum, Martyrum, Confessorum ac Virginum dedicata, ubi Deo hospitio deservire videmur, opere decenti construxit: ubi multorum tam apostolicorum quam cæterorum sanctorum condita pignora reservantur. In qua nonnullæ illustrationes ostensæ noscuntur. Vidi siquidem nutritoris mei Gundacri, in prospectu ipsius ecclesiæ commanentis servum, dum temere prope

767—770.

fenestram huius cryptæ accessissit mingere, ... ita deterritum etc.

767. *Ebenda II, 19.*

Matris eiusdem E b o n i s huiusmodi habetur epitaphium:

. . . Præsul erat urbis huius mihi natus unicus
Idem me conduxit sibi sociam laboribus.
Proximum ruinæ locum renovando cupidus,
Decem ferme nuper annos simul hic peregimus
E b o rector, ego mater H i m i l t r u d i s humilis.
Fundamenta sedis sanctæ pariter ereximus,
Deo debitum laborem dum gerebat pontifex,
Fessa quietem querebam ecce sub hoc tumulo,
V. me September mensis Kalendarum rapuit.

768. *Ebenda II, 19.*

Cupiens . . . E b o domum ecclesiæ s. Dei gen. M a r i æ diuturna pene lapsabundam vetustate reparare . . . petiit a præmisso imperatore L u d o v i c o ad renovandam et amplificandam eandem basilicam murum civitatis sibi concedi.

769. *Ebenda II, 19.*

(Papst Stephan V.) . . . unxit eum *(Ludovicum I.)* in imperatorem, coronam miræ pulchritudinis auream, pretiosissimis gemmis ornatam, quam secum detulerat, imponens super caput eius. Reginam *(Hirmingardim)* appellavit augustam, et coronam auream posuit super caput eius.

770. *Ebenda III, 5.*

(Hincmarus) . . . . templum b. Dei genitricis M a r i æ, quod a fundamentis E b o renovare cœperat, iste pace gratiaque fruens regia, præclari consummavit decoris eminentia. Insuper et aram s. D e i g e n i t r i c i s auro vestivit ac lapidibus pretiosis ornavit. His quoque versibus titulavit:

Hanc aram Domini genitricis honore dicatam
Cultor ubique suus decoravit episcopus H i n c m a r

771.

Muneribus sacris, functus hac sede sacerdos.
Jam bene completis centenis octies annis
Quadraginta simul quinto volvente sub ipsis.
Cum iuvenis K a r o l u s regeret diademata regni
Hunc sibi Pastorem poscentibus urbis alumnis.

Et ad imaginem D e i g e n i t r i c i s in ipso altari:

Virgo M a r i a tenet hominem, regemque, Deumque
Visceribus propriis natum de flamine sancto.

771. *Ebenda.*

Tecta templi plumbeis cooperuit tabulis, ipsumque templum pictis decoravit cameris, fenestris etiam illustravit vitreis, pavimentis quoque stravit marmoreis. Crucem eminentiorem gemmis auroque cooperuit. Alias etiam cruces tam auro quam argento paravit. Calicem maiorem cum patena, sumptorioque fecit ex auro, lapidumque pretiosorum illustravit nitore. Qui calix postea pro redemptione et salute patriæ N o r m a n n i s datus est: patena adhuc reservatur ibidem. Libellum quoque de ortu s. Dei genitricis M a r i æ, sed et sermonem b. H i e r o n y m i de ipsius Dominæ assumptione scribi fecit et tabulis eburneis, auroque vestitis munivit.

Locellum etiam quendam, hoc est capsam maiorem, quæ a duobus clericis ferri solet, fieri iussit, argentoque imaginato ac deaurato vestivit: ubi ad urbis huius totius tutamen multorum sanctorum pignora recondidit. Insuper et alia altaris vasa, tam aurea quam et argentea præparavit. Evangelium aureis argenteisque describi fecit litteris, aureisque munivit tabulis, et gemmis distinxit pretiosis. His quoque versibus insignivit:

Sancta Dei genitrix et semper virgo M a r i a
    H i n c m a r u s Præsul defero dona tibi.
Hæc pia quæ gessit, docuit nos Christus Jesus
    Editus ex utero, casta puella, tuo.

Librum quoque sacramentorum, sed et Lectionarium, quos scribi fecit, ebore argentoque decoravit. Candelabra texit argento et templum variis ornavit lampadibus et coronis, diversisque tam palliorum quam cortinarum atque tapetium operuit ornamentis. Sacræ etiam vestes altaris procuravit ministris. Pluribus denique convocatis episcopis, sed et Karolo rege in hanc civitatem adveniente, in hon. incomparabilis et perpetuæ Virginis Genitricis Dei Mariæ, ut et antiqua fuerat sacrata, basilicam solemniter dedicavit, et cum coepiscoporum cooperatione sub omnipotentis invocatione Trinitatis almificæ consecravit.

772. *Ebenda III, 6.*

. . . in crypta, quæ sub ipsius ecclesiæ *(s. Mariae)* sede in hon. b. Remigii consecrata est.

773. *Ebenda III, 8.*

. . . Custos huius ecclesiæ . . . arripiens templi tapecia, lectum sibi ex his stravit.

774. *Ebenda III, 9.*

. . . Hincmarus cryptam præclari operis ad pedes s. Remigii construxit et corpus eiusdem beatissimi patroni de loco cryptæ prioris, una cum sepulchro ipsius in eadem, collectis Remensis diœceseos episcopis ut etiam superius dictum est, transtulit; et ante ipsius sepulchrum opus egregium auro edidit gemmisque distinxit, fenestram inibi, unde Sancti sepulchrum videretur, fecit, et circa ipsam fenestellam hos versiculos indidit:

Hoc tibi Remigi fabricari magne sepulchrum
Hincmarus præsul ductus amore tuo
Ut requiem Dominus tribuat mihi, Sancte, precatu
Et dignis meritis, mi venerande, tuis.

775. *Ebenda II, 17.*

(Tilpinus † 795 ca.) cuius corpus ad pedes s. Remigii tumulatum huiusmodi cernitur habere titulum:

Hac requiescit summi Tilpinus præsul honoris,
Vivere cui Christus vita et obire fuit.

776—779.

Et quoniam locus atque gradus hos iunxerat, Hincmar,
Hunc fecit tumulum, composuit titulum.

776. *Ebenda III, 9.*

Evangelium aureis litteris insignivit, ac parietibus aureis,
gemmarumque nitore distinctis munivit, versibus etiam auro
inclytis prætitulavit. Sed et crucem maiorem cooperuit auro,
gemmisque decoravit. Librum quoque sacramentorum sub
eburneis tabulis, argento præsignitis: sed et lectionarium ad
missas librum, pari decore venustatum, ibidem contulit, aliosque libros et ornamenta nonnulla eidem venerabili loco delegavit.

777. *Ebenda I, 21.*

Huius beatissimi patris nostri *(Remigii)* venerabile pignus
domnus Hincmarus archiepiscopus, adhuc ampliata ipsius
ecclesia, cryptaque opera maiore atque pulchriore præparata,
præsentibus et annitentibus episcopis diœceseos huius Remensis, transtulit: integrumque . . . . in argenteo locello
transposuit. Sudarium vero quod super caput ipsius erat . . .
scriniolo reconditum eburneo, Remis abinde reservatur, in
ecclesia b. Dei genitricis Mariæ.

778. *Ebenda IV, 8.*

(Fulco) . . . et episcopium, rebus impetratis plurimis, tam
monasterio Avennaco,**) quam nonnullis aliis, a regibus
ac diversis personis obtentis possessionibus amplificavit, atque
diversis muneribus et ornamentis hanc Remensem ecclesiam
decoravit. Urbem quoque (cuius murum ob ædificationem ba-
siliicæ Dei Genitricis Ebo destruxerat) iste novo circum-
dedit muro. Quædam etiam castella a novo instituit, Alti-
montem scilicet et aliud apud oppidum Sparnacum,**)
quod Odo Rex, quia desciverat ab eo propter erectionem
Karoli, subvertit.

*) Avenay. **) Épernay.

779. *Ebenda II, 15.*

(s. Rigoberti) . . . membra veneranda, quoniam ecclesia præ-

780—782.

notata *(s. Dionysii)* necessitate muri civitatis, ob infestationem paganorum construendi, evertebatur, F u l c o præsul urbi postmodum intulit et in medio ecclesiæ b. Dei genitricis M a r i æ post altare s. c r u c i s collocavit.

780. *Ebenda IV, 9.*

. . . præfatus comes *(Hadericus)* cum uxore sua H e r i - s i n d e domnum F u l c o n e m præsulem humiliter expetiit, postulans ut ei locum sepulturæ concederet in dextra huius ecclesiæ *(s. Remigii)* parte, iuxta ostium cryptæ. Quo impetrato et altari statuto, atque argenteo decore cooperto, decenter hæc venerabilia deponuntur membra *(s. Gibriani fratrumque eius.)*

781. *Ebenda I, 22.*

(c. a. 901.) In eo vero loco ubi hoc salutis accidit donum *) posita deinceps extat columna cruce præfixa, glorificationis huius continens monimenta.

*) Im Vorhergehenden ist von der wunderbaren Heilung eines Krüppels die Rede.

ST. RIQUIER *(Centula).*

P r a r o n d E., Chronique abregée de St. Riquier, par Jean de la Chapelle 1857. O t t e, Kunstarch. I, 55. Q u a s t, Ztschr. f. kirchl. Arch. I, 276. K r a t z, Ztschr. d. Harzver. X, 216. G r a f, Opus francigenum p. 104—110. H o l t z i n g e r, (Seemanns) Beitr. z. Kunstgesch. V. D e h i o, Bauk. I, 167 u. 174.

Alte Miniaturabbildung in zwei (von einander u n a b h ä n g i g e n) Kupferstichen erhalten 1. bei P e t a u, De Nithardo illiusque prosapia 1612 (auch bei L e n o i r, Arch. mon. I, 27). 2. bei M a b i l l o n, A. ss. IV, 1, 1673. (auch bei D e h i o T. 43, 1) von G r a f (a. a. O. 110) mit Unrecht für unzuverlässig erklärt. Ein restaurierter, aber gänzlich unzuverlässiger Grundriss bei H o l t z i n g e r a. a. O. 9.

782. *Angilberti de ecclesia Centulensi libellus. cap. 1.*

De constructione æcclesiæ s. S a l v a t o r i s sanctique R i - c h a r i i necnon de totius sancti huius loci ac monasterii perfectione.

Ego igitur prescriptus A n g i l b e r t u s considerans . . . qualiter una cum consensu fratrum meorum . . . hunc sanctum locum, michi licet indigno ab omnipotente Deo et excellentissimo domino meo C a r o l o serenissimo augusto ad guber-

nandum commissum, auxiliante Domino in melius reædificare
valuissemus ... Quia igitur omnis plebs fidelium sanctissimam
atque inseparabilem Trinitatem confiteri, venerari et mente
colere firmiterque credere debet, secundum huius fidei rationem in omnipotentis Dei nomine tres æcclesias principales
cum menbris ad se pertinentibus in hoc s. loco, Domino cooperante et predicto domino meo augusto iuvante, fundare
studuimus. Quarum prima est in hon. s. Salvatoris et omnium sanctorum eius. Alia in hon. s. Dei genitricis semperque virginis Mariæ et ss. apostolorum. Tertia vero in
claustro fratrum in hon. s. Benedicti abbatis et reliquorum
ss. regularium abbatum. Quæ etiam mirifico ordine dedicatæ
sunt a venerabilibus patribus, 12 scilicet sanctissimis episcopis, quorum nomina ob venerationem et memoriam illorum
huic opusculo annectenda esse iudicavimus. Hi sunt: Megin-
hardus Rothomagensis æcclesiæ ven. archiepiscopus,
Georgius, Absalon, Gerfridus, Pleon (Novioma-
gensis), Hildiwardus (Cameracensis), Teodoinus
(Tarvennensis), Idelmarus, Benedictus et Kellanus,
preclarissimi episcopi, Johannes vero et Passivus, S. Dei
Rom. æcl. legati, presules nobilissimi. Nam altare s. Salvatoris, in quo positæ sunt reliquiæ ipsius et ss. innocentum,
qui pro eo passi sunt; et altare s. Richarii, in quo sunt
reliquiæ s. Dei gen. Mariæ et eiusdem s. Richarii; altare
s. Petri, in quo reliquiæ eius et Pauli et Clementis;
altare s. Johannis B., in quo reliquie eius et Zachariæ
patris ipsius, altare s. Stephani, in quo reliquiæ eius et
Symeonis qui Dominum in ulnas suscepit; altare s. Quintini, in quo reliquie et ss. Crispini et Crispiniani martyrum; altare s. Crucis, in quo reliquiæ ligni ipsius; altare
s. Dyonisii, in quo reliquiæ eius, Rustici et Eleutherii;
altare s. Mauricii, in quo reliquie eius, Exuperii et Candidi; altare s. Laurentii, in quo reliquie eius, Sebastiani et Valeriani; altare s. Martini, in quo reliquie
eius et ss. Remigii, Vedasti, Medardi, Gualarici,
Lupi, Servatii, Germani atque Eligii. In æcclesia vero
s. Benedicti altare ipsius, in quo sunt reliquiæ eius et An-

782.

tonii et Columbani; altare s. Hieronimi, in quo reliquie eius, Effrem et Equitii; altare s. Gregorii, in quo reliquie eius, Eusebii et Ysidori, ab eisdem iam dictis electissimis viris condigne ac diligentissime cum ingenti gaudio sub die Kal. Jan. fuerant Domino consecrata.

In æcclesia enim b. Mariæ virginis altare ipsius, in quo reconditæ sunt reliquie eius et ss. Felicitatis, Perpetuæ, Agathæ, Agnetis, Luciæ, Ceciliæ, Anastasiæ, Geretrudis et Petronillæ: altare s. Pauli, in quo reliquie eius, Ambrosii et Sulpicii; altare s. Philippi, in quo reliquie eius, Silvestri et Leonis; altare s. Andreæ, in quo reliquie eius, Georgii et Alexandri; altare s. Jacobi, in quo reliquie eius, Christi et Apollinaris, altare b. Johannis Evangeliste, in quo reliquiæ eius, Lini et Cleti; altare s. Bartholomei, in quo reliquie eius, Ignatii et Policarpi; altare s. Symonis, in quo reliquie eius, Cosmæ et Damiani; altare s. Mathei, in quo reliquie eius, Marchi et Lucæ; altare s. Taddei, in quo reliquie eius, Nazarii et Vitalis; altare s. Jacobi fratris Domini, in quo reliquie eius, Gervasii et Protasii; altare s. Mathiæ, in quo reliquie eius, Hilarii et Augustini; 6. Id. Sept. in eius sacratissima nativitate a venerabilibus episcopis, Georgio videlicet, Absalone, Pleone et Gerfrido, honore dignissimo sunt dedicata.

Sed et altare b. archangeli Gabrihelis, quod est situm in porta meridiana, 8 Kal. April. in annuntiatione s. Mariæ; Michaelis vero quod est in porta occidentali, 3 Kal. Oct. a Hildiwardo ven. episcopo optime sunt consecrata. Raphaelis autem altare quod est in porta septentrionali, 2 Non. Sept. in hon. ipsorum archangelorum omniumque virtutum cælorum a Jesse religioso episcopo *(Ambianensi)* optime est consecratum.

Reliqua vero mœnia ipsius monasterii, eodem domino cooperante, quæ actenus conspiciuntur constructa, sicuti cernuntur, omnia a fundamentis studuimus cum turribus et cappellis reformare, et ut habitatores illius in eo missarum sollemnia frequentare et omnipotenti Deo delectentur deservire, ipso adiuvante, muro curavimus firmiter undique ambire.

cap. 2. De reliquiis quas de diversis provintiis Domino auxiliante in hoc sancto loco congregavimus, necnon et de capsis in quibus habentur reconditæ.

— — — — — — — — — — — —

His igitur . . . reconditis in nomine s. Trinitatis, cum multa diligentia preparavimus capsam maiorem auro et gemmis ornatam, in qua posuimus partem supra scriptarum reliquiarum, quam . . . subtus criptam s. Salvatoris ponere studuimus. Nam ceterorum sanctorum reliquias que supra leguntur conscriptæ per alias 13 capsas minores auro argentoque vel gemmis preciosis honestissime paratas . . . . . dividere ac super trabem, quam in arcu coram altare b. Richarii statuimus, ponere curavimus . . .

cap. 3. De ornatu eiusdem æcclesiæ et de multiplicitate thesauri seu sacrarum vestium cultu.

. . . diligenti cura tractare cepimus, qualiter . . . . de donis Dei et largitate magni domini mei Caroli eiusque nobilissimæ prolis vel reliquorum bonorum hominum liberorum michi ab illis collatis opere fabrili in auro, argento et gemmis ornare etiam, et ubi loca convenientia existerent, desuper ciboria ponere potuissemus . . .

Id sunt: In æcclesia s. Salvatoris et s. Richarii altaria fabricata 11 et ciboria 2, lectoria auro, argento et marmoribus parata 2. In ecclesia s. Dei genitricis Mariæ et ss. apostolorum altaria fabricata 13, ciborium 1 et lectorium optime paratum 1. In æcclesia s. Benedicti altaria parata 3. In æcclesiis vero ss. angelorum Gabrielis, Mychaelis et Raphaelis altaria 3. Quæ fiunt simul altaria 30, ciboria 3 et lectoria 3. Nam de aliis vasis et suppellectilibus habentur cruces auro argentoque paratæ 17; coronæ aureæ 2; lampades argenteæ 6, cuprinæ auro argentoque decoratæ 12; poma aurea 3; calices aurei magni cum patenis 2. Item calix 1 magnus aureus cum imaginibus simul cum patena sua. Alii calices argentei 12 cum suis patenis. Offertoria argentea 10. Ad caput s. Richarii tabula auro et argento pa-

782.

rata 1, ostia maiora auro et argento parata 2, alia minora 2, alia ostiola similiter parata 2. Balteus aureus 1. Atramentarium optimum argenteum auro paratum 1; cultellus auro et margaritis paratus 1. Codex eburneus auro, argento et gemmis optime paratus 1. Ponga auro parata 1. Incensaria argentea auro parata 4. Hanappi argentei superaurati 13. Conca argentea maior cum imaginibus argenteis 1. Bocularis argenteus 1. Urcei argentei cum aquamanilibus suis 2. Canna argentea 1, eburnea 1. Situle argenteæ 2. Suiones argentei 2. Clavis aurea 1. Schilla argentea 1. Corone argenteæ cum luminibus 13. Columnæ coram altare s. Richarii auro et argento paratæ 6. Trabes minores cum arcubus suis argento paratæ 3. Cloccaria auro parata 3. Cloccæ optimæ 15, cum earum circulis 15, Schillæ 3. Imagines æneæ 6, eburnea 1, Candelabra auro parata 2. Ostia auro parata 7. Insuper donavimus ibi pallia optima 78; cappas 200; dalmaticas sericas 24; albas Romanas cum amictis suis auro paratas 6, albas lineas 260; stolas auro paratas 5; fanones de pallio aureo paratos 10; cussinos de pallio 5; saga de pallio 5; [casulas de pallio 30; de purpura 10; de storace 6; de pisce 1; de platta 15; de cendato 5.]

De libris.

Evangelium auro scriptum cum tabulis argenteis, auro et lapidibus preciosis mirifice paratum. Aliud evangelium plenarium 1. De aliis libris volumina 200.

Insuper etiam plurima ornamenta in fabricaturis et in diversis utilitatibus, in plumbo, vitro, marmore, seu cetera instrumenta, quæ longum fuit numerare prolixiusque scribere, que tamen tunc temporis appreciata sunt a fidelibus Dei et s. Richarii, qui nobiscum in Dei servitio laborantes extiterant, hæc omnia valere potuisse libras quindecim milia vel eo amplius.

> Omnipotens Dominus, qui celsa vel ima gubernas,
> Maiestate potens, semper ubique Deus
> Respice de solio, sanctorum gloria, summo
> Auxiliumque tuis, rex bone, da famulis.

783.

Principibus pacem, subiectis adde salutem
  Hostis pelle minas et fera bella preme:
Hec quoque que statui fulgentia culmina templi,
  Angilbertus ego, sint tibi grata Deo.
Augusto et Karolo cuius virtute peregi,
  Concede imperii gaudia magna tui.
Quisquis et hic summas precibus pulsaverit aures
  Effectum tribuas semper habere, Deus.

In pavimento altaris b. Richarii.

Hoc pavimentum humilis abbas componere feci
  Angilbertus ego, ductus amore Dei.
Ut michi post obitum sanctum donare quietem
  Dignetur Christus, vita salusque mea.

783. *Chronicon Centulense auct. Hariulfo II, 3.*

Angilbertus .... primo deiiciens illud antiquum a
s. Richario locatum templum, magna et insigni prudentia
novi fundamenta coniecit, ob hoc autem vetustum deposuit,
quia s. Richarii venerabile corpus ibidem tumulo tenebatur,.
et voti eius erat super sancta eius membra componere elegan-
tem basilicam. Piissimus autem rex Karolus ex suis ....
thesauris ... tam immensum ei delegavit pecuniam, ut ad
omne opus necessarium, mercede abundante ante deficeret,
quis operaretur, et quod operaretur, quam unde operarius
remuneraretur. Cum ergo marmoreæ columnæ in butico erigerentur, una inter erigentium manus lapsa in duo frusta con-
fracta est ... Mane facto dum redirent artifices, ... vide-
runt columnam stantem super basim suam nihil læsuræ habentem ... Multo igitur apparatu, summaque diligentia ac eximio
decore inchoatum est construi monasterium, atque in hon.
Salvatoris, sanctique Richarii fulgentissima ecclesia,
omnibusque illius temporis ecclesiis præstantissima, perfecta
est. Hæc ab oriente habet ingentem turrem post cancellum,
et interposito vestibulo alia turris versus occidentem habetur
priori æqualis; illa autem quæ ad orientem vergit prope
locum situm est, quo s. Richarius sepulturam habuit. Se-

783.

pultura vero ipsa ita posita est, ut a parte pedum ipsius sancti altare sit in loco editiori, et a parte capitis s. Petri apostoli ara persistat. Turris ergo orientalis cum cancello et butico s. Richario dicata est; et turris occidentalis in hon. s. Salvatoris specialiter est dicata; ubi etiam in gyro deintus hos versiculos scribere fecit memorabilis Angilbertus:

»Omnipotens Dominus qui celsa vel imo gubernas« etc.

— — — — — — — — —

Videtur usque hodie in pavimento chori tam pulchra et tam distincta marmoris operatio, ut qui cumque illud inspicit incomparabile opus asseveret. Sane coram altare s. Richarii fecit pingere in ipso pavimento quosdam versiculos . . . . :

»Hoc pavimentum humilis abbas componere feci
Angilbertus ego, ductus amore Dei« etc.

— — — — — — — — —

Enimvero quia antiqua illa s. Richarii ecclesia in hon. s. Mariæ fuerat consecrata, ne videretur venerabilis vir Dei matrem exhonorasse, alteram ei construxit, quæ citra fluviolum Scarduonem hactenus consistit. Sancto quoque Benedicto abbati unam exstruxit, quam supra ripam iamdicti fluvioli collocavit. Si igitur situs loci discernatur, animadvertitur maior ecclesia quæ s. Richarii est, aquilonem tenere; 2da inferior, quæ in hon. nostræ Dominæ s. Mariæ citra fluvium Scarduonem sita est, austrum; 3a, quæ minima est, orientem. Claustrum vero monachorum triangulum factum est; videlicet a s. Richario usque ad s. Mariam tectus unus, a s. Maria usque ad s. Benedictum tectus unus itemque a s. Benedicto usque ad s. Richarium tectus unus. Sicque fit, ut dum hinc inde parietes sibi invicem concurrunt, medium spatium sub divo triangulum habeatur. Monasterium igitur secundum decretum regulæ sanctissimi Benedicti, ita dispositum fuit, ut omnis ars, omneque opus necessarium intra loci ambitum exerceretur. Aqua autem torrentis Scarduonis ipsum claustrum præterfluit.

784—785.

784. *Ebenda II, 3.*

Centum etiam pueros scolis erudiendos sub eodem habitu et victu statuimus qui fratribus per tres choros divisis in auxilium psallendi et canendi intersint, ita ut chorus s. Salvatoris centenos monachos cum quatuor et triginta pueris habeat, chorus s. Richarii 100 monachos 3que et 30 pueros iugiter habeat, chorus psallens ante s. Passionem 100 monachos, 33 adiunctis pueris similiter habeat . . . . . Matutinali etenim seu vespertinali officio consummata, mox omnes chori ordinabiliter se ante s. Passionem congregent, decem tantum psalmistis unicuique choro remanentibus; et sic per portam s. Gabrielis ac per salam domni abbatis ambulando, per occidentalem claustri regionem cantando, veniant ad s. Mariam; ubi oratione pro temporis ratione deposita, remeando veniant ad s. Benedictum in orientali parte claustri situm; inde per gradus arcuum intrent ad s. Mauricium; sicque intrantes s. Richarii basilicam, restituantur suis choris.

785. *Vita s. Angilberti auct. Anschero c. 7.*

In ecclesia s. Salvatoris sanctique Richarii duo campanaria auro et argento parata, et ad s. Mariam tertium paratum est. Cetera vero diversa ornamentorum genera; i. e. cruces, capsas evangelii, capsas reliquiarum coronas, lampadas, thuribula, calices cum patenis, poma aurea, offertoria, scyphos, concas, boculares, urceos, cannas, scillas, situlas, sivones, claves, ostia, trabes cum arcubus, circulos ad signa pendentes, imagines sanctorum, candelabra, ventilabra, pallia auro texta; stolas auro paratas cum fanonibus, casulas multiplices, albas sericas, cappas de pallio, pallia, tapetia, cortinas, cassinos, balteos aureos, vestes episcopales cum sandaliis, instrumenta regii Notarii aurea, Evangelia auro scripta, quæ aurea, aurea, et quæ argentea, de argento; quæ simul computata . . . . quindecim millium summam librarum effecerunt . . . .

786—790.

786. *Angilberti carm. IV.*

Omnia quæ cernis summo renovata decore
  Interius templum exteriusve sacrum,
A n g i l b e r t u s ovans iam fecit amore paterno
  Sanctorum — — — — — — — — —
— — — — — — — — — —

Et tu, serve dei, veniens aliunde viator
  Hæc loca percurre pulchra monasterii,
Ecclesiasque dei devoto pectore Christi
  Cerne — — — — — — — — — —

787. *Ebenda V, 1.*

Hæc quoque quæ statui fulgentia culmina templi
  A n g i l b e r t u s ego, sint tibi grata, deo.
A u g u s t o et K a r o l o, cuius virtute peregi
  Concede inperii gaudia magna tui.

788. *V. s. Angilberti auct. Anschero c. 11.*

Studuit . . . . sacrum tumulum b. R i c h a r i i magni-
ficentius exornare, auro et lapidibus pretiosis ambire, versibus
quoque metricis idem mausoleum auro scriptis illustravit, in
quibus et suam breviter ostendit peritiam . . . ita scribens:

  Aurea cælestem thesaurum contegit urna etc.

789. *Ebenda c. 12.*

Sancti quoque confessoris et monachi C a i d o c i sepulcrum iam pæne obrutum et vetustate collapsum summa devotione renovavit et ornate composuit, aureisque literis cum versibus decoravit, ita dicens:

  Mole sub hac tegitur C a i d o c u s iure sacerdos etc.

790. *Ebenda c. 7.*

  ad quod rite tenendum *(laudem divinum scil.)* statuit tres
semper esse choros; quorum unus ordinata consistebat in turre
occidentali coram altare s. S a l v a t o r i s, secundus chorus
identidem ordinatus in medio ecclesiæ coram memoria s. P a s-

s i o n i s; tertius autem chorus decantabat in orientali parte basilicæ, quæ dicitur T h r o n u s s. R i c h a r i i, eo quod altare ipsius sancti in loco editiori ibidem mira honorificentia sit excultum et eius sepulcrum iuxta positum sit.

791. *Vetus codex olim Petavianae, tum serenissimae reginae Sueciae, nunc Ottobonianae.*

(*Mabillon, Annales Benedictini. II, 332. ad a. 798.)*

In eo codice A n g i l b e r t u s abbas ordinasse dicitur, ut in die sanctissimo paschæ et in nativitate domini fratres et ceteri omnes, qui in ecclesia Salvatoris ad missam conveniebant, in eadem ecclesia communionem perciperent. Dum vero fratres et reliqui clerici ab illo sacerdote, qui ipsa die missam cantasset, communicabantur, ut alii duo sacerdotes cum duobus diaconis totidemque subdiaconis, unus viros, alter mulieres ibidem communicaret, ut clerus et populus simul communicati benedictionem, ac completionem missæ simul possent audire. Quo facto, duo illi sacerdotes, unus ad unum ostium, alter ad alterum, pueros ex a m b u l a t o r i i s s e u p o r t i c i b u s s u p e r i o r i b u s descendentes communicabant: ac deinde uterque cum suis ministris ad extremum stantes, forte altaris, gradum, communicabant eos, qui ad prædicta loca communicatari non occurrissent. Quod ut rite fieret, idem abbas ordinaverat, ut in duobus illis festis quatuor sacerdotes, totidemque diaconi ac subdiaconi sacerdoti sollemnem missam celebranti adessent. Hæc de primo ritu.

Alter est de maioribus litaniis, ad quas sollemnius faciendas cruces et processiones vicinarum septem ecclesiarum ad s. R i c h a r i u m convenire debebant. Cum eo venissent, omnes simul consistebant ad p a r a d i s u m sive a t r i u m ecclesiæ coram s a n c t a n a t i v i t a t e,*) atque oratione facta, ibidem ordinate persistebant, divisis hinc inde viris a septemtrione, feminis a meridie, præstolantes, dum fratres cum schola, id est pueris, de ecclesia s. R i c h a r i i egrederentur. Et primo quidem per portam s. M i c h a e l i s procedebat is, qui vas aquæ benedictæ ferebat, deinde tres alii totidem turibula gestantes; tum cruces septem, quas sequebatur c a p s a

792.

maior basilicæ sancti Salvatoris, media inter tres hinc
inde sacerdotes, qui minores capsas gestabant. Postea
subsequebantur septeno quique numero diaconi, subdiaconi,
acolythi, exorcistæ, lectores et ostiarii, ac deinde reliqui
monachi septeni et septeni, ne, si bini vel trini incessissent,
milliarii spatium implevissent. Hos omnes dein subsequebantur
pueri septem cum totidem flammulis seu tædis, et post eos
viri nobiles septeni et septeni, a præposito vel decano electi:
quibus nobiliores feminæ eodem ordine succedebant. Post hos
omnes præcedebant septem cruces forensium ecclesiarum, quas
sequebantur pueri et puellæ cantandi peritæ, quæ orationem
dominicam, symbolum, aliaque similia concinebant. Deinde
honorabiliores viri ac feminæ illis ecclesiis, extremo loco pro-
miscua turba infirmorum, ac senum septeno ritu ibidem pedibus
incendentium: qui autem præ infirmitate non poterant, equi-
tando subsequebantur. His ita ordinatis, procedebantur per
medium monasterii, dein per publicam viam, et per portam
meridianam, murum gyrando, revertebantur per portam
septemtrionalem. In his vero maioribus litaniis, post anti-
phonas, psalmos, aliaque id genus, cantabantur tria symbola,
apostolorum, constantinopolitanum et sancti Athanasii;
deinde oratio dominica; et post litaniam generalem, fratres
cum schola puerorum litanias concinebant, primo Gallicam,
secundo Italicam, tertio Romanam: quibus postremo suc-
cedebat canticum Te Deum laudamus et postea missa sollemnis
ad s. Salvatorem.

*) S. u. im II. Theil no. 980.

792. *Mabillon, Annales Benedictini Lib. XXVI, cap. 69. (Tom.
II, 333 ad. a. 798.*)

Quod reliquuum est, monasterium (Centula), ad præscriptum
sanctæ. Regulæ**) ita dispositum erat, ut artes omnes, atque
omnia opera necessaria intra loci ambitum exercerentur. Primo
enim aqua rivuli Scarduonis medium præterfluens claustrum,
ibidem farinarium in usus fratrum volvebat. Deinde oppidum
ipsum varios artificum habebat regiones seu vicos, veluti totidem monasterii officinas, quæ monachis variam supellectilem

793.

variasque species ad certum numerum subministrabant. Nempe
vicus negotiantium, quolibet anno pallium unum pretii centum
solidorum; vicus fabrorum, ferramenta; vicus scrutariarum,
operimenta librorum; vicus sellariorum, sellas equorum; vicus
pistorum, certam panum quantitatem; vicus satorum, calcea-
menta famulorum; vicus lanistarum, sagimen; vicus fullonum,
filtra; vicus pellificum, pelles; vicus vinitorum, vinum et
oleum; vicus cauponum, cervisiam; vicus militum centum et
decem milites continebat, quorum unus quisque semper equum,
scutum, gladium, lanceam, ceteraque arma militaria in promtu
habere debebat. Erat et capella nobilium, quæ singulis annis
libras duodecim thuris et thymiamatis solvere tenebatur: erant
et capellæ promiscui vulgi quatuor, quarum unaquæque centum libras ceræ, incensi vero tres reddebat. Porro in illo
oppido erant mansiones hominum sæcularium duo millia quin-
gentæ, ex quibus singulæ certum censum quotannis persol-
vebant. Ad hæc ibidem erant pauperes quotidiani trecenti,
viduæ centum quinquaginta, clerici sexaginta, qui stipe monasterii alebantur. Ad hos sumtus faciendos suppetebant mansi
plurimi et villæ ad centum et duas, »per modum advocatio-
nis« ad idem monasterium pertinentes, ex calculo Johannis
de Capella: præter centum et septemdecim villas, quas
totidem milites seu nobiles viri in beneficium seu feodum tenebant, eo pacto, ut militiam, ubi res exigebat, pro abbate et
conventu suis sumtibus exercerent, et in festis nativitatis domini, paschæ, pentecostes et s. Richarii cum suo comitatu
in ecclesia Centulensi se sisterent.

*) Die Stelle ist hier aufgenommen, weil sie eine lebendige Anschauung
der Klosterstädte gibt. **) nach der Regel Benedicts.

793. *Carmina Centulensia CLII.*

I. Salvatorkirche.

1.

Hac gemini parva sancti memorantur in ara
Johannes genitus, Zacharias genitor.

793.

2.

Aurant hic Stephani digne protomartyris almi
Justi reliquiæ Simeonisque sacræ.

3.

— — — — — — — — — — — —*)

Quintini sancti relliquiæque simul.

*) Lücke.

4.

Hæc in honore crucis constat sanctæ ara dicata,
Qua Christi sacrat mistica dona sacer.

5.

Armifer hic domini colitur Dionisius, una
Rusticus ac sanctus atque Eleutherius.

6.

Ornat hanc Christi mensam Mauricius almus
Atque Exsuperius, Candidus egregius.

7.

Possidet hanc levita dei Laurentius aram
Cum Sebastiano necne Valeriano.

8.

Præsulis egregii Martini mentio hic fit.
Germani sancti, Servatii almivoli,
Vedasti, Elegii, Walerici, Remigiique
Cum patre Medardo magnificoque Lupo.

II. St. Benedict.

1.

Hæc in honore patris Benedicti stat titulata
Ara, ovium pastor qui fuit eximius.

2.

In hac Jeronimi cripta memoratio sacri
Efficitur, sancti Efremis, Equitii.

794—796.

3.

Gregorius structura humili veneratur in ista,
Clarus Romana qui fuit ecclesia.

794. *Ebenda XCI.*

In ecclesia.

Hanc ego Ratbertus*) studui componere parvam
Ecclesiam summi tactus amore dei,
Ipsius atque simul Mariæ sanctæ genitricis
Quæ verbum verbo protulit angelico;
Cuius honore sacratum est, hic quod cernitur, omne,
In crucibus, capsis reliquiisque sacris.

— — — — — — — — — — — —

*) Der bekannte Radbertus Paschasius von Corbie.

795. *Ebenda CIII.*

In ecclesia cuiusdam.

Funditus ædiculam Tetsinus*) hanc spaciavit
Dignius ut sexum disparilem caperet.
Hæc in honore sita est Albini præsulis almi,
Gazas qui mundi tempsit amore dei.
Quisquis ad hanc venerit, tundat rea pectora, dicat,
Sidera quo, dominus dat sibi, celsa petat.

*) Ein Teutsinus, Kriegsmann des h. Richarius, wird von Hariulf (Chron.
Cent. III, 3) aus einer Urkunde von 831. erwähnt.

796. *Ebenda CXI.*

In quodam oratorio.

Sæpius hic presse canitur psalmodia dulcis
Noctibus in furvis pulso iam corpore somno
Et geminis detersa oculis caligine tetra,
Quo sol iustitiæ lucem tribuat renitentem
Gratis in hac servis parva vigilantibus æde
Sanctorum meritis intervenientibus almis.

797. *Ebenda V.*

In domo scriptorum.

Hæc domus officii scriptorum in honore dicata.
Hanc adiens aliquis dominum deposcat abunde,
Officit, ut pellat hoc, quod scriptoribus, ex hac,
Atque libros valeant inibi sulcare sacratos.
Ad decus æterni regis simul atque beatæ
Ipsius sponsæ servit coniunctio patrum;
Hac etiam residens studeat servare beati
Legem promissam Benedicti nocte dieque.

798. *Ebenda VI.*

In Letrico.

Hic quidam residet calamis ornatus honestis,
    Cum quibus assidue haud laborare piget.

799. *Ebenda CXIV.*

In quadam mansione.

Hæc opus ad fratrum fundata domuncula constat,
Spiritus extremos valeant qua reddere Christo.
Angelus illorum sed custos nocte dieque
Gabriel esto, petant donec cælestia regna,
Quo resident animarum messores clypeati
Demonas adversus, obstant qui plasma tonantis.

800. *Ebenda LXIX.*

(Fredegarii xenodochii custodis 861—871.)

In hospitale pauperum.

Parva domus iugiter patent hæc, claviger aulæ,
    Pauperibus Christi, quo tibi porta poli,
Sordibus æthereus reserat quam rite piatis
    Custos, catholicæ pastor et ecclesiæ.

801. *Ebenda LXXXVIII.*

In sessione peregrinorum.

Sæpius hic residet Christus, mitissimus agnus,
    In hominis specie sæpius hic residet;

802—804.

Solvere qui studuit gratis lœtalia vincla,
  Quo fovet exemplum, solvere qui studuit
Instituitque suos gressus servare paternos
  Nec minus et pacem instituitque suos.

802. *Ebenda LXC.*

Item.

Suscipe discipulos, o, Christi, c l a v i g e r a u l æ,
  Ipsius in specie suscipe discipulos.
Quæque potes, tribue ob vitæ cælestis amorem,
  Nomine pro Christi, quæque potes, tribue.

803. *Ebenda CXIX.*

Item in sessione.

Sæpius hac residet Christus suceptus in æde:
  Scemate sub hominis sæpius hac residet.
Hoc veneranda cohors fratrum veneranter adorat;
  Diligit amplectens hoc veneranda cohors.
Janitor o miserans, laeto quod suscipe vultu,
  Quæque potes, tribue, ianitor o miserans.

Responsio in persona Christi.

Jam quia hic sedeo Christus sub imagine servi,
  Ac peregrini habitu iam quia hic sedeo, *)
Sit benedicta cohors fratrum mihimet famulando;
  Hic et in æternum sit benedicta cohors.
Hostis atrox fugiat parvaque recedat ab æde
  Quo pax hic maneat, hostis atrox fugiat.

---

*) Der hier ausgesprochene Gedanke liegt bekanntlich einem der anzie-
hendsten Bilder Fiesole's, dem Fresko über dem Eingange der forestiera oder
Fremdenherberge in S. Marco zu Florenz zugrunde, welches Christum im Pilger-
kleide, von zwei Dominicanerbrüdern bewillkommt, zeigt.

804. *Ebenda CXXVI.*

Est domus hæc Christi peregrinis adtitulata,
  Illius ostensa qua manet humanitas.
Hacque melo resonant divisi sedulo fratres
  Per decadas digno, Christe, in honore tuo.

805—807.

Hos tua magnifica tueatur dextera semper
Hanc adiendo larem ac repetendo viam.

805. *Ebenda XC.*

Super hostium.

Sit pax hanc famulis æterna petentibus ædem
Nec minus et pernix maneat redentibus exhinc,
Sitque fides socia, caritas pariterque iugata:
Accumulata dei dignat dilectio summi.
His adnexa simul sit spes, per quam quoque, Christe,
Speramus requiem, fluvium vitare Letheum
Inque tuo domum libro, domine, adtitulari
Angelicisque frui dapibus cum patribus almis.

806. *Ebenda XLV.*

Hoc recubat busto semper memorabilis abba
  Angilbertus ovans, spiritus astra colit.
Mensis Marti obiit bis senis ipse Kalendis
  Construxit templum, quod retinet templum.
Et cluit Augusti Karoli sub tempore magni,
  Dogmatibus clarus, principibus socius.
Ante fores templi iussit qui se tumulari,
  Ricbodo huc abba transtulit ac posuit*)
Post annos obitus bis denos eius et octo,
  Corpore cum nactus integer in solito est.

*) 842.

807. *Ebenda CXX.*

In quodam vase.

Hoc vas marmoreum custos reparavit Odulfus
Atque loco statuit, petit in quo dispar ab isto
Vas aliud multum specio, pariter precioque.
Una tamen virtus manet, una salus in utrisque. *)

---

*) Von 864 an begann man das von den Dänen verwüstete Kloster wieder
zu restaurieren und mit neuem Geräth zu schmücken; darauf beziehen sich die
folgenden Tituli.

808—813.

808. *Ebenda CXXVII.*

In cyborium.

Hoc ego cyborium statui, quod cernis, Odulfus;
 Lector, ut hic stabile, dicque, diu maneat
Ad decus æterni regis pariterque patroni
 Nostri Richarii, qui famulatur ei.
Plura etiam dominus tribuat mihi, dicito, posse
 Addere cum pace huius honore loci,
Qui condam manibus fuerat vastatus iniquis
 Nec non fœdatus turpiter heu nimium.

809. *Ebenda CXXVIII.*

In tabula.

Hanc tabulam custos sancti reparavit Odulfus
 Ad decus ipsius Richarii tumuli.

810. *Ebenda LIII.*

Hic evangelii recitatur lectio sacri
 Nec non vita patrum ac Benedicti norma patroni.

811. *Ebenda CXXIX.*

   (Inschrift eines Kelches.)

Præbeo diversis labiis potabile mixtum;
Solvo sitim, totum qui me depotat acute.

812. *Ebenda CXVI.*

In Lectorio.

Hic normam sancti recitat lector Benedicti
 Ac Christi eloquium, plurima gesta patrum.

813. *Ebenda CXLIII.*

In lampadi ipsius.

Hæc iugiter lampas niteat tumulum ante Rhodulfi*)
 Quam Hruodon**) fieri iussit amore sui.

 *) Abt von Centula, † 866. **) Eine Äbtissin, von Hariulf um 867
erwähnt.

814—817.

814. *Mirac. s. Richarii c. 5.*

(981) Abbas igitur I n g e l a r d u s C e n t u l a m veniens
cuncta proposse melioravit, claustra reparavit, non tamen ut
antiquitus fuerant, sed eo modo quo adhuc stare videntur.

ROMANS*) (*Romanus*).

815. *Lothar I., Urk. für Romans. 842 Dec. 30 M. 1061.*

(*Bouqu. SS. VIII, 380.)*

. . . . E g i l m a n u s ven. ecclesiæ V i e n n e n s i s archiepiscopus obtulit coram sacris obtutibus nostris scriptum, in
quo continebatur qualiter B a r n a r d u s quondam eiusdem
urbis antistes**) beatissimos martyres S e v e r i n u m, E x u p e-
r i n u m et F e l i c i a n u m iuxta introitum eiusdem civitatis in
vico P r e n n i a c o in indigno loco, qui R o m a n u s dicitur,
sito, solemniter tumulavit. Quod monasterium memoratus pontifex sollicita religione . . . construxit et in hon. omnium ss.
A p o s t o l o r u m . . . . dedicavit.

*) bei Vienne. **) † 842.

816. *Vita II. s. Bernardi, archiepiscopi Vienn. c. 7.*

Factum est autem, ut quædam nobilis mulier carens heredibus per manus ipsius b. P e t r o et ecclesiæ R o m a n æ
partem patrimonii sui legaret ad construendum ibi monasterium, quod et factum est per diligentiam eius in loco, cui
R o m a n i s nomen imposuit. Constructa autem ibidem ecclesia
in hon. b. P e t r i. (et P a u l i. add. Vita I.) et monachis cum
abbate collocatis ibidem in ipso loco sepeliri desiderans, trium
martyrum reliquias, quos fidei suæ primitias V i e n n a ha-
buerat, primum transtulit reverenter, scilicet S e v e r i n i, E x u-
p e r i i et F e l i c i a n i.

817. *Flori Lugdunensis carm. XXI.*

E p i t a f i u m ss. S e v e r i n i, E x u p e r i i et F e l i c i a n i.*)

Martyribus reverenda tribus hæc fulgerat aula

818—820.

Urbe Viennensi æthereas sumpsere coronas
Inde huc translati post longi temporis annos
Præsentem inlustrant meritis vivacibus aulam
Conspicuo in templo, præfatæ quod pius urbis
Condidit antistes tantoque honore beavit
Seque pius supplex tradens in sæcla patronis
Hic vita excessit, hic sacris conditur arvis.

— — — — — — — — — — — —

Nomina sanctorum cupiens cognoscere, lector,
Scito Severinum, Exsuperium ac Felicianum.
Auctoris nomen commendant scripta sepulchri.

*) cf. Allmer et Terrebasse, Inscriptions de Vienne II, 1, 7.

ROUEN (*Rotomagus*).

818. *Formulæ imperiales c. 26.*

(ca 820) . . . Ut terram quandam fisci nostri in eadem urbe ad amplificanda et dilatanda claustra canonicorum ecclesiæ s. Mariæ in nostra concederemus elemosina.

SALONNE (*Salona*).

819. *Karl d. Gr. Urk. für Salonne. 777. Dec. 6. M. 208.*

(Mus. des arch. dép. I, 2.)

. . . Foleradus, capellanus palacii nostri et abba s. Dyonisii, quem senodalis concilius, anno nono, ad Patris Brunna, ex promisso Angalramno episcopo et Vuilhario archyepiscopo constituerunt de res proprietatis suæ in loco qui dicitur Salona, que est constructus in honore sancta Dei genitrice et beatorum martyrum et confessorum et virginum ubi sanctus Privatus marthur et sanctus Ilarus confessor requiescere viduntur.

SENS (*Senones*).

Brullée, Hist. de l'abbaye royale de Sainte-Colombe de Sens.

820. *Chron. s. Petri Vivi a. 804.*

. . . eligitur Magnus in archiepiscopum (*Senonensem*). Iste

821—824.

ædificavit ecclesiam in hon. Salvatoris super terram s. Petri, ubi canonicorum sepulturam instituens, seipsum ibi sepelire fecit.

821. *Ebenda a. 841.*

Sanctus igitur Aldricus nondum expleto cœnobio, quod cœperat ædificare in hon. s. Remigii, migravit ad dominum, VI. Id. Oct.

822. *Ebenda a. 841.*

(*Wenilo, Eb. v. Sens*) perfecit . . . basilicam s. Remigii, apud Wallilias,*) et dedicavit eam Kal. Nov., deferens illuc ipso die corpus b. Valeriani martyris, vivente adhuc Ravilundo abbate ipsius cœnobii.

Ecclesiam vero s. Stephani, quæ erat vetustissima, renovavit idem Wenilo, pristinoque decori reformavit, quam IV. Id. Dec. dedicavit . . . . sub ipso tempore Wenilo archiepiscopus ecclesiam s. Columbæ dedicavit in hon. s. Crucis X. Kal. Aug.

*) Vareilles.

823. *Ebenda p. 471.*

Aedificavit autem ecclesiam domnus Anastasius*) in hon. s. Mariæ in sua hereditate, in villa quæ vocatur Aguriacus, collocans iuxta eam suam domum, ubi die noctuque orationibus vacabat . . . .

Basilicam s. Stephani in quantum potuit, domnus Anastasius restauravit, perficiens cancellos et medietatem illius. Totam enim illam perfecisset, nisi tam cito de hoc mundo migrasset. Basilicas autem B. Mariæ et s. Johannis restauravit.

*) unter Lothar I.

824. *Ann. s. Columbæ Senonenses. a. 853.*

XI. Kal. Aug. dedicatio basilicæ s. Columbæ et X. Kal. ipsius mensis translatio corporum ss. Columbæ virginis et Lupi confessoris et episcopi.

825—830.

825. Ebenda a. 882.

(Choinradus abb.) in stillicidio b. Columbæ ad pedes s. Lupi confessoris honorifice est sepultus.

826. Chron. s. Petri Vivi a. 882.

(Normanneneinfall.) Tunc quoque cœnobium s. Remigii, quod erat apud Vallilias, incensum est et usque ad solum dirutum.

827. Ebenda.

In illis diebus Evrardus archiepiscopus languore correptus obiit Kal. Febr. sepultusque est in bas. s. Columbæ, in oratorio s. Martini.

828. Ebenda.

(Richardus dux) . . . sepultusque est in basilica s. Columbæ, in oratorio s. Symphoriani Kal. Sept.

829. Ebenda.

(Zeit des Ansegis, Eb. von Sens.) . . . fuit autem ipsa habitatio monachorum magna, sed exigentibus peccatis hominum destructa est, dum obsiderent pagani ipsam civitatem. Erat enim in ipsa basilica *(s. Petri)* turris excelsa valde, quam capientes pagani conspiciebant ex illa omnia, quæ infra muros habebantur . . . . Christiani postea vero ipsam basilicam cum turri subverterunt, ne alia vice similiter illis eveniret. Ea igitur tempestate sanctæ ecclesiæ in hac provincia sunt destructæ, inter quas etiam basilica s. Mariæ ante civitatem mirifico opere constructa, funditus eversa est . . . . Hilduinus et Andreas duo presbyteri dolentes destructæ ecclesiæ, ædificaverunt alteram in hon. eiusdem virginis in proprio fundo ipsius basilicæ, ubi posuerunt reliquias cum s. Quiriaci capite.

830. Martyrologium sæc. X. (Paris, Bibl. Nat. fonds Libri 47.)

(Delisle, Catal. des ms. des fonds Libri et Barrois p. 47.)

Fol. 24. Richoius habuit nomen qui tillum sancti Ste-

831—833.

phani Sennensis ecclesie plantavit et fuit vicedominus ipsius ecclesie.

SOISSONS (*Noviodunum, Suessiones*).

Corblet, Notice sur le culte de St. Médard 1860. Daras et Poquet, Notice historique et archéologique de la cathedrale de Soissons 1848. Poquet, Notice sur l'abbaye royale de Notre-Dame de S. 1846. 2. éd. 1856.

831. *V. s. Medardi, episcopi Noviom. (S. VI.) Supplementum auct. anon. Suessionensis. (S. IX.) c. 16.*

Nemo sane autumet, hanc esse basilicam, quæ olim a Chludovico *(Pio)* cæsare cœpta, nuper est a Marcomannis *(Normannis)* exusta.*) Verum illa prior, a Sigeberto rege patrata, ob freqentiam populorum, . . . ad memoriam egregii martyris Sebastiani confluentium, Rodoino tunc præposito eiusdem cœnobii, Augusta præceptione cooperante semper bonæ mem. Hilduino archicapellano abbateque iam dicti monasterii,**) funditus destructa, et in maximo ambitu augustius est restaurata.

*) St. Medard in Soissons 886. **) Hilduin war von 817 an Abt von St. Medard.

832. *Translatio ss. Sebastiani et Gregorii in Suessionense monasterium s. Medardi (826). c. 43.*

(*Ludovicus Pius*) . . . calicem aureum cum patena, patris sui magni Karoli, monogrammate insignita, . . . cum oblatione sacranda eidem (*s. Sebastiano*) dicavit . . . .

Textum deinceps sacrorum evangeliorum aureis characteribus exaratum,*) laminisque metalli eiusdem absque admixtione cuiusdam materiei inclusum, thymiamateriumque 40 et 8 syclorum eiusdem speciei et vastam olei amphoram ad . . . luminaria concinnanda . . . obtulit.

*) Noch zu Mabillons Zeit in St. Medard, jetzt Par. Nat. Bibl. no. 8850.

833. *Ebenda c. 43.*

Abbatiam quoque Cluciacum,*) quæ septingentarum

834—836.

familiarum esse perhibetur, ad templi fabricam spatiandam dedit. **)

*) Choisy.   **) näml. Ludwig I. 826 für Soissons.

834. *Nithardi Historiae III, 2.*

. . . *(Karl II.)* cumque Suessonicam peteret urbem monachi de s. Medardo occurrerunt illi, deprecantes, ut corpora ss. Medardi, Sebastiani, Gregorii, Tiburcii, Petri et Marcellini, Marii, Martini, Audifax et Abacuc, Honesimi, Meresinæ et Leocadiæ, Mariani, Pelagii et Mauri, Floriani cum sex fratribus suis, Gildardi, Sereni, et domni Remigii Rotomagorum archiepiscopi in basilicam ubi nunc quiescunt, et iam tunc maxima ex parte ædificata erat, transferret. *(841)*

835. *Ann. Vedastini a. 886.*

Sicfridus *(Nordmannorum rex)* famosissimam ecclesiam b. Medardi igne cremavit, monasterium, vicos, palatia regia . . .

SOLIGNAC *(Solempniacum, Soliniacum).*

Roy-Pierrefitte, Abbaye de S. 1860. Texier, L'abbaye de S. 1865.

836. *Karl II., Urk. für Solignac. 872 Juli 18. BR. 1780.*

(Bouquet VIII, 641.)

(Ecclesiae Solempniaci) quam b. Eligeus Noviomensis episcopus iussu nostri prædecessoris, videlicet incliti Dagoberti regis, in hon. s. Dei gen. Mariæ et Apostolorum Petri et Pauli et Martyrum Dionisii atque Pancratii et s. confessorum . . . . . *) atque Medardi omniumque Sanctorum mirabiliter construxit atque adornavit . . . . . Hoc tale tantumque cœnobium, dum Deo favente . . . . fere CC et X annis religione polleret, supervenere Normanni, igne combusserunt, et funditus destruxernnt. Quam destructionem graviter ferens . . . reædificare et construere cum officinis et omni suppellectili iubeo . . . .

*) Lücke.

837—839.

STRADE *(St. Genou, Strada)*.

837. *Translatio s. Genulfi, episcopi in monasterium Stradense.*
(870.) c. 2.

(*Wifredus comes Bituricensium*). Itaque pari consilio communi-
que voto venerandæ semper cum laude nominandæ suæ coniugis Odæ placuit, ut . . . in iure suæ proprietatis, in villa
quæ dicitur Strada ecclesiam fundaret . . . Complevit anno
XV. imperii d. Ludovici serenissimi Aug. filioque eius
Pippino XIV. anno regnante, qui est ab inc. Dom. 828.
Cum vero usque ad dedicationem ecclesiæ ventum esset, eam
in hon. sanctæ semperque virginis Mariæ et omnium sanctorum dedicari constituit. Cui in die consecrationis, qui est
VII. Kal. Jul. prædia . . . delegavit.

838. *Ebenda c. 4.*

. . . ad hon. summi Salvatoris, eiusque s. genitricis et semper virginis Mariæ. ss. apostolorum et omnium
deinde sanctorum consecrare fecerunt.

TOULOUSE *(Tolosa)*.

Salvan. Hist. générale de l'église de T. 4 voll. Notice hist. sur l'insigne basilique St. Sérnin de T. Toulouse, Roux. 1879.

839. *Hrabani carm. 80.*

1. In ecclesia sancti Saturnini, in summo altare.

Hoc templum domini sacratum est nomine Christi
Cuius hic dona condita rite micant.
Præsepis domini, mensæ simul atque sepulcri
Ascensusque sui portio sacra manet.
Princeps hic Petrus pollet, Paulusque magister
Insignesque viri martyrio rutilant.
Ecce Albanus adest martyr Bonifacius atque,
Nomine pro Christi qui meruere mori.
Pontifices summi Martinus Remigiusque
Confessorque simul rite Philippus ovant.

839.

2. In dextro altare.

En comites Christi bis seno munere clari
    Aram hanc iure dicant atque piant precibus.

3. In sinistro altare.

Virgo Maria, dei genitrix, hoc ipsa dicato
    Altare, præsens atque iuvato prece.
Virgineusque chorus pariter lætatur et almus,
    Illic tecum gaudens adiuvet et meritis.
Cecilia virgo hic, Agnes et martyr Agatha
    Lucia cum Lioba et Juliana manent.

4. Ad crucem in medio ecclesiæ.

Pars crucis hic domini est, qui summus regnat in arce
    Sanguine qui fuso sæcla beavit ovans.
Hic Michael gaudet, simul et baptista Johannes
    Insignesque viri martyrio placiti.
Hic sanctus Stephanus, Fabianus cum Cyriaco
    Atque Sebastiano martyrio rutilant.
Illic Benedictus ovat, hic papa Gregorius adstat,
    Suscipiunt vota atque deo referunt.

5.

Virgo Maria dei genitrix intacta tonantis
    Cum nato hanc aulam continet atque dicat.
Petrus et Andreas fratres, hic Paulus et almus
    Scriptor evangelii atque Johannes ovat.
Hic præco insignis simul et baptista Johannes,
    Martinus præsul et Bonifacius est.
Levita hic Stephanus, Laurentius et Cyriacus
    Adsunt cum Albano atque Dionysio.

6.

Sanctus Maximinus, Germanus, Gregoriusque
    Pontifices clari hic Ferrutiusque manent.
Hic Agnes virgo pariter et martyr Agatha
    Adsistunt votis atque piis precibus.

839.

Hos inter sanctos Cosmæ simul ac Damiani,
 Quorum hodie est festum, sacra manent spolia hic
Ast tales socios, hic quorum membra quiescunt
 Nempe tenent sancti martyrio placiti.
Unde rogo, ut tantos quæratis rite patronos,
 Qui vobis placidum vultis habere deum.

7.

Hoc altare dicant comites testesque tonantis
 Ornantes meritis atque sacris precibus.
Matthæus et Simon, Thomas ac Bartholomæus,
 Cornelius, Sixtus, Sergius atque Bachus.

8.

Hanc confessores aram, castæ et mulieres
 Consecrant precibus atque bonis meritis.
Hic Augustinus, Ilieronymus Hilariusque est
 Praxis, Cecilia, Lucia et Eugenia.
Ilic Fabianus adest et hic sua pignora servat
 Antistes summus martyr et ipse sacer.
Cum quo sanctus ovat spoliaque hic alma recondit
 Vir virtute potens ipse Sebastianus.

9.

Agnes nam virgo hanc aram dedicat alma
 Agnum quæ Christum sponsa dei sequitur.
Cum qua Cecilia martyr et sancta virago
 Assistit precibus rite iuvando piis.

10.

En altare tenet hoc Marcellinus honeste,
 Cum Petro socio consecrat et meritis.
Quos pariter Christus cælestem duxit ad arcem
 Claros martyrio actibus atque bonis.
Ecce locum insignem retinet hunc martyr Agatha
 Commendatque suis ipsa piis meritis.
Lucia quem virgo, Christi et dulcissima sponsa
 Rite colit habitans adiuvat et precibus.

840.

11.

Versus isti sunt scripti in ara capellæ.

(cf. Th. II. no. 997.)

TOURS (*Turones*).

Chevalier, Les fouilles de St. Martin de Tours. Recherches sur les six basiliques successives élevées antour du tombeau de Saint-Martin. Avec 7 pl. Tours, Le Chevalier 1887.

840. *Alcuini carm. 105.*

1. Ubi libri custodiantur.

Parvula tecta tenent cælestis dona sophiæ
　　Quæ tu lector ovans, pectore disce pio.
Omnibus est gazis melior sapientia donis.
　　Quam modo qui sequitur lucis habebit iter.

2.

Semper in æternum faciat hæc clocula tantum
Carmina, sed resonet nobis bona clocca cocorum.

3.

Fratribus ex alta resonet sacra lectio sede
Exortans animos semper meditare superna.
Esuriens dapibus corpus dum pascitur illud.
Mens pia pascatur verbis cælestibus illa.
Et laus alma deo tota cantetur in aula,
Plena suis famulis dapibus qui fercula præstat.
Atque animum pariter cælesti pane libabit.

4.

Ad mensam.

(cf. Th. II. no. 913.)

5.

Hic pariter fratres domini cum laudibus intrent
Semper in ore sonat quorum laus, gloria Christo.
Hæc est sacra via, pedibus hæc pervia fratrum,
Solus amicus ovans plantis pertranseat illam.

841—843.

— — — — — — — — — — — — —
Currite vos, iuvenes, Christi properanter ad aulam
Intentisque animis voces audite supernas.

— — — — — — — — — — — —
Discite florigera sacratam ætate sophiam,
More fluentis aquæ fugiunt quia tempora semper.

841. *Alcuini carm. 108.*

1.

Hæc, tu quam cernis, præparva domuncula, lector.
Reliquias propter sacras iam condita constat.

— — — — — — — — — — — —
Jusserat Albinus vates hæc tecta parare.

2.

Venerat infelix rurensis turba timore
Quam premit opifices illis inamatus Amandus.
Quid faciunt miseri? rumpantur dorsa flagellis
Sit rea ruricolis tantum substantia salva.

3.

Albinus veniens peregrino vatis ab orbe

— — — — — — — — — — — —
Suscipit hunc Karolus huius rex inclitus orbis

— — — — — — — — — — — —
Hic diruta diu camerarum culmina iussit *)
Ut cernis lector, totam renovare per aulam.

*) Von Mabillon auf Tours bezogen. (Ann. II, 361.)

842. *Alcuini carm. 93.*

(Inscript. in quodam monasterio, forte Turonensi.)
Hic pueri discant senioris ab ore magistri
Hymnidicas laudes ut resonare queant.

843. *Ebenda carm. 94.*

Hic sedeant sacræ scribentes famina legis
Nec non sanctorum dicta sacrata patrum.

844—848.

844. *Ebenda carm. 95.*

Quisque legens versus per celsa palatia curris
Semper habeto dei nomen in ore tuo.

— — — — — — — — — — — —

Dum tu pulchra domus pedibus solaria scandes
Immemor haud esto scandere mente polum.

845. *Alcuini carm. 96.*

1. In dormiturio.

Qui vim ventorum, pelagi qui mitigat undas,
Israel qui servat, nullo qui dormiat ævo,
Fratribus hanc requiem dulcem concedat in aula,
Et quos immittit somno vis nigra timores,
Conpescat clemens domini, rogo, dextra potentis.
Quique diem statuit homini sub luce labore,
Noctibus et requiem concessit corpore fesso,
Ad laudemque suam faciat consurgere sanos.

2. In latrinio.

Luxuriam ventris, lector, cognosce vorantis,
Putrida qui sentis stercora nare tuo.
Ingluviem fugito ventris quapropter in ore:
Tempore sit certe sobria vita tibi.

846. *Ruodolfi Ann. Fuld. a. 853.*

Nordmanni per Ligerem fluvium venientes, Turo-
num Galliæ civitatem prædantur et inter alias ædes ecclesiam quoque b. Martini confessoris nomine resistente suc-
cendunt.

847. *Hugonis Floriacens. modernor. regum Francorum actus.
a. 843.*

Ipsum tamen s. Martini monasterium quod iusta urbem
(*Turonicam*) erat, concrematur (*von den Dänen*).

848. *Ebenda a. 912.*

Ipso proinde anno corpus b. Martini ab Altisidoro

849—851.

ad Turonicam relatum est urbem. Cuius ecclesiam nuper concrematam optimates urbis reædificaverunt, et ne leviter amplius ab hostibus opprimeretur, muro cinxerunt.

TROYES (*Tricassae*).

849. *Martyrologium Adonis ad diem 17. Kal. Nov.*

Apud urbem Trecassem in Cœnobio Cella domni Bovini vocato, dedicatio ecclesiæ bb. Petri et Pauli atque Andreæ apostolorum, cum hinc inde consecratis a sinistris quidem b. ac gloriose semperque virginis Mariæ, a dextris vero s. virginis et martyris Anastasiæ, pariterque cum superioribus cryptis . . . . (*Aldehingus abb.*) omnem locum intus forisque inmelioravit, insuper et cœnobium ampliavit, cuncta denique officina construxit et honestissime præparavit. Aedificavit etiam basilicam perpulcram, quam a parte Occidentis cryptis infra supraque mirifice auxit. Annum siquidem inc. Christi 850 vocatus ab eodem Aldehingo venerabili abbate præsul urbis Trecatensis Prudentius . . . . . eamdem basilicam dedicavit, octo in ea sanctificans altaria per dies octo.

VERBERIE (*Vermeria*).

850. *Karoli M. Cap. Aquisgran. 808. c. 9.*

De operibus palatii apud Vermeriæ.

VEZELAY (*Vizeliacus*).

851. *Hugo Pictavinus notarius, Hist. Vizeliacensis mon. I, 1.*

. . . Incipit instrumentum seu testamentum Gerardi comitis, fundatoris monasteriorum, videlicet Vultariensis et Vizeliacensis . . . . (846.)

Ego igitur Gerardus et coniux simul gratissima . . . . construximus monasterium et habitaculum servorum Dei apto competentique loco . . . . . in hon. Domini nostri Jesu Christi, et veneratione beatissimorum apostolorum Petri et Pauli, super amnem Sequanæ præter fluentis, in agro respiciente ad villam, quam ex antiquo Vultarias nominant . . .

852—854.

Pari etiam ordine fundavimus aliud· monasterium . . . .
ut habitaculum ancillarum Dei sub districtione regulari et
institutione b. Benedicti viventium, ibidem fieret in hon.
Domini nostri Jesu Christi, in loco vel agro qui dicitur Vizeliacus . . .

852. *Karl II., Urk. für Vezelay. 868 ian. 7. BR. 1746.*

(*Bouquet VIII, 608.*)

Gerardus illuster comes . . . . innotuit qualiter . . . .
una cum assensu nobilissimæ coniugis suæ Berthæ de rebus
suæ proprietatis intra regnum nostrum Burgundiæ in pago
Avalensi, in parrochia Augustudunensis civitatis in
loco qui dicitur Virziliacus quoddam monasterium construxerit et in hon. s. Dei genitricis Mariæ dedicari fecerit
atque sanctimoniales monachas . . . instituerit . . .

VIENNE (*Vienna*).

853. *Miracula s. Bernardi, archiepiscopi Viennens. c. 1.*

Si quis ergo voluerit scire virtutum illic gestarum copiam, vera inde excipere poterit iudicia, quod arca, qua sacratissimum eius corpus continetur, auro argentoque decenter
ornata, ex oblationum abundantia, quas illi fidelium detulit
manus devota, fabrili opere hactenus contexta cernitur, quod
et aureæ testantur cruces, necnon et candelabra auro argentoque decora.

854. *De s. Adone, episcopi Viennensi († 875) elogium histori-
cum. Ex Breviario Viennensi c. 17.*

(*Mab. A. SS. VI, 278.*)

Cuius tam salubri tamque sancto studio in introitu s. matris ecclesiæ, in hon. Salvatoris constructæ, domunculam
quandam instar sepulcri dominici construi fecit; ante cuius
etiam ostiolum altare ex lapidibus concavum, ad nomen
Mariæ peccatricis, Petri quoque negatoris, latronisque
confessoris sollemniter consecravit . . .

855—858.

855. *Bernwin, Erzbischof von Vienne,**) *Urk. für S. Blandina zu Vienne.*

(*D'Achéry, Spicil. tom. XII, 136.*)

. . . adiit nostram præsentiam quidam ven. presbyter et abbas, R a t b e r t u s nomine, pro quadam ecclesia, quæ est in hon. s. B l a n d i n æ mart. dedicata, atque in monte Q u i - r i a c o sita; quatenus ei licentiam daremus, uti de suo pro- prio . . . illam reædificaret; siquidem pene distructa et an- nihilata, tam pro vetustate, quam et pro obsidione civitatis, decorem et honorem domus Dei amiserat.

*) Über B. (der um 887 lebte) vgl. Traube, Karoling. Dichtungen. (Schr. zur german. Philol. Berl. 1888.) S, 51 ff.

856. *Bernowini carm. 6.*

Hoc construxit opus, lector, quod cernis, honestum
  B e r ñ o w i n u s ovans ductus amore dei.
Ill. necnon magni pro patris amore
  Corpore qui sancto pausat in arce domus.

— — — — — — — — — — —

Vos fratres veniæ petitores, obsecro vobis
  Poscite factori dona superna domus.

857. *Ebenda carm. 7.*

Hanc tibi constitui, ill. magne sacerdos
  Quæ nitet hic domini . . .*) culara domus
B e r n o w i n u s ego, sanctorum parvus amator.
*) Lücke.

858. *Ebenda carm. 27.*

E p h y t a p h y u m [A u d a c i s].

— — — — — — — — — — —

Edibus ille locum hunc positis templumque sacravit
  Et vicum fecit urbis habere decus
Quem æterno dominus diligens custodit amore
  Ac meritis pariter requiise quet septenis.

— — — — — — — — — — —

859—863.

Audax est igitur non falso nomine dictus
Namque petit cælum, altaque regna tenet.

859. *Ebenda carm.* 28.

2.

Versus in calice et patena.

Bernwinus humilis sua reddidit vota tonanti
Hoc corpus humilis præstat vitam beatam.

ST. WANDRILLE (*Fontanella*).

Über dieses Kloster (bei Rouen gelegen) vgl. Langlois, Essai histor. et descript. sur l'abb. de Fontenelle 1827, ferner meine Abendländ. Klosteranlage des fr. M. A. S. 29 ff. Dazu die Reconstruction auf Tafel 1.

860. *Gesta abb. Fontanell. c. 13.*

(*Wando 742—747, † 756*) . . . ædificavit basilicam in hon. ipsius confessoris Christi (*Servatii*) iuxta æcclesiam b. principis apostolorum Petri ad meridianam eiusdem æcclesiæ plagam. In qua solarium condidit, ita ut per gradus sursum ascenderetur; collocavitque ibi altare unum, in quo de reliquiis prædicti confessoris Christi posuit.

861. *Ebenda.*

. . . a. dom. inc. 754.*) . . . æcclesia b. Petri per culpam incuriæ igne cremata est; hæc autem b. Servatii basilica contigua erat illi . . . In eadem tamque basilica, sicuti dixerat, orationi insistens remansit (Wando), exustaque s. Petri æcclesia, hæc inlesa permansit.

*) richtig 756.

862. *Ebenda.*

. . . sepultusque est in æcclesia b. Petri iuxta b. Christi confessores, in absida eiusdem basilicæ ad meridianam plagam.

863. *Ebenda c. 14.*

(*unter Austrulf 747—753*) . . . vas quoddam ad instar parvi fari in medio maris iuxta locum qui vocatur Portus-Ballii*) super aquas ferri visum est, sicque paulatim appropinquando

864.

in ipso emporio constitit. . . . inspiciunt in latere eiusdem turriculæ hostiolum sera firmatum. Quod reseratum introspicientes, reppererunt codicem pulcherrimum, quattuor evangelia continentem, R o m a n a littera optime scriptum, membranis mundissimis honestaque forma confectum, iuxta quem inveniunt et capsam. *(Inhalt: maxilla b. Georgii, lignum crucis etc.)* Quod in eadem capsa litteris singillatim declaratum erat . . . . Turriculæ autem illius formam, in qua hæedem reliquiæ conditæ erant, quia vidi, etiam descripsi. Est autem formæ quadratæ, ex quattuor videlicet angulis ab imo assurgens, et ita opus omne paulatim minuendo in latitudine in summo angustum redditur, ut piramidam reddat in altitudine uniusque mali parvi conclusione solidetur. Habet quoque in medio sui solariolum, in quo codex ille evangelicus cum capsa illa servabatur, cui desuper aptum est laquear. Eminet in altitudine pedum circiter octo, in latitudine plus minusve trium. De qua vero parte aut loco aut qualiter in ipsum pagum pervenerit, ab universis incolis eiusdem loci usque ad præsens incertum habetur.

(Beschreibung der Auffindung des Hauptes des h. Georg, nach dem L. pont. V. Zachariae.) Unde remur, aliquos ven. viros aut de B r i t a n n i a, id est gente A n g l o r u m, qui maxime familiares apostolicæ sedi semper existunt, aut de G e r m a n i a vel de quacunque provintia, ad quam intrandam mare transeundum est, tunc temporis in R o m a n a affuisse urbe, præfatasque reliquias ab ipso pontifice acceptas, dum domum redire vellent, in mari correptos naufragio aut qualicunque discrimine, sicque ipsa pignera amisisse, nutuque Dei in idem territorium advecta fore . . . . Nam eodem tempore, quo advectæ sunt tempore, et Z a c h a r i a s apostolicus et P i p p i n u s princeps et R i h w i n u s comes *(des pagus Coriovallinsis, wo die Reliquien gefunden wurden)* extiterat; ideo nulla de hoc est dubitatio. Nam et codicem illum evangelicum, ut scriptura idem insinuat, in R o m u l e a urbe scriptum constat. **)

*) Portbail gegenüber Jersey. **) Beiträge S. 40.

864. *Ebenda c. 15.*

(Wido 753—787.) Sub huius tempore, i. e. anno 4.º regi-

865—869.

minis sui et Pippini regis 5° *(756)*, b. Petri æcclesia igne succensa est; quam ipse cum adiutorio regali in maiori eligantia reparavit sublimiorique fabrica decoravit.

865. *Ebenda c. 15.*

(Wido 753—787.) Hic etiam æcclesiæ ditionibus dimisit capsam euangeliorum paratam, quam ipse fabricari iusserat cum auro et argento ac gemmis 1, calicem argenteum deauratum 1, urceos Alexandrinos cum aquamanilibus duos, cornu fabricatum 1, pulvillos sericos sub euangelium ponendos 3, turibula argentea 2, hanappos argenteos deauratos 2, dalmaticam 1, casulas sericas 5, tabulas fabricatas ante altaria 8, pallia 3, pallas corporalium 5, antiphonarium Turonensis *(ecclesiae scil.)* 1, libellum de miraculis s. Andreæ apostoli 1.

866. *Ebenda c. 16.*

(Gervoldus 787—806.) Hic dedit in æcclesiam b. Petri cruciculam auream 1, inaures 6, fibulam 1, anulum aureum 1, bismonem 1, cruciculam cum auro et argento 1, calices argenteos 3 cum patenis eorum, offertoria 2 cum patenis eorum, turibulum argenteum 1, buticulam argenteam 1, fialas argenteas 2, coclearia argentea 2, situlam de auricalco 1, planetas casulas 14, dalmaticas maiores 2, minorem 1, pallia diversa 12, sagiam 1, fanones 2, albas 28, amictus 20, lintea 40, villosa 12.

867. *Ebenda c. 16.*

(Harduinus, presbyter unter Gervold 787—806). dedit etiam calicem argenteum cum patena, turibulum argenteum 1 in ministerio æcclesiæ, quæ ipse ad sacrificium Deo offerendum secum habuit, quandiu remotiorem vitam duxit.

868. *Ebenda c. 15.*

(Wido † 787) sepultus autem in æcclesia b. apostoli Petri subtus arcum introitus absidæ est.

869. *Ebenda c. 16.*

(Gervoldus 787—806) basilicam s. apostoli Petri plumbo

870.

cooperuit, similiter s. Michaelis archangeli; caminatam fratrum a fundamentis ædificavit, domum etiam infirmantium fratrum emendare studuit. Coquinam fratrum iam pene dirutam in maiori eligantia reparavit, sacrarium ecclesiæ a fundamentis ædificavit. Scolam in eodem cœnobio esse instituit, quoniam pene omnes ignaros invenit litterarum.

870. *Ebenda c. 17.*

(*Ansegis 807—833*) Aedificia autem publica et privata ab ipso cœpta et consummata hæc sunt. In primis d o r m i t o r i u m fratrum nobilissimum construi fecit longitudinis pedum 208, latitudinis vero 27. porro omnis eius fabrica porrigitur in altitudine p. 64; cuius muri de calce fortissima ac viscosa arenaque rufa et fossili lapideque tofoso ac probato constructi sunt. Habet quoque solarium in medio sui, pavimento optimo decoratum, cui desuper est laquear nobilissimis picturis ornatum: continentur in ipsa domo desuper fenestræ vitreæ, cunctaque eius fabrica excepta maceria de materia quercuum durabilium condita est, tegulæque ipsius universæ clavis ferreis desuper affixæ; [habet sursum trabes et deorsum]. Post quod ædificavit aliam domum, quæ vocatur refectorium, quam ita per medium maceria ad hoc constructa dividere fecit, ut una pars refectorii, altera foret cellarii, de eadem videlicet materia similique mensura sicut et dormitorium; quam variis picturis decorari in maceria et in laqueari fecit a M a d a l u l f o, egregio pictore C a m e r a c e n s i s ecclesiæ. Tertiam nempe domum egregiam construi fecit, quam maiorem vocant, quæ ad orientem versa, ab una fronte contingit dormitorium, ab altera adheret refectorio, ubi cameram et caminatam necnon et alia plurima ædificari mandavit; sed interveniente morte eiusdem, hoc opus ex parte imperfectum remansit. Hæc tria egregia tecta ita constituta sunt: dormitorium videlicet ab una fronte versum est plagæ septentrionali, ab altera australi, et adheret ab ea basilicæ s. P e t r i; refectorium similiter versum est eisdem plagis et est fere contiguum a parte meridiana absidæ basilicæ s. P e t r i; porro illa maior domus sicut supra diximus constituta est.

870.

Aecclesia autem s. Petri*) a parte meridiana sita est, versa tamen ad orientem; ipsam etiam a parte occidentali 30 pedum in longitudine ac totidem in latitudine accrevit, constructo desuper cœnaculo, quam in hon. domini dei ac salvatoris nostri Jesu Christi dedicandam fore præoptabat; sed et ipsum opus propter mortem eius tam citam imperfectum remansit. In eadem autem s. Petri basilica piramidam quadrangulam altitudinis 35 ped., de ligno tornatili compositam, in culmine turris eiusdem æcclesiæ collocari iussit; quam plumbo, stagno ac cupro deaurato cooperiri iussit, triaque ibidem signa posuit; nam antea nimis humile hoc opus erat, [Ipsam namque turrim simulque absidam tegulis plumbeis a novo cooperiri iussit.] Jussit præterea aliam condere domum iuxta absidam basilicæ s. Petri ad plagam septentrionalem, quam conventus sive curia, quæ grece beleuterion dicitur, appellari placuit, propter quod in ea consilium de qualibet re perquirentes convenire fratres soliti sint; ibi nanque in pulpito lectio cotidie divina recitatur, ibi quicquid regularis auctoritas agendum suadet, deliberatur; in qua etiam monumentum nominis sui collocare iussit, ut, dum vitæ præsentis terminum daret, illic a suis deponeretur. [Item ante dormitorium, refectorium et domum illam quam maiorem nominavimus, porticus honestas cum diversis pogiis ædificari iussit, quibus trabes imposuit ac iuxta mensuram eorumdem tectorum in longum extendit; in medio autem porticus, quæ ante dormitorium sita videtur, domum cartarum constituit.] Domum vero, qua librorum copia conservaretur [quæ græce pyrgiscos dicitur] ante refectorium collocavit, cuius tegulas ferreis clavis configere iussit.

*) Schnaase (G. d. b. K. III, 539) meinte in Erinnerung daran, dass Ansegis Bauleiter in Aachen gewesen ist, eine ähnliche Anlage auch für St. Wandrille annehmen zu können. Dehio dagegen (Bauk. I, 192) denkt an eine Verwandtschaft mit S. Ambrogio zu Mailand. Es liegt hier aber ein Irrthum vor. In St. Peter, welche Kirche (erbaut schon von Wandregisil, erneuert nach einem Brand von Wido) Ansegis nur erweiterte, befand sich wohl ein dem Erlöser geweihtes »Cœnaculum,« die Kirche war aber ein Langhau mit einer quadratischen zweistöckigen Vorhalle; die St. Servatiuskirche aber besaß wohl eine Empore (solarium, nach Art der späteren Doppelkirchen?); diese ist aber gar nicht von Ansegis, sondern von dem viel älteren Abt Wando (742

871.

bis 747). Gesta abb. Font. c. 7. (Wandregisil s. VI.) ædificavit ergo in eodem loco basilicam in nomine beatissimi principis apostolorum P e t r i, quadrifido opere, CCXC pedum habentem in longitudine, porro in latitudine (C)XXXVII.

871. *Ebenda c. 17.*

(*Ansegis 822—833.*) In hoc igitur F o n t a n e l l e n s i cœnobio hæc munera contulit: calicem aureum mirifice factum, 2 hinc inde habentem ansulas, gemmis pretiosis decoratum, qui pensat libram; alterum argenteum anaglifico opere factum operis mirandi cum patena sua argentea; offertorium argenteum eiusdem calicis habens effigiem mirifici operis; alia offertoria argentea cum patenis argenteis earumdem; coronam maiorem argenteam cum lampada sua argentea optimam 1, item lampadam argenteam 1; turibulum argenteum optimum 1, candelabra argentea 3, habentia solidos 90, i. e. unumquodque 30: sigilla aurea mirifica cum preciosis lapidibus numero 2; urceum argenteum cum aquamanili optimum 1; cuppas vitreas auro ornatas 2; eburneam 1 mirifice factam; busticas eburneas 2; hanappum vitreum optimum 1. IV. evangelia in membrano purpureo ex auro scribere iussit R o m a n a littera; ex quibus M a t h e i, J o h a n n i s et L u c æ complevit, sed, interveniente morte eiusdem, reliquum imperfectum remansit. Lectionarium etiam in membrano purpureo similiter scribere iussit decoratum tabulis eburneis; antiphonarium similiter in membrano purpureo argenteis scriptum litteris ornatumque tabulis eburneis. Portionem magnam ligni salutiferæ crucis domini dei ac s a l v a t o r i s nostri Jesu Christi inclusam auro, quod rotundo scemate formatum erat, eiusque in medio cristallum positum, ita ut figura s. c r u c i s intuentibus intus appareret. Quod postea, præpedientibus peccatis sive alio quolibet casu, de frontispicio lecti protectoris nostri b. W a n d r e g i s i l i fures sustulerunt, perforata maceria basilicæ s. P e t r i . . . . . De palliis vero: pallia quæ dicuntur fundata 3, stauracia 2, stragulum H i s p a n i c u m 1, tapetia 4, dalmaticas ministrorum ministerio aptas numero 6., roccum subdiaconilem 1, coccum 1, tunicam sacerdotalem I n d i c i coloris cum vestimento integro 1, planetas casulas 4, casulas item ex cindato I n d i c i coloris numero 3, viridis coloris item ex cindato num. 3, item rubei

sive sanguinei coloris cindatum 1, blatteam item casulam 1.
De cappis vero: cappas R o m a n a s 2, 1 videlicet ex rubeo
cindato et fimbriis viridibus in circuitu ornatam, alteram ex
cane P o n t i c o, quem vulgus bevurum *(bieber)* nuncupat, similiter fimbriis sui coloris decoratam in orbe; linteum optimum
1; facistergium optimum 1; fanones optimos 2, unum auro
decoratum, alterum stauratio; item de cindato 2: pulvinaria
serica, evangelicis officiis apta, maiora 2, minus 1; cingula
R o m a n o opere facta, auro decorata 2: mappulas 2; stolas
2. De libris vero: bibliotecam optimam, continentem vetus ac
novum testamentum cum præfationibus ac initiis librorum
aureis litteris decoratis.

872. *Ebenda c. 17.*

(*Ansegis † 833)* tumulatus extra basilicam s. P e t r i ad
aquilonalem plagam, in porticu, in qua fratres conventum
celebrare soliti sunt ac consultis Deo dignis aures acco-
modare.

C. BAUTEN UNSICHERER LOCALISIRUNG.

873. *Alcuini carm. 90.*

1.

Hæc tibi sancta domus sancta est, sanctissima virgo
Virgo M a r i a dei ac genitrix intacta tonantis.

2.

Hæc quoque mensa tuo sacrata est nomine, v i r g o
Tu regina poli, campi flos, lilia mundi,
Hortus conclusus, vitæ fons, vena salutis.

3.

Hoc altare tibi constat, M a r t i n e, dicatum
Confessor meritis magnus in orbe piis.

873.

4.

O baptista potens tinxisti in Jordane Christum,
Hic precibus lava crimina nostra tuis.

5.

Hac pius Anianus sacra memoratur in ara
Confessor Christi sanctus in ore sui.

6.

Hæc est aula quidem sancti veneranda Medardi.
Haud minus altare hoc illius esse liquet.
Hac quicumque fide veniat sua crimina flere
Ob meritum sancti hic accipiat veniam.

7.

Hac duo præclari patres venerantur in ara
Quintinus siquidem, sanctus Dionysius atque:
Hic confessor erat Christi, sed martyr et ille,
Ad dominum prosit quorum intercessio nobis.

8.

Salvius hanc aram, magnus quoque sanctus Amandus
Amplectuntur enim mentibus ambo piis.

— — — — — — — — — — — — —

9.

Victor ab hoste redit, divino munere clarus
Cum legione sacra victor ab hoste redit.
Prælia pace dei Mauricius ardua vicit
Exsuperans mundi prælia pace dei.
Hæc domus ecce, suo titulata est nomine sancta,
Fulgent et meritis hæc domus, ecce, suis;
Cuius honore sacrum et micat hoc altare dicatum,
Gaudeat et populus cuius honore sacro.

10.

Ara dicata tibi micat hæc, baptista Johannes
Laudibus hanc signis semper memor esto colendam.
Qui dominum sacris meruisti tingere in undis,
O felix, precibus nostras hic abluc culpas.

873.

11.

Hoc defende tuis precibus, Martine, sacellum,
Sancte, piis — — — — — — — — —. —

12.

Hæc æterna micat Stephano protomartyre magno
Qui veniam indignis venia lapidantibus illum
Deposcit; Christi sacra est exempla secutus.
Adiuvat ecce suis precibus plus martyr amicos.

13.

Petrus apostolico conservet nomine semper
    Præclarus princeps tecta sacrata sibi.
Qui clavem cæli manibus deportat honestis
    Clementem nobis pandat ad astra viam.

14.

Hanc regat omnipotens Michael archangelus aram
    Per quem victus erat perfidus ille draco,
Et procul eiectus celso de culmine cæli,
    Qui culpare cupit semper in ore pios.
Jungitur huic Gabriel socius venerabilis aræ,
    Qui virtute pia fulget in arce poli.
Cuius ab ore sacro mundi generare salutem
    Didicit æternam virgo Maria deum.
Additur his Raphael, oculos qui forte Tobiae
    Sanavit, natum duxit et ille suum.
Hos tres hic precibus nostris adstare precamur,
    Audiat ut famulos Christus ab arce suos.

15.

Hanc baptista potens meritis tutabitur aram
    Qui dominum Christum tinxit in amne sacro.
Hic electus erat matris de ventre tonantis
    Vox verbi et nostræ præco salutis erat.
Hic fuit egregius Christi paranymphus in orbe
    — — — — — — — — — — — — —*)

---

*) Lücke.

873.

Iste dei digitis agnum monstravit adesse,
Sanguine qui mundi crimina cuncta tulit.

16.

Quem nec flamma vorax vicit, Laurentius, aram
Sanguine conservet hanc, rogo, martyrii
Iste dei Christi mandata implevit amore
Pauperibus tribuens quidquid habebat inops.
Divitias secli contempsit habere caducas,
Perpetuas Christi ut possit habere polo.

17.

Hoc altare pius servet Quintinus ab hoste
Sanguine qui sacro regna beata petit,
Huic quoque iunguntur laicorum turba piorum
Qui petiere polum sanguine martyris.

18.

Hæc loca Mauritius meritis vivacibus ornet
Egregius martyr cum legione sua,
Quorum mira fides animi et constantia mira
Commeruit laudes semper in orbe pias.

19.

Pontificalis apex servet Dionysius aram
Hanc, rogo, cum sociis martyribusque aliis.
Quorum scriba tenet cælesti in arce libellos
Ante dei faciem nomine perpetuo.

20.

Confessor fidei meritis et nomine clarus
Germanus præsul, pastor et ipse pius,
Cui confessorum hac iungitur agmen in ara,
Nos precibus quorum servet ubique deus.

21.

Hac sacratus honor Martini fulget in ara
Quem colit Europa, quem simul orbis amat.
Agmina sacra cui magno iunguntur honore
Sanctorum pariter per pia vota fidei.

874.

22.

Hanc pater egregius doctorque R e m e d i u s aram
  Cum s o c i i s vitæ servat ubique suis.
Quos pia cura simul mensa satiavit in ista,
  Qui erexit illam, quique dicavit eam.

23.

Hæc, B e n e d i c t e, tibi, pius abba, dux monachorum
  Confessor vester, tecta dicata manent

— — — — — — — — — — — — — —

Hæc quibus*) aula patet nocturno tempore semper,
  Hic orare docet, fundere et hic lacrimas.

— — — — — — — — — — — — — —

*) sc. fratribus.

24.

Potius H i e r o n y m u s doctor mirabilis orbis
  Cum s o c i i s q u e suis hæc loca sancta tenet.
. Nomina quisque legas titulis perscripta piorum,
  Hos, rogita, precibus pronus adesse tuis.

25.

G r e g o r i u s doctor, pastor, patriarcha, sacerdos
  R o m a n a quondam præsul in urbe pius:
Hic, precor, ore ferat fratrum pia vota tonanti,
  Cum patribus, quorum hic nomina scripta vides.

26.

Qui cæli cupiet portas intrare patentes
  Sæpius hanc pedibus intret et ipse suis.
Hæc est perpetuæ venientis porta salutis
  Hoc est lucis iter et via iam veniæ.

874. *Alcuini carm. 91.*

I.

Qui regit imperio pelagum terramque polumque
Hanc regat ipse suis donis cælestibus aulam
In qua cultus, honor, laudes et gloria C h r i s t i
Semper in æternum maneat pietatis amore.

875—876.

4. *)

Hic precibus nostris M i c h a e l archangelus adsit
Magnum in arce poli princeps, Christique minister
Adiuvet ille preces sanctorum semper ubique
Ille suis precibus nos hic conservet ab hoste,
Invigilare dei faciet et laudibus istic.

*) no. 2. und 3. enthalten Aufforderungen an die Mönche und Novizen,
die Vigilien fleißig zu feiern.

875. *Ebenda 106, 1.*

(I n s c r. i n m o n a s t e r i o q u o d a m.)

1.

Præcursor domini magnus baptista J o h a n n e s
Hanc ornat sanctam meritis sublimibus aulam.

2.

S a l v i u s hic præsul meritis et martyr honestus
Præsenti sacris votis . . . memoratur in ara.

3.

Hæc loca sanctificet venerandus B a v o sacerdos
Discipulus vita patris condignus A m a n d i.

876. *Ebenda 110.*

1.

Hanc pius A n d r e a s meritis tutabitur aram
Et levita simul victor L a u r e n t i u s ignis.
Tertius H i p p o l y t u s, gladio qui colla subegit
Qui sua concedant, precor, ut suffragia nobis.

2.

Hanc aram P a u l u s meritis vivacibus ornet,
S i l v e s t e r q u e simul R o m a n æ gloria gentis,
Eloquio prudens clarissimus et L e o papa
Qui nobis faveant regni cælestis ab arce.

876.

3.

Filius hac Zebedei Jacobus congaudet in ara
Namque Dionysio sociis simul illius almis .
Gregorio, fuerat Roma qui doctor in urbe.

— — — — — — — — — — — — —

4.

Hic regina, dei genitrix, pia virgo Maria
Hic quoque virgo sacra tecum veneratur Agathe
Nomine magnifico vobis adeste precantum.
Et Petronilla, patris præclari filia Petri;
Sulpitius præsul præclarus in urbe Biturca,
Tuque Leutgarius martyr simul atque sacerdos,
Presbyter egregius necnon Gislarius urnam
Defendat precibus semper præsentibus istam.

5.

Hoc altare tenet Christi simmista Johannes,
Presbyter Hieronymus doctor clarissimus orbis
Mauritiusque simul martyr mirabilis ille.

— — — — — — — — — — — — —

6.

Hic Thomas colitur, tetigit qui vulnera Christi
Urbis et Anianus præsul pius Aurelianæ
Miles et ecclesiæ simul Athanasius almus.

— — — — — — — — — — — — —

7.

Hac domini frater Jacobus veneratur in ara,
Et Christi pariter præsul Germanus amatus
Tertius est iunctus Vedastus episcopus almus.

— — — — — — — — — — — — —

8.

Tres patres summi meritorum pondere magno
Hæc tenet ara simul: Hrodberctum nomine clarum,
Pontificem clarum Lambertum nomine dictum,
Jungitur Ansfridus istic et tertius almus.

876.

9.

Discipulum Christi teneat hæc ara Philippum
Necnon Marcellum sanctum simul atque Medardum.

— — — — — — — — — — — —

10.

Qui ad lucem fidei nigros converterat Indos
Bartholomæus habet præsens hoc apostolus altar.
Martyrio fratres, necnonque parentibus, illi
Gervasius illic atque Protasius almus.

11.

Scriptor evangelicus servet hanc Matheus aram
Cornelius præsul Romana et martyrio urbe,
Et decus Afrorum Cyprianus, martyr et ille,
Ante pedes quorum lacrimas spei fundite, fratres.

12.

Hanc Jacobi frater, hanc Simon apostolus aram
Exornat, meritis et præsul Hilarius almus.
Remediusque simul Francorum doctor amatus.

— — — — — — — — — — — —

13.

Thaddeus egregius doctor Simonque minister
Presbyter et vero dictus cognomine Felix,
Et Samson fidei decus præfatis honestæ.
Hanc aram pariter meritis et tecta tuentur.

14.

Prælia qui mundi vicerunt pace tonantis,
Martyres et magni mensa iunguntur in ista:
Doctor Apollinaris martyrque Gregorius almus
Romanæque puer . . . . Pancratius urbis.

15.

Patricius, Cheranus, Scottorum gloria gentis,
Atque Columbanus, Congallus, Adomnanus
atque,

877.

Præclari patres, morum vitæque magistri,
Hic precibus pietas horum nos adiuvet omnes.

16.

Virginibus sacris præsens hæc ara dicata est,
Quarum clara fuit Scottorum vita per urbes.
Brigida femina sancta, simul Christo Ita fidelis:

── ── ── ── . ── ── ── ── ── ── ── ──

17.
(cf. Th. II. no. 969.)

18.

Hic fessus veniens primo subsiste viator,
Et regem cæli mox corpore pronus adora.
Auxiliumque isti sanctorum adsiste precando,
Ut te suscipiant gremio pietatis in urbe.
Virgo dei genitrix clemens et sancta benigna,
Michael, ante deum cæli qui adsistit in arce,
Levita Stephanus, magnus protomartyr in orbe,
Qui te maioris ducant ad limina templi,
Et tua vota ferant tecum, pete, semper ubique,
Prospere te ducant, reducant et prospere portis.
Tuque viator ovans, Christum laudare memento,
Ut te conservet pergentem Christus ubique.

877. *Alcuini carm. 114.*

1.
(cf. Th. II. no. 993.)

2.

Ante thronum æterni felix qui regis in ævum
    Michael, summa in arce minister ades;
Aligerosque inter socios per secla manentis
    Luminis et pacis regna beata canis.
Protege, quam terris tibi iure dicavimus aulam,
    Optantes precibus scandere ad astra tuis.
Igneaque infesti noceant ne tela draconis,
    Cortinam infirmis pande benignus opem,

878—879.

Quatenus expleto belli præsentis agone,
Ad palmam vitæ nos tua dextra levet.

3.

Hic solidata fides, hic est tibi, R o m a, catenis
S i m p l i c i o nunc ipse dedit sacra iura tenere.
Libera semper eris: quid enim non vincula præstent,
Quæ tetigit, qui cuncta potest absolvere? cuius
Hæc invicta manus vel relligiosa triumpho
Mœnia non ullo penitus quatientur ab hoste.
Claudit iter bellis, qui portam pandit in astris.

4.

Omnipotens genitor, cunctis qui gentibus almum
    Egregio P a u l i fundis ab ore iubar,
Illius nobis precibus da gaudia, regna.
    Nos cuius monitis poscere celsa iubes.

5.

Qui cruce munitus superas fera prælia mundi,
    Felicesque trahis victor ad astra choros,
Serva, P a u l e, tui veneranda sacraria templi,
    Ne latro depopulans vastet ovile tuum.

6.
(cf. Th. II. no. 970.)

878. *Theodulfi carm. 59.*

In X e n o d o c h i o.

En patet ista domus mediocri exacta paratu
Utcumque humanis usibus apta tamen

— — — — — — — — — — — — — —

Qui petis has sedes, T e u d u l f i quæso memento
    Hæc qui construxit tecta favente deo.

879. *Ebenda carm. 61.*

In f r o n t e d o m u s.

Qui R o m a m R o m a, T u r o n u m T u r o n o v e catervas

880—882.

Ire redire cupis cernere, scande, vide.
Hinc sata spectabis, vites et claustra ferarum
Flumina, prata, vias, pomiferumque nemus
Hæc dum conspicies, dum plurima grata videbis
Auctoris horum sis memor ipse dei.

880. *Einharti ep. 70.*

(*V. und Gl. an M.*) . . . referimus grates, quod, nostræ petitioni assensum (præb)entes, ad effectum perduxistis de capella in villa Lensi constituta. . . . Attamen ipse locus valde va(status) est, ita ut nullum omnino tegumen tectorum inibi remanserit, quod (non vend)itum alienatum vastatumque sit, excepta basilica, quæ etiam ex parte (corruit). Nos autem . . . hoc fixum in animo habuimus, ut q(uæcumque) præsenti anno adquirere possemus, ad restaurationem eiusdem lo(ci basilicæ) expenderemus.

881. *Hrabani carm. 51.*

Exhortatio fratrum ad orationem.

Currite vos, fratres, ad cæli culmina prompti,
   Christus in arce sedens præmia magna parat
Sanctus Anastasius promittit gaudia vera
   Quæ vobis Christus rex pius ipse dabit.
Nos quoque vobiscum, quo gaudia prenditis alma
   Poscimus hinc rapide; ecce valete simul.

Si tu, lector, amas custodem noscere templi,
   Accubitor domini ipse Johannes adest.
Hic frater domini Jacobus, hoc virgo Maria
   Martyr et antistes hic Bonifacius est.
Clemens clementer, Pancratius et Julianus
   Excipiunt vota hic atque deo referunt.

882. *Ebenda carm. 55.*

Tituli et Inscriptiones ecclesiæ N. ab Otgario et Hrabano reliquiis et aliis ornamentis instructæ.

1. Versus in tumulo s. Sergii.

Martyribus sanctis honor extat maximus orbe

883.

Nomine pro Christi qui meruere mori.
Excellens inter quos gaudet Sergius almus
  Qui cum fratre Bacho supplicia arcta luit.
Romulea ex urbe hos præsul Otgarius*) ambos
  Advexit, tantum Sergium et hic posuit.

2.

Hanc thecam tibimet, Sergi, sanctissime martyr
  Hrabanus fecit, servulus ipse dei
Ex parvo sumptu, devoto sed tamen actu.

— — — --- — — — -- — — --- — —

3. Super confessionem ipsius sepulchri.
Quisquis dona velit rite impetrari tonantis
  Supplex poscat opem hic martyrum et auxilium.
4. Super ciborio altaris s. Martini hi versus sunt conscripti:
  Otgarius cœpit, Hrabanus rite peregit
  Ciborii hanc aram, Christi tui famuli.

— — — — -- — — — — — — — —

*) von Mainz 825—847.

883. *Ebenda carm. 75.*

In alia ecclesia isti versus.

1. In primo altare.

Hanc ædem sacram Michael archangelus ornat,
  Protegit et servat, adiuvat atque piat.
Hic Leo papa manet, hic Marcellinus et almus,
  Praxis et Eugenia hic aderunt precibus.

2. In secundo altare.

Ecce Dionysius, martyr Laurentius atque
  Vitus et Albanus hunc titulum retinent.
Hunc ornat meritis martyr Bonifacius almus.
  Cum precibus sacris huncque Sebastianus.

3. In tertio altare.

Quattuor ergo viri scriptores rite probati
  Sancti evangelii hæc loca sancta tenent.

884.

884. *Ebenda carm. 50.*

1.

Qui regit imperium mundi, qui continet astra
    Hanc aulam adventu dedicat ipse suo.
Cum quo baptista simul et symmista Johannes
    Hanc aedem inhabitant, Christe, tui famuli.

2.

Marcellus, Clemens, Bonifacius et Cyprianus
    Cum Sixto et Lino hi ecce aderunt sociis.
Deprecor, o lector, quicunque cernuus intres,
    Ut studeas votis rite placare deum.

3.
(cf. Th. II. no. 973.)

4.

Virgo Maria dei genitrix hanc continet aram
    Caelica martyr Agnes, Agatha simul.

5.

Lucia, Juliana simul et Scholastica virgo
    Valde iuvant precibus atque piant meritis.

6.

Martinus praesul, Antonius et Benedictus
    Hanc cryptam inhabitant et titulum retinent.
Hic papa Gregorius, hic Gallus Equitiusque
    Cum Columbano vota pia accipiant.

II. THEIL.

QUELLEN ZUR GESCHICHTE

DER

MALEREI UND PLASTIK.

I. ABTHEILUNG.

ALLGEMEINES.

885—887.

885. *Libri Carolini III, 23.**)

Pictores igitur rerum gestarum historias ad memoriam reducere quodammodo valent, res autem, quæ sensibus tantummodo percipiuntur et verbis proferuntur, non a pictoribus, sed ab scriptoribus comprehendi et aliorum relatibus demonstrari valent . . . .

*) Über diese und die folgenden Stellen vgl. bes. Janitschek: Bilderstreit und Bilderproduction, im »Straßburger Festgruß an Anton Springer« 1885. Leitschuh, Der Bilderstreit der karoling. Malerei. Bamberg 1889. und meine Beiträge S. 19—27.

886. *Ebenda I, 2.*

Eccé cernuntur plures stare imagines, quarum quædam sunt colorum fucis compaginatæ, quædam auro argentove conflatæ, quædam in ligno cælatoris scalpello figuratæ, quædam in marmore incisæ, quædam in gypso vel testa formatæ, in quibus quidem quantum in illis est, et imaginis similitudo, et superscriptio nominis una est: verbi gratia et imago Pauli est, et superscriptio: s. Paulus.

887. *Ebenda IV, 16.*

Offeruntur cuilibet eorum, qui imagines adorant, verbi gratia, duarum feminarum pulchrarum imagines superscriptione carentes, quas ille parvipendens abiicit, abiectasque quolibet in loco iacere permittit, dicit illi quis: Una illarum s. Mariæ imago est, abiici non debet; altera Venus, quæ

20*

888—890.

omnino abiicienda est, vertit se ad pictorem quærens ab eo, quia in omnibus simillimæ sunt, quæ illarum s. Mariæ imago sit, vel quæ Veneris? Ille huic dat superscriptionem s. Mariæ, illi vero superscriptionem Veneris; ista quia superscriptionem Dei genitricis habet . . . honoratur . . . illa . . . exsecratur. pari utræque sunt figura, paribus coloribus, paribusque factæ materiis, superscriptione tantum distant.

888. *Ebenda, III 16.*

Nam dum nos nihil in imaginibus spernamus præter adorationem, quippe qui in basilicis sanctorum imagines non ad adorandum sed ad memoriam rerum gestarum et venustatem parietum habere permittimus, illi vero pene omnem suæ credulitatis spem in·imaginibus collocent, restat ut nos sanctos in eorum corporibus vel potius reliquiis corporum, seu etiam vestimentis veneremur, iuxta antiquorum patrum traditionem.

889. *Ebenda IV, c. 29. (Schluss.)*

Permittimus imagines sanctorum quicunque eas formare voluerint, tam in ecclesia quam extra ecclesiam, propter amorem Dei et sanctorum eius; adorare vero eas nequaquam cogimus, qui noluerint; frangere vel destruere eas etiam si voluerit, non permittimus. *)

*) Anlehnend an die Worte des h. Gregor, ep. ad Screnum Massiliæ episcopum: »Et si quis imagines facere voluerit, minime prohibe, adorare vero imagines omnimodis devita.«

890. *Ebenda IX, 22.*

Sed ne forte sui erroris murum his. tentent tueri munitionibus, eo quod et nos ob memoriam rerum gestarum imagines quibuslibet habendas. esse concedimus, his a nobis eorum firmitas arietibus tantis veritatis quatietur impulsibus, quod aliud est, eas habere oblivionis timore, aliud ornamenti amore; aliud voluntate, aliud indigentia, aliud idcirco videre, ne Dei et sanctorum eius valeat quis oblivisci, aliud, ideo spectare, ut gestarum rerum possit reminisci; aliud est, eas

891—893.

res videre, quæ nisi videantur, non obsunt; aliud eas, quæ
nisi videantur, officiunt. Cum videlicet sine imaginum intuitu
homo salvari possit, sine Dei vero notitia omnino non possit.

891. *Ebenda III, 22.*

Dicunt enim (*Græci*) artem pictoriam piam esse, quasi non
cum ceteris mundanis artibus communionem pietatis aut im-
pietatis sortiatur. Quid enim ars pictorum amplius habet pietatis arte fabrorum, sculptorum, conflatorum, cælatorum, latomorum, lignariorum, terræ cultorum vel cæterorum opificum?

892. *Jonæ Aurelian. episcopi de cultu imaginum liber contra
Claudium Taurinensem episcopum p. 306.*

»veni in Italiam, civitatem Taurinis, inveni omnes
basilicas contra ordinem veritatis sordibus anathematum et
imaginibus plenas.« *)

*) Claudius von Turin wird hier citiert.

893. *Hrabani carm. 38.*

Ad Bonosum. *)

Nam pictura tibi cum omni sit gratior arte
Scribendi ingrate non spernas posco laborem,
Psallendi nisum, studium curamque legendi,
Plus quia gramma valet quam vana in imagine forma
Plusque animæ decoris præstat quam falsa colorum
Pictura ostentant rerum non rite figuras.
Nam scriptura pia norma est perfecta salutis,
Et magis in rebus valet, et magis utilis omni est,
Promptior est gustu, sensu perfectior atque
Sensibus humanis, facilis magis arte tenenda:
Auribus hæc servit, labris, obtutibus atque,
Illa oculis tantum pauca solamina præstat.
Hæc facie rerum monstrat, et famine verum,
Et·sensu rerum, iucunda et tempore multo est.
Illa recens pascit visum, gravat atque vetusta
Deficiet propere veri et non fide sequestra est.

894—897.

Perspice qui fuerint auctores atque sequaces
Istarum rerum, tunc et certissimus inde
Noscere iam poteris, tibi quæ sint arte parandæ:
Primitus Aegyptus**) umbrarum lumina pinxit
Lumina tincturis varians formavit et umbris.
Hæc sonat »angustans tribulatio,« fit, sonat et quod
Angustans tribulat, parum iuvat arte reperta.

*) Abt Hatto von Fulda, der Mitschüler Hrabans in Tours und Mitarbeiter an dessen Liber de laudibus s. crucis, vgl. Jahrb. der Kunstsammlungen des A. H. Kaiserhauses Bd. XIII, 1. **) »Interpretatur autem Aegyptus tribulatio coangustans et significat vanum laborem, quem iniqui coercent in hoc mundo æstuantes per avaritiam.« Hraban. De univ. XII, 4.

894. Vita s. Willelmi c. 6.

Qui enim solebat paulo ante in palatiis degere, auro radiantibus ac depictis sinopide.

895. Agobard, de imaginibus sanctorum c. 34.

. . . Necdum enim error emerserat, quo nunc de carbonibus, minioque vel sinopide figuratæ effigies sanctæ imagines vocarentur, et adorandæ prædicarentur.

896. Frotharii episcopi Tullensis ep. 20.

(an Abt Aglemar)*) . . . Ceterum sciat me fraternitas vestra in novis ecclesiæ nostræ ædificiis vestro suffragio indigere. Unde peto ut nobis mittas ad decorandas parietes colores diversos, qui ad manum habentur, videlicet auri pigmentum, folium Indicum, minium, lazur, atque prusinum, et de vivo argento iuxta facultatem.

*) nicht weiter bekannt.

897. Ebenda ep. 22.

(an einen ungenannten Abt.) Ceterum inmensas vestræ dilectioni rependimus gratias, quia fidelem virum, et sacris artificiis idoneum nobis direxistis. Cuius quidem industria artis ad-

898.

modum placet. eiusque religionis dignitas grata spectantibus
existit.

898. *Capitulare Karls M. a. 867. c. 7.*

Volumus itaque. ut missi nostri per singulos pagos prae-
videre studeant. primum de ecclesiis. quomodo structae aut
destructae sint. in tectis. in maceriis sive in parietibus sive in
pavimentis nec non in pictura. etiam in luminariis sive
officiis.

II. ABTHEILUNG.

IKONOGRAPHIE.

A. RELIGIÖSE KUNST.

§. 1. Apsidenbilder etc.

504—016.

899. *Carm. Petri et Pauli (dubia) no. 46.*

Multicolor quali specie per nubila fulgit
Iris, cærulei cum cingunt æthera nimbi
Vel primum radios cum Titan spargit in orbem,
Haud alio mirum nitit hoc fulgore tribunæ
In quo terribilis vultus dominantis et una
Sanctorum effigies pulchro sub enigmate vernant.*)

*) Dieser Titulus steht im Cod. Lips. I, 74 auf Fol. 37 unter andern Gedichten des Paulus Diaconus, obwohl es zweifelhaft ist, ob er ihm gehört; natürlich sind wir mangels localer Daten nicht im Stande zu bestimmen, ob er nordischer oder langobardischer Herkunft ist. Er stand offenbar unter einem Apsisbild, das Christum mit Heiligen darstellte. Merkwürdig ist der Ausdruck: »pulchro sub enigmate.« Er ist offenbar der Vulgata entnommen, wo es Num. 12, 8 heißt: »Moyses . . . palam et non per ænigmata et figuras Dominum videt« Vgl. 1. Cor. 13, 12: Videmus nunc per speculum in ænigmate tunc autem facie ad faciem. Sollte damit die alte symbolische Darstellung durch Lämmer gemeint sein, die auch Claudius von Turin bei Jonas (s. no. 922) erwähnt? Allerdings scheint wieder »terribilis vultus dominantis« auf eine menschliche Darstellung Christi zu gehen (etwa in einem Medaillon am Triumphbogen?).

900. *Alcuini carm. 103, 1.*)

Hac sedet arce deus iudex, genitoris imago,
Hic seraphim fulgent domini sub amore calientes,

Hoc inter cherubim volitant arcana tonantis;
Hic pariter fulgent sapientes quinque puellæ
Aeterna in manibus portantes luce lucernas.

*) Titulus der Klosterkirche von Gorze, welche Chrodegang von Metz am 11. Juli 765 einweihte. (Ann. Mosell. s. 1. Theil no. 234.) Es ist wieder ein Apsisbild, Christus als Weltrichter thronend, von Seraphim und Cherubim umgeben. Die arcana tonantis sind wohl die vier Evangelistenzeichen; dabei die fünf klugen Jungfrauen. Eine ähnliche Majestas Domini auf dem Tuotilo zugeschriebenen Evangeliendeckel zu St. Gallen. Die Darstellung des Gleichnisses am frühesten wohl im Codex von Rossano (ed. Gebhardt u. Harnack. T. 7), sowie in jenem von de Rossi aufgefundenen merkwürdigen Wandgemälde von S. Ciriaca (Bull. 1863, 76, danach bei Kraus RE. II, 83). Wir haben hier eine Darstellung, die zu den Weltgerichtsbildern überleitet (vgl. G. Voss, Das jüngste Gericht, p. 12).

901. *Alcuini carm. 117, 1.*

Nascitur humana celsus de carne creator
    Ut homo per hominem scandat ad astra deum.
Ecce leo, Judæ natus de germine, mundum
    Liberat, et leti sceptra triumphat ovans.
Hostia summa patris pretioso sanguine, Christus,
    Permundans orbem regna sub alta vocat.
Adsumptis aquilæ Christus petit æthera pennis
    Conregnatque poli perpes in arce patri.*)

*) Wohl Titulus zu einem Gemälde der vier Evangelistensymbole, unter denen der Dichter in mythischer Anschauung Christum entdeckt.

902. *Hrabani carm. 44, 1.*

In abside ecclesiæ s. Petri, quæ est in monte sita.*)

Ecce sator hominum victor super æthera scandit
Discipulisque suis regni sacra limina pandit:
Quem sic venturum angelica hic oracula spondent.
Cœtus apostolicus pariter cum plebe fideli
    Dona Paracleti igne micante capit.*)

*) Die Kirche auf dem Petersberge bei Fulda wurde am 29. Sept. 838 vom Chorbischof Reginbald geweiht. (s. o. 1. Theil no. 375. Wills Mainzer Regesten. I, 58, 22). Christus wandelt hier als der Paraklet auf Feuerwolken (?) herab und erscheint den harrenden Aposteln und Gläubigen. Es ist also seine

903—904.

Wiederkunft am jüngsten Tage dargestellt, worauf v. 3 ausdrücklich weist. Das Compositionsschema ist aus altchristlicher Zeit bekannt (SS. Cosma e Damiano in Rom, Garrucci tav. 253).

903. *Vita Eigilis metrica c. 17.*

Hoc namque occiduæ martyr tumulatus honore
Altithroni regis comta iacet altus in ara.
Absida quam super exstructa namque imminet ingens
Quamque egomet, quondam hac Christi nutritus in aula,
Presbyter et monachus B r u u n vilisque magister
Depinxi ingenio tenui, parvaque Minerva
Formans expressi varios ferrugine vultus. *)

*) Diese leider nicht näher beschriebenen Gemälde Bruun's befanden sich in der Westapsis der von Racholf unter Abt Eigil erbauten Bonifatiuskirche zu Fulda.

904. *Flori Lugdunensis carm. XX.*

Titulus absidæ.

Martyribus subter venerabilis emicat aula
Martyribus supra Christus rex præsidet altus
Circumstant miris animalia mystica formis
Nocte dieque ymnis trinum inclamantia numen.
Adstat apostolicus pariter chorus ore corusco
Cum Christo adveniet certo qui tempore iudex.
Vivaque H i e r u s a l e s, agno inlustrante refulgens,
Quattuor uno agitat paradisi flumina fonte.
Pignoribus sacris clarus baptista J o h a n n e s
Altare inlustrat, poscentia pectora purgat. *)

*) Wieder eine Maiestas Christi. Beachte in v. 5. die Hinweisung auf das jüngste Gericht. Das »lebendige Jerusalem« ist unter dem Bilde des Lammes dargestellt, auf dem Hügel, aus dem die vier Paradiesesströme hervorgehen, stehend. S p r i n g e r (Repert. VII, 383) glaubt, dass die Stadt selbst dargestellt gewesen sei (?). Die Composition, Christus mit den vier Symbolen unter den Aposteln thronend, findet sich schon in s. Pudenziana in Rom, s. Aquilino iu Mailand; Martyrer, ihre Kronen darbringend u. A. in S. Prisco iu Capua (Gar. 254).

905—907.

905. *Flori Lugdunensis carm. XVIII.*

Titulus absidæ.

Christi sancta domus, præpollens aula piorum
Hospita sanctorum, virtutum sedula mater,
Hæc est, quam cernis, semper ubi rite precanti
Gratia larga patet per tot cumulata patronos,
Quos propriis titulis distinguit gloria consors,
Convexo paria rutilant ceu sidera cælo. *)

*) In der Apsiswölbung scheinen die Patrone der Kirche, und zwar mit Beischriften (propriis titulis, falls sich das nicht auf ihre Reliquien im Altar bezieht) dargestellt gewesen zu sein. (S. Agnese, s. Stefano rotondo, Gar. tav. 274, hier Primus und Felician.)

906. *Translatio s. Genulfi in monasterium Stradense (870) c. 37.*

(mulier) oratorium ingressa, cum attentius in oratione persisteret, a patre luminum Dei, filius eius illuminatus est. Et libere superiora templi spatia depicta conspiciens, cernit imagineas sursum mirando figuras. *)

*) Das Kloster S t r a d e bei P o i t i e r s, wurde 828 von Wifred, Grafen von Bourges, gegründet, 940 niedergerissen und neu aufgebaut. (Th. I. no. 837 u. 838.)

907. *Sedulius Scottus, carm. 82.*

1. Item.

Iste cherub Christi nova signat mystica legis
Munditiæ fialam hic gestat flore refertam
Turibulaque precum sacros hic spirat odores.

2. Item.

Cingitis altithronum, Leo, Bos, homo rexque volucrum
Geon, tuisque, Fison, Eufrates, Tigris et amnis.

3. Item.

Eminet ecce cherub antiquæ gloria legis
Angelus ac patrum fiala fert vota piorum
Turis opes redolent per hunc et aromata cordis.

908—909.

4. Item.

Hic sex discipuli trames describit honoros
Dulcis odor Christi per quos respirat in orbe.

5. Item.

Campus hic aureolus, argenti qui vomit undas
Sex alios domini fidos designat amicos.

908. *Ebenda no. 16.*

Alibi.

Guntharius præsul Christi venerandus honore
Has fieri species speculandaque scemata iussit.

*) Der Titulus ist für Eb. Gunthar von Köln (849—863) geschrieben. Es liegt daher nahe zu denken, dass diese Inschrift für den alten Dom von Köln (s. Peter) bestimmt war, der 814 von Eb. Hildebold begonnen, erst 873 von Willibert geweiht wurde. Es ist eine große, wohl für den Chor bestimmte Majestas. Sehr merkwürdig sind die zwei Cherubim mit Blumenschalen und Weihrauchgefäßen nach Apoc. 8, 3., welche das Gesetz des alten und neuen Bundes versinnlichen. Als Wächter der Bundeslade erscheinen sie auf dem zerstörten Mosaik Theodulfs zu Germigny-des-Près. Die Apostel waren, wie auch ihre Abtheilung zu Sechsen anzudeuten scheint, wohl als Lämmer dargestellt. Bemerkenswert ist die Erwähnung des Goldgrundes in Distichon 5, welcher »silberne Wogen speit.« (Silberfarbe des Bodens und der darauf stehenden Lämmer?)

909. *Sedulius Scottus, carm. 51, 52.*

In quadam ecclesia.

Hos pietatis equos Christus regit undique frenis
Et fert quadriiugos dux super astra suos. *)

Item.

Aures in domini Sabaoth martires orant:
»Qui bibimus calicem, verax ulcisce iudex;
Sol tenebrosus erit, lunæ decus atque rubescit
Labentur stellæ, cum venit arbiter orbis; **)
Tunc caligosis pavidæ condere speleis
Optabunt gentes agni patris ante tribunal.«

*) Ein geschraubter Ausdruck für die vier Evangelistensymbole, der auch bei Alcuin u. a. vorkommt. **) Springer hat hervorgehoben, dass auch diese

Bilder als Vorstufen der Weltgerichtsdarst. aufzufassen sind (Repert. VII, 383),
was Voss nicht beachtet hat.

910. *Hibernicus Exul. (Dungal?) carm. 6.*

1. Versus ad ecclesiam.

Hæc est mira domus vario depicta metallo
    Nobilis in claro, dogmate clara pio.
Auro tecta nitent, paries argenteus albet,
    Ex nitido pressa marmore terra gemet.
Hæc formosa domus — viator cognoscere debet —
    Corpora sanctorum continet una trium.*)

*) Dionysius, Rusticus, Eleutherius (St. Denis bei Paris).

2. Versus ad fontem.

Hic fons inriguus vitalia dona ministrat,
    Et renovans populos mittit ad astra deo.
En ibi Christus adest, qui primi fontis origo
    Abluit omne scelus, purgat et omne nefas.

3. Versus ad fenestram.

Ne David*) grabatum temptator callidus intret
    Signetur domini ista fenestra manu.
Quadrus euuangelii defendat numerus omne
    Corpus, et interius cunctipotens anima.

*) = Karoli M.

4. Versus ad hostium.

Qui Egyptios agni dudum de sanguine postes
    Signavit, nostros signet et ipse deus.

5. Versus ad ministerium.

Qui ex duro latices iussit producere saxo
    Hic iubeat purum fundere sæpe merum.*)

*) Die Inschriften beziehen sich offenbar auf St. Denis, welches Kloster
unter Abt Fulrad neu aufgebaut wurde. (s. das Diplom von 775, Mühlb. 175.
Quellen I. Theil, no. 653.) Das Baptisterium scheint mit einer Darstellung
Christi geschmückt gewesen zu sein, das Fenster (wohl der Pfalz), welches in 3.
erwähnt wird, mit einem Gemälde der Hand Gottes zwischen den Evangelistenzeichen. (Über die Hand Gottes, die ja in karolingischen Codices häufig vor-

kommt, vgl. Kraus RE. I, 629, Didron, Iconogr. 146 ff.) Ob das am Schlusse
erwähnte ministerium (Altartischchen) eine Darstellung (Mosis Quellwunder?) ent-
hielt, ist fraglich. Zu beachten ist aber, dass uns ein Brief von Dungal (der sich
ja hinter dem Hibernicus exul verbirgt) erhalten ist, in welchem er einen ungenannten Abt auffordert, ihm ein silbernes »ministerium« anfertigen zu lassen.
(s. I. Th. no. 88.)

911. *Hibernicus exul, carm.* 21.

Dextera magna dei ecclesiam tueatur ab hoste
   Hanc quoque multiplicet dextera magna dei.
Dextera summa dei K a r o l u m conservet ovantem,
   Augustum et protegat dextera summa dei.
Dextera celsa dei regiam conservet in evum
   Prolem et lætificet dextera celsa dei,
Dextera clara dei astrologos omnesque ministros
   Salvet et ornet, amet dextera clara dei.

912. *Theodulfi carm.* 64.

Super propinatorium.

Qui latices quondam vini convertit in usum
   Et fontis speciem fecit habere meri.
Ipse piis manibus benedicat pocula nostra

—   —   —   —   —   —   —   —   —

913. *Alcuini carm.* 105, 4.

Ad mensam.

Fercula nostra pius Christus benedicat in aula
Et sua multiplicet clementer munera servis.
Qui mannam populo cælesti misit in imbre
Rupibus et siccis sitienti flumina fudit.
Panibus et quinis satiavit milia quinque; •
Qui convertit aquas mirandi in vina saporis
Nos et nostra simul benedicat fercula mitis.

914. *Ebenda no.* 103, 5.

Qui de rore dapes dedit et de petra bibendum
Qui convertit aquas liquidas in vina falerna

915—916.

Qui siccis pelagi pedibus superambulat undas
Augeat ipse suis famulis sua dona benigna.

915. *Tituli Augienses.*

(P. L. II, 428. no. V, 8.)

Versiculus ante refectorium.*)

Unica quæ quondam vino mutaverat undas
Proles supremi et genitoris summa voluntas,
Distribuens populis cumulati et munera farris,
Et mensis a quo est imposita aquatica præda:
Omnes hic satiat diversis lancibus apte
Et duplicata adhibet semper subsidia vitæ
Importuna refrænans hic discrimina famis
Ardoremque sitis, cruciat quos sacra cupido,
Ex incantato claris concentibus hymno.
Corde patris genito, cui una patrique potestas
Semper adest, cuique spiritus sine tempore almus
Et nunc et semper sine fine manebit adauctus.

*) cf. Th. I. no. 480. Dass diesen Refectorieninschriften Gemälde ent-
sprachen, ist ziemlich wahrscheinlich. Dass die Speisesäle schon früher mit reli-
giösen Scenen ausgemalt wurden, wissen wir nämlich von Agnellus (Lib. pont.
Rav. c. 29). Im Trictinium der Basilica Ursiana befindet sich u. A. auch eine
Darstellung der wunderbaren Brotvermehrung. In allen vier Tituli kehren dieselben Bezüge wieder; sehr zu beachten ist die typologische Auffassung bei
Alcuin. Die Mannaspeise in der Wüste und das Quellwunder einer-, die
wunderbare Speisung der Zehntausend und die Hochzeit von Kana anderseits (an
Stelle der 3. Scene tritt im 2. Titulus das Wandeln Christi auf dem Meere, welches auch im Malerbuch von Athos ed. Didron p. 444 neben dem Abendmahl
als Gegenstand der Refectorienmalerei erwähnt wird), werden einander gegen-
übergestellt. Das so naheliegende letzte Abendmahl spielt hier noch keine Rolle.

916. *Carmina Salisburgensia no. XIII b.*

Rex ubi versifico psalmorum cantica plectra
David composuit vatis cum quattuor olim,
Scilicet Asaph, Eman, Idithun, Aethan simul
                                        atque
Septuaginta binisque viris resonantibus ipsa.*)

*) Der Titulus erinnert an die bekannte hellenistisch-christliche Darstellung
der Psalter, König David im Kreise seiner vier Sänger, Chron. I, 16. (In karo-

lingischer Zeit in der Viviansbibel, im Lotharpsalter bei Ellis und White in London, im Pariser Psalter Karls II., in der Bibel von San Paolo fuori, im Psalterium aureum von St. Gallen.)

917. *Martyrologium sæc. X. fol. 23 v. et 24. Paris, Bibl. Nat. fonds Libri 47.*

(*Delisle, Catal. des manuscrits des fonds Libri et Barrois p. 46.*)

Beluelmus et Bernuinus habuerunt nomen, qui vultum Salvatoris qui est in ecclesia sancti Stephani Sennensis ecclesie fecerunt.

918. *Carmina Centulensia no. IV.*

Hac renitet species geniti genitricis in æde
Undique missorum variis distincta figuris.
[Zonatim picti discipulique sui.]

919. *Ebenda no. VII.*

In figura.

Has Christi species ob amorem fingere iussi
Simplex in trigono qui colitur numero.

920. *Cod. lat. Monac. 6427 (man. s. XII).*

(*bei Riezler, Abhdl. d. k. baier. Ak. 1888. 273.*)

3. Ubi pictura fuit nativitatis Christi.
In cunis iacet hic, quem nunciat angelus istic. *)

*) Diese Inschrift stand im alten Dom zu Freising. Sie fällt nach 903. (s. I. Th. no. 510.)

921. *Hraban, de universo. XXI, 16.*

Apud quosdam autem sarabara quædam capitum tegmina nuncupantur, qualia videmus in capite magorum picta.*)

*) Im Cod. Egberti erscheinen die Magier bereits mit Kronen in abendländischer Tracht.

922. *Jonas Aurelianensis, De cultu imaginum. L. II.*

»Sed isti perversorum dogmatum cultores agnos vivos volunt vorare et in pariete pictos adorare.« *)

*) Es wird Jonas' Gegner Claudius von Turin sprechend eingeführt.

923—925.

923. *Alcuini ep. 78.*

. . . quosdam stellarum ordine · ceu pictor, cui libet
magnificare domus culmina *) — inluminare gestio. . . .

*) vgl. die Gewölbe in der Grabkirche der Galla Placidia (Gar. 229), der
Apsis von s Apollinare in classe (Gar. 265) und der Taufcapelle beim Dom von
Neapel (Gar. 269).

§. 2. Cyclische Compositionen.

924. *Turpinus, De gestis Caroli M. c. 31.*

b. Mariæ virginis basilicam, quam ibi *(Aquis)* ædificaverat, auro et argento, cunctisque ornatibus ecclesiasticis decenter adornavit, veterisque et novæ legis historiis eam depingi iussit. *)

*) Vgl. darüber meine Beiträge S. 23.

925. *Ermoldus Nigellus, De laude Hludowici. IV. v. 179—246.*

Engilin — ipse pius placido tunc tramite — heim
    Advolat induperans coniuge cum sobole.
Est locus ille situs rapidi prope flumina Rheni
    Ornatus variis cultibus et dapibus.
Quo domus ampla patet centum perfixa columnis
    Quo reditus varii tectaque multimoda.
Mille aditus, reditus, millenaque claustra domorum,
    Acta magistrorum artificumque manu.
Templa Dei summo constant operata metallo,
    Aerati postes, aurea hostiola.
Inclita gesta Dei series memoranda virorum
    Pictura insigni quo relegenda patent.
Ut primo, ponente Deo, pars læva recenset
    Incolitant homines te, paradise, novi.
Inscia corda mali serpens ut perfidus Aevæ
    Temptat, ut illa virum tangit, ut ipse cibum.
Ut Domino veniente tegunt se tegmine ficus,
    Ut pro peccatis iam coluere solum.

Frater ob invidiam fratrem pro munere primo
 Perculit, haud gladio, sed manibus miseris.
Inde per innumeros pergit pictura sequaces
 Ordine sive modo dogmata prisca refert.
Utque latex totum merito diffusus in orbem
 Crevit et ad finem traxit ut omne genus.
Ut miserante Deo paucos subvexerat archa
 Et corvi meritum, sive columba, tuum.
Inde Habrahæ sobolisque suæ pinguntur et acta
 Joseph seu fratrum, et Pharaonis opus.
Liberat ut populum Aegypto iam munere Moyses
 Ut perit Aegyptus, Israel utque meat.
Et lex dante deo geminis descripta tabellis
 Flumina de rupe, deque volucre cybus.
Et promissa diu quo redditur hospita tellus,
 Ut Hiesus populo dux bonus extiterat.
Jamque prophetarum regum præmagna caterva
 Pingitur, acta simul et celebrata nitent.
Et Davidis opus, Salomonis et acta potentis
 Templaque divino ædificata opere.
Inde duces populi quales quantique fuere
 Atque sacerdotum culmina seu procerum. *)

Altera pars retinet Christi vitalia gesta
 Quæ terris missus a genitore dedit.
Angelus ut primo Mariæ delapsus ad aures
 Utque Maria sonat: »Ecce puella Dei.«
Nascitur ut Christus, sacris longe ante prophetis
 Notus et e pannis volvitur utque Deus.
Ut pia pastores capiunt mox iussa tonantis
 Cernere moxque Deum, quo meruere magi.
Ut furit Herodes, Christum succedere credens
 Perculit ut pueros, qui meruere mori.
Ut fugit Aegipto Joseph, puerumque reportat,
 Crevit ut ipse puer, subditus atque fuit.
Ut baptizari voluit, qui venerat omnes
 Sanguine salvare qui periere diu,

926.

More hominis ut tanta tulit ieiunia Christus,
Ut temptatorem perculit arte suum.
Ut pia per mundum docuit mox munia patris
Reddidit infirmis munia prisca pius.
Mortua quia etiam ut reparavit corpora vitæ
Dæmonis arma tulit, expulit atque procul.
Discipulo ut tradente fero sævoque popello
More hominis voluit ut Deus ipse mori.
Ut surgens propriis apparuit ipse ministris
Utque polos palam scandit et arva regit.
His est aula Dei picturis arte referta
Pleniter artifici rite polita manu.**)

*) Die Geschichte der Richter und Könige u. A. in der Bibel von S.
Paolo fuori. **) Über die Gemälde zu Ingelheim: Lersch, Die bibl. Pa-
rallelbilder des M. A. in Dieringers Zeitschr. II, 1. Bock, in Lersch's Niederrhein. Jahrb. II, 241. Jauitschek, Bilderstreit und Bilderproduction (Straßb.
Festgruß), meine Beiträge S. 24 ff.

926. *Hrabani carm. 61.*

In capella Mauri.

— — — — — — — — —

Flecte genu, qui intras, Christum tu et pronus adora
Cuius imago super picta colore micat.

— — — — — — — — —

En una templum domino hic parte ministro
Devotis aliam reddo domum famulis.
Quam dulce et gratum est, fratres perpendite cuncti,
Hanc choro et placidis cælestia psallere verbis.

Item in eadem capella de figuris.*)

Gratia clave aperit, quæ clausa prophetia condit,
Quæ lex significat, et quæ hagiographa figurat,
Psallite vos, pueri læti et benedicite Christo
Ipse dabit vobis præmia læta polo.

*) Der hier angedeutete Cyclus (vgl. Springer, Die deutsche Kunst im
X. Jhdt. in: Bilder a. d. n. Kunstgesch. I.) ist der einzige typologische, der
aus Karolingischer Zeit bekannt ist, wenn man von jenen Refectorientituli ab-
sieht, bei denen es doch immerhin zweifelhaft ist, ob ihnen Gemälde entsprachen.

927.

Die Wurzeln der typologischen Richtung, welche nach dem Jahre 1000 so bedeutend hervortritt, liegen schon im christlichen Alterthum (Helpidius Rusticus zur Zeit Theodorichs). Sehr merkwürdig ist, dass allem Anschein nach — ganz wie in der spätern Zeit — die Propheten dargestellt waren, die wir übrigens schon im Codex von Rossano, 40 an der Zahl, auf Rednerbühnen, mit Spruchbändern versehen, antreffen. Auch bei der ältesten uns bekannten Madonnendarstellung in der Katakombe von S. Priscilla (II. Jhdt.?) tritt ein Prophet auf, desgleichen in einer andern, allerdings nicht ganz sichern Darstellung in s. Domitilla. (Abb. bei Liell, die Darst. etc. der Maria, Freiberg 1867. p. 327.) Wir kommen immer darauf zurück, dass jene Erfindungen, die wir geneigt sind, dem (wenig schöpferischen) Mittelalter zuzuschreiben, nur Ausführungen von Gedanken der christlich-hellenischen Antike sind.

927. Alcuini carm. 115.

Hic deus omnipotens Adam de pulvere plasmat.
Accola hic factus paradisi primitus Adam.
Nomina pone, pater, cunctis animantibus, Adam.
Costa viri matrem pausante protulit Adam.
Hic deducta fuit mulier, seductus et Adam.
Has, cherubim, portas flammis defende beatas.
Perge foras, Adam, et felicia regna relinque.
Terra tibi tribulos pro crimine germinet, Adam.
Livor edax fratris hic iustum perculit Abel.
Hic Noe dilectus domino sibi fabricat arcam.
En natat in liquidis mundi cum civibus arca.
Ecce columba pia pacis tibi portat olivam.
Alba columba redit corvo pereunte nigello.
Perge foras, educ et cuncta animalia tecum.
Est pater hic Abram patriam dimittere iussus.
Hic Sarra latitans casulæ post ostia risit.

*) Der Titulus, anscheinend nur fragmentarisch erhalten, wurde mit zwei Gedichten ganz heterogenen Inhaltes in der Editio Quercetana, dann erst in gereinigter Gestalt von Froben (nach ihm Dümmler) publiciert. Er bricht ganz unvermittelt bei der Geschichte der Sara ab. Vermuthlich haben wir es mit Unterschriften eines Miniaturcodex zu thun. Doch möchte ich darauf hinweisen, dass sich in der Vorhalle der Felixbasilica zu Nola anscheinend ein bloß alttestamentarischer Cyclus, von der Genesis bis zur Geschichte der Ruth reichend, befand. (Paulini Nol. poem. XXVII. Natal. Fel. carm. 9. v. 511—536. vgl. carm. 10, v. 15—27. bei Migne, Patrol. Lat. 61. p. 659, 663). Ich gebe im Folgenden eine kleine ikonographische Übersicht, wobei ich die Wiener Genesis

928.

(**G**), das Malerbuch von Athos (**A**), die Vorhalle von S. Marco in Venedig (**V**), die Gemälde der Schlosscapelle von Ingelheim (**J**), die Bamberger Vulgata (**B**), die Bibel von S. Paolo fuori (**P**), die Mosaiken des Doms von Monreale (**M**) und Ekkehards IV. Inschriftenkreis für S. Alban in Mainz (**E**) — ed Kieffer, Gymn.-Progr. Mainz 1881 — zusammenstelle:

1. Erschaffung Adams . .		V.		B.	P.	M.	E.
2. Übergabe des Paradieses . .		V.			P.	M.
und Namengebung der Thiere	A.	V.		B.
3. Erschaffung des Weibes . .	A.	V.		B.	P.	M.	E.
4. Sündenfall	A.	V.	J.	B.	P.	M.	E.
5. Austreibung durch den Cherub	A.	V.		B.	P.	M.
6. Bearbeitung des Bodens . .	A.	V.	J.	B.	P.	M.	E.
7. Brudermord	A.	(V.)	J.	B.		M.	E.
8. Erbauung der Arche. . .	A.	V.	J.			M.	E.
9. Sintfluth	A.	V.	J.
10. Aussendung des Raben und der Taube		V.	J.			M.	E.
11. Auszug aus der Arche . . . (G.)		V.	J.?			M.	E.
12. Abrahams Auszug . . . (G.)	A.	V.	J.?				E.
13 Sara und die Engel bei Abraham .	A.	V.	J.?			M.	E.
(auch in S. Maria Maggiore, Garucci, tav. 215, 3.)

928. *Carmina Centulensia.*

CXXX.

Item de commestione Adæ.

Vescitur hic Adam malum de stipite fici
Inlectus blando coniugis alloquio.

CXXXI.

De velatione membrorum.

Hic Adam pariterque Eva genitalia celant
E foliis ligni a domino vetiti.

CXXXII.

De eiectione ipsius.

Vade foras, Adam, paradysi haud sisque colonus
Terra tibi spinas germinet ac tribulos.
In sudore dehinc edas pro crimine panem,
Donec ad matris tu gremium redeas.

929—931.

CLIV.

Hic Evam loquitur serpens ad, coniugis Adæ
Sumeret ut malum a domino vetitum.

CLV.

Oscula hic duri defigunt blanda leones
Divini sacris Danielis manibus.

CLVI.

Hic hominis pecora fugiunt varia feritatem
Mortis vicina ne fierent gelidæ.*)

*) Eine symbolische Jagddarstellung? vgl. no. 1043.

929. *Ratperti Cas. s. Galli c. 29.*

(*Hartmotus von 872 an)* nam parietes basilicæ s. Galli, et
in choro et foris chorum, et posteriora templi, sicut modo
cernuntur, pictura deaurata idem eodem in tempore fecit
ornari et comi. In aliis præterea ædificiis, ut cerni poterit in
præsenti, plurimum nostro monasterio decorem suis temporibus ipse patravit.

930. *Ebenda c. 26.*

(*Hartmotus 854.*) . . . . absidam quoque post altarium s.
Galli ita honorifice pictura deaurata, sicut in præsenti videmus, ipso composuit tempore.

931. *Carmina Sangallensia no. VII.*

1. Versus de euangelio ad picturam.*)

1. Angelus ecce seni promittit munera nati
    Quem populus trepidans foris expectabat et orans.
2. Concipit en verbo prolem castissima virgo.
    Angelus hic sponsam Joseph commendat alendam.
3. Hic genitrix domini meat Elisabethque salutat
    Atque deo exultet Johannem spiritus implet.
4. Zacharias suboli nomen posuere propinqui,
    Sed mage Johannes certant vocitare parentes.

931.

5. Nunciat angelicus Christum pastoribus ymnus,
   In stabulo dominum celebrant en omnia parvum.

6. Ecce magi solio præsentant munera vero,
   In somnis moniti faciem fugere tyranni.

7. Sistitur hic domino Jesus cum munere iusso,
   Mox ipsum dominum didicerunt corda piorum.

8. Partibus Aegypti differtur passio Christi,
   Quem simulacra tremunt et cara habitacula linquunt.

9. Præcipit Herodes natos cruciare recentes,
   Milia lactantum tendunt lætantia cælum.

10. En senibus potior reperitur pusio doctor
    Qui tamen imperium dignatur ferre parentum.
    Explicit de infantia Christi.

2. Hi versus in dextro pariete chori; isti vero in
   dextro pariete stationis populi.

1. Baptizat dominum servi devotio summum.
   Prædicat hunc genitor, invisit spiritus auctor.

2. Dæmonis en fraudes Christus contemnit inanes
   Eius cunctimodas ducens ut stercora pompas.

3. Demonstrat placidum Johannes nutibus agnum
   Andreas sequitur, fratri comperta profatur.

4. Imperat os vitreum post se properare Philippum,
   Nathanahel spissa qui mox subducit ab umbra.

5. Testibus hisce novum fecit de flumine signum,
   Convivis latices in vitea pocula vertens.

6. Retia germani linquunt in nomine Christi,
   Mox alii lacrimas spernunt cum nave paternas.

7. Omnipotens medicus hominum miserator et unus
   Omnimodis pressos iussit discedere sanos.

8. Spiritibus diris hominum de corpore pulsis
   Das pecorum furiare greges, iustissime iudex.

9. En verbum domini curat medicamine verbi
   Præcipit et sanum proprium portare grabattum.

10. Principis ut natam sanet vel suscitet, ibat,
Furatur mulier sacra de veste salutem.

11. Reddidit en stupidæ dominus sua munia dextræ
Consilium stolidi faciunt de sanguine Christi.

12. Unicus en viduæ redivivus redditur orbæ.
Ingeminant plebes: »O vere, magne prophetes«

13. Saltatrix petiit caput innocuumque recepit,
Lictores fluvidum linquunt in carcere truncum.

14. Panibus ex quinis et piscibus haud mage binis
, En hominum large saturantur milia quinque.

15. Christus aquæ fluctu pressit vestigia gressu,
At fidei dubium mergunt vada turgida Petrum.

16. Ydropicum tangente manu, quæ cuncta creavit,
Pallidus humor abit, facies et læta rubescit.

17. Ecce decem mundans templo se ferre iubebat,
Unus regreditur grates persolvere Jesu.

18. Contentus pueros deus est benedicere parvos,
Talibus atque sui promittit gaudia regni.

19. Hic scribæ domino sistunt in crimine captam,
Quam placidus censor damnatis solvit eisdem.

20. Ex limo reparat quidquid natura negabat,
Qui luteum primo totum plasmaverat Adam.
Hucusque de miraculis Christi in dextro pariete.

3. Hi vero in fronte occidentali in spatio, quod
supra tronum est.

Ecce tubæ crepitant quæ mortis iura resignant;
Crux micat in cælis, nubes præcedit et ignis.

4. Hi etiam subtus tronum inter paradysum et
infernum.

Hic resident summi Christo cum iudice sancti
Justificare pios, baratro damnare malignos.

931.

5. Passio domini in sinistro pariete stationis populi.

1. Esse sibi patrem domino tractante tonantem
   Plebs furibunda pium certat lapidare magistrum.

2. »Mortue quatriduo, fœtens et corpore toto
   Lazare surge, veni, te morti tollo rapaci.«

3. Funeris obsequium mulier prævenit amicum,
   Dum caput atque pedes nardo perfudit honora.

4. Mansuetum regem plebes devota frequentat
   Frondea cum festis præiens comitansque choreis.

5. En urbis miseræ dignatur flere ruinas,
   Quæ manibus crudis ipsum discerpere gestit.

6. Hic sub carne latens deitas per signa patescit,
   Dum turbas patria flagro proturbat ab aula.

7. En ficum viridem sterilem remanere iubebat.
   Quod sibi ieiuno fructum præbere negabat.

8. Agricolæ servos cædentes vulnere sævo
   Post natum domini satagunt hic mittere morti.

9. Gentiles dominum iam cupiunt cernere Christum.
   Discipulos idem mortem perferre docebat.

10. Ecce sacerdotum primi populique nefandi
    Infidum famulum censu corrumpere gaudent.

*) Über diese Verse, welche ich für die Gemäldetituli der 830 von Gozbert erbauten Gallusbasilica halte, vgl. meine Beiträge S. 139, wo auch über die Überlieferung des Textes gehandelt ist.

Hier tritt uns zum erstenmal das System der altchristlichen Kirchenmalerei voll ausgebildet entgegen, wie es die spätere Kunst im Wesentlichen festhält. Das A. T. fehlt ganz; Theilung der evangelischen Geschichte in Jugend, Wunder und Passion auch im Cod. Epternacensis zu Gotha (wo als 4. Gruppe die Parabeln).

Ikonographische Vergleichung.

[D = Dittochæon des Prudentius; M = S. Maria Maggiore, Triumphbogen; R = Mosaiken von S. Apollinare Nuovo in Ravenna; A = Malerbuch von Athos; J = Pfalzcapelle von Ingelheim; T = Cod. Egberti in Trier; G = Cod. Epternacensis in Gotha; O = Georgskirche zu Oberzell auf Reichenau; B = Klosterkirche zu Benedictbeuern (sæc. X. vgl. dar. Beiträge S. 103); MR = Dom von Monreale; E = Ekkehards Mainzer Tituli.]

931.

I. Ostchor (rechte Seite).

	D	M	R	A	J	T	G	O	B	MR	E
1. Der Eugel bei Zacharias		M.?		A.						MR.	E.
2. Verkündigung . . .	D.	M.		A.	J.	T.	G.		B.	MR.	E.
3. Begegnung mit Elisabeth				A.		T.	G.		B.	MR.	E.
4. Johannis Namengebung .				A.						MR.	E.
5. Anbetung der Hirten .	D.			A.	J.	T.	G.		B.	MR.	E.
6. Die Magier vor Christus .	D.	M.		A.	J.	T.	G.		B.	MR.	E.
7. Darstellung im Tempel .		M.		A.			G.		B.	MR.	E.
8. Flucht nach Ägypten*) .				A.		T.	G.		B.	MR.	E.
9. Kindermord . . .	D.	M.		A.	J.	T.	G.		B.	MR.	E.
10. Jesus im Tempel lehrend				A.	J.	T.			B.	MR.	E.

*) Der hier erwähnte Sturz der Götzen — nach Jes. 19, 1 — im Malerbuch von Athos und auf dem Zittauer Hungertuch (früher im Palais des großen Gartens in Dresden, jetzt wieder in Zittau).

II. Mittelschiff (rechte Seite, vom Ostchor aus).

	D	M	R	A	J	T	G	O	B	MR	E
1. Taufe Christi . . .	D.			A.	J.	T.	G.			MR.	E.
2. Versuchung . . .	D.			A.	J.		G.		B.	MR.	
3. Johannes auf das Lamm weisend; Nachfolge Andreæ und Petri (Ev. Joh. 1, 36—42) . .				A.							E.
4. Findung Philippi u. Nathanaels (Ev. Joh. 1, 43 ff.)				A.							E.
5. Hochzeit zu Cana . .	D.			A.		T.	G.				
6. Wunderbarer Fischzug .			R.	A.						MR.	E.
7. Krankenheilungen . .				A.*)							
8. Teufelaustreibung in Gergasa	D.		R.	A.	J.?	T.	G.	O.			E.
9. Heilung des Gichtbrüchigen . . .			R.	A.		T.				MR.	
10. Erweckung des Töchterleins Jairi und die Blutflüssige . . .			R.	A.		T.		O.		MR.	E.
11. Heilung der verdorrten Hand; der Pharisäer Blutrath. (Ev. Marci 3, 1—7)				A.		T.				MR.	E.
12. Erweckung des Sohnes der Witwe . . .				A.			G.	O.			E.
13. Enthauptung Johannis, Tanz der Tochter der Herodias . . D.	D.			A.							E.

(auch Codex Ottos III. in München.)

931.

14. Speisung der Fünftausend	**D.**	**R.**	**A.**	**T.**	**G.**	**MR.**	**E.**
15. Christus im Seesturm .	**D.**		**A.**	**T.**		**MR.**	**E.**
16. Der Wassersüchtige .			**A.**		**G.** **O.**	**MR.**	**E.**
17. Die zehn Aussätzigen (Ev. Luc. 7, 11—19) . .			**A.**		**G.**	**MR.**	**E.**
18. Lasset die Kindlein zu mir kommen . . (Codex Ottos III.)			**A.**				**E.**
19. Die Ehebrecherin . .			**A.**	**T.**	**G.**	**MR.**	**E.**
20. Heilung des Blindgebornen am Teiche Siloah (Ev. Joh. 9, 1) . .	**D.**		**A.**	**T.**	**O.**	**MR.**	

*) ed. Didron. p. 170: »Le Christ debout, bénissant. Les apôtres derrière lui. Un grand nombre de malades devant lui; les uns couchés dans des lits, d'autres appuyés sur les bequilles, d'autres portés sur les epaules, des aveugles, des boiteux, des paralytiques.«

III. Mittelschiff, linke Seite.

1. Die Juden wollen Christum steinigen . . .		**A.**	**T.** (Codex Heinrichs III. in Bremen.)		
2. Lazarus	**D.**	**A.**	**T.** **G.** **O.**	**MR.**	
3. Magdalena salbt Jesum .		**A.**	**T.**	**MR.**	**E.**
4. Einzug in Jerusalem .	**R.**	**A.**	**T.** **G.**	**MR.**	**E.**
5. Jesus weint über Jerusalem	(Codex Ottos III. in München.)				
6. Reinigung des Tempels .		**A.**	**T.**	**MR.**	**E.**
7. Verfluchung des Feigenbaums		**A.**	(Bernwardssäule in Hildesheim)		
8. Gleichnis vom Weinberge (Ev. Matth. 21, 33—40)		**A.**	**T.** (Codex Heinrichs III. in Bremen)		
9. Aussendung der Jünger .			**T.**		
10. Judas empfängt die Silberlinge vom hohen Rath	**R.**	**A.**			

IV. Westchor (Darstellung des jüngsten Gerichts).

Es zeigt die nächste Verwandtschaft mit der Darstellung am Westchor der Georgskirche zu Oberzell (in Kraus' Publ. T. 14). Zur Literatur vgl. neben den Abhandlungen von Voss und Jessen (über das jüngste Gericht) und von Frimmel (über die Bilderhandschr. der Apokalypse) F. X. Kraus' Ausführungen in der Publication der Reichenauer Gemälde p. 20 und namentlich A. Springers Studie im Repert. VII, 375; ferner Hann, Das jüngste Gericht in Milstat in der

932.

»Neuen Carinthia« 1890, Heft 1 und 2. Springer hat der karolingischen Zeit die
Erfindung des Weltgerichtstypus vindiciert, was allerdings mit dem wesentlich
conservierenden, nicht neu schaffenden Charakter dieser Periode nicht recht ver-
einbar scheint. Die Frage muss wohl vorderhand offen bleiben. Allerdings fehlt
das eig. Charakteristische des Gerichtsbildes, die Scheidung zwischen Gut und
Böse in den achr. Darst. (Kosmas bei Gar. 154; Irischer Cod. in St. Gallen
no. 51. Die Barberinische Terracotta Gar. 465 ist von Garucci und Voss irrthümlich hieher bezogen worden; sie ist nicht einmal christlichen Ursprungs.) Vor
der karolingischen Zeit finden wir auch nur vorbereitende Darstellungen (die An-
kunft des Herrn: Kirche von Gorze, auf dem Petersberge bei Fulda, in Lyon,
von Florus beschrieben. s. o. Anbetung des Lammes im alcuinischen Codex aureus
von St. Emmeram in München.) Diese Darst. stützen sich also auf die Apokalypse. Ganz klar wird dies aus Beda's Bericht über die Petrikirche zu Wearmouth (Gesta abb. Wirem. L. I. bei Migne 94, 717); die Gläubigen sollen hier
an die letzten Dinge erinnert werden, dies geschieht aber durch die apoka-
lyptischen Bilder (..... imagines visionum apocalypsis b. Johannis, quibus
septentrionalem æque parietem ornaret, quatenus intrantes ecclesiam .... ex-
tremi discrimen examinis quasi coram oculis habentes, districtius se ipsi exa-
minare meminissent). anscheinend ein Beweis, dass man auch auf antik-christ-
lichem Boden, in Rom (woher ja die Vorlagen stammten), noch kein eigentliches
Weltgericht kannte. Es mag auch hervorgehoben werden. dass gerade im
Norden die heidnische Darstellung des Weltendes eine tiefeingewurzelte (ganz
anders als in der Antike) ist und dass gerade dem VIII.—IX. Jahrhundert Darstellungen. deren seltsam christlich - heidnischer Inhalt in der Schilderung
des jüngsten Tages seinen Schwerpunkt hat, wie Muspilli, Heliand, und Cyne-
wulfs Christ, angehören. Das Malerbuch von Athos lässt uns im Stiche. es ist
hier. wie in manch andern Partien noch (z. B. bei der Geburt Christi) von der
abendländischen. speciell der italienischen Kunst beeinflusst (ed. Didron. p. 208
vgl. die charakt. Handbewegung Christi und die Chöre, beides in der Kunst des
Trecento).

Im St. Gallener Bilde ist keine Etimasia geschildert, welche der nordi-
schen Kunst fremd ist, da sie sonst sicher im Utrechter Psalter aufträte. welcher
gerade den betr. Vers des Ps. 9 illustriert.

932. *Alcuini carm. 109, 15.*

In cimiterio s. Amandi.

Hæc æquata solo viluit domus inclita quondam
Non tulit hanc speciem Christi devotus honore
Arnonus præsul humilis; renovare iacentem
Incipit et melius totam construxerat ædem.

——— ——— ——— ——— ———

Principis egregii primo Michaelis honore

933.

Principis ecclesiæ necnon sub nomine P e t r i
Principis et fratrum præclari et patris A m a n d i
Ut sanctum; voluit poliandrum fratribus esset.
Vos in pace Dei cari requiescite fratres,
Donec ab ætheria clamet pius angelus arce:
Surgite nunc promptim terræ de pulvere, fratres.
Vos vocat adveniens iudex e culmine cæli:
Cum meritis animas propriis adsumite vestras,
Ante Dei Christi magnum modo state tribunæ
Ut condigna suis capiat quis præmia factis.
Vosque timete diem horis, precor, omnibus illum
Qui legitis versus operis dum tempus habetis.
Ut vos inveniat veniens lux illa paratos,
Atque mei memores, supplex rogo, semper in ore
Dicite: Christe, tuo famulo pius esto per ævum,
A l c h u i n e dicor ego; iam vos sine fine valete. *)

*) Der Titulus ist für Arno's (785—821) Stiftung, die Friedhofscapelle
S. Amand zu Salzburg - Arno war bekanntlich Abt von St. Amand d'Elnon —
bestimmt. Diese wurde erst im XV. Jhdt. zu dem jetzigen Margarethenkirchlein
auf dem Leichenhofe zu St. Peter umgewandelt. (Heider, Kunstdenkm. Salzburgs,
Jahrb. der C. C. II.). Springer (Die deutsche Kunst im 10. Jhdt. Westdeutsche
Ztschr. III.) vermuthet eine Weltgerichtsdarstellung.

933. *Hrabani carm. 39.*

De fide catholica rhythmus.

v. 74. Ipso de cælis domino
Descendente altissimo
Præfulgebit clarissimum
Signum crucis et vexillum.
Plangor super se nimius
Erit tum cunctis gentibus.

79. Tuba primi archangeli
Strepente admirabili
Erumpent munitissima
Claustra ac poliandria.
Surget homo a tellure,
Restauratus a pulvere.

933.

80. Undique conglobantibus
Membrorum compaginibus
Animabus ætralibus
Eisdem obviantibus.
Certant sancti cum munere
Christo regi occurrere.

81. Altithronus glorioso
Rex sedebit in solio.
Angelorum tremebunda
Circumstabunt et agmina,
Cunctis iudex cum propria
Secundum reddet merita.

82. Stabimus et nos pavidi
Ante tribunal Domini
Reddemusque de omnibus
Rationem affectibus,
Nostra videntes posita
Ante obtutus crimina.

84. Tunc fideles nam cælestem
Urbis summæ H i e r u s a l e m,
Sustollentur ad patriam,
Introibunt ad gloriam,
Ubi fulget vera pacis
Lux Christus, sol mirabilis.

86. Sic viginti felicibus
Quatuor senioribus
Coronas iam mittentibus
Agni dei sub pedibus
Laudatur tribus vicibus
Trinitas æternalibus.

87. Bis binis coram stantibus
Unitis animalibus
Terna laude sonantibus:
Sanctus Sabaoth dominus,
Hac sancti manent gloria
A sæculis in sæcula.

934.

88. Zelus ignis furibundos
Consumet adversarios
Nolentes Christum credere,
Deo a patre venisse.
Retro ruunt perpetui
In ignis flammas impii.

89. Ubi habentur tenebræ
Vermes et diræ bestiæ,
Ubi ignis sulphureus
Ardet flammis edacibus,
Ubi rugitus hominum,
Fletus et stridor dentium.

91. Sathan atro cum agmine,
Quo tenetur in carcere
Religatus in Tartara
In æterna incendia
Cocytique charybdibus
Submergetur in gentibus. *)

*) Wie die Vorstellung des jüngsten Gerichts, welche wesentlich von der Apokalypse (bes. cap. XX, 11 ff.) ausgeht, von der Literatur der ersten christlichen Jahrhunderte ausgebildet wird, hat besonders anregend Springer a. a. O. dargethan (vgl. auch Voss' Ausführungen über den syrischen Kirchenvater Ephraëm). Die ausführlichste und zugleich anschaulichste Schilderung der karolingischen Zeit ist die vorliegende, bei der ich keinen Zweifel habe, dass sie von der bildenden Kunst eingegeben ist. Das Kreuz leuchtet vom Himmel (74), die Posaunen der Engel ertönen (79), die Gräber öffnen sich und geben die zerstreuten Glieder, die sich sammeln und beseelen, heraus (80), der Himmelskönig sitzt, umgeben von Engeln, auf dem Throne (81), die 24 Ältesten bringen ihre Kronen dar, zugleich erscheinen die vier mystischen Symbole (87). Die Gerechten gehen ins himmlische Jerusalem ein (84), die Bösen werden aber in die schwefelflammende, von grausem Gethier erfüllte Hölle gestoßen (89), wo Satan gefesselt mit seinen Scharen sitzt (91).

934. Sedulius Scottus, Carm. II, 4.

(Ad Hartgarium episcopum.)

Vestri tecta nitent luce serena
Florent arte nova culmina picta
Rident atque tolo multicolora
Et formosa micant scemata plura.

935.

— — — — — — — — — — —

Nostri tecta nigrant perpete nocte
Intus nulla nitet gratia lucis,
Pictæ vestis abest pulchra venustas;
Clavis nulla regit ac sera nulla
Absis nonque micat compta tabellis.
Sed fuligo tolo hæret in alto

— — — — — — — — —

— — — — — — splendide pastor
His succurre malis, o decus almum
Dic verboque pio, quo decoretur
Hæc umbrosa domus priva dierum :
Sit pulchrum laquear, stigmate pictum
Sit clavisque recens ac sera firma
Mox glaucæ vitreæque sint fenestræ.
Quo Phœbus radios dirigat almus
Perlustretque sophos crine decoro
Præsul clare, tuos lucis amantes.
Sic vobis, dominus, arce polorum
Aulæ lucifluæ pulchra venustas
Præstatur digitis compta tonantis
Cælestis Solimæ sede beata.

935. *Sedulius Scottus, carm. 48.*

Versus in quodam picto solario scripti.

1. Angelus apparet Zachariæ missus ab astris.
2. Alloquitur Mariam Gabriel archangelus almam.
7. [Angelus affatur domini Sabaothque Mariam]
3. Exultant animis Elisabeth atque Maria.
4. Nascitur in Bethlem cosmi salvator Jesus.
5. Messiam natum pastoribus angelus inquit.
8. [Natum fert dominum pastoribus alma caterva]
6. Sistitur in templum Simeonis gaudia Christus.
9. Ecce magi domino thus dant, symirnan et aurum.
10. [Ecce magi stellam visunt, Simeon quoque Christum]
11. Angelus in patriam quos fert per devia caram.

936—937.

12. [Inde magi patriam diviso calle revisunt]
13. Fugit in Aegyptum Joseph, puer atque Maria.
14. Trux necat Herodes infantes cæde beandos.
15. Prædicat in heremo Johannes dogma salutis.
16. [Agnum cunctipatris Christum fert voce Johannes]
17. Jordanis dominus glaucis intinguitur undis.
18. Vinum defecit, Jesu fert alma genitrix
19. Sex latices domino vini redolentque saporem.
20. *) Cephan, Andream, Messias puppe sequestrat.**)

*) Anordnung Traube's. **) vgl. über diesen Cyclus, der wahrscheinlich das Oberstockwerk der Lütticher Bischofspfalz (vgl. die vorhergehende Stelle) schmückte, meine »Beiträge« S. 101.

936. *Chron. s. Benigni Division. p. 384.*

Sepulcrum vero sancti et gloriosi martyris *(Benigni)* ita est constructum. Est tumba ex quadris ædificata lapidibus, quæ 8 cubitos in longum, 5 autem tenet in latum, cuius cacumen lapideum quatuor sustinetur suffragio columnarum: desuper autem 4 columnæ marmoreæ locatæ erant antiquitus. Olim super lapideos arcus, qui continebant absidam, ferebant ligneam 6 cubitorum longitudinis et 3 latitudinis, septem(que) et semis altitudinis, quæ undique auro et argento vestita, historiam Dominicæ Nativitatis et Passionis præmonstrabant anaglypho prominente opere pictura satis optima. Verum hoc decentesimum de quo loquimur ornamentum, ob recreationem pauperum tempore famis fuit dissipatum a Domino abbate Willelmo *(990—1031)* et cum capsa aurea mirifice gemmis exornata, pariterque tribus tabulis ac 2 thuribulis argenteis crucibusque. Ac omne ornamentum in auro et argento venumdatum est. *)

*) Über das Grabmal des h. Benignus in Dijon vgl. meine Beiträge S. 68. Ob es der karolingischen oder einer früheren Zeit angehörte, ist allerdings fraglich.

937. *Hrabanus Maurus zugeschrieben.* »*In Hersfeldiensis ad Fuldam amnem inclyti monasterii basilica legebantur hi versus.*«

(Migne 112, 1680 *(Brower). App. ad Hrab. carm. p. 104 106.)*

937.

1. In fronte chori inferioris, quem laicorum appellabant ad lævam.

Lux, laus solemnis, ibi cunctis paxque perennis
  Nec decor ullus abest, Rex ubi summus adest.
Desine vana sequi, pro munere iudicis æqui
  Ob bona facta tibi vivere detur ibi.

2. Ad dextram saxis insculpti.

Sicut agni flores, sic mundi constat honores
  Tempore stare brevi, conditione levi
Mundus transibit, sed non omnino peribit
  Eius mutatus in meliora status.
Porro divina cura sunt condita bina,
  Angelus ac anima, fœdere finitima.

3. In vestibulo chori superioris, circum apostolos a dextris.

Quærunt scituri quæ præmia sunt habituri
Cuncta reliquentes mundi Christumque sequentes,
Quos concessuros sibi censoresque futuros
Promittit, mundo cum venerit ille secundo.

4. In eodem vestibulo, a sinistris.

Patres bisseni, divino pneumate pleni
Ortum nascentis, clauso de ventre parentis
Cernunt, effantur, præsignant, testificantur,
Pectore, sermone, factis scriptis, ratione.

5. Versus deorsum legendi, iuxta sepulcrum Albini.

Angelus	Intactus	Verbum	Nova	Per tria dona
Jussa Dei	Venter	Caro	Stella magos	Deus infans
Fert;	Imprægnatur;	Fit;	Ducit;	Magnificatur;
Christus	Rex mortis	Mors	Clausi	Planta vetusta
Ad mortem	Captus	Moriens	Tenebris	Paradisi
Traditur:	Arctatur:	Perit:	Exsiliunt:	Renovatur;

938—941.

Christus	Districtus	Cunctum	Sua præmia	Nostrum
Exsurgens	Judex	Cor eum	Quivis	Opus omne
Ascendit;	Rediet;	Metuit;	Capiet;	Patefiet;
S. Pneuma	Novæ	Fidei	Baptisma	Supernis
Discipulos	Linguæ	Virtus	Hominum scelus	Ima
Inflammat.	Dantur.	Crescit.	Tollit.	Sociantur.

*) Ob diese Hersfelder Tituli, denen doch gewiss Darstellungen (Reliefs?) entsprachen, wirklich in die karolingische Zeit zurückreichen, ist sehr fraglich; dem Hrabanus Maurus gehören sie sicher nicht an. Der in 5. genannte Albinus lebte im XI. Jhdt. in Hersfeld.

§. 3. Darstellungen auf kirchlichem Geräth.

938. *Libri Carolini II, 29.*

In quibus *(vasibus)* tamen et si quædam imagines sunt, non ideo sunt, ut adorentur, aut quasi sine his sacrorum charismatum munus vilescere queat, sed ut pulchrior his impressis materiarum qualitas fiat.

939. *Ebenda IV, 9.*

. . . . habebantur in tabulis argenteis quædam imagines sicut in vasculis sive in pluribus rebus haberi solent, ...

940. *Ebenda IV, 21.*

Pingitur etiam eadem b. virgo qualiter aselli gestamine recta, puerum in ulnis ferens Joseph prævio in Aegyptum descenderit, qualiterve ex Aegypto ad terram Israel redierit (in pluribus namque materiis hæc historia inditur, et non semper in basilicis, sed interdum in vasis escariis sive potatoriis, interdum in sericis indumentis, plerumque tamen in stragulis).

941. *Walafridi carm. 47 1.*

Versus in quodam mantili.

Pinxit imaginibus rerum studiosa coruscis
Hanc ill.*) pallam arte manuque sagax.

22*

942—944.

Si tam multa unam fabre finxere figuram
Quam pulchre binos colligit unus amor.

*) Der Name der Stickerin ist leider durch das aus Urkundenformeln
bekannte »illa« ersetzt worden.

942. *Hrabani carm. 72.*

De capsa, quam Isanbertus monachus fecit.

En arca hæc claustro custodit maxime capsam
    Quæ salvatoris pollet honore pio.
Virginis hic matris conduntur munera sacra
    Quæ dominum mundi edidit ex utero.
Martinus præsul, simul hic Sabaque eremita
    Princeps et Petrus, pariter martyrque Emerammus.
En Jesu Christi picta consistit imago
    In capsæ gremio quattuor et procerum.
Petrus cum Paulo, sanctissima virgo Maria
    Et Michael princeps recte tenent latera.
Hoc opus, hoc etenim iussu confecit Isanbert,
    Hoc Rodulph*) pictor arte manuque dedit.

*) Dümmler identificiert diesen Maler mit dem bekannten Annalisten von
Fulda.

943. *Hrabani carm. 66.*

De reliquiis in quadam arca positis.

Angelicis alis hæc arca tegatur ubique
Ecce beata cohors agnum circumdat honeste
    Et præco, et mater, sors et apostolica.

b. DARSTELLUNGEN DER HEILIGEN.

944. *Vita Hariolfi c. 8.*

(*Frater Grimoldus*) . . . speciosissimæ formæ s. Mariam
super altare sedentem, ceu parvulum omnium Salvatorem
in sinu habentem contemplatur.*)

*) vgl. über diese und die folgenden, ikonographisch interessanten Visionen
meine Beiträge S. 12 ff.

945. *Flodoardi Hist. eccl. Rem. II, 19.*

(*Vision des Mönchs Raduin zur Zeit B Ebo's.*)

Vidit a loco sepulchri s. pontificis (*Remigii*) procedere beatissimam Dei genitricem nimio lumine coruscantem, cuius hærebant lateribus evangelista J o h a n n e s et ipse sacer R e m i g i u s.

946. *Ebenda III, 7.*

(*Ganz ähnliche Vision des Presbyter Gerhard zur Zeit Hincmars: Maria mit Remigius und Martinus, in einem visionären Tempel erscheinend.*)

. . . vidit se deductum in templum quoddam splendidissimum, ad quod beatissimam contuetur virginem M a r i a m properantem, s. R e m i g i o sanctoque M a r t i n o ab utroque latere stipantibus eam. In ipso vero templo multitudo Levitici ordinis atque sacerdotalis dignitatis eam expectabat, et diaconi induti dalmaticis, quidam cum palmis, quidam sine ipsis adstabant. Cæterorum quoque sanctorum plurimus hic ordo videbatur. Idem vero presbyter nullius specialiter cognoscebat vultum, præter b. P e t r i, qui sibi iam pridem fuerat revelatus.

947. *Heirici Miracula s. Germani Antissiodorensis II, 3, 13.*

(*Erscheinung des h. Tiburtius.*) . . . ea formæ habitudine, ea pulcritudine iuventæ, qua expressius in suæ passionis textu describitur. Visus est autem ante loculum reliquiarum suarum, libratis in aëra gressibus, assistere, et expansis ad orientem manibus, quarum una virgam ferebat auream, pro totius salute populi instantius supplicare.

948. *Vita s. Anskarii c. 4.*

. . . . ecce vir per ostium veniebat, statura procerus, iudaico more vestitus, vultu decorus, ex cuius oculis splendor divinitatis velut flamma ignis radiabat, quem intuitus, omni cunctatione postposita Christum dominum esse credebat.

949. *Ebenda c. 3.*

. . . quorum unus erat senior, cano capite, capillo plano

et spisso, facie rubenti, vultu subtristi, veste candida et colo-
rata, statura brevi, quem ipse s. Petrum esse nemine narrante statim cognovit. Alius vero iuvenis erat, statura pro-
cerior, barbam emittens, capite subfusco atque subcrispo, facie
macilenta, vultu iocundo, in veste serica, quem ille s. Johannem *(sc. Evangelistam)* esse omnino credidit.

950. *Ebenda c. 3.*

»Videbam« inquit »a longe diversos sanctorum ordines,
quosdam vicinius, quosdam vero longius ab oriente assisten-
tes, ad orientem tamen respicientes. Ipsumque, qui in oriente
apparabat, collaudantes, quidam submissis capitibus, quidam
supinis vultibus, tensisque manibus adorabant; cumque per-
venissemus ad locum orientis, ecce XXIV. seniores secundum
quod in apocalipsi *(IV, 4)* scriptum est, in sedibus sedentes,
servato introitu amplissimo, apparuerunt; qui et ipsi reverenter,
ad orientem respectantes, ineffabiles Deo laudes promebant.
. . . Circa sedentes vero splendor ab ipso procedens, similis
arcui nubium tendebatur.«

951. *Cod. Carolin. cp. 91.*

(Hadrian I. an Karl 784—91) Dicebat enim *) quia vidit primis
in somnis cælos apertos et dexteram Dei. Deinde vidit postmodum somnium aliud: turrem magnam et descendentes angelos; inter quibus vidit speciem hominis alas habentes aquile
mortuumque essentem; et aliam speciem hominis alas habentem columbæ vivæ et dicentem: »quia hic est fides christiana.«
Absit enim a fidelium cordibus, ut fides christianorum mortua
esse prædicatur. Nos enim speciem aquile alas habentem,
sicut a sanctis suscepimus patribus, Johannem Evangelistam
testamur, qui secreta cælestia hominibus prædicat: »In principio erat verbum.« In specie vero columbæ spiritus sanctus
visus est; nam nunquam legimus speciem hominis alas co-
lumbe indutam.

*) Vision des Mönchs Johannes.

952. *Libri Carolini IV, 21.*

Hanc autem picturam in tabula aut pariete cernentes,

virginem videlicet depictam puerum in ulnis ferentem, quomodo praesumemus rem insensatam adorare et opus cuiuslibet artificis osculari . . . . Esto, imago s. Dei genitricis adoranda est, unde scire possumus, quæ sit eius imago, aut quibus indiciis a cæteris imaginibus dirimatur? Quippe cum nulla in omnibus differentia præter artificum experientiam, et eorum quibus operentur opificia, materiarumque qualitatem inveniatur. Cum ergo depictam pulchram quamdam feminam puerum in ulnis tenere cernimus, si superscriptio necdum facta sit aut quondam facta casu quodam demolita, qua industria discernere valemus, utrum Sara sit Isaac tenens, aut Rebecca Jacob ferens, aut Betsabee Salomonem iactans, aut Elisabeth Joannem baiulans, aut quælibet mulier parvulum suum tenens? Et ut ad gentiles fabulas veniamus, quæ plerumque depictæ inveniantur, unde scire volemus utrum Venus sit Aeneam tenens, an Alcmena Herculem portans, an Andromacha Astyanacta gerens?

953. *Ebenda III, 24.*

. . . . basilicas, prout libet, sanctorum imaginibus sive etiam auro argentove exornamus, et servitium adorationis sive culturæ soli Deo, cui soli debetur, ipso opitulante impendimus.

954. *Vita s. Mauræ c. 9.*

Quotidie . . . . moram faciebat in ecclesia apostolorum, ubi, sicut nostis, tribus modis imago Domini depingitur Salvatoris; nam repræsentatur tamquam puer, sedens in gremio matris suæ et tamquam magnus dominus, sedens in solio maiestatis et tamquam iuvenis, pendens in patibulo crucis . . . *c. 10.* . . . quæsivi ab ea . . . cur coram supradicta dicti Salvatoris effigie prosternebat se morose quotidie successive . . . Fœlix, inquit, apostolorum ecclesia, in qua frequenter audivi et puerum in matris gremio vagientem et iuvenem in cruce gementem et regem in solio terribiliter intonantem, sed mihi virgam auream amicabiliter donantem.*)

*) vgl. meine Beiträge S. 10 u. 74.

955—957.

955. *Vita s. Corbiniani c. 13.*

. . . qui alienam rapere non verebantur palo infixo pedibus conligati flagellis a viro dei imperio cæsi, ut lamina illius sepulchro depicta declarat.*)

*) Die tuskischen Fischer nämlich, die ihre Beute nicht hergeben wollten.

956. *Ebenda c. 16.*

. . . . divina consecuta est vindicta. Furto viro dei ablatum *) ammissarium inter suas eo transeunte inmittere non verebatur iumentas, quorum plus minus quadraginta tribus complebatur numerus, quo elefantino morbo correpte divinæ vindiciæ consumpta fuisse professus est excepto superstitem singularem, cui sequebatur iam maceriæ iumentus informis et, quod linguæ pudet loqui, ut præfati sumus, dependente verenda nudata calcibus iumentarum ita, ut naturalis eum non caperet vagina, pro quibus verendis verecundiæ stimulis permoti hoc miraculum divinæ operationis virtute ab lammine sepulchri illius argente eposite manu artificis abstrahebamus insignem.**)

*) von Graf Husing. **) Schon Nagel (Deutsche Kunstw. aus dem 8. Jhdt.) im Anz. f. K. dtsch. Vorzeit. 1876, p. 232, hat auf diese Darst. aufmerksam gemacht. Sie sind in der bisher bekannten überarbeiteten vita nicht erwähnt; Nagel meint deshalb, sie seien beim Brande des Freisinger Doms 903 zugrunde gegangen. Vgl. meine Beiträge S. 91.

957. *Walafridi carm. 53.*

(De sancto Gallo.)

1. Vepribus offensus: »Requies« ait »hæc mea« sanctus,
   Dum levita studens vellet sustollere lapsum.

   ———

2. Mox cruce defixa sanctum cecinere poema
   Auxilioque sibi quærunt solatia Christi.

   ———

3. En ursus Gallo famulatur pane recepto,
   Dum simulat somnum levita cubando per arvum.

   ———

4. Sancti ductorem pisces captare volentem
   Feminea in specie terrebant dæmonis iræ.

958—960.

958. *Vadianus, Chronik ed. Götzinger I, 169.*

..... wil glouben, er (*Tutilo*) habe den altar s a n c t
Gallen in der alten pfarrkirchen st. othmars ouch mit
reinem kupfer umgeben und darin etlich geschichten des
lebens und der taten s a n c t g a l l e n sauber und urscheiden-
lich gestochen, wie man noch in kurzen jaren gesechen hat.

959. *Stumpf, Eidgenöss. Chronik. 1586. I°, 5. p. 301.*

Tutilo war der berümte münch zu S a n c t G a l l e n ,
ein fürtrefflicher maler und bilderstecher, welcher so wol
äußert als innert im Sanct Gallischen kloster seine bilderkunst
trefflich geübt. Denn in S a n c t O t m a r s kirche zu S a n c t
G a l l e n war S a n c t G a l l e n altar umgeben mit kupfer, in
welchem S a n c t G a l l e n leben schön ausgestochen war und
dieses soll arbeit von T u t i l o sein. *)

*) Beiträge S. 97 ff.

960. *Theodulfi carm. 38.*

V e r s u s s c r i p t i l i t t e r i s a u r e i s d e s. Q u i n t i n o .

1. I n p r i m a t a b u l a .

Cum denis lustris ternos minus inclitus annos
    Rex ageret C a r o l u s sceptra tenendo pia, *)
Rebus et humanis exemptus culmina regni
    Linqueret ingentis, rex L u d o v i c e, tibi,
Datque octingentis Christi incarnatio felix
    Addere curriculis quatuor atque decem:
Condere cœpit opus huius venerabilis aulæ
    Abbas F u l r a d u s, **) nobilitate cluens.

*) 814. **) Abt von St. Quentin u. Lobbes.

2. I n s e c u n d a t a b u l a .

Martyris egregii Q u i n t i n i hic membra quiescunt
— — — — — — — — — — — —
Huius honore pio veteri fundamine templum
    Constructum hoc fuerat, constitit atque diu.
Sed dum scissa dares, paries, fera signa ruinæ,
    Surgendi causas ad meliora dabas.

961.

Namque piis votis, domino tribuente, peregi
  Hoc ego Fulradus, ut foret istud opus.
Scilicet ut maior studioque operosior omni
  A fundamentis surgeret ista domus. *)

*) Ob diesen Titulis, sowie den folgenden. Darstelluugen der Heiligen oder historisch-legendenhaften Charakters entsprachen, ist unsicher, aber nicht unwahrscheinlich.

961. *Vita s. Hrabani c. 47.*

Sequenti autem die (*VI. Kal. Oct.*) per manum prædicti corepiscopi (*Reginbaldi*) collocavit reliquias ss. episcoporum Cornelii, Calixti, Sixti, Sinitii, Nicasii, et Felicis, Stactei quoque et Pamphili presbyterorum, et ss. martyrum Crispini et Crispiniani, Nerei et Achillei, Sebastiani quoque, Castuli et Romani, Papiæ et Mauri atque Valeriani sanctarumque virginum Cæciliæ, Eugeniæ atque Anastasiæ martyris Christi in ecclesia b. Bonifacii martyris, in loco quo prius s. corpus illius quiescebat. Aedificavit etiam ibi turrem lapideam post altare, in cuius turris summitate media condidit prædictorum ossa sanctorum, arcæ saxeæ diligenter inclusa, super quam culmen columnis quattuor sustentatum erigens, auro ornavit et argento. Intra quod arcam oblongam quadrangulo schemate factum posuit. quam etiam auro et argento atque lapidibus ornans, singulorum sanctorum imaginibus decenter expressis decoravit, versusque quasi ex persona eiusdem arcæ prolatos in circuitu conscripsit, hoc modo:

»Nomine quos noto« etc. (no. 962, 1).

sed in turre subiecta versus conscripsit, quattuor quidem in uno latere, et IV. in altero, elegiaco carmine, hoc modo compositos:

»Martyribus Christi« etc. (no. 962, 2.)

In reliquis vero duobus lateribus, asclepiadeo carmine hos versus conscripsit:

»Felices nimium« etc. (no. 962, 4.)

962. *Hrabani carm. 48.*

1. In ecclesia s. Bonifacii in turri lapidea post altare.

Nomine quos noto locus hic et imagine signat
Præclaros Christi ecce dei famulos,
Qui corde impavido rubuerunt sanguine sacro
Pro Christo iam animas exposuere suas.

2. In primo latere.

Martyribus Christi quorum hic ossa quiescunt,
Hrabanus humilis condidit hunc tumulum.
Horum tu lector si noscere nomina curas,
Arca superposita pandit et ipsa tibi.

3. In secundo.

Roma, decus mundi, laus rerum, summa potestas
Hos iam lectores pontificesque habuit,
Cum quibus hic pausant sumpti de partibus orbis
Virtute clari, Christe, tui famuli.

4. In tertio.

Felices nimium atque beati
Quos rex Christus ovans arce superna
Sanctis pro meritis collocat astris
Vitam perpetuam reddit et illis.

5. In quarto.

Qui templum domini gressibus intrant,
Hos nunc admoneo corde benigno
Christum suppliciter ut prece poscunt
Quo cum martyribus sidera præstet.

963. *Epitaphium s. Richarii.*

(Inseriert bei Hariolf, Chron. Centul. II, 6. — D'Achéry, Spicil. II, 307.

1. In fronte sepulchri.

Aurea cælestem thesaurum contigit urna
Cultorem Dominum, nomine Richarium.

964—965.

Stemmate præcelso, quem Centula protulit ista
Quique loci pastor floruit egregius.

2. In latere dextro.

Posthabito mundi, quo grandi fulsit honore,
Amplas divitias sprevit amore dei
Hic corpus proprium frangens certamine diro
Vir pius et magnus semper in orbe cluit.

3. In culmine arcæ desuper.

Hic vitam functis reparavit, lumina cœcis
Leprosisque salus hoc refovente redit.
Plenus apostolicis virtutibus, atque loquelis
Cœlestes tenuit semper in ore dapes.

4. In latere sinistro.

Huic Karolus princeps condignum mente benigna
Perficiens templum, condidit et tumulum.
Post sexagenos et centum circiter annos
Cum Domini servis integer exstat adhuc.

5. Ad pedes.

Ipsius ut meritis capiat cælestia regna
Regnaque Francorum pace quietus agat.
Amen.

6. Alibi.

Semper sancte, tuos, Richari, protege servos,
Abstractos terra capiat cælestis ut aula.

964. *Ms. fratrum Eremitarum Conventus Moguntini in Joannis Rer. Mog. I, 186.*

(bei Will, Mon. Blidenst. p. 1.)

(Richolfus) Bleistadiense templum dedicavit a. 812, ind. 15. mense Junio. 8 id. prout eius templi hodierno adhuc die picturis loquuuntur parietes.

965. *Ebenda.*

In quibusdam porro illius templi . . . picturis . . . de-

966—967.

dicatio a R i c h o l f o archiepiscopo peracta notatur anno Dom.
812. Et supersunt eodem loco archiepiscopi eiusdem versus,
quibus breviter sancti huius martyrium perstrinxit:

Egregius meritis pausat F e r r u t i u s istic
Cingula militiæ Christi qui vertit ad aram.
Idcirco est pœnis martyr maceratus acerbis,
Per menses bis ter vinclis et carcere clausus,
Spiritus æetheream donec ascendit in aulam.
E u g e n i u s, B e r n g e r conderunt ossa sepulchro;
Post levita humilis R i c o l f u s condidit ista
Quam cernis, lector, signans et carmine tunbam.

966. *Joannis Rer. Mog. I, 186.*

Vetus autem (templum), in quo versus isti picturæque
cernebantur, bello tricennali una cum ædificiis collegii ever-
sum est. *)

*) Ob diese Gemälde dieselben waren, zu denen Richolf den Titulus ge-
dichtet haben soll, ist fraglich. Anscheinend haben wir es aber mit einem
Legendencyclus aus dem Leben des h. Ferrutius zu thun. Die obigen Verse:
Egregius meritis etc. sind dieselben, welche in Helwichs handschriftlichem Syn-
tagma monumentorum 1611, p. 430 (auf der erzbisch. Seminarbibliothek zu Mainz)
unter dem Titel: »Versus Richolphi archiepiscopi de passione s. Ferrutii« stehen.
Hr. Prof. Dr. Schieler in Mainz hatte die Freundlichkeit, mir eine Abschrift zu-
kommen zu lassen. Vgl. Falk in den Forsch. z. d. Gesch. XXII, 435, und im
I. Theil unter Bleidenstadt.

967. *Sedulius Scottus, carm. 21.*

I n c i p i u n t v e r s u s a d E r m i n g a r d a m i m p e r a t r i c e m
c o n s c r i p t i i n s e r i c o p a l l i o d e v i r t u t i b u s P e t r i
a p o s t o l i.

C e p h a n, A n d r e a m Messias puppe sequestrat. *)
Piscosam C e p h a s prædam capit ore tonantis
Sub genibusque dei statim prosternitur almis,
Tum pro se P e t r u s staterem dat proque magistro.

*) Ganz derselbe Vers oben im letzten Titulus des Lütticher Episcopiums.
Vgl. über diesen Cyclus meine Beiträge S. 98 ff. Irmingard ist die Gemahlin
Lothars I.

967.

Item.

Glaucicomis undis lapsantem dextera Petrum
Sublevat altithroni, noscit prolemque tonantis.
Aethereæ Solimæ Petrus fit claviger almus
Cui dat ovile deus triplicis post famen amoris.

Item.

Edocet altithronus Petrum sequeretur ut ipsum,
Inrorat Cephas synagogam nectare verbi.
Suscipit Aeneas optatæ dona salutis
Monstrantur vestes Dorcas quæ texuit alma.

Item.

Thabitam Simon Acheronte redux ab imo
Apparet cunctis mox vivens lætaque Dorcas.
Eximius pastor, populi didascalus ampli
Cornelium sacro catazizat dogmate Christi.

Item.

Claudus ovat gressu Petro miserante salaci
Impius Herodes quem tetro carcere trusit.
Angelus æthereis sed tunc demissus ab astris
Mox Simona pium latebrosis duxit ab antris.

Item.

Angelus a Petro discessit in æthera scandens
Ecclesiæ princeps posthæc ad tecta Mariæ.
Venerat, excipitur hospes venerandus honore
Instruit hic plebem tenebris morbisque repulsis.

Item.

Cornelium Petro sacrato fonte reformat
Anthiochia potens, cuius mox lampade gaudet.
Aurea Roma cluit Petro Pauloque refulgens
Hos contra vehitur Simon magus arte strophosa.

Item.

Fertur in astra volans Simon mirabile monstrum
Labitur infelix, moritur fractoque cerebro.

968—971.

Purpureum sidus Petrus crux sacra coronat
Paule caput perdens, Christum caput eligis altum.

Item.

Hoc insigne decus, hoc textile munus amoris
Ermingarda Petro felix regina dicavit,
Quo redimita stola valeat splendere perenni
Inmarcescibilem prendens super æthera palmam.

968. *Alcuini carm. 117, 2.*

Ostendis Christum populis, baptista Johannes
Hic ecce agnus et hic qui tollit crimina mundi.

969. *Ebenda c. 110, 17.*

Martinus præsul toto venerabilis orbe.
Brictius et famulus, pius atque sacerdos
Christophorusque pius colitur hac martyr in aula
Hi templi ingressum precibus tueantur ab hoste. *)

*) s. o. no. 876. Die Stellung des h. Christophorus als Thürhüter ist ja
aus der späteren Kunst wohlbekannt.

970. *Ebenda c. 114, 6.*

En Stephanus lapides suffert, Laurentius ignes
Perque iter angustum regna beata petunt.
Jure micat rutilo levitarum aula colore
Quos vitæ ad palmam mors pretiosa vocat. *)

*) s. o. no. 877.

971. *Chron. s. Benigni Divion. ad. a. 1001.*

(Bau der neuen Kirche.) s. Pascasia virgo . . . primo car-
ceris afflicta squalore: postea pro confessione Deitatis sententia fuit multata capitali; ut quædam vitrea antiquitus facta
et usque ad nostra perdurans tempora eleganti præmonstrabat
pictura. *)

*) Unter Bisch. Isaac (sæc. IX. med.) findet eine Restauration der Basi-
lica statt, ebenso unter Karl II. nach 871 (D'Achéry a. a. O. p. 376, Sp. 1).
Dass dieses Martyriengemälde in karolingische Zeit zurückreicht, ist angesichts
des Ausdruckes: antiquitus facta möglich. Über Glasmalerei s. u. no. 1094 ff.

972. *Carmina Cenomanensia no. 6.*

Incipit titulus æcclesiæ s. Stephani et omnium
sanctorum infra claustrum Cenomanica in urbe
constructæ atque dicatæ.

Est domus hæc domini sacrata in honore patroni
Levitæ egregii Stephani per secla beati,
Insuper et cunctorum nomine christicolarum.
Pignora prima tenet Stephani pia martiris ara;
En Stephane primus reparas ex hoste coronam.
Dextera sed rursus mundi præconia clara
Concelebrat, nam Paulus adest, qui vespere prædam
Dividit et socios ad cenam provocat agni.
Hinc Jacob frater domini pro munere mentis
Enitet ac baculo fullonis præmia sumit.
Ac Mathæe favens, tantis venerabere donis.
Teodori demum partem sacrare sinistrum
Pignore te docuit, præsul, devotio casta.
Et Juliane, tibi festivas ponere laudes,
Nam revehis comptos exhausto sanguine lauros.
Nec, Landberte, tuum cunctis venerabile nomen
Defuit obsequio, sexta veneraris in ara.
Omnibus his statuit festis altaria donis
Aldricus præsul meritis insignis et actu.

— — — — — — — — — — — — —

Tunc quoque regnantem Hludowicum tempora faustum
Per triplicem septem girum revoluta videbant
Unius adiecto numeri concorditer usu. *)

*) Die Altäre der Stephanskirche zu Le Mans wurden also 834 von B.
Aldricus gestiftet. Vgl. meine Beiträge S. 70.

973. *Hrabani carm. 50, 3.*

(Titulus einer unbekannten Kirche.)

Cœtus apostolicus cum his pictis rite ministris
Hoc altare tenet atque iuvat meritis. *)

*) cf. Th. I. no. 884.

974—977.

974. *Ebenda c. 49.*

5. In sinistro altare.*)

Clarus in orbe soli martyr B o n i f a c i u s istud
Obtinet altare cum sociis pariter.
Quorum si lector, tu noscere nomina quæris
Inspice picturam et relege titulos.

*) Der Kirche zu Holzkirchen cf. Th. I. no. 385.

975. *Sedulius Scottus, carm. 22.*

Inclitus in primo M a r t i n u s limine fulget
H i l a r i u s hilara facie nitet oreque blando,
Sanctus et insigni vestitur tecmine M a r c u s.
Doctus S u l p i c i u s hic personat aurea verba.
Celsus R e m i g i u s specioso vertice lucet.
Tu, S e v e r i n e, micas, haut sæva fronte decorus.
J u s t u s amat roseo sese vestirier ostro.
M a x i m i n e, nites flavis redimite capillis.
E c c l e s i æ p r i n c e p s illustri stemmate flagrat.
A p o l l o n a r e m P e t r i regit inclita dextra,
Emicat A m b r o s i u s, læva gaudetque magistri.

976. *Vita s. Theodardi, archiep. Narbonensis († 893) c. 35.*

duas vero capsas auro et argento nihilominus obductas
ac quibusdam celaturis depictas, et reliquiis sanctorum interius
plenas, quas nostra ætas sub pueritiæ sue annos posita vidit.*)

*) Angeblich auf Befehl des Heiligen gefertigt.

977. *Flodoardus, Hist. Rem. III, 5.*

(*Hincmar*) . . . Locellum etiam quendam hoc est capsam
maiorem, quæ a duobus clericis ferri solet, fieri iussit argentoque imaginato ac deaurato vestivit, ubi . . . . . multorum sanctorum pignora recondidit.

978—980.

(Tafelgemälde, Antependien etc.)

Vgl. meine Beiträge S. 69 ff.

978. Libri Carolini III, 16.

. . . . nec ambiunt *(sancti)* ab opificibus in tabulis sive in parietibus pingi.

979. Vita s. Angilberti auct. Anschero c. 7.

Unicuique altarium tabula coram posita auro et argento gemmisque pretiosis parata est. In medio ecclesiæ s. P a s s i o; in australi parte s. A d s c e n s i o; in aquilonali s. R e s u r-r e c t i o et in porticu secus ianuas s. N a t i v i t a s mirifico opere ex gipso figuratæ et auro musivo aliisque pretiosis coloribus pulcherrime compositæ sunt. Præter hoc altare s. S a l v a-t o r i s et altare s. R i c h a r i i et altare s. M a r i æ ciboriis fabrefactis et aureis redimiculis ornata sunt, et in circuitu auro puro decorata, et his tribus altariis tria lectoria mirifice parata aptata sunt.

980. Bernowini (Angilberti) carm. 1—5.

I.

Versus de adnunciacione.

1. Hic M a r i a m claro G a b r i h e l sermone salutans
2. Inquid: »Amica dei, virgo tonantis, ave«
5. Hic fert ecce deum Christum veneranda M a r i a
6. J o s e p h in obsequio gratus utrique comes.
3. Et domini reddit mater præcelsa futura
4. »Sic mihi fiat,« aiens »pareo namque libens.«

— — — — — — — — — — — —

II.

De nativitate.

Hic natus passus surgens scandensque redemptor
Cardine quadrato colitur, quo vertitur orbis.
Prædicat en natum occasus, oriens quoque passum,
Auster surgentem, septentrio ad ethera vectum.

981.

III.

[De Passione.]

Hic pia pacifici memoratur passio Christi
Quam modico carnis tempore parte tulit.
O veneranda nimis mors est, qua vita redemptis
Redditur et sanctis proemia larga parat.
Mors igitur mortis crux Christi iure colenda est
Qua dempsit mundo crimina cuncta deus.

IV.

Versus de Ascensione.

Hic pia surgentis veneranda est gloria Christi
Qui cum patre simul regnit ubique deus.
Qui ter discipulis uno sub limine solis
Apparuit gaudens, gaudia magna dedit.
Tu quoque gaudebis lector, qui talia credis,
Si caritate fidem spemque tenere velis.

V.

Hic colitur domini veneranda ascensio Christi
Qui deus ante hominem manserat omnipotens.
Altipotens idem veniet post saecula iudex,
Vocibus angelicis haec manifesta patent.
Huius in adventum caritas nos moribus ornet
Reddat et acceptos actibus et meritis. *)

*) Vgl. über diese Tituli und das Plagiat des Bernwin: Traube, Karoling. Dichtungen S. 51 ff.; Beiträge S. 75 ff.; oben im I. Th. unter St. Riquier no. 791. Die Darstellungen der Altäre, zu welchen vielleicht noch ein Apsisbild, die Wiederkunft des Herrn enthaltend, kam, scheinen mir eine Illustration des apostolischen Credo zu bilden.

981. *Gesta abbatum Fontanellensium c. 17.*

(Ansegis, 822–833.) In Flaviacensi quoque coenobio . . . . in hon. vero s. Trinitatis basilicam aedificavit, ante cuius aram tabulam argenteis imaginibus decoratam conlocavit ipsique arae crucem argenteam imposuit universamque basilicam variis picturis decorari iussit.

982—984.

982. *Servati Lupi ep. 60.*

(ad Marcwardum abb. Prumiens.) Abbas monasterii quod germanice S a l i g s t a t appellatur, cui nomen est R a t l e g i o,*)
. . . . obsecrat ut tabulas, quas H i l p e r i c u s pictor beatis
vovit m a r t y r i b u s,**) hebdomada secunda post Pascha ipsi
dirigere dignemini.

*) Ratleic, Nachfolger Einharts als Abt von Seligenstadt (844—854?) und
Kanzler Ludwigs d. Frommen. **) Der hh. Petrus und Marcellinus. s. oben
unter Seligenstadt.

983. *Flodoardus, Hist. Rem. III, 5.*

(Hincmar). Insuper et aram s. genitricis Dei*) auro vestivit
ac lapidibus preciosis ornavit. His quoque versibus titulavit:

»Hanc aram Domini genitricis honore dicatam
Cultor ubique suus decoravit episcopus H i n c m a r,
Muneribus gratis functus hac sede sacerdos,
Jam bene completis centenis octies annis
Quadraginta simul, quinto volvente sub ipsis**)
Cum iuvenis K a r o l u s regeret diademata regni
Hunc sibi pastorem poscentibus urbis alumnis.«

Et ad imaginem D e i g e n i t r i c i s in ipso altari:

»Virgo M a r i a tenet hominem regemque Deumque,
Visceribus propriis natum de flamine sancto.«

*) In der Marienkirche zu Rheims. **) 845.

984. *Sugerii Liber de rebus in administratione sua gestis c. 32.*

Principale igitur b. D i o n y s i i altare, cui tantum anterior
tabula a K a r o l o C a l v o imperatore tertio speciosa et preciosa habebatur . . . ornatum iri acceleravimus, et utrique
lateri aureas apponendo tabulas, quartam etiam preciosiorem,
ut totum circumquaque altare appareret aureum, attollendo
circumcingi fecimus.

---

c. DAS CRUCIFIX.

Zur Lit. über das Crucifix vergleiche den zusammenfassenden Artikel in
Kraus' Realenc. II. 528, dazu Otte. Hdb. d. kirchl. Kunstarch. 5. A. 1883.

I, 535, und Stockbauers Kunstgeschichte des Kreuzes. Besonders verweise ich auf Dobbert's Aufsatz zur Entstehungsgesch. des Crucifixes. Jahrb. d. preuß. Kunstsamml. I, 41 ff. Im allgemeinen tritt im karoling. Zeitalter die Kreuzigung ziemlich zurück: in den drei großen Cyklen dieser Periode ist sie in Ingelheim nicht sicher, in St. Gallen und Lüttich nicht erwähnt. In den karolingischen Miniaturen kommt sie äußerst selten vor, wie denn überhaupt die neutestamentarischen Scenen hier sehr im Hintergrunde bleiben; ich kenne nur Darstellungen im Bildergedicht des Hrabanus Maurus, De laudibus s. crucis, im Gebetbuch Karls II. zu München, im Evangelium Franz II. (Paris, Nat. Bibl. 257), im Psalter Ludwigs des Deutschen auf der Berliner Bibliothek, eine rohe Federzeichnung im Wiener Otfrid, als Initialvignette im Sacramentar des Drogo von Metz und in dem Sacramentarfragment der Pariser Bibliothek no. 41.

985. *Hrabanus Maurus, De laudibus sanctæ crucis I, Fig. 1.*

Ecce imago Salvatoris membrorum suorum positione consecrat nobis saluberrimam, dulcissimam ac amantissimam sanctæ crucis formam.*)

*) Über das Bildergedicht des Hrabanus s. u. no. 1062 ff. Die obige Stelle ist der Erklärnug des beigegebenen Crucifixusbildes entnommen.

986. *Jonas Aurelianensis, De cultu imaginum l. I, p. 340.*

. . . ob memoriam passionis Dominicæ imaginem crucifixi Christi in auro argentove exprimimus, aut certe in tabulis diversorum colorum fucis depingimus.

987. *Einhart, De adoranda cruce.*

Sic et crux, que sine dubio sancta est et conpetentem sibi habebit honorem, et deus, in quo et a quo et per quem, ut b. Augustinus ait, sancta sunt que sancta sunt omnia, in eo quod ipse sanctificavit venerabiliter adoratur.

988. *Vita s. Wigberti, abb. Fritzlariensis c. 20.*

(Sachseneinfall nach dem Tode des Heiligen.) quidam . . . crucisque argenteam laminam affabre inauratam rapuit.

989. *Liber mirabilis ad a. 816.*

(Abt Aigmarus.) . . . Inter alia ornamenta, magnas duas crucifixi vultus imagines fecit opere argentario, auro, lapidibus-

que pretiosis distinxit: quarum maiorem Figiaci*) ad designandum loci prærogativam, minorem Conchis posuit.**)

*) Figéac. **) Conques.

990. *Appendix ad carm. Petri et Pauli no. 48.*

Item versus super crucem.

Adam per lignum mortem deduxit in orbem
Per lignum pepulit Christus ab orbe necem.

Item aliter.

Crux tua, Christe potens, his sit protectio sæptis
Ne lupus insidians possit adire gregem.

Item aliter.

Crux tua, rex regum Christe, hoc tueatur ovile
Ne leo crudelis carpere possit oves.

Item aliter.

Crux tua, lux lucis, has vallet fulgida caulas
Fundere ne serpens dira venena queat. Explicit.

991. *Alcuini carm. 109.*

10. Ad sanctam crucem.

Quisque domum nostram veniens intrabis amicus,
    Ante tuos oculos aspice signa crucis,
Quæ contra insidias possunt te armare inimici,
    Si geris illa tibi pectore, fronte, fide.
Mors mala per hominem paradisi ex arbore fluxit,
Per tactum ligni paradisum clauserat Adam,
    Perque crucis lignum Christus reseravit Olimpum.

11. Item.

Adspice, tu, lector, nostræ pia signa salutis,
Ecclesiæ in medio Christi mirabile donum.
Pro mundi vita mundi iam vita pependit,
Pro servis moritur dominus: quam sancta voluntas!
Viveret ut servus, empsit cum sanguine servum.

992—994.

Hoc memor esto, crucem videasque in lumine stantem,
Et mox ante dei faciem feliciter ora.

— — — — — — — — — — — .— —

Hic quoque sit nobis sacræ spes magna salutis
Agmine apostolico quoniam hæc ara refulget,
Et simul Helenæ meritis vivacibus almæ,
Quæ invenisse crucis fertur venerabile lignum,
In quo Christus honor mundi, laus, vita, pependit.*)

*) s. o. Th. I. no. 548. (Salzburg.)

992. *Alcuini carm. 116.*

CXVI.

Pro mundo moriens hic mundi vita pependit
   Abluit omne huius sanguinis unda nefas.
Dum caput inclines, mundum super erigis astra
   Et mirum sæclis, mors tua vita fuit.
Agnus ab hoste sacer, populum qui per mare duxit
   Nunc melius mundum salvat ab hoste suum.
Aeneus en serpens, populi qui vulnera sanat
   Nunc tu, peccator, aspice mente pia.*)

*) Sehr zu beachten ist hier der typologische Hinweis auf die Einsetzung
des Osterlammes (Biblia pauperum) und die eherne Schlange (Klosterkirche S.
Paul in Jarrow und die spätern typolog. Bilderkreise.)

993. *Ebenda carm. 114, 1.*

Vexillum sublime crucis venerare, fidelis

— — — — — — — — — — — — —

Crux benedicta nitet, dominus qua carne pependit.

994. *Hrabani carm. 62.*

De cruce.

Vexillum domini qui vicit Tartara Christi
   En rubet hic pictum luce micando nova.

— — — — — — — — — — —

995—997.

Item.

Crux veneranda dei solis hæc fulget ab ortu,
Mitigat hæc Austri minitantia flabra procellas.
Hæc Zephyri nimbos et flumina pellit ab æde,
Hæc Boreæ gelidos compescit frigora flatus.

— — — — — — — — — — — —

995. *Ebenda carm. 64.*

De cruce.*)

Qui cruce confixus renovavit sanguine mundum
Per crucis hoc signum hanc dicet ipse domum.

*) Titulus eines Refectoriums (zu Fulda?)

Item.

Crux hæc sancta dei consignet munera mensæ
Divino dono pocula cum dapibus.
Et pater ipse sedens expenso munere largus
Sis inopi, semper hospitis esto memor.

Item.

En crux alma dei venerando fulget amictu
Quæ Salvatoris tincta cruore fuit.

996. *Ebenda carm. 65.*

In cruce Gundramni comitis.*)

— — — — — — — — — — — —

Nam crucis hoc signum Gundramnus iusserat esse
Cui deus omnipotens præmia læta paret.

*) † ca. 840. Seine Grabschrift bei Hrab. carm. 86.

997. *Ebenda carm. 80, 11.*

Isti versus sunt scripti in ara capellæ.*)

Expansis manibus sic totum amplectitur orbem
In cruce confixus Christus in arce deus.
Extinxit mortem, confregit sceptra tyranni
Aeternam requiem reddidit ipse suis.

*) St. Sérnin zu Toulouse oben Th. I. no. 839.

998. *Ebenda carm.* 55, 5.

Versus in tabula inter Seraphim posita.*)

Hic deus est Christus dominus qui regnat ubique
Et cruce confixus noxia vincla rupit.

*) s. Th. I, no. 882. Hraban hat sich in seinem figurierten Gedicht: De
cruce (vgl. meine Publication im Jahrb. der A. H. Kunstsammlungen, Bd. XIII,
I ff.) knieend zu Füßen des Kreuzes (wie viel später der h. Franz in der Unter-
kirche von Assisi, dann bei Fiesole etc.) dargestellt. Das Kreuz erscheint hier
allerdings nur in geometrischer Gestalt, der Crucifixus selbst schmückt aber die
Præfatio. Ganz ähnlich kniet Karl II. in seinem Gebetbuch in München vor
dem Kreuze.

999. *Carmina Centulensia VIII—XIV.*

VIII.
In crucifixo.

Hic clavis colitur fixus veneranter Jesus
Mundi mercator sanguine de proprio.

IX.
Item.

Hoc patulo colitur ligno suspensus Jesus
Qui protoplasma avidi demsit ab ore lupi.

X.
Item.

Hic pansis dominus pendet manibus cruce fixus,
Per quem vita est data atque salus hominum.

XI.
In cruce.

Gratis in hoc subiit dominus signum crucis almæ,
Tergeret ut nostra crimina sic varia.

XII.
Item.

Hoc signum zabulus crucis exhorret truculentus
Per quod flammivomum decidit in baratrum.

1000—1003.

XIV.

Item.

Hic clavis fixus mitis veneratur Jesus,
Qui mundi facinus tersit uti dominus.

1000. *Vita s. Aldrici, episcopi Cenomanensis c. 9.*

Inter magnifica eius opera Jesu Christi cruci affixi statua eminebat argentea, auro eleganter oblita, quæ ad nostram usque ætatem est asservata, ... donec scelerati quidam homines . . . . augustum hoc monumentum rapuerunt, confregerunt, profanarunt, ...

1001. *Hincmari Annales a. 877.*

Carolus imperator imaginem Salvatoris in cruce fixi ex auro multi ponderis fabrefactam et gemmis preciose ornatam, sancto direxit Petro apostolo.

1002. *Annales Vedastini a. 877.*

(Johannes) papa munera quæ imperator *(Karl II.)* transmiserat s. Petro dedit, inter quæ et crucifixum aureum, qualis non fuit ab ullis regibus factus.

1003. *Joannis Scotti Versus I.*

De Christo crucifixo.

(ad Carolum Calvum)

— — — — — — — — — — — —

Ecce crucis lignum quadratum continet orbem
    In quo pendebat sponte sua Dominus.
Et Verbum Patris dignatum sumere carnem
    In qua pro nobis hostia grata fuit.
Aspice confossas palmas humerosque pedesque
    Spinarum serto tempora cincta fero. *)
In medio lateris reserato fonte salutis
    Vitales haustus sanguis et unda fluunt.

— — — — — — — — — — — —

1004—1006.

Binos adde reos pendentes arbore bina
Par fuerat meritum, gratia dispar erit.

*) Die Dornenkrone ist ein Unicum in dieser Zeit; nach Otte (Kunstarch. I, 538) kommt sie auf Bildwerken erst im XIII. Jhdt. vor, wird aber schon im XII. Jhdt. im Mitralis des Sicardus (Ficker, Mitralis p. 17) erwähnt; möglicherweise ist sie hier ein jedenfalls zu beachtender Zusatz aus der Phantasie des Dichters.

1004. *Bernowini carm. 10.*

— — — — — — — — — — — — —

Bernowini*) et suorum memorare subplico
Aulam istam qui fundavit, triumphante C a r o l o
— — — — — — — — — — — — dicite:
»Bernowini miserere, rex deus altissime
Construxit qui domum istam ornavitque carmine.«
Hac in domo fulget alma Christi crux mirabilis
In qua salus, lux et vita, victor ineffabilis
Pendens plebem liberavit hostis ab insidiis.

*) Die Existenz des Angilbert-Plagiators Bernowin von Vienne ist sicher; er ist 887 auf der Synode von Châlons (vgl. den I. Theil no. 855 ff.) Seine Grabschrift bei Allmer & Terrebasse, Inscr. de Vienne, atlas pl. 51, no. 342.

1005. *Ebenda carm. 28.*

Versus Bernowini episcopi ad crucem.

C onditor æterne, quem laudo versibus isti C
R ex requiem B e r n w i n i da, pater atque redempto R
V irtus virtutum victor victoria Hies U
X riste tu iustus iudex miserere mei re X

————

Omnipotens dominus, mundi formator et auctor
Sis pius et clemens, mihi sis spes unica vitæ
Suscipe hoc munus, te supplex accipe, rogo.

1006. *Vita s. Theodardi*) c. 35.*

Crucem autem, ad instar humanæ staturæ protractam,
auro argentoque adopertam, in qua particula crucis Domini,
condita erat . . . . .

*) B. von Narbonne.

1007.

B. PROFANKUNST.

a. HISTORISCHE DARSTELLUNGEN, PORTRAITS etc.

1007. *Ermoldus Nigellus, De laude Hludowici IV, v. 244 bis 284.*

Regia namque domus late persculpta nitescit,
  Et canit ingenio maxima gesta virûm.
Cyri gesta canit nec non et tempore Nini
  Prœlia multimoda duraque facta nimis.
Hic videas fluvio regis sævire furorem
  Vindicat ut cari denique funus equi.
Deinc mulieris ovans infelix prenderat arva
  Sanguinis utre caput ponitur inde suum.
Impia nec Falaris reticentur gesta nefandi
  Utque truces populos hic necat arte fera.
Ut Pyrillus ei quidam faber æris et auri
  Jungitur et Falari cum impietate miser.
Aere celer taurum nimio fabrivit honore
  Truderet ut hominis quo pia membra ferus.
Moxque tyrannus cum tauri conclusit in alvo
  Arsque dedit mortem ut artificique suo.
Romulus et Remus Romæ ut fundamina ponunt,
  Perculit ut fratrem impius ille suum.
Hannibal ut bellis semper persultus iniquis,
  Lumine privatus ut fuit ipse suo.
Atque Alexander bello sibi vindicat orbem,
  Ut Romana manus crevit et usque polum.
Parte alia tecti mirantur gesta paterni
  Atque piæ fidei proximiora magis.
Cæsareis actis Romanæ sedis opimæ
  Junguntur Franci gestaque mira simul.
Constantinus uti Romam dimittit amore
  Constantinopolim construit ipse sibi.
Theodosius felix illuc depictus habetur,
  Actis præclaris addita gesta suis.

1008.

Hinc Carolus primus Frisonum Marte magister
  Pingitur, et secum grandia gesta manus.
Hinc, Pippine, micas, Aquitanis iura remittens
  Et regno socias, Marte favente tuo.
Et Carolus sapiens vultus prætendit apertos
  Fertque coronatum stemmate rite caput.
Hinc Saxona cohors contra stat, prælia temptat,
  Ille ferit, domitat, ad sua iura trahit.
His aliisque actis clare locus ille nitescit
  Pascitur et visu cernere quosque iuvat. *)

*) Literatur s. o. no. 925 nam. den Aufsatz von Bock. der Orosius als
Quelle nachweist, dann meine Beiträge S. 59. und Clemen. Ztschr. d. Aach.
Gesch. Ver. XI, 218.

1008. *Hincmari Annales a. 868.*

Adrianus vero papa congregans synodum, supradictum Anastasium hoc modo, sicut subsequitur, post dam-
nationes in eum latas iterum condemnavit.

Hæc in imagine in dextra parte scripta sunt:*)

»Imperantibus dominis nostris, Lothario et Ludovico
  augustis, mensis Decembris die XVI, ind. 14.«
(Excommunicatio quam fecit Leo episcopus de Anastasio
  presbytero et postea Adrianus.)

Hæc in imagine in sinistra parte scripta sunt:

»Leo episcopus, servus servorum Dei« etc.

Super valvas argenteas hæc scripta sunt:

»In nomine p. et f. et sp. s. . . . . Anastasius . . . .
neque vocatus, neque excommunicatus et ad ultimum anathe-
matizatus, sicut de eo in hac synodo veridica pictura demonstrat, ad congregata duo pro eo episcoporum concilia venire
noluit; ideo . . . . est depositus et sacerdotali honore privatus.«

Hac usque Leo pontifex scribi iussit. Post mortem vero
iamdicti Leonis, dignæ mem. præsulis . . . Anastasius
ecclesiam invasit . . . huius venerandæ synodi . . . picturam

1009—1010.

destruxit imaginemque deiecit, quam beatiss. papa B e n e-
d i c t u s atque egregius restauravit et lucifluis coloribus decoravit. **)

*) cf. Jaffé, Reg. ad. a. 855 (Romæ in ecclesia b. Petri). **) vgl. meine
Beiträge I, S. 17.

1009. *Agobardus, De imaginibus sanctorum c. 32.*

Habuerunt namque et antiqui sanctorum imagines vel
pictas vel sculptas, sicut etiam superius est ostensum; sed
causa historiæ, ad recordandum, non ad colendum; ut, verbi
gratia, gesta synodalia, ubi pingebantur catholici veritate
fulti et victores, hæretici autem pravi dogmatis mendaciis de-
tectis convicti et expulsi, ob recordationem firmitatis catho-
licæ fidei, iuxta morem bellorum tum externorum cum civilium ad memoriam rei gestæ; sicut et in multis locis videmus.

(Portraitdarstellungen.)

Vgl. meine Beiträge S. 121. Über Porträts Karls d. Gr. A r n e t h in der
Publ. des Wicner Evangeliars der Schatzkammer, Denkschr. der k. Akad. Phil.
Hist. Cl. XIII, 1864 (von geringem Belang). C l e m e n, Die Portraitdarst. Karls
d. Gr. Ztschr. des Aachener Gesch.-Ver. XI, 185. E. a s s'm W e e r t h, Bonner
Jahrb. 1884, H. 78. W o l f r a m, Die Reiterstatuette Karls d. Gr. aus der Kath.
zu Metz. Straßb. 1890 (mit 4 Tafeln). B a r b i e r d e M o n t a u l t, Charlemagne
sur le mosaique du Tridinium du Latran à Rome. Bull. des trav. hist. 1881.
M u n t z, Notes sur les mos. chrét. Rev. arch. 3me série. III, 1.

1010. *Miracula s. Virgilii, episcopi Salisburg. c. 2.*

Quadam die factum est,*) ut lapides e muro elapsi, ali-
quantulum introspectandi aditum transeuntibus præbuissent:
diligentius aliquibus hoc ipsum considerantibus, concavitatis
patuerunt indicia, et picturæ vetustioris deaurata illic visa
sunt schemata. Porro canonicis huius rei novitatem perqui-
rentibus, et latius eiusdem muri aperturas patefacientibus,
inventa est b. V i r g i l i i, octavi post s. R u d b e r t u m S a l z-
b u r g e n s e m episcopum, tumba et depicta imago, eiusdemque
imaginis huiuscemodi epigramma:

»V i r g i l i u s templum construxi schemate pulchro.«
Et præterea dies obitus eius »V. Kal. Dec.«

*) beim Umbau von s. Peter und bei der Erhebung des Körpers des h.
Virgil 1181 unter Eb. Konrad.

1011—1014.

1011. *Einharti Vita Karoli c. 31.*

Tandem omnium animis sedit, nusquam eum honestius tumulari posse quam in ea basilica, quam ipse propter amorem dei et domini nostri Jesu Christi et ob honorem sanctæ et æternæ v i r g i n i s g e n i t r i c i s eius proprio sumptu in eodem vico construxit. In hac sepultus est eadem die, qua defunctus est, *(814 Jan. 22.)* arcusque supra tumulum deauratus cum imagine et titulo exstructus.

Titulus ille hoc modo descriptus est: Sub hoc conditorio situm est corpus K a r o l i magni atque orthodoxi imperatoris, qui regnum F r a n c o r u m nobiliter ampliavit et per annos XLVII feliciter rexit. Decessit septuagenarius A. D. DCCCXIIII, ind. VII. V. Kal. Febr.

1012. *Miracula s. Karoli M. c. 2.*

Accidit autem forte*) quadam die præfatum clericum s. A q u e n s e m . . . intrare ecclesiam: qui etiam ausu temerario . . . . sacrarium . . . . inrumpere præsumpsit, et ante venerandam effigiem venerabilis K a r o l i reclinato capite, ... somno dormitionis oppressus somnum mortis adinvenit.

*) Zur Zeit des Erzählers. cf. cap. 1.

1013. *Ebenda c. 3.*

(Thietmarus) . . . positis igitur . . . ante venerandam effigiem præfati imperatoris scriptuosis breviaribus . . . .

1014. *G. Helwichii Antiquitates Laurisham. p. 20.*

(RR. Moguntinens. SS. cura G. Ch. Joannis Tomus Novus (III.) Frankfurt a. M. 1727.)

In monasterio L a u r i s h e i m e n s i olim fuit s t a t u r a ferrea C a r o l i M. imperatoris, in qua scriptum erat argenteis litteris: »Karolus Imperator iussit cubitum istum fieri iuxta mensuram suam·«*)

*) Die obige, ziemlich wertlose Nachricht würde hier nicht eingefügt worden sein, hätte nicht P. Clemen (Ztschr. d. Aach. Gesch.-Ver. XI, 222 f.) daraus eine Statue Karls d. Gr. gemacht, »ein Werk, das, der Initiative des letzteren seine Entstehung dankend, mit G e w i s s h e i t (auf die Nachricht Hel-

wichs hin!) der frühesten karolingischen Kunst angehört.« Der Lesefehler Clemens' (statu. af statura) ist im Zusammenhang schwer begreiflich; es handelt sich ganz offenkundig um eine Curiosität, die im Kloster gezeigt wurde, ein eisernes Maß, welches die Größe des Kaisers angab und von der Localtradition. auf ihn selbst zurückgeführt wurde. Auch die Nachricht bei Spon, Hist. de Genève (benützt von Arneth a. a. o.), dass Karl d. Gr. auf seinem Zuge gegen Desiderius in Genf sein eigenes Reiterbild errichtet habe, ist natürlich fabelhaft.

1015. *Flodoardi Hist. Remens. ecclesiae II, 19.*

Huius ecclesiæ (*s. Petri*) pinnacula talem videtur præmonstrare titulum personis etiam vel imaginibus S t e p h a n i papæ ac L u d o w i c i imperatoris insignitum:

»L u d o w i c u s cæsar factus coronante S t e p h a n o
Hac in sede papa magno; tunc et E b o pontifex
Fundamenta renovavit cuncta loci istius,
Urbis iura sibi subdens præsul auxit omnia.«

1016. *Versus de eversione monasterii Glonnensis.*) (zwischen 848 u. 851.)*

4. Olim nitens clarissima
Terrisque famosissima
Sancti patris basilica
F l o r e n t i i præcipua.

5. Sensit fera incendia
A gente crudelissima
Vere bruta Britannica:
Lugete cuncta talia.

22. (*Nomenoi*) pagum petit M e d a l g i c u m
G l o n n a m locum pulcherrimum.

23. Turmam vocat monachicam
Multamque dat pecuniam.
Jubet suam mox statuam
Effigiari splendidam.

24. Quam ponerent pinnaculo
Ad Orientem patulo
Signum quod esset, K a r o l u m
Se non timere dominum.

1017—1018.

25. Illi statim regi suo
    Hæc pertulerunt K a r o l o
    Qui audiens superbiam
    Miratus est audaciam.

26. Tunc iussit ut pecuniam
    Sibi disponerent totam,
    Illius albo lapide
    Sculptu visus imagine.

27. Quam ponerent pinnaculo
    Ad orientem patulo
    Signum foret quod impio,
    Se subiugendum K a r o l o.

28. Iratus ille *(Nomenoi)* talibus
    Locum petit velocius
    Prædas iubet militibus
    Accendit ignem protinus.

*) Über Glonne s. die U. Karls II. bei Bouquet, Rec. VIII, 501.

1017. *Miracula s. Germani c. 11.*

(Ragenarius dux Nortmannorum, zur Zeit Karls II.) præcepit tandem unam auream suæ similitudinis statuam fieri atque per eundem K o b b o n e m *(sancto)* G e r m a n o seni deferri, spondens se, si evaderet, Christianum deinceps futurum . . . . . . statua vero sacris oblationibus indigna, a quibus delegata fuerat retenta, velut immundissima, a mundissimo cordium inspectore refutata remansit.

1018. *Miracula s. Benedicti c. 9.*

Hoc interitu memoria nefandi abolita fuisset hominis, *) ni vetustas F l o r i a c e n s i u m incolarum, curiosa futurorum, marmoream eius capitis fingere curavisset effigiem, quæ nunc in ultima parte parietis ecclesiæ s. M a r i æ, ac famuli eius B e n e d i c t i, septemtrionem versus, inserta perspicitur. **)

*) Des Dänenkönigs Rainald 864. **) Nunc loco marmoreæ cernitur in lapide ad deridiculum insculpta eius capitis effigies, quam Nortmannorum regis esse incolae tradunt. M a b i l l o n.

1019—1021.

1019. *Carmina Centulensia XXXIII.*

Epytafium (Nithardi).*)

Hic rutilat species Nithardi picta sagacis
Nomen rectoris qui modico tenuit.

*) Des berühmten Historikers und Kriegers, Sohnes Angilberts, gefallen am
14. Juni 844 (?). Er erscheint hier als Abt von Centula und Nachfolger Angilberts. Vgl. Wattenbach, Geschichtsquellen 5 A. I, 202.

1020. *Ebenda no. CXLV.*

Imploratio Angeli.

O pie, sorte tua Ruodulfum*) suscipe, Christe.

Responsio Christi.

»Suscipiam« contra clemens affatur Jesus.

*) Abt von Centula † 866. Der Titulus geht allem Anschein nach auf
eine Portraitdarstellung des knieenden und von seinem Schutzengel empfohlenen
Ruodolf. Ich verweise auf die in meinem Aufsatz über den Liber de s. cruce
(Jahrbuch der kunsthist. Sammlungen des A. H. Kaiserhauses Bd. XIII, S. 20 ff.)
behandelten Darstellungen.

1021. *Carmina Salisburgensia. I.*

De ordine comprovincialium pontificum.

Wattenbach, Geschichtsquellen 5. A. I, 274. (W. erklärt die Verse für
Tituli der Salzburger Bischofspfalz); Dümmler im NA. IV, 312; Arch. f. österr.
Geschichtsquellen XXII, 279; meine Beiträge S. 127.

I a.

(Salzburg.)

Dicta Juvavo fuit quondam metropolis ista,
Quam primo fundens Hrodbertus rexerat almus.
Post hunc Vitalis antistes rexit eandem;
Ipsius inde Flobargisus qui est fultus honoris.
Quartus Johannes fuerat sedemque regendo
Advena Virgilius statuens quam plurima quintus.
Multo plura gerens Arno super omnia sextus.
Septimus hinc successit Adalram pastor opimus

Tempore namque suo statuens quam plurima pulchre.
Octavus veniens L i u p h r a m m u s *) præsul ovilis
Officium domini renovans formosius æque.

*) 836—859.

1 b.

(Salzburg.)

Hic locus, ut fertur, dudum J u v a v o vocatus
    Magnus honore fuit, ut modo signa probant.
Tempore quo gentem H r o d b e r t u s episcopus istam
    Rexerat et struxit sedis ovile sacrum hic.
In qua pontifices multos post rite sedentes
    A r n successit ovans rector ovile regens,
Quem C a r o l u s, princeps regni, superauxit honore
    Archisacerdotis, dignior ut fieret.
Quem L e o papa sui veste vestivit honoris,
    Et privilegia dans mox solidavit eum,
Ut regionis apex ac summus episcopus esset,
    Urbsque hæc metropolis tempus in omne foret.
Huic successit A d a l r a m n u s antestis amatus,
    Quem papa E u g e n i u s compsit honore pio.
Post hunc successit L i u p h r a m m u s rite sacerdos,
    Functus apostolici munere G r e g o r i i.
Nam velut archisacerdotes in sede manentes
    Legitime functi numine apostolico,
Plurima diversis struxerunt stemmata rebus
    Ut vice quisque sua optime prævaluit,
Sic reliquos successores in sede futuros
    Talia vota simul semper habere decet.
Cunctis præteritis patribus simul atque futuris
    Donet in arce poli gaudia magna deus,
Et veniam scelerum subiectis præstet eorum
    Et gaudere simul in requie iugiter.

2.

(Regensburg.)

Hic R e g i n e n s i s sedis vocitatur ab urbe
Quam rexit primo W i c t e r p u s episcopus ille.

372

1021.

Post alius, Cawipaldus qui nomine dictus.
Tertius Sigiricus erat sacratus ad aulam.
Post hunc iam fuerat Sindbertus in ordine quartus.
Quintus Adalwinus fuerat sedemque regendo.
Post hunc Baturicus tenuit pius optime sedem.
Erchanfredus*) ovans sequitur hunc pastor opimus.
*) 847—864.

3.
(Freising.)

Frigisiensis enim sedis hæc aula vocata est,
Corbinianus ovans quam primus rexerat almus.
Inde dei famulus Ermperhtus nomine sedit,
Tertius hinc Joseph, præclarus nempe magister.
Arpeo quartus erat doctus ac lingua modestus.
Quintus apostolicam tenuit pius Atto cathedram.
Post hunc Hitto pater sedem iam rexerat almus.
Exhinc successit Erchanperht pastor amatus.
Ecce pius sedem præsens nunc Anno*) gubernat.
*) 854—875.

4.
(Passau.)

Pattaviensi ergo sedi est hæc aula dicata,
Quam tenuit primo Vivolus iam ipse sacerdos.
Nomine post illum antistes mox vite Beatus.
Tertius est etenim Sidonius auctus honore.
Anthelmus quartus meritis et dogmate magnus
Hinc Wisuricus ovans sedis conscendit honorem.
Nuper Waldricus felix vir in ordine sextus.
Nunc sedet antistes magnus ille sedis honorem.*)
*) Auf Waldricus folgte Urolf 804—806.

5.
(Säben—Brixen.)

Hæc sedis vallis Noricanæ dicta Sebana,
Ingenuinus habens primo quam rexerat almus.
Mastulo secundus seditque regendo cathedram.
Post illum pastor servavit ovile Johannes.

Præsul Alimus erat meritis qui et dogmate quartus.
Quintus honore sedet ille . . . . . .*) fultus eodem.

*) Der Name ist ausgefallen; der frühere Bischof Alimus starb um 803;
es ist unsicher, ob der nächste Bischof Heinrich sogleich folgte.

1022. *Hrabani carm. 56.*

Versus . . . .*)

Pontifices isti hanc sedem rite tenebant,
Postquam hunc Hunni diripuere locum.
Sed numerum annorum certum quo quisque regebat
Ecclesiam, nusquam reperire haud potui.
Ast postquam summus præsul Bonifacius istic
Ex Roma est missus rector ubique pius,
Isti post ipsum hanc sedem iure regebant,
Ordine pontificis officioque simul.

*) Lücke; »Agit de Moguntiacensium præsulum successione.« Brower.

---

b. ALLEGORISCHE DARSTELLUNGEN, PERSONIFICATIONEN u. dgl.

Vgl. meine Beiträge S. 128—164. Clemen, Ztschr. d. Aach. Gesch-Ver.
XI, 216, no. 2. mit ausführlichen Literaturangaben.

1023. *Turpinus, De gestis Caroli M. c. 31.*

Et palatium similiter, quod ipse iuxta eam*) ædificaverat.
(depingi iussit scil.) Bella namque, quæ ipse in Hispania
devicit, et septem liberales artes**) inter cætera miro
modo in eo depicta sunt.

*) dem Aachener Münster. **) Vgl. Corpet, Portraits des arts libéraux
d'après les écrivains du M. A. Didron's Ann. arch. XVII, 89.

1024. *Chron. magnum Belgicum p. 44.*

Fecit ibi *(Aquis)* balnea calida aqua frigida temperata,
vel potius reparavit, quia iam ibi erant. Et palatium ædificavit iuxta ecclesiam; ipsam vero ecclesiam veteris et novæ legis

historiis, sed palatium septem liberalibus disciplinis et bellis
Hispanicis depingi iussit. *)

*) »Hæc Albericus ad a. 795.« (d. sog. monachus trium fontium, von
dessen Chronik bis zum J. 1241 der älteste Theil noch ungedruckt ist). Pistorius.

1025. *Hibernicus exul, carm.* 20.

»Hoc carmen et quæ sequuntur septem ad palatium pertinere videntur,
quod artum liberalium imaginibus exornatum erat, illud fortasse, quod Fardulfus
Carolo regi in monasterio sancti Dionysii conversanti construxerat.« (cf. Theil I,
no. 656.) Dümmler.

I.

Quisque venis studio discendi fretus, amice
    Grammaticæ normam querere rectiloquam,
Huius adito domus properanti limina gressu,
    Quam signat titulus versibus iste suis.
Ad liquidum certo quam primus dogmata duxit
    Donatus, fama notus in orbe pia.
Nobilium postquem doctorum turba secuta est.
    Quorum quisque sua nobilitate viget.
Hanc quicumque capis studioso pectore, lector,
    Et servas pura mentis in arce tua,
Diceris doctor, recti sermonis amator,
    Eloquiique potens, rusticitate carens.

2.

Facundi dicti si cui est studiosa voluntas,
    Quo civile datur ius bene nosse pium,
Hæc subeat vario rutilant quæ tecta nitore,
    Hinc quoniam pleno dogmata fonte fluunt,
Quæ Greci asseverant Gorgia auctore reperta
    Ermagora cumque, quia et Aristotele.
At te concelebrant auctorem iure Latini
    Rethorica, Tulli, nobilitate micans.
Cui lector placidam si quis accommodet aurem
    Pectoris atque suo ordine cuncta feret.

1025.

Utilitas vitæ quæ sit, discernet honeste
  Moribus et lingua clarus et arte vigil. *)

*) Isidori Etymol. II. 2. 1. Hæc autem disciplina a Græcis inventa est, a
Gorgia, Aristotele, Hermagora et translata in Latinum a Tullio.

3.

Quisquis habes votum, quæ sit d i a l e c t i c a, scire
  Atque potestatis vim quoque nosse petis,
Ostia, signavi quorum hoc carmine limen,
  Ingredere, et nostris sedibus hospes adi.
Cuius A r i s t o t e l e s venerabilis auctor habetur,
  Cum quo P o r p h i r i u s claret et ipse quidem;
Turba magistrorum quos est imitata aliorum
  Perque exempla sequens nobile nomen habet.
Hac ratione viget reliquis subtilior ista,
  Ut facile inveniat querere quæque cupit.
Cui potis a falsi discernere crimine verum
  Discussaque bonum nube referre palam.

4.

Lector a r i t m e t i c æ conductus amore magistræ,
  Qui queris, numeri qua ratione nitent,
Istius alta subi splendentis culmina tecti,
  Horum certa satis mox tibi origo fiet.
P i t a g o r a s huius nam primus dicitur auctor,
  Post quem N i c h o m a c u s amplificavit opus.
Cum quibus et noster celebraris honore, B o ë t i
  Pro quo fama tui nominis eva manet.
Hanc artem, lector, opibus nullius egere
  Noveris, ast aliis hac opus esse scias.
Hæc numeros præstat verbis rationibus atque
  · Rebus et his non est quod queat esse sine.*)

*) Isid. Etym III, 1, 3. Numeri disciplinam apud Græcos primum Pytha-
goram autumant conscripsisse, ac deinde a Nicomacho diffusius esse dispositam,
quam apud Latinos primus Apuleius, deinde Boëtius transtulerunt.

5.

Qui cupiat formas quas dat g e o m e t r i c a nosse,
  Vel quæ mensura pertica docta cadat,

1025.

Hæc subeat tecti laquearia fulva nitentis,
  Quo prudens terræ mensio tractat opus.
Cuius ab Egypto prima processit origo
  Finibus in cuius est celebrata nimis.
Attica quam multum quondam doctrina secuta est,
  Inde Latinorum nec minus aucta modo.
Quam si quis studeas solerti adtendere mente,
  Lector, habes omnis utilitatis opes,
Advertes, quantum tibi prosit linea, vel quo
  Forma figurarum plena necesse fiat.*)

*) Isid. Etym. III, 10, 1: Geometricæ disciplina primum ab Aegyptiis reperta dicitur.

6.

Musica quid valeat, quid sit, quicumque requiris
  Hanc intrato domum, quæ tibi clara patet.
Hic nam repperies, quo constant cuncta tenore
  Organa vel valeant artificare melos.
Hæc constat primo Tubal auctore reperta,
  Asserit ut Moyses ille dei famulus.
Pitagora et Lino necnon Amphione Greci
  Auctore inventam hanc etiam referunt.
Emicat hæc omni fulgens dulcedine clara,
  Omnibus et terris concelebrata nitet.
Huic potis est sævos facile mulcere leones
  Et lenire tigres melificando truces.*)

*) Isid. Etym. III, 15, 1. Moyses dicit repertorem Musicæ artis fuisse Tubal . . . . Graeci vero Pythagoram dicunt huius artis invenisse primordia . . . Alii Linum Thebaeum et Zetum et Amphiona in arte Musica primos claruisse ferunt.

7.

Astrorum cupidus quisquis scrutator adisti
  Limina præsentis inradiata domus,
Huic inferre pedem veloci nitere gressu,
  Hæc quia cuncta tenet munera, quæque petis.
Dicitur Aegypti namque hæc in finibus orta,
  Atque Abraham sanctum hanc docuisse patrem.

1026.

Istius auctorem nam Greci Athlanta fatentur,
  Sidera quem cæli cuncta notásse volunt.
Cuius notitiam quisquis perceperit omnem
  Stellarumque ortus occubitusque notet,
Inde futurorum poterit præsagia nosse,
  Et quæ occulta iacent, mox manifesta fore.*)

*) Isid. Etym. III, 24, 1. Astronomiam primi Aegyptii invenerunt . . . . .
Abraham autem instruisse Aegyptios astrologiam Josephus auctor asseverat.
Graeci autem dicunt, hanc artem ab Atlante prius excogitatam.

8.

Lucida quæ cernis clarescere tecta, viator,
  Si medicina tibi est opus, hospes adi,
Hic quia odoriferis circumdata tympora sertis
  Ipsa salutifera munera tractat ovans.
Quam repperit primus phisicæ tractator Apollo,
  Cum quo Scolaphius, natus hic, ille pater.
Post quos Hypocrates longo post tempore id
                                          ipsum
  Dogmatibus claris magnificavit opus.
Hæc sorbere lues, longe et depellere pestes,
  Hæc morbos cunctos namque fugare potest.
Ipsa quidem egrotis reddit medicando salutem,
  Munere deque suo languida membra fovens.*)

*) Isid. Etym. IV, 3, 1. Medicinae autem artis auctor ac repertor apud
Graecos perhibetur Apollo. Hanc filius eius Aesculapius laude vel opere amplificavit. §. 2. . . . . Tunc eam revocavit in lucem Hippocrates Asclepio patre
genitus.

1026. *Theodulfi carm. 46.*

De VII liberalibus artibus in quadam pictura depictis.

Discus erat tereti formatus imagine mundi
  Arboris unius quem decorabat opus.
Huius Grammatica ingens in radice sedebat
  Gignere eam semet seu retinere monens.
Omnis ab hac ideo procedere cernitur arbos

Ars quia proferri hac sine nulla valet.
Huius læva tenet flagrum, seu dextra machæram
    Pigros hoc ut agat, radat ut hæc vitia.
Et quia primatum sapientia gestat ubique
    Compserat illius hinc diadema caput.
Et quia te sensus bonus aut opinatio gignit
    Ambæ hic adsistunt, celsa Sophia, tibi.
Arboris illius necto de stipite rami
    Undique consurgunt e regione sibi.
Dexter Rhetoricam habet et, Dialectica, temet
    Virtutes lævus quatuor atque gerit.
Rhetorica atque foro dextram protensa sedebat,
    Turritæ atque urbis fabrica stabat ei,
Jura quod eloquio peragit civilia magno
    Litibus et populi dedere frena solet.
Corporis arx alas revehit, caput atque leonis,
    Fecerat artificis quæ bene docta manus.
Verborum levitas alis, virtusque leonis
    In capite eloquii congrua signa dabant.
Sic capite et pedibus gestans caducifer alas
    In verbis cursum signat inesse levem.
Haud procul hinc dedit sensus Dialectica mater,
    Illa videbatur stans, erat ista sedens.
Par quibus in sensu, dispar in pluribus actus,
    Stando quod illa boat, ista sedendo legit.
Illa multifluas sedes petit, ista remotas,
    Illa forum iugiter appetit, ista stilum.
Oribus illa modum componit, moribus ista
    Illaque fons verbis, sensibus ista manet.
Læva caput monstrat, corpus tamen occulit anguis
    Dum nil dextra tenet, quis petit, illa petat.
Quæ proponit et assumit, concludit acute,
    Incautum ut sollers mox petat angue suo.
Hæc vera a falsis studio discernere magno
    Aestuat, et veri scit reperire viam.
Hoc Logica, ast alio consederat Ethica ramo
    Hæc ratione viget, moribus ille probis.

1026.

Hac in parte locum retinet Prudentia primum
    Quæ sanctæ vitæ pendere nescit iter.
Stabat ibi gravitate pia liberumque tenebat,
    Ut queat imbutus hoc suus esse sequax.
Proxima Vis illi stabat fortissima virtus,
    Insignita armis, officiisque suis.
Altera namque manus sicam tenet, altera parmam,
    Tectum erat et cono cassidis omne caput.
Quo queat horrendas vitiorum vincere larvas,
    Et pia libertas quo bene tuta fiat.
Hanc prope Justitia gladium palmamque tenebat,
    Libra erat in cuius sive corona manu.
Quîs tormenta ferat non iustis, præmia iustis,
    Pondere seu iusto dicta vel acta probet.
Hanc prope temperiem præbens Moderatio stabat
    Fortia frena vehens sive flagella manu.
Quîs pigros stimulet, veloces temperet, et quis
    Aequus ut æquatis cursibus ordo meet.
Arboris et magnæ sursum tendebat imago
    Ibat et in celsum stips bene rectus ei.
Quem numerorum ulnis Ars amplexata tenebat,
    Stare videbantur ramo in utroque pedes.
Ista manus numeros retinebat et illa volumen
    Quam constat matrem, Physica, inesse tuam.
Hanc super ex primis geminæ procedere ramis
    Cernuntur, similes e regione sibi.
Musica in unius residebat parte, sonora
    Arte videbatur fila movere lyræ.
Et cui disparibus calamis est fistula septem,
    Qui numerus celebris mystica multa gerit.
Stabat et acclinis læva in Geometrica parte
    Dextra manus radium, læva vehit rotulam.
Et radius teretem metitur comminus orbem
    Aetherias zonas at rota quinque tenet.
E quibus extremæ geminæ sunt frigore pressæ,
    Torrida per medium temperat una duas.
Inter quas medius stips surgens ibat in altum

Ars et ab astrologis culta retentat eum.
Huic caput alta petens onerabat circulus ingens
    Quem manibus geminis brachia tensa tenent.
Circulus astriferi formatus imagine cæli
    Quem signorum implet flammeus ordo decens.
Signa quater terna hunc, sive astra errantia septem,
    Lege, vice exornant cursibus, orbe, locis.
Hinc aries, taurus, gemini, cancerque, leoque
    Virgoque cum curru, libraque sive nepa,
Arcitenens, capricornus, aquarius, et duo pisces
    Circumdant orbem per sua signa poli.
Sol, Luna et Mars, Cylleni, Jovis et Cytherea,
    Et Saturne gravis, itis in orbe dies.
Nec tibi displiceant gentilia nomina, lector,
    Iste vetustatis mos datur a patribus.
Septenis astris et signis his duodenis
    Dirigitur mensis, annus et ipse dies.
Illa diebus sunt aptata, et mensibus ista,
    Hebdomades istis, constat et annus eis.
Arbor habebat ea, et folia et pendentia poma,
    Sicque venustatem et mystica plura dabat.
In foliis verba, in pomis intellige sensus
    Hæc crebro accrescunt, illa bene usa cibant.
Hac patula nostra exercetur in arbore vita,
    Semper ut a parvis editiora petat.
Sensus et humanus paulatim scandat ad alta
    Huncque diu pigeat inferiora sequi.
Ethica Grammaticæ, Logica et mox iungitur illis
    Phisica cum sociis artibus atque sedet.
Quarum suprema sedem sibi legit in arce
    Quæ legem astrorum continet atque poli.
Eloquium mores, Logica illos alma sequatur
    Ut naturales res bene nosse queat.
Et convexa poli cantus terrasque peragret
    De mundi et rebus æthera celsa petat.

1027—1028.

1027. *Sedulius Scottus, carm. 31.*

De quadam medicinali domo.

Tu quicumque velis gaudiflua dona salutis
Ociter ut cervus hæc splendida tecta subintra.
Istuc flecte pedes: hic est via, crede, salutis,
Fors hic invenies, quod doctrix Græcia nescit.
Ergo salutiferi medicaminis accipe laetus
Munera, sic compos voti, sic victor et ibis.

Medicina.

Hæc regina potens rutilo descendit olimpo
Dona salutigero dans cunctis ore per orbem.
Quæ victrix domitat morborum mille dolores
Fronteque florigera cui lumina terna coruscant.
Nectareis fluunt sucis tot flumina mammis,
Ex quis terrigenas potat salvatque catervas.
Aspice divitias Medicinæ matris opimas
Ex paradisiacis quas secum detulit hortis:
Hoc unguenta sacros respirant ordine odores,
Turea dona quibus pretiosaque balsama cedunt;
Emicat antidotis flagrantibus ordo secundus
Quis expelluntur contraria quæque saluti:
Quæ genitrix olim, cum descendisset ab astris,
Credo, quod Hesperidum florenti detulit horto;
Montis oliviferi supremo limite dona
Mixta medeliferis flavescunt nectare sucis.
Salve, sacra domus, Medicinæ maxima cura,
Spes ampli populi, redolentum plena bonorum.

1028. *Appendix ad Theodulfum (e Codice Vaticano).*
(*P. L. I, 629.*)

1. Sapientia.

Me pater ingenitus genuit sermone coævam
    Quam non corpus alit nec locus ullus habet.
Ast ego terrigenas epulis abduco paternis
    Soli namque carent, quos simul ire piget.

1028.

2. Astronomia.

Mira michi facies animusque volubilis instat
Tot gero quippe oculos, quot capit astra polus.
Mammas quinque tenens, unam tamen igne perustam
Et binas placidas atque duas gelidas.

3. Musica.

Lætitia de fonte fluo dulcedinis auctrix
Pars quoque nulla mea est sine lætitia
Armoniumque melos terno modulamine distans,
Dum sine me reboat, utilitate caret.

4. Geometrica.

Qui mea forte capit studio penetrare secreta
Ille prius varias debet adire seras.
Luminibus senis niteo, ternis faciebus
Cum radioque plagas metior exagonas.

5. Arithmetica.

Sum tenuis facie, multisque fugacibus alis,
Qui me nosse velit, semper amando colat.
Nascor inæqualis miras positura figuras
Germanisque tribus fons et origo manens.

6. Retorica.

Lingua perita michi nomen dedit atque loquela
Sed tamen indoctos visito sæpe viros.
Nam per me superat, qui me non viderat umquam
Quam magis ille facit, qui mea iura sapit.

7. Dialectica.

Nil dubie concedo loqui, sed certa recludo
Famina lata citis stringere docta locis.
Quippe in quinque modis totum determino quod est
Nec minus aut maius, est sed ut omne canens.

8. Grammatica.

Pulchra medela fio balbis dum reddo loquelas
Oris enim vitiis sum medicina potens.

1029—1030.

Sex etiam foliis gustum compono suavem
Postea mille modis addo salutis opus.

1029. *Hrabani carm. 54.*

De Prudentia.

Virtutum species primum prudentia pandit
Hæc recolit cuncta, dictat honesta bona.

De Justitia et Pietate.

Justitia et Pietas par pactum servet et omne
Judicium ritu ordinat ipse suo.

De fortitudine Patientiæ.

Fortiter adversa virtus patientia suffert
Victrix confidens tristia cuncta fugat.

De Temperantia.

Temperat ergo bene iam cuncta modestia virtus
Et clemens placide iura superna dabit.

1030. *Cod. Sangall. no. 397.*

(*Dümmler. Denkm. 213 in: Mitth. d. antiq. Ges. Zür. XII.*)

Hic deus est præsens puro poscentibus ore
Dans miseris veniam, contritis corde medelam.

Agmina sanctorum laudantia voce serena
Ante thronum domini sistunt per sæcula cuncta.

O generosa parens cunctis gratissima doctis
O decus imperii, rectrix dignissima mundi
Sole splendidior, fulvo preciosior auro,
Quam preclara nites toto sapientia mundo.

Aspice quam pulchro decorata est ordine mater
Natarum clare dives sapientia fulgens.

Continet hic paries veterum monimenta sophorum
Claro qui totum docuerunt dogmate mundum.

Hic manet interius divine legis amator
Grimoldus humilis, templum hoc qui condere iussit. *)

*) Ich habe diese Tituli (Beiträge S. 128) auf die von Reichenauer Malern

384

ausgeschmückte Abtei von St. Gallen bezogen. Die Grabschrift Grimolds scheint in keinem Zusammenhang mit dem Vorhergehenden zu stehen.

1031. *Theodulfi carm. 47.*

Alia pictura, in qua erat imago terræ in modum
  orbis comprehensa.

Quo terræ in speciem perstabat pulchra virago
  Quæ puerum lactat, fruge replet calathum.
Turritumque caput, magni et sinuaminis anguem,
  Inque manu clavem, cymbala et arma vehens.
Hac coram galli, pecudes, torvique leones
  Summissi stabant, sella et inanis erat.
Mobilis huic magni suberat vertigo vehicli,
  Atque rotæ teretis circulus ibat ei.
Hæc puerum lactat, quoniam nascentia pascit
  Tellurisque fovet cuncta creata simul.
In calathis fruges, magnas in turribus urbes,
  Agricolæ ingenium signat in angue vafrum.
Panditur æstate, in bruma quia clauditur annus
  Gestamen clavis hæc vehit inde manu.
Cymbala sunt sonitus, fiunt qui agrestibus armis
  Factitat aut opifex quilibet arte sua.
Et quia pro patria cuncti confligere debent,
  Effigies, Tellus, hinc vehit arma tua.
Orbis stemma rotæ, signabant semina galli
  Orbis concepto semine multa dabit.
Olli subduntur pecudes, quia pabula ab illa
  Sumunt, nil et opis hac sine habere queunt.
Quodque subest illi rabies inimica leonum
  Hoc est quod Tellus terrea cuncta domat.
Omnia cum sint mota, tamen nequit ipsa moveri
  Hinc fingebatur sella perennis ei.
Per sedes etiam mundi signatur honores
  Perpetuo quod eos nemo habiturus adit.
Alter in alterius gaudet residere cathedra
  Hic sedet, hic sedit, hic it, et ille redit.
Inde vehebatur curru, quod in aëre pendet

1032.

Tellus, et levibus sustineatur aquis.
Hinc est de domino verax quod lectio promit
    Illius laudes enumerare studens.
Qui super inmensum Borean extendit inane
    Et, terra, appendit te super ipsa nihil.
Quodque rotis vehitur, mundi vertigo notatur
    Qui volucri cursu volvitur atque modo.
Stare videbatur terrenæ sortis imago
    Semper habet quoniam rura colens quod agat.
Hoc opus ut fieret Theodulfus episcopus egi
    Et duplici officio rite vigere dedi.
Scilicet ut dapibus pascantur corpora lætis
    Inspecta et mentem orbis imago libet.
Plus epulas animæ quam corpus dilige, visor,
    Vivida mens illis, his caro pollet hebes.
Cælica verba sonent, dapibus hæc mensa redundet
    Et teneant nullum livida dicta locum.
Totius orbis adest breviter depicta figura
    Rem magnam in parvo corpore nosse dabit.
Hic Amphitrite terrarum margine longo
    Brachia protendit flumina cuncta vorans.
Inflatis buccis discordes undique fratres
    Insistunt orbi, sunt sua cuique loca. *)

    *) cf. Jsidori. Origg. VIII, 11. 61—66.

1032. *Einharti vita Karoli c. 33.*

Inter ceteros thesauros atque pecuniam tres mensas argenteas et auream unam præcipuæ magnitudinis et ponderis esse constat. De quibus statuit atque decrevit: ut una ex his, quæ, forma quadrangula, descriptionem urbis Constantinopolitanæ continet, inter cetera donaria, quæ ad hoc deputata sunt, Romam ad basilicam b. Petri apostoli deferatur; et altera, quæ forma rotunda Romanæ urbis effigie figurata est, episcopio Ravennatis ecclesiæ conferatur. Tertiam, quæ ceteris et operis pulchritudine et ponderis gravitate multum excellit, quæ ex tribus orbibus conexa totius mundi descriptionem subtili et minuta figuratione conplectitur, et auream illam, quæ quanta esse dicta est, in tertiæ illius — et inter heredes suos atque in eleimosinam dividendæ — partis augmento esse constituit.

1033. *Chronicon Moissiacense 815.*

(Zusatz zu Einhart, V. Kar. c. 33.) altera quæ forma rotunda Romanæ urbis effigie figurata est, salvatorem Jesum Christum dominum in Anianense monasterii conferatur.

1034. *Agnellus, Liber pontificalis c. 170.*

Igitur istius Martini *(† 817?)* temporibus misit Lodovicus imperator ex dimissione sui genitoris Karoli ad Martinum pontificem huius Ravennatis sedis mensam argenteam unam absque ligno, habentem infra se anaglifte totam Romam, una cum tetragonis argenteis pedibus.

1035. *Prudentius, Annales a. 842.*

Lotharius inopinato fratrum adventu territus cessit, sublatisque cunctis ab Aquisgrani palatio tam s. Mariæ quam regalibus thesauris, disco etiam miræ magnitudinis et pulchritudinis argenteo, in quo orbis totius descriptio et astrorum consideratio et varius planetarum discursus divisis ab invicem spatiis, signis eminentioribus sculpta radiabant, particulatim præsciso suisque distributo . . . . Lugdunum petiit.

1036. *Thegani Vita Hludowici imp. c. 8.*

(Hludowicus) Maximam partem thesauri misit Romam temporibus b. Leonis papæ; quicquid super hoc remanserat, sacerdotibus et pauperibus, advenis, viduis, orfanis omnia distribuit, nihil sibi reservans præter mensam unam argenteam, quæ triformis est, in modum quasi tres clippei in unum coniuncti; ipsam sibi retinuit ob amorem patris et tamen eam alio pretio redemit, quod pro patre tradidit.

1037. *Ratperti Casus s. Galli p. 71.*

(Hartmotus) . . . . inter hos *(libros)* etiam unam mappam mundi subtili opere patravit. *)

1038—1039.

*) Vgl. hiezu meine Beiträge S. 160 und 183, besonders die dort angeführte Stelle aus Stumpffs Eidgen. Chronik.

1038. *Carmina Centulensia XIII.*

Item similiter de prosperitate.

Hic mundi species perituri picta videtur,
Partibus in ternis qui spatiatus inest,
Quarum Asia primumque locum hinc Europa
secundum,
Possidet extremum Africa deinde suum.*)

*) De mappa mundi quae in scriptorio fuit. Traube.

1039. *Libri Carolini III, 23.*

(Behauptung des presb. Joannes: »non contraire pictores scripturis.«)

Nonne divinis scripturis contraire noscuntur, cum abyssum figuram hominis fingunt habere, et lympharum inundationem affatim fundere? .... cum tellurem in figura humana modo aridam sterilemve modo fructibus affluentem depingunt .... cum flumineos amnes in figuris hominum aut situlis aquas fundere aut alios in alios confluere depingunt? ..... cum solem et lunam et cætera cœli ornamenta figuras hominum et capita radiis succincta habere fingunt ...... cum duodecim ventis singulis singulas formas pro qualitate virium attribuunt, aut mensibus singulis pro qualitate temporum quid unusquisque deferat, quibusdam nudas, quibusdam etiam indutas diversis vestibus figuras dant aut dum quatuor tempora anni singula diversis figuris depingunt, aut floribus vernantem ut ver, aut æstibus exustam, vel etiam segetibus onustam ut æstatem, aut vindemiæ labris vel botris oneratam ut autumnum, aut modo frigoribus algidam, modo ignibus se calefacientem modo animantibus pabula præbentem, modo nimiis frigoribus marcidas volucres capientem ut hiemem, scripturis divinis .... contraire noscuntur?*)

*) S. hiezu Piper, Mythol. II, 453 ff; den Abschnitt Personificationen in V. Schultze's Katakomben (Leipz. 1882), S. 157 ff.; ferner Strzygowski, Die Monatscyclen der byzantin. Kunst Rep. XI, 23 ff.; dessen Ausgabe des Chronographen von 354; und bes. Riegl, Die m. a. Kalenderillustration in Mitth. des Inst. f. österr. Geschichtsforschung X, 1 ff.

388

1040—1041.

1040. *Carmina Salisburgensia XI.*

Item alii versus.*)

Pone focum mensis dictus de nomine Jani
   Heret contractus frigore sive sedet.
Annua quem quondam sacrarunt Februa mensem
   Ova fovet quorum portat aves manibus.
Martius educit serpentes, alite gaudet,
   Frondibus atque suis tempora læta vocat.
Aprilis gerit herbarum pandente maniplos,
   Se tellure virens arbore et folium.
Mensis Agenoreus calamauco fundit opertus
   Flores ac Pliadis crescere prodit aquas.
Junius incurvo præscindit vomere terram,
   Aurea cum cœlo cornua Taurus agit.
Quintilis falcem collo dum vectat acutam,
   Herbida pratorum rura secare cupit.
Sextilis segetes, quibus horrea repleat, unco
   Succidit chalibe sive metit stipulas.
Semina Septimber sulcis immittit apertis
   Quæ pansis æqua lance iacit digitis.
Vitibus Octimber botros decerpit et uvas
   In nova sub nudo qui pede musta fluant.
Decidua porcos pascit quia glande Novimber
   Horridus effuso sæpe cruore madet.
Glande sues reduci pastos pastore Decimber
   Rimatur fibris, sordet et obsonio.
Hæc loca sufficiant subito pro tempore fratri
   Nam præsens otium mox meliora dabit.

*) Voraus geht ein längeres, mehr etymologisches Monatsgedicht: Ydioma mensium singulorum (no. X.); bei dem vorliegenden ist die Anlehnung an Kalenderbilder unverkennbar.

1041. *Carmina Salisburgensia no. XIII a.*

Stellarum in cælo fabulose scemata quidem
Signa ferunt formata et quorum nomina plures

1042—1043.

Non natura sed humana iam industria signant,
Qualiter hic visus demonstrans ordo notabit.

1042. *Agobardus, de imaginibus sanctorum c. 33.*

.... Sicut autem videntes pictos armatos viros, vel
agriculturæ intentos, sive metentes, vel vindemiantes, seu
stantes in navibus piscatores, et retia iaculantes, nec non ve-
natores venabulis extensis, cum canibus capreas cervosque
persequentes, nec augmentum exercitus, nec adiutorium annui
operis, vel acervos triciti, seu rivulos musti, nec pisces, capreas et sues ab illis nos accepturos speramus; ita quoque,
si viderimus pennatos angelos pictos, prædicantes apostolos,
martyres tormenta patientes, nullum ab imaginibus, quas aspi-
cimus, auxilium sperare debemus. *)

*) Die Stelle Agobards bezieht sich offenbar auf Genredarstellungen (Kel-
ternde Eroten, Fischer etc.), wie sie schon die Katakombenkunst aus der gleichzeitigen heidnischen Decoration übernommen hat, gewiss zunächst ohne tiefere
Absicht. Vgl. dazu den bek. Brief des h. Nilus (IV, 61), wo gegenüber genre-
artigen Scenen (Jagd, Fischerei) historische Bilder empfohlen werden. Auch
die merovingischen Kirchen wiesen solchen Schmuck auf, vgl. Venant. Font.
III, 7 (Basilica von Nantes) und bes. I, 12 (Bibianusbasilica in Saintes):

> Ingenio perfecta novo tabulata coruscant
> Artificemque putas hinc animasse feras.

In den Miniaturcodices der Karolingerzeit tritt uns ein Reichthum von
genrehaften Figürchen entgegen (Evang. von S. Médard de Soissons, Evang.
Lothars I. in Paris, Ebosacramentar, Viviansbibel etc.) Schon ein Codex helle-
nistischer Abkunft, das sog. Rabula-Evangeliar, zeigt aber dergleichen Darstellungen
in den Zwickeln der Canonesbögen. Das sp. Mittelalter setzt diese Ornamentik
in den »Dröleries« fort.

1043. *Brief eines Unbekannten A. an E.*

(ed. Dümmler, N. A. Bd. 13, 1888, p. 354 ff. Briefe u. Verse des 9. Jhdts.)

Præterea in ingressu refectorii, ubi cervi figuram ex
utraque parte vidi depictam, visa est michi illa superscriptio
quasi muta — non enim in aliquo vel audientes ædificat —
operæ pretium duxi ob memoriam mei subiectos vobis mittere

versiculos, ut vobis familiari veritatis tramite a vobis correcti
et iudicio vestro forsitan probati scriberentur ibi, si forte pla-
ceret fratribus una cum domno decano,*) sub hora dumtaxat
Cerbero depicto.

*) Der früher gen. Fulcoldus.

— — — — — — — — — — — — — — — —

Cerberus et cervus distincti pragmate verso
Humanum signant lapsum pariterque regressum.
Namque alter cedens tris sortes reddit ab urna
Debita pandit et hinc operis quoque cordis et oris.
Atque triceps quod captat ovans sub lege vorandi
Est mortis laqueus redigens in pulvere corpus,
Alter sed rediens cursu petit astra polumque
Pascitur ille avidus, requiem sectatus in ipsis
Inque caput simplex oculos defigere nitens,
Angues proturbat, donec sua iura reposcat.

                        (Hii ex una parte.)

Pictor Apelleas cupiens æquare figuras
Sub Cephali simplum varioque tricorpore cervum
E regione canis Cocyti stagna tenentis
Finxit et in simili numero luctamen agonis
Longe dissimile et quanto celumque chaosque
Ergo movens inhiat mortis tria Cerberus ora.
Hæc lector, dum posse subest, vitare memento
Ac cervi de more fugax depelle venena
Serpentis, repetens rivum fontemque salutis.
Christus ad hæc virtus, cursus requiesque suorum.*)

*) S. hiezu den Nachtrag Traubes im NA. XIII, 648. Das Kloster ist
unbekannt, lag aber anscheinend in Nordfrankreich, die Zeit dürfte das letzte
Viertel des 9. Jhdts. sein. Die etwas schwer verständliche Stelle zeigt uns schon
jene, von der altchristlichen sehr verschiedene Symbolik des eigentlichen Mittelalters, wie sie besonders die romanischen Zierwerke (Leuchter, Kelche, Fenster-
rosen als rotæ temporis) aufweisen.

Die Sache scheint folgendermaßen zu liegen: In jenem Kloster des E.
befand sich über der Refectoriumsthür die Darstellung eines Hirsches, aus der
achr. Kunst ja wohl bekannt und gewöhnlich als die dürstende Seele nach Ps.
41, 2 (Grabmal der Galla Placidia) gedeutet. Diese, vermuthlich aus älterer Zeit

1043.

herrührende Darstellung schien dem A. nun nicht mehr recht verständlich (quasi muta) und nicht erbaulich genug. Er forderte E. daher auf, einen »cerberus« hinzuzufügen und übersendete zu diesem Zwecke zwei tituli als Unterschriften (den Ausdruck sub hora kann ich so wenig als Traube erklären). Es handelte sich eben um eine J a g d s c e n e mit symbolischem Gehalte. Der dreiköpfige Höllenhund (eine ganz singuläre Darstellung — vielleicht ist dies nur ein antikisierender Ausdruck für einen Hund überhaupt) als Personification der Finsternis und des Todes setzt der menschlichen Seele (in Gestalt des Hirsches) nach, das scheint der Inhalt der recht barbarischen Verse zu sein. Das cephali in v. 12 bezieht sich gewiss nicht auf die Cephalusmythe, sondern ist vielleicht, wie Traube meint, ein schlecht angewandtes neugriechisches kephali.

Springer hat bekanntlich nachgewiesen, dass die Vorstellung des Kampfes zwischen Licht und Finsternis auf die Worte des Psalmes: Super aspidem et basiliscum ambulabis, conculcabis leonem et draconem zurückgeht. (Ikonogr. Studien IV. Der Bilderschmuck an roman. Leuchtern. Mitth. der C. C 1860, 309.)

III. ABTHEILUNG.

DER MALEREI VERWANDTE TECHNIKEN.

A. ALLGEMEINES.

1044—1047.

1044. *Karoli M. capitulare a. 806, no. 4.*

(ed. Boretius, M. G. Legg. I. Sect. II. tom. I, 1, p. 131.)

Ut singuli episcopi, abbates, abbatissæ diligenter considerent thesauros ecclesiasticos, ne propter perfidiam aut negligentiam custodum aliquid de gemmis aut de vasis, reliquo quoque thesauro perditum sit, quia dictum est nobis quod negotiatores Judæi nec non et alii gloriantur, quod quicquid eis placeat possint ab eis emere.

1045. *Libri Carolini IV, 8.*

Numquidnam omnes libri in quibus auro argentove vel etiam quibuslibet coloribus historiæ inter scripturas pictoria arte insertæ sunt, quia imagines habent, aut ab illis sunt comburendi .... aut ab istis colendi ....?

1046. *Ebenda.*

Numquidnam sericæ sive quarumlibet materiarum vestes sive pallia humanis usibus apta aut divinis cultibus mancipata, figuris quibusdam decorata variisque coloribus fucata eo quod imagines habent, aut ab illis sunt concremanda aut ab istis adoranda?

1047. *Ebenda.*

Numquidnam metalla sive ligna quibuslibet utilitatibus formata, eo quod sculptorio vel etiam cælatorio opere quibus-

1048—1050.

dam imaginibus decorantur, ideo aut ab illis comburenda ...
aut ab istis sunt adoranda?

1048. *Ebenda IV, 19.*

Cernimus in metallis conflatorio sive sculptorio opere, in
gemmis insignibusque lapidibus mira sculptoris arte, in marmoribus cæterisque lapidibus latomorum sive sculptorum industria, in lignis cælatoris scalpello, in lithostrotis diversorum
colorum per artificem compaginatis crustulis, in sericis, laneis
nec non et lineis multicoloribus vestibus, plumario polymitario-
que opere *) formatas imagines.

*) Möglicherweise Stoffe in der sog. »Noppen«technik (Vorläufer des ge-
schorenen Sammets), wie wir sie jetzt aus den Graf'schen Textilfunden von
Ägypten kennen (vgl. A. Riegl's Katalog derselben in den Publicationen des
österr. Museums).

1049. *Hraban, De universo. XXI, 8.*

(De plastis.) Plastice est parietum ex gypso effigies signa-
que exprimere, pingereque coloribus.

1050. *Agobardus, de imaginibus sanctorum c. 31.*

Quicunque aliquam picturam, vel fusilem sive ductilem
adorat statuam, non exhibet cultum Deo, non honorat angelos
vel homines sanctos, sed simulacra veneratur.

B. MINIATURKUNST.

1. **Literatur.** *a) Allgemeine.* Bastard, Peintures et ornements des manu-
scripts. Vgl. dazu Delisle, L'oeuvre paléogr. du Comte Bastard in: Bibl. de
l'Éc. des chartes XLIII. (1882.) Louandre, Les arts somptuaires. Labarte,
Hist. des arts industr. vol. II. Du Sommerard, Les arts du M. A. Sil-
vestre, Paléogr. universelle. Humphrey, The illuminated books of middle
age. Westwood, Palaeographia sacra pictoria. Derselbe Facsimiles of the
miniatures and ornaments of anglo-saxon and irish ms. 1868. Cahier et Martin, Mélanges d'archéologie. Cahier, Nouv Mélanges 1874. Delisle, Mém. des
anc. sacramentaires (Mém. de l'Instit. de France XXXII. 1886). Derselbe. Le
cabinet des manuscrits. vol III. v. Kobell, Kunstvolle Initialen und Miniaturen, München. 1890. Janitschek, Straßburger Festgruss 1885 (Karoling.

1050.

Studien). Leitschuh, Der Bilderkreis der karol. M. I, S 70 ff. Bamb. 1889.. In den Tafeln der Paleographical Society und des Album paléographique der École des chartes reiches Material Die Zusammenstellungen der Handbücher jetzt meist veraltet, selbst Janitscheks Abschnitt über die karolingische Miniatur in seiner Gesch. der deutschen Malerei (Berlin, Grote) durch seine eigene Einleitung zur Trierer Adahandschrift überholt (s. u.). Dagegen sind die Reiseberichte von Waagen (aus Paris, England und Deutschland) und von Kugler (»Deutsche Bibliotheken« in den »Kleinen Schriften«) noch immer mit Nutzen zu lesen. Eine Fülle von kunstgeschichtlich interessanten Notizen enthält Bethmann's Reisebericht aus den italienischen Bibliotheken in Pertz' Archiv XII.

b) Specielle. Caravita, I codici e le arti a Monte Cassino 1870. Bd. 1 und 2. Fleury, Les manuscr. à miniatures de la bibl. de Soissons 1865. Derselbe. Les mscr. à min. de la bibl. de Laon. Durieux, Les min. des mscr. de la bibl. de Cambrai. Delisle, L'école calligraphique de Tours. Derselbe. Rech. sur l'ancienne bibl. de Corbie (Mém. de l'Inst. t. XXIV. 1861). Leitschuh, Aus den Schätzen der kgl. Bibliothek in Bamberg. Clemen. Repert. f. Kunstwissenschaft. XIII, 123 (Fulda).

Über einzelne Handschriften. Arneth in: Denkschriften der Wiener Akademie XIII. (Evang. der Schatzkammer und Cod. millenarius von Kremsmünster). Aubert, Mém. de la soc. des antiqu de France X. 1879 (Ebo-Evangeliar). Beissel in Schnütgens Ztschr. f. christl. Kunst I. (Aachener Domschatz-Evangeliar). Delisle, Mém. de l'Acad. des Inscr. et Belles Lettres XXX, 1885 (Lothar-Evang.). Derselbe. Gaz. archéol. 1884 (Sacram von Autun). Derselbe. L'évang. de St. Vaast. 1888. Derselbe. Les bibles de Theodulfe. Bibl. de l'éc. des chartes. XL, 1879. Gaullieur in Mem. de l'Inst. nat. Genevois I. 1854 (Londoner Alcuinbibel). Ledieu. Rev. de l'art. chrét. (Evang. von Abbeville). Marchal im Bull. d'Acad. de Bruxelles II, 1884 (Evang. von Brüssel). Meyer, Sbr. der bair. Akademie. 1883 (Gebetbuch Karls II.). Publicationen der Gesellschaft f. rhein. Geschichtsk. VI. (Trierer Adahandschrift). Rahn, Das Psalterium aureum von St. Gallen. 1878. Schlosser, Beiträge S. 107. (Wiener Sb. CXXIII, Liber aureus von St. Emmeram). Derselbe, Jahrb. der Kunstsammi. des A. H. Kaiserhauses Bd. XIII. (Hrabanus Maurus de s. cruce). Westwood, The bible of the monast. of St. Paul near Rome.

2. Handschriften. Die vollständigste und übersichtlichste Behandlung dieses reichen Gebietes der mittelalterlichen Kunstgeschichte findet man jetzt in Janitschek's Aufsatze: Die hervorragendsten Schulen der karolingischen Buchmalerei (Publ. der Trierer Adahandschrift, Leipzig. 1889. no. II, p. 72—107). Dazu die bibliographisch sehr bemerkenswerte Abhandlung von P. Clemen über die Schreibschule von Fulda.

Janitschek unterscheidet folgende Localschulen:

1. Aachen (Schola palatina). 1. Evangeliar der Schatzkammer in Wien; 2. Evangeliar der kgl. Bibliothek in Brüssel no 18.723; 3. Evang. im Domschatz von Aachen.

1050.

2. *Tours*. 1. Sog. Alcuinbibel der Cantonsbibliothek zu Zürich, cod. 1; 2. der Vallicelliana in Rom (B. 6.); 3. der Stadtbibl. zu Bamberg (A I, 5); 4. des British Museum (Add. 10.546); 5. Bibel des Rorico aus Glanfeuil, Paris, Nat.-Bibl. no. 3; 6. Lothar-Evangeliar des Sigilaus, ebenda no. 266; 7. Viviansbibel, ebenda no. 1; 8. Sacramentar des Reginold in der Seminarbibl. von Autun; 9. Virgil der Bibl. zu Bern no. 165; 10. Evangeliar der Kathedrale von Mans, Paris, Nat.-Bibl. no. 261; 11. Evangeliar du Fay, ebenda no. 9385; 12. Bocthius in Bamberg, Cod. H. j. IV, 12.

3. *Orléans* (Theodulfbibeln). 1. Im Domschatz von Puy; 2. in Paris, Nat.-Bibl. no. 9380.

4. *Metz*. 1. (?) Godescalc-Evangeliar Paris, Nat.-Bibl. no. 1993; 2. Evangeliar der Arsenalbibliothek von Paris, no. 599; 3. Harley-Evangeliar des British Museum, Cod. Harl. 2788; 4. Evangeliar aus St. Riquier in der Stadtbibl. von Abbeville no. 1; 5. Ada-Evangeliar in Trier, Stadtbibl. no. 22; 6. Evangeliar von Soissons, Paris, Nat.-Bibl. no. 8850; 7. Evang. der Vaticana, Cod. pal. lat. 50; 8. Evang. der Capitelbibliothek in Köln, no. XIII; 9. Lotharpsalter bei Ellis und White in London; 10. Drogo-Sacramentar, Paris, Nat.-Bibl. no. 9428; 11. Evangeliar Ludwigs des Frommen, ebenda no. 9388.

5. *Rheims*. 1. Ebo-Evangeliar der Stadtbibl. von Épernay; 2. Loisel-Evangeliar, Paris, Nat.-Bibl. no. 17.968; 3. Evang. von Blois, ebenda no. 265.

6. *St. Denis*. 1. Evangeliar Franz II., Paris, Nat.-Bibl. no. 257; 2. Bibel Karls des Kahlen, ebenda no. 2; 3. Sacramentar von St. Denis, ebenda no. 2290; 4. Evangeliar von St. Vaast in der Bibl. von Arras, n°. 1045; 5. Evang. der Stadtbibl. von Lyon no. 357; 6. dgl. in der Stadtbibl. von Boulogne no. 2; 7. desgl. in der Stadtbibl. von Cambrai no. 309; 8. Sacramentar von St. Thierry, in der Stadtbibl. von Rheims; 9. Sacramentar von St. Amand d'Elnon in der kgl. Bibl. zu Stockholm.

7. *Corbie*. 1. Sacramentar des Hrodradus, Paris, Nat.-Bibl.; 2. Psalter Karls des Kahlen, ebenda no. 1152; 2. Gebetbuch Karls II. in der Schatzkammer zu München; 4. Liber aureus von St. Emmeram, ebenda, Staatsbibl. Cimel. 55, no. 14.000; 5. Bibel von s. Paolo fuori le mura (San Callisto) in Rom; 6. Colbert-Evangeliar in Paris, Nat.-Bibl. no. 324; 7. Evangéliare des Célestins, ebenda, Arsenalbibliothek; 8. Sacramentar-Fragment, ebenda, Nat.-Bibl. no. 41; 9. Sacramentar in Nonantola.

8. *Vereinzelte Denkmäler*. 1. Codex Millenarius der Stiftsbibl. zu Kremsmünster; 2. Evang. des Domschatzes von Trier (Dombibl. no 134); 3. Evang. des Anno von Freising, München, Staatsbibl. cod. pict. 56; 4. Evangeliar von Chartres, Paris, Nat.-Bibl. no. 9386; 5. Wessobrunner Handschrift de inventione s. crucis. München, Staatsbibl. no. 22.053; 6. Otfrid der Universitäts-Bibl. zu Heidelberg; 7. Psalter Ludwigs des Deutschen, Berlin, kgl. Bibl. Ms. theol. lat. 58; 8. Apocalypse der Stadtbibl. zu Trier no. 31; 9. Apocalypse der Stadtbibl. zu Cambrai, ms. no. 364.

9. *St. Gallen*. 1. Folchardpsalter; 2. Psalterium aureum; 3. Evangelium Lon-

1051—1052.

gum des Sintram, cod. 53 (sämmtlich in der Stiftsbibliothek zu St. Gallen).

10. Fulda. (Clemen a. a. o., Schlosser im Jahrb. a. a. o.) 1. Evang. des Vidrug in der Landesbibl. zu Fulda, cod. lat. 3; 2. Manuscr. dés Herirât, Cassel, Landesbibl., Cod. theol. 54; 3. Bruuns Vita Eigilis, illustriert von Reccheo. Verloren. Copien bei Brower, Ant. Fuld.; 4. Hrabanus Maurus, De laudibus s. crucis (Hdschr. in Wien und Rom); 5. (?) Hrabanus, de universo (Hdschr. in Perugia und Monte Cassino); 6. Sammlung der Volksrechte des Lupus (Hdschr. in Modena und Gotha); 7. Evang. der Vaticana, Cod. pal. 577; 8.—11. (?) Cod. palat. der Vaticana 578, 579, 580. 582; 12. (?) Otfrid in Wien, Hofbibl. Cod. theotisc. theol. 2687.

11. Essen-Werden? (Clemen a. a. o. S. 133, Anm. 66.) 1. Düsseldorf, Landesbibl. Cod. D. 1; 2. ebenda Cod. E. 2; 3. Evangeliar des Münsters zu Essen; 4. Köln, Stadtarch. Cod. theol. no. 147.

1051. *Wigbodus, Widmung seiner Bibelcommentare.*

(Versus libris saeculi VIII adiecti: P. L. I, 96.)

O quam magna tuæ clarent præconia laudis
Rex Carole, felix et notus in omnibus arvis.

— — — — — — — — — — —

Quis saltem poterit seriem enumerare librorum,
Quos tua de multis copulat sententia terris,
Sanctorum renovans patrum conscripta priorum.
Nam quicquid sacrum divina volumina verbis
Eloquio sensuque docent, quod prædicat ipse
Antiquus mundi replicans exordia vates,
Seu ille historias texat, seu forte figuras.

1052. *Gesta abb. Fontanellensium c. 16.*

(Unter Gervold 787—806.) . . . . . presbiter egregius nomine Harduinus florebat († 811), qui in cella clari martyris Saturnini, quam b. Wandregisilus ædificaverat, ... degens, quæ sita est in latere montis plagæ aquilonalis præfatum cœnobium spectat, plurimos arithmeticæ artis disciplina alumnos imbuit ac arte scriptoria erudivit; erat enim in hac arte non mediocriter doctus. Unde plurima æcclesiæ nostræ proprio sudore conscripta reliquid volumina, i. e. volumen 4 evangeliorum Romana litera*) scriptum, epistolarum Pauli apost. vol. 1, sacramentaria vol. 3, lectionarium vol. 1, item

1053—1055.

lectiones evangelii vol. 1, omeliarum 40 Gregorii papæ
vol. 1, librum de aritmetica cum epistolis de ratione paschali
vol. 1, librum 5. Augustini de civitate Dei ab 11⁰ usque
ad 18ᵘᵐ vol. 1. librum Bedæ de naturis rerum ac temporibus vol. 1., psalterium cum canticis ac himnis Ambrosii
ac terminis paschalibus vol. 1. librum vitarum s. Wandre-
gisili, Ansberti ac Wulframi confessorum Christi vol. 1.
quæstionum s. Ansberti ad Siwinum reclausum vol. 1.,
antiphonarium Romanæ æcclesiæ vol. 1.

> *) d i. wohl Capitale.

1053. *Theodulfi carm. 52.*

> 1. A foris in prima tabula bibliothecæ.

Qui sim nosse volens, scito Bibliotheca dicor
Et veteris legis ius veho sive novæ.

— —— —— — — — — — — — — — —

Me quicumque vides, Theodulfi sis memor, oro,
Cuius me studium condidit, aptat, amat.
Et foris argento, gemmis ornavit et auro,
Cuius et interius limina polivit, ave.

> 2. In altera tabula.

— — — — — — — — — —— — —

Utere me, lector, mentisque in sede locato
Cumque librum petis hunc, sit tibi lota manus.

1054. *Theodulfi carm. 41, 2.*

> (Versus ad bibliothecam.)*)

Codicis huius opus struxit Theodulfus amore
Illius, hic cuius lux benedicta tonat.
Nam foris hoc gemmis, auro splendescit et ostro
Splendidiore tamen intus honore micat.

> *) Der Bibel war eine kurze Chronik angehängt.

1055. *Ebenda no. 3.*

Vive deo felix, per plurima tempora, lector,
Theodulfi nec sis immemor, oro, tui.

1056—1057.

1056. *Alcuini carm.* 66, 1.

Continet hic sanctus uno sub corpore codex
Omnia namque novæ ac veteris mysteria legis
Hic est fons vitæ, hic sunt præcepta salutis
Hunc, dictante deo, scripsere in secula sancti.
Hæc est sancta fides, hinc est cælestis origo

— — — — — — — — — — —

Jusserat hunc tomum Gerfridus scribere præsul
In laudem Christi, genitricis et illius almæ,
Esset in ecclesia ut præsto legentibus ille.

1057. *Alcuini carm.* 70.

Versus Alcuini.

1. In fronte codicis isti versus habentur, ubi
imago Christi et quattuor evangelistarum et
IV prophetarum imagines continentur.

Ordine quadrato variis depicta figuris
  Agmina sanctorum gaudia magna vident.
Ex quibus Isaias præcelso dogmate fretus
Jeremias pariter domini miracula psallunt.
Jezechihel sedemque dei describit et ista
Et Danihel Christum narrat de monte recisum.

C. a. [Humanum Christi describit Matheus ortum
More boat Marcus frendentis voce leonis
Mugit amore pio Lucas in carmine Christi
Scribendo penetras cælum tu mente, Johannes.]

2. Isti in altera pagina, ubi agnus pictus et XXIV
seniores et terra et mare.

Omnia quæ præsens tellus producit alendo
Et maris hæc facies limbo circumvenit amplo
Agne, deum solio semper venerantur in alto
Sanguine qui fuso tensisti crimina secli
In cruce, tu Karoli detergas vulnera regis.

C. a. [Cana caterva cluens vatum et venerabilis ordo
Cœtus apostolicus sertis cælestibus instans
Laudat, adorat, amat, devoto pectore timet.

1058.

Et princeps K a r o l u s vultu speculatur aperto
Orans, ut tecum vivat longævus in ævum.]

3. I t e m i n a l i o l o c o u b i a g n u s s o l u s p i c t u s h a b e t u r.

Hunc M o y s e s agnum monstravi lege futurum
Cunctis pro populis perferri vulnera mortis.

4. U b i d e x t e r a C h r i s t i e s t p i c t a.

Dextera quæ patris mundum ditione gubernat,
Et natum cælos proprium transvexit in altos.

5. I n f i n e m J o h a n n i s E v a n g e l i s t æ.

Et princeps K a r o l u s, sancto qui more benignus
Illius hic codex enitet actus ope.

6. I n f i n e l i b r i l o q u u n t u r s c r i p t o r e s.

Hactenus in sanctum sulcando movimus æquor
Littoris ad finem nostra carina venit.*)

*) Vgl. über diese Tituli und ihren Zusammenhang mit dem Codex aureus
von St. Emmeram in München meine Beiträge S. 107—120. Die aus dem letztern
Codex stammenden Verse sind mit C. a. bezeichnet und eingeklammert. Der
Codex aureus ist meiner Ansicht nach Copie einer auf Alcuin zurück-
gehenden Handschrift. Die tironischen Verse (n. a. o. S. 108, Anm. 1), welche
auf C o r b i e weisen und J a n i t s c h e k's Vermuthung (Adahandschrift S. 98)
bestätigen, sind zu lesen: Sancte Petre aliquantisper intercede pro nobis (Mittheilung T r a u b e's).

1058. *Alcuini carm. 71.*

(Codex evangeliorum Prumiensis saec. IX.: Trier, Stadtbibliothek no. 23
[1307 u. 1308].)

I.

M a t h e u s e sacro totus spiramine fretus
Ordine iucundo volitans per nomina patrum
Qualiter exierit, cecinit, generatio Christi.
Et quoniam sobria hoc potuit ratione videre,
Humana meruit signari rite figura.
M a r c u s divini, P e t r o narrante, repletus
Faminis effremuit, vox ut deserta ferarum.
Quo pingi torva decuit sub fronte leonis,

1059—1060.

Dogmata post fidei tuta est Aegyptus ab ipso
Normam et apostolicæ complevit legis utrimque
Lucas ore dei medicina fultus, at inde
Scribens gesta dei novit moderamina mentis,
Quodque sacerdotum meminit præsumere iura,
Aligeri faciem novit gestare iuvenci.
Tandem et apostolicos scripsit feliciter actus.
Virgo supra pectus Christi accubitare Johannes
In cæna meruit riva exanclando fluenta.
Scilicet hinc aquile petiit trans æthera pennis,
Divinam retegens naturam hominum rationi
Qualiter et populus habitans verbum caro factum est.

2.

Suscipe, rex, parvum magnimodo munus amoris
Quod tuus Albinus obtulit ecce tibi.

— — — — — — — — —

1059. *Alcuini ep.* 205.

(An Karl d. Gr. 801—803.)

Quos *(libros novi testamenti)* in unius clarissimi corporis sanc-
titatem conexos atque diligenter emendatos, vestræ altissimæ
auctoritati per hunc carissimum filium nostrum vobisque fidelem famulum *) dirigere curavi. **)

*; d. i. der Archidiacon Fridugisus (Nathanael), ein Vertrauter Alcuins.
**) Der hier genannte Codex wird von Wattenbach (Mon. Alcuin. p. 698, n, 1)
und von Dümmler mit dem Evangeliar von Prüm identificiert. Vgl. Pertz, Archiv
VII. 139.

1060. *Alcuini carm.* 67.

Hunc ancilla dei iam iusserat Ava *) libellum
Scribere præmagno domini deducta timore
Ad decus ecclesiæ propriam simul inque salutem.
Omnia florigeri pandit primordia mundi,
Eventusque simul seculi per tempora longa:
Quæ dedit omnipotens homini et præcepta salutis,
Omnia celsithroni necnon miracula Christi,
Et spem perpetuæ post hæc quoque sæcula vitæ,

1061.

Continet iste etiam codex hæc omnia solus:
Idcirco in magno semper habeatur honore.

— — — — — — — — — — — —

*) Alcuin an Gisla, Schwester Karls d. Gr. (Ep. 152): Credo te de orationibus Avae sororis nostrae fideliter facere.

1061. *Codex der Volksrechte im Domarchiv von Modena.*

(Mon. Germ. Leges III. Lex Alammanor. ed. Merkel. Praef. p. 3. n. 12

Carmen heroicum de totius speculatione huius
præclari voluminis.

Hunc heros librum legum conscribere fecit
Evrardus prudens prudentibus omnia vexit.
Quisquis amat cunctas legum cognoscere causas,
Arbiter et clarus vult omnibus ipse videri,
Hunc avidus cupiens oculis animoque requirat.
Depictos Salios Francos in fronte videbit,
Post legem quorum conscriptam cernet et ipsam.
Cognoscet libro Ribuenses tamque sequenti.
Consequitur quorum lex crimina multa perartans.
Effigies iam Langobardorum tercius ornat,
Collectam legem cernes mirabile visu.
Post pictos multos Alamannos ipse videbis,
Et legem quorum cernes iam iamque sequentem.
Ast Boiaria lex quintum tenet ipsa libellum,
Quam pulchra poteris si velis forte videri.
Effigies lector Francorum scema per evum.
En Carolus cum Pippino quam fulget in vultu,
En Hludowicus cesar quamque Hlotharius heros.
Ipsorum quantum et leges per cuncta tonantes
Nunc fulgent fulgebunt quos deus addat et ultra.

Carmen eleycum cui supra.

Hos tibi versiculos prudens Evrarde benivolos
Descripsi paucis intimus ecce Lupus,
Si Deus eternus vitæ superadderit annos,
Nunc maiora reor dignius ipse canam.

1062—1063.

Te pater atque Patris Prolis te Spiritus almus
Protegat, exaltet, salvet, honoret, amet.*)

*) Der Codex der Volksrechte des Lupus geht auf Fulda zurück. Das
Eberhard von Friaul gewidmete Original, zwischen 829 und 832 entstanden,
welches dieser auch in seinem Testamente als Legat an seinen Sohn Unroch
(s. o. no. 652) erwähnt, ist verschollen. Es sind nur zwei Copien in Gotha und
in Modena erhalten. Vgl. darüber und über die Darstellungen der fränkischen
Herrscher in dieser Miniaturenreihe den Exkurs im Aufsatze Clemens: Die Portraitdarstellungen Karls d. Gr. (Ztschr. des Aachener Geschichtsver. 11, 261 ff.)

1062. *Alcuini ep. 251 (an Hraban).*

(a. 803—804.)

Benedicto sancti B e n e d i c t i puero M a u r o A l b i n u s
salutem. Libellum quem, me rogante, scribi promisisti, rogo,
ut tua fiat promissio firma et mea impleatur lætitia.

1063. *Hrabani ep. ad Hattonem.**)

(Kunstmann, Hrabanus Maurus, Mainz 1841, S. 169.)

Librum sanctæ crucis, quem te adhortante inchoavi, te
collaborante dictavi, teque opitulante perfeci, tibi, postquam
consummaveram, ad probandum direxi, deprecans, ut, qui
studiorum meorum solatium eras, quique laboris refrigerium,
gaudii quoque sis particeps, gratanter officium accipiendo,
quod sola charitas administrat diligenter opus examinando,
quod dilectio vera commendat, studiose quoque in eo corri-
gendo, quæ necessitas expostulat.

Dignum etiam arbitrabar, ut, qui in animo meo primatum tenet, et in amicis summam, primitias operis primus acci-
peres, ne alius tibi præriperet in officio, quem nullus prævenit diligendo. Recte quidem, quia memoratum opus in laudem sanctæ crucis et in honorem redemtoris nostri, quantum
potui, non quantum volui, confeci, ipsi vero ac summo ponti-
fici per leviticum ministerium ad deferendum conscivi te so-
cium, ut, qui unius sumus propositi, eiusdem ordinis, simili´
intentione, pari voto idem officium compleremus. Ergo, quod
opto, fiat, ut ambobus remuneratio perpetrati operis ab ipso
tribuatur piissimo largitore, qui parem voluntatem, idem con-

1064—1065.

silium, unum studium, eandem dilectionem in cordibus amborum tribuit . . . .

Quapropter obsecro te, frater, ut si cui commissum tibi opus ad rescribendum tradideris, illum admoneas, ut figuras in eo factas et conscriptionis ordinem servare non negligat, ne forte, si formas figurarum variaverit, et scripturæ ordinem commutaverit, operis pretium perdat, etiam opus meum non meum esse faciat, quia non idem, sed nec suum, quia vitiatum.

Ille quidem faciliter rectitudinem in eo servare poterit, qui linearum numerum caute rimatur, et litterarum dispositionem in eis diligentius custodit.

Tu ergo et illum admonendo eius es director, et nostrum ius iurando nostri censeberis fidus amator.

*) Auch Bonosus gen., Maler und später Abt von Fulda. S. o. no. 893.

1064. *Hrabani ep. III ad Hcberardum Comitem.* *)

(Sirmond, Opp. Var. II, 1019.)

Referentibus nobis fratribus nostris, qui præterito tempore Romam perrexerunt, Ascriho videlicet et Hrudperto presbyteris, de sospitate vestra et benignitate . . . . . valde fateor gavisus sum . . . . . Et quia prædicti fratres nostri nobis retulerunt, Vos expetere opusculum nostrum in laudem crucis Christi dudum confectum, ex vestro verbo rogantes ut illud vobis transmitterem; voluntarie feci quod rogabant, et præterito anno per nuntium vestrum Gagauzardum ad nos venientem et id ipsum expetentem, opusculum vobis transmisi; deprecans ut habeatis illud et coram vobis legere faciatis.

*) Herzog von Friaul. s o. no. 652.

1065. *Ruodolfi Vita Hrabani c. 50.*

Nam, ut ipse testatus est, primum scripsit anno ætatis suæ circiter trigesimo*) in laudem sanctæ crucis duos libellos, hoc est unum metrico stylo, cum figuris mysticis, quæ in divinis libris longe ante prænotatæ sunt, ut in his manifestaretur Christi passio et redemptio nostra, in figura sanctæ cru-

1066—1068.

cis esse prænuntiata; in quo etiam soluta oratione subiecta
est uniuscuiusque figuræ explanatio; et sic viginti octo, excepta superliminari pagina, videntur in ea contineri figuræ,
simul cum expositionibus suis. Sequentem autem libellum ideo
conficiendum putavit, quem etiam in viginti octo capitulis
breviavit, ut locutionem metrici prioris libelli in eo lucidiorem
faceret.

*) d. i. 815 ca. Hraban ist 774 geboren.

1066. *Ruodolfi Ann. Fuld. ad a. 844.*

R h a b a n u s quoque, sophista et sui temporis poetarum
nulli secundus, librum, quem de laude sanctæ crucis Christi,
figurarum varietate distinctum, difficili et mirando poemate
composuit, per A s c h r i c u m et R u o t b e r t u m, monachos
monasterii F u l d e n s i s, S e r g i o papæ sancto P e t r o offerendum transmisit.

1067. *Odilo Cluniacensis, Sermo de Laude s. crucis.*

R a b a n u s . . . . tale de Laude s. Crucis texuit opus
et texendo perfecit, quo pretiosius ad videndum, amabilius ad
retinendum, laboriosius ad scribendum, non potest inveniri.

1068. *Sigebertus Gemblacensis, Catalogus script. ecclesiast. c. 90.*

R a b a n u s . . . . . scripsit Librum de Laude s. Crucis
mira varietate depictum . . . . *)

*) Hrabans merkwürdiges Bildergedicht: Liber de laudibus sanctæ crucis,
um 815 vollendet (Akrosticha, deren Figuren immer das Kreuz in mannigfaltigen
Variationen ergeben), ist in zwei Originalcodices der Vaticana zu Rom und
der Hofbibliothek zu Wien erhalten. Der letztere ist im Jahrbuche der Kunstsammlungen des A. H. Kaiserhauses, Bd. XIII, von mir publiciert worden. Das
Werk war während des ganzen Mittelalters sehr geschätzt und wurde oft abge-
schrieben; die ersten Drucke kamen zu Pforzheim 1501 (von Wimpheling) und
zu Augsburg 1605 heraus. Wieder abgedruckt bei Migne Patr. Lat. vol. 107.
Neuere geschmack- und kritiklose Ausgabe von Henze, Leipzig 1847. Vgl.
Dümmler, Poet. Lat. II, 137; Bähr, Gesch. der karoling. Lit. S. 421; Ebert,
Literaturgesch. II, 142; Kunstmann, Hrabanus Maurus S. 42 ff.

1069—1072.

1069. *Hrabanus, Liber de laudibus s. Crucis.*

(Widmung an Otgar von Mainz.)

Tu modo suscipias, teneas ac rite fruaris,
  Artificem vilem rite tuendo prece.

1070. *Brower, Antiquitatum Fuldensium libri IV.*

(Antwerpen 1612, p. 89.)

Hinc in carminum libro*) Modestus**) Ratgarium
præclaro schemate expinxit; iuxta eum monocerotis imaginem
ponens, infesto cornu in ovium gregem incurrentis.***)

*) Die metrische Biographie Eigils von Bruun. **) Sein deutscher Name
ist Reccheo. ***) Vgl. den Stich bei Brower a. a. o. p. 90. Über den Codex cf.
meinen Aufsatz: Eine Fuldaer Miniaturhandschrift der k. k. Hofbibliothek. Jahrbuch der Kunstsammlungen des A. H. Kaiserhauses Bd. XIII, 32 ff.

1071. *Brower a. a. O. p. 169.*

Modestus Candidi collega, arte pictor, in perantiquo
membraneo codice, habitus prisci lineamenta quædam adum-
bravit.*)

*) Vgl. hiezu die zwei Stiche bei Brower a. a. o. S. 170 (auch reprodu-
ciert im Jahrbuch a. a. o.).

1072. *Sedulius Scottus, Carm. II, 69.*

(Idem ad eundem Guntharium episcopum Coloniensem de bibliotheca.)

Aspice pandecten vitæ de fonte scatentem
  Ubere quæ gemino clara fluenta serit.
Hic Geon, Fison, Euphrates, Tigris et amnis
  Potant Christicolas nectare quosque pios.
Mel cæleste fluens oleum, lac suaveque, vinum
  Ydria metretis hic redoletque novis.
Mystica nam tropicis anagoge floret in arvis
  Arboris hic vitæ dulcida poma virent.
Hoc opus egregium Guntharius, inclita lampas
  Sedis Agrippinæ, pontificalis apex,
Vovit clavigero munus hoc scriptile Petro:
  Cephas, Christe, pio præmia ferte viro.

— — — — — —

1073—1075.

1073. *Flori Lugdunensis carm. XII.*

Titulus libelli ad altare s. Step·hani*) oblati sanctissimo et gloriosissimo alumno ac patrono nostro
b. Stephano protomartyri dedicatus.

Hunc tibi, prime pii testis fortissime Christi
Offerimus vario rutilantem flore libellum.
Hic tua prima micat post inclita bella corona
Fulget honos nomenque tuum, tua præmia clamant.
    Gamalihel sacer ille senex tua cælitus ossa
Olim ignota orbi reverendo publicat ore
Ac tua membra, pater, radianti signat in auro
Martyrium inlustri depingit flore rosarum.
Se quoque Nichodeni coniungens sorte nepotis
In geminis auri calathis albentibus almus
Prodit rite rosis tenui vix sanguine tinctis
Virgineosque artus pueri fulgente canistro
Argenti et crocei commendat floris odore.

*) In ecclesia cathedrali Lugdun. Mab.

1074. *Ekkehard IV, Casus s. Galli c. 22.*

Hoc hodie est ewangelium *(»Longum«)* et scriptura, cui
nulla, ut opinamur, par erit ultra, quia, cum omnis orbis cis-
alpinus Sintrammi digitos miretur, in hoc uno, ut celebre
est, triumphat. Mirari autem est, hominem unum tanta scrip-
sisse, quia in nominatissimis locis plerisque harum regni. par-
tium Sintrammi caracteris libri, s. Galli obsides habentur.
Sed et hoc in homine mirabile est et singulare, quod, cum
delicata eius scriptura iocunde sit directa raro in pagina vel
unius verbi mendacium invenias ratum.

1075. *Ebenda c. 28.*

(Salomo † 920) . . . . scribendi lingua manuque artifex,
lineandi et capitulares literas rite creandi præ omnibus gnarus
— ut in apicibus L. et C. longi ewangelii primis videre est,
quas episcopus, ut aiunt, probans, quid in talibus adhuc
posset, lineans aurificabat.*)

*) Über Sintram und Salomo vgl. Rahn's Gesch. d. b. K. in der Schweiz

1076—1079.

138 ff., über Ekkehards historische Zuverlässigkeit aber Meyer's v. Knonau treff-liche Ausgabe der St. Gallener Geschichtsquellen.

1076. *Gesta episcoporum Halberstadensium p. 81.*

domnus Sigismundus, vir pius et largus, variis artibus sapienter imbutus, ... est infula decoratus (894).

1077. *Ebenda p. 82.*

. . . . nichil tamen ad sui corporis percipere voluit ali-menta, nisi quod ipse scribendo, pingendo ac propriis manibus operando sibi de suis laboribus compararat.

1078. *Chron. Corbeiense spurium ad a. 895.*

[Theodegarius confrater noster, passionem Dominicam penna artificiose depictam conventui dedit pro memoria sui, quod artificium omnes laudant.]*)

*) Die Nachricht ist wertlos, da das Chron. Corbeiense, wie Hirsch und Waitz längst nachgewiesen haben, eine betrügliche Fälschung des 17. Jhdts. ist. Demnach ist auch die Note bei Janitschek, Gesch. d. deutschen Malerei, S. 49 zu tilgen.

C. TEXTILKUNST.

1079. *Theodulfi carm. 28, v. 211.*

(Contra iudices.)

Alter ait: »Mihi sunt vario fucata colore
Pallia, quæ misit, ut puto, torvus Arabs.
Quo vitulus matrem sequitur, quo bucula taurum,
Concolor est vitulo bucula, bosque bovi.
Splendorem spectes, iunctamque coloribus artem,
Atque rotis magnis iuncta sit arte minor.«*)

*) Vgl. zu diesem uralt asiatischen Decorationsmotiv die Ausstattungs-urkunde der Theophanu von 972 (s. Sickel, DO. II, 21. Abb. in den KU. in Abb. von Sickel und Sybel) in Wolfenbüttel, welche derart gemustert ist. Den Einfluss dieser Muster auf die abendländ. Kunst hat Springer (Ikonogr. Studien II, Teppichmuster als Bildmotive, Mitth. der C. C. 1860) dargelegt; aber auch

schon in Miniaturen ist er sehr früh wahrnehmbar. Vgl. die Säulenmedaillons in dem meroving. Sacramentar (Vaticana, fonds de la reine 316) bei Delisle, Mém. des anc. sacram. pl. I. und noch auffälliger in einem angelsächsischen Psalter des 8. Jhdts. (Catalogue of anc. ms. in the British Mus. pl. 15.)

1080. *Vita ss. Harlindis et Reinulae, abb. Eikensium in Belgio (ca. 745) c. 5.*

In prædicto namque monasterio *(Valencina)*)* quo creditæ erant beatiss. virgines erudiendæ, ... erant eruditæ diversis usibus divini officii et ecclesiastici ordinis, id est in legendo, modulatione cantus, psallendo nec non (quod nostris temporibus valde mirum est) etiam scribendo atque pingendo, quod huius ævi robustissimis viris oppido onerosum videtur. Simili etiam modo in universi operis arte, quod manibus feminarum diversis modis ac varia compositione fieri solet, honestissime fuerant instructæ, videlicet nendo et texendo, creando ac suendo; in auro quoque ac margaritis in serico componendis, miris in modis existerant perfectæ opifices.

*) Valenciennes.

1081. *Ebenda c. 12.*

Unde accidit, ut quædam palliola quæ propriis manibus contexuerant, et quæ multis modis variisque compositionibus diversæ artis innumerabilibus ornamentis, Deum sanctosque eius decentibus, ex auro ac margaritis ornata composuerant sanctæ, illo in loco *(Eike)*)* post se relinquerant. Quatuor evangelistarum scripta . . . . . honorifico opere conscripserunt. Nihilominus vero Psalmorum libellum, quem psalterium apellamus, ipsæ stilo texuerunt, aliasque quam plures divinas scripturas, quæ quidem universa hactenus in eodem loco tam recentia et vibrantia auro ac micantia margaritis fulgent, ut crederes ea hodie fuisse peracta.**)

*) bei Maaseyck. **) In Maaseyck werden noch vier Stücke einer gestickten Casula aufbewahrt (angeblich 8. Jhdt.), welche folgende Inschrift aus dem 15. Jhdt. tragen: Hanc casulam texuerunt s. virgines Harlindis et Relindis abbatissae, consecravit s. Theodardus, celebravit s. Willibrordus episcopus Ultrajectinus et s. Bonifatius episcopus Moguntinus. Vgl. Catalogue de l'exposition de l'art ancien au pays de Liège 1881, 38. Falk in den Forschungen z. dtsch. Gesch. XXII, 455.

1082—1088.

1082. *Einhart, Vita Karoli c. 19.*

Filias vero lanificio adsuescere, coloque ac fuso, ne per otium torperent, operam inpendere atque ad omnem honestatem erudiri iussit.

1083. *Ermoldus Nigellus, De laude Hludowici. IV. v. 387.*

Scilicet ex auro tunicam gemmisque rigentem
Conficit ast qualem arte Minerva sua.*)

*) Die Kaiserin Judith nämlich.

1084. *Vita s. Liutbirgae, reclusae Halberstad. c. 6. († zwischen 857—870).*

in tantum igitur capax ingenii fuit, ut diversarum artium, quæ muliebribus conveniunt operibus, ... præ ceteris circum quaque habitantibus veluti Daedala diffamabatur.

1085. *Ebenda c. 22.*

Multorum muliebrium operum artifex erat.

1086. *Ebenda c. 35.*

cui (*Ansgerus*) puellas eleganti forma transmiserat, quas illa et in psalmodiis et in artificiosis operibus educaverat.

1087. *Folcwini Gesta abb. s. Bertini Sithiensium c. 85.*

(*Hildwinus † 877*) . . . . in ecclesia s. Bertini contra s. Martini altare capitaneum est tumulatus. Atque inter cetera donaria huic sacro loco pallium quendam concessit preciosissimum cappamque nivei coloris, rubeis intersertam volucrum figuris, cortinamque de pallio pretio rarissimam.

1088. *Cod. bibl. univ. Leidens. 67. (man. s. X.)*

(ed. Dümmler, Ztschr. f. d. Alterthum 19 N. F. 7, S. 146.)

Hoc peplum fuerat Hludowici cesaris olim
Quod sua perfelix coniunx ornavit Joda
Ut sic indutus populis splendesceret heros.
Post quem dum Karolus suscepit regia sceptro

1089—1091.

Et patris pallam Pauli sacrauit honori,
Hoc Yrmintrudis totum regina peregit.
Hoc Karolus magnum ueneratur munere Paulum
Pontificis summi Nicolai*) nomen honorans
Ut miles Christi, quem totus predicat orbis
Pro se proque sua preclara coniuge pugnet.
Necnon amborum prolem serosque nepotes
Protegat et custos regalis stemmatis instet.

*) 858—867.

1089. *Joannis Scotti Versus IV.*

Laudes Yrmintrudis Caroli Calvi uxoris.

— — — — — — — — — —

Ingens ingenium, perfecta Palladis arte
   Auro subtili serica fila parans
Actibus eximiis conlucent pepla mariti
   Gemmarum serie detegit indusias.
Miratur fugitans numquamque propinquat ἀράχνη,
   Quamvis Palladios æquiperat digitos.

1090. *Ratperti Cas. s. Galli c. 29. (Zusatz von Cod. 615.)*

   *(ed. Meyer v. Knonau. S. Gall. Geschichtsquellen in Mitth. des hist. Ver.
v. S. G. Bd. XIII, p. 53.)*

   Iste etiam Hartmotus velum optimum, quod adhuc
hodie in quadragesima ante crucem extra chorum appenditur,
per manus sororis sue, nomine Richlin, textum donavit.

1091. *Cod. Vatic. Christinae reg. 469 (man. s. X.)*
   (Bethmann, in Pertz' Arch. XII, 282.)

Hanc neuit fusulo uestem proprioque labore
Nobilis in natu quædam matrona Perahtsuind
Et totam propriis uoluit pertexere palmis
Ast offerre deo Romæ Petro quoque sancto.
Pro sese dominoque suo, qui Sarhilo dictus
Ex illa genuit generosum germen et almum
Quorum nobilia hic notantur nomina subter:

1092—1093.

Perinhardus, Adalungus, Sargilo et Adal-
precht.

Post hos germanos incedunt ordine sacro
Eximiæ Gundpirc et Gundrada sorores.
Inuida mors illi uitam sed subripiebat,
Antea quam faceret quod proponendo uouebat.
Tunc Gundaradam petit hoc opus artificare
Et quando potuisset, sancto mittere Petro.
Instigat Gundaradam tunc ipsa uoluntas
Atque uolens matris iussu satisfaciendum.
Huic uesti limbum faciens auroque paratum*)
Ut illa et dominus præses uenerandus Isangrim
Sarhilo atque Gotas diu cæli regna penetrent,
Omnibus his paradysi dona patescant.**)

*) Über paratum steht in der Hdschr. polimitum (Borte). **) Der Codex
trägt die Notiz: Hunc librum Ruodolf p. lucratus s. Bonifacio, stammt also
wohl aus Fulda. Beiträge S. 125.

1092. *Vita s. Wiboradae reclusae († 925) c. 5.*

In quo etiam monasterio (*s. Galli*) reverendissimis quibusdam patribus, ob obvolvenda sanctorum librorum volumina,
propriis manibus decora solebat contexere linteamina.

1093. *Chron. Besuense p. 407.*

(*De obitu Alberici ep.*) . . . . . Est apud nos*) pallium satis
pulchrum visu, columbis in eo seriatim et pulcherrime con-
textis, unde ipse multis diebus infulam habuit.**)

*) Im Kl. Blaise bei Dijon. **) Ein Geschenk Alberichs.

D. GLASTECHNIK.

Vgl. neben Wackernagel's bekannter Schrift Gessert's Gesch. der
Glasmalerei Stuttg. 1839 und bes. Nordhoff's Aufsatz: »Die ältere Glasmalerei«
im Repert. III, 459 - 462.

Über farbige Fenster in altchristl. Zeit vgl. bes. die Stelle bei Greg.
Turon. L. in gloria martyrum c. 58. (Fenestras ex more habens quae vitro lignis

1094—1097.

incluso cluduntur) und die eingehende Erläuterung bei Gessert a. a. o. p. 15. In der Vita Leo's III. im Lib. pont. Rom. (Muratori SS. III) werden fenestrae de absida ex vitro diversis coloribus erwähnt. Der Anonymus des Muratori (IX. Jhdt.) gibt in seinem Kunstbuch (Mur. Antiqu. II, 363) Vorschriften über Glasfärbung, die ja auch den Alten bekannt war. Über figürliche Darstellungen auf Glasgemälden in karoling. Zeit s. den Aufsatz Nordhoff's, die folgenden Stellen no. 1098 und 1099 und oben no. 971.

1094. *Lulli cp. 134.*

(*Gutberctus abb. Wiremuthensis et Girwensis Lullo, 755—786.*)

. . . . . Si aliquis homo in tua sit parochia, qui vitrea vasa bene possit facere, cum tempus adrideat, mihi mittere digneris. Aut si fortasse ultra fines est in potestate cuiusdam alterius sine tua parrochia, rogo ut fraternitas tua illi suadeat, ut ad nos usque perveniat. Quia eiusdem artis ignari et inopes sumus. *)

*) Schon im VII. Jhdt. hatte Benedict von Wearmouth Glasarbeiter nach England gebracht. Beda, Gesta abb. Wirem. L. I. (Migne 94, 716).

1095. *Mon. Sangall. II, 21.*

(*Ludwig I.*) . . . . Stracholfo vitreario, servo s. Galli totam vestituram suam tunc sibi servienti præciperat dari.

1096. *Karl II. der Kahle, Urk. für St. Amand d'Elnon. 863. Sept. 20. BR. 1714.*

(*Bouquet, Rec. VIII, 587.*)

. . . . . et in Diptiaco mansum unum cum vitreario Baldrico; et in Barisiaco mansum dimidium cum ipso vitreario Ragerulfo, cum uxoribus et infantibus eorum.

1097. *Hraban, de universo XVII, 10.*

(*De vitro.*)

. . . . aliud flatu figuratur, aliud torno teritur, aliud argenti modo cælatur; tinguitur etiam multis modis, ita ut hyacinthos sapphirosque et virides imitetur, et onyches, vel aliarum gemmarum colores; neque est alia speculis aptior materia. Maximus tamen honor in candido vitro proximoque in crystalli similitudine. Unde et ad potandum argenti metalla

1098—1099.

et auri repulit vitrum. Olim fiebat et in Italia, et per Gallias et Hispaniam, arena alba, mollissima pila molaque terebatur.

1098. *Vita II. s. Liudgeri († 809). Hs. der kgl. Bibl. in Berlin fol. 286 (nach 864).*

(Nordhoff im Rep. f. Kunstw. III, 44.)

aurora iam rubescente et luce paulatim per fenestras irradiante imagines eis factas monstrare digito cepit.

1099. *Josias Simler, Antiqu. Helvet. V, 58 b.*

(bei Wyss, Gesch. d. Abtei Zürch Beil. 9. S. 11—12.)

»Und nachdem der Buw volfürt, ist Bischoff Gebhart der erst des namens von Costenz gen Zürich berüfft worden. Der hat Sant Felix und Regula Grab ufgebrochen in der Chorherren Münster der grösseren Statt und hat ir Heilthumb in gemelt nüw Münster der Aebtissin Berchta und ouch in andere kilchen im Bistumb ussgeteilt und iren tag im ganzen Turgoüw und Zürichgoüw gebotten zu fyren, wie das Ratpertus, ein geborner Züricher, so der dero Zit gelept und ein Conventherr zu Sant Gallen gewesen, an Noggerum sinen MitConventbruder schribt:

— — — — — — — — — — — — — —

Filia — — — — — — — — — —
Præclari Germanorum Regis Chludouuici*)
Atque soror quondam Caroli nunc Cæsaris alti
Nomine vel proprio clarissima Beretha, templum
Structura fecit pulchra paribusque columnis
Cælatura insignibus altis atque polytis,
Sicque fenestrarum depinxit plana colorum
Pigmentis laquear, pigmentaque arte manuque
Artifici et fucis, quadrato ex orbe petitis
Ut superaretur ita ab his ipsum velut herbas
Vicisset viles, vario vel flore placentes.
Et iam compositis, subtus vel desuper omni
Ornatu, vel mœnibus, argento, ære vel auro

Præsulis adventum præcibus ambivit, honore,
Quem supra retuli L a u r e n t i festa iubere.

_____

*) Ludwigs des Deutschen.

_____

E. METALLARBEIT.

1100. *Urk. des Cauwo. Nov. 29. regn. domno Tassilone a. X. regni eius Ind. X. Luna V. (759.)*

(*Meichelbeck, II. Fris. Pars Instr. I, 26.*)

Ego A r b e o iussus de Duce inclito scripsi et subscripsi et testes firmavi convenientia C a u u o n i s, cum donato episcopo J o s e p h de artifice malleatoris nostri A l e t o*) ut eum sibi tempus ad serviendum cammiedibus,**) de episcopo asserat, et postquam de eius rediret servitio, utrique et prædictus faber et in loco positus superiori epistulæ ad prædictum ecclesiæ opteneant firmitatem.

*) Der anscheinend nichtgermanische Name weist vielleicht auf einen der damals in Baiern noch zahlreichen romanisierten Colonen. **) cunctis diebus? Meichelbeck.

1101. *Flodoardi Hist. Rem. ecc. II, 19.*

(*Ludovicus imp.*) . . . . quendam fabrum servum suum, nomine R u m a l d u m, ad petitionem eiusdem præsulis ecclesiæ R e m e n s i *(Ebonis)* concessit, ut hic de talento a Domino sibi collato, iuxta vires diebus vitæ suæ proficeret.

1102. *Mon. Sangall. I, 29.*

Erat ibidem (*in Aachen*) alius opifex, in omni opere æris et vitri cunctis excellentior. Cumque T a u c h o, quidem monachus s. G a l l i, campanum optimum conflaret et eius sonitum imperator non mediocriter miraretur, dixit ille præstantissimus set infelicissimus in ære magister: »domne imperator, iube mihi cuprum multum afferri, ut excoquam illud ad purum, et in vice stagni fac mihi, quantum opus est, de argento dari saltim centum libras, et fundo tibi tale campanum, ut istud in eius comparatione sit mutum.« Tum liberalissimus regum, cui licet divitiæ affluerent, ipse tamen cor illis non apponeret, facile iussit omnia quæ petebantur, exhibere. Quæ miser ille assumens, lætus exivit, et æs quidem conflans et emundans, in locum vero argenti purgatissimum stagnum subiciens, multo melius optimo illo de adulterato metallo campanum in brevi tempore perfecit probatumque Cæsari præsentavit. Quod ille propter incomparabilem conformationem satis admiratus, inmisso ferro pulsatario, iussit in campanario suspendi. Quod cum sine mora factum fuisset, et custos æcclesiæ vel reliqui capellani, nec non et erronei tyrones, illud ad sonitum perducere, alii succedentes aliis, niterentur, et nihil efficere potuissent, tandem indignatus auctor operis et commentor inauditæ fraudis appræhenso fune traxit eramentum. Et ecce ferrum de medio elapsum, in verticem ipsius cum iniquitate sua descendit, et per cadaver iam iamque defunctum pertransiens, ad terram cum intestinis et virilibus venit. Memoratum vero pondus argenti repertum præcepit iustissimus K a r o l u s inter indigentes palatinos dispergi.

1103. *Translatio ss. Marcellini et Petri c. 75.*

Hic est G e o r g i u s V e n e t i c u s, qui de patria sua ad imperatorem venit et in A q u e n s i palatio organum, quod græce hydraulica vocatur, mirifica arte composuit.

1104. *Capitulare Karoli II. (Calvi) apud Carisiacum (877) c. 28.*

(Bouquet VII, 703.)

De V u l f r a m m o et G a u z m a r o et H a d e b e r t o aurifice, sicuti statuimus, ita permaneant.

1105. *Ekkehard IV, Casus s. Galli c. 34.*

At T u o t i l o longe aliter bonus erat et utilis, homo lacertis et omnibus menbris, sicut F a v i u s athletas eligere docet *(Quintiliani Jnst. Orat. X, 1, 333.)* Erat eloquens, voce clarus,

1106—1108.

celaturæ elegans et picturæ artifex, musicus, sicut et sotii eius, sed in omnium genere fidium et fistularum præ omnibus; nam et filios nobilium in loco ab abbate destinato fidibus edocuit. Nuntius procul et prope sollers, in structuris et ceteris suis artibus efficax, concinnandi in utraque lingua potens, et promtus natura, serio et ioco festivus, adeo ut Karolus noster aliquando ei maledixerit, qui talis naturæ hominem monachum fecerit. Sed inter hæc omnia, quod præ aliis est, in choro strenuus, in latebris erat lacrimosus, versus et melodias facere præpotens, castus, ut Marcelli discipulus, qui feminis oculos clausit.

1106. *Ebenda c. 39.*

Tuotilo vero abbatum, sub quibus militaverat, permissis plerumque et præceptis multas propter artificia simul et doctrinas peragraverat, ut in suo capitulo tetigimus (*c. 34.*), terras. Picturas etiam et anagliphas carminibus et epigrammis decorabat singulariter pretiosis. Tantæque auctoritatis, ubicumque moraretur, apparuit, ut nemo illum, qui vidisset, s. Galli monachum dubitasset. Erat autem in divinis et humanis ad responsa paratissimus, etsi quid incondecens maxime in monachis, usquam vidisset, pro loco, tempore et persona zelator erectus, ut in uno de pluribus dicere habebimus.

1107. *Ebenda c. 22.*

Crucem etiam illam honorandam s. Mariæ Tuotilone nostro anaglyfas parante, ex eodem auro et gemmis mirificavit. Altare vero s. Mariæ et analogium ewangelicum eiusdem fratris nostri artificio in locis congruis deaurata Hattonis sui de scriniis vestivit argento et dyptivit, ut videre est, ex auro electo.

1108. *Ebenda.*

S. Gallo ætiam, in nullis fortuniis immemor eius, duas tabulas eburneas de eisdem scriniis attulit; quibus alias magnitudine equipares rarissime videre est, quasi sic dentatus elephans aliorum fuerit gigas. Erant autem tabulæ quondam quidem ad scribendum ceratæ, quas latere lectuli sopor autem ponere solitum in vita sua scriptor eius*) K a r o l u m dixit. Quarum una cum sculptura esset et sit insignissima, altera planitie politissima, T u o t i l o n i nostro politam tradidit sculpendam . . . . Quibus longioris et latioris moduli S i n t r a m- m u m nostrum scribere iussit ewangelium, ut quod tabulis abundaret, auro et gemmis H a t t o n i s ornaret.

*) Einhart.

1109. *Ebenda c. 40.*

(Tuotilo zu S. Alban in Mainz.) Rogaturque ibi morari usque dum thronum Dei in brathea altaris aurea cælaret, cui similem anaglipham raro usque hodie videre est alteram [in circulo scribens hunc versum:

»Ecce polo potior solio terraque scabello.«]*)

*) Randglosse. Die Worte nach Jesaias 66, 1.

1110. *Ebenda c. 45.*

T u o t i l o vero cum apud M e t e n s i u m urbem cælaturus satageret, peregrini duo s. M a r i æ imaginem cælanti astiterant elemosinamque petebant. Quibus cum nummos clam tribueret divertentes ab eo clerico cuidam astanti aiebant: Benedictus Domino vir iste, qui nos hodie bene consolatus est; sed estne soror eius, inquiunt, domina illa præclara, quæ ei tam commode radios ad manum dat et docet, quid faciat? Ille vero miratus, quid dicerent, cum nuperrime ab eo digressus nil tale vidisset, revertitur et quod dixerant, velut ad momentum et in ictu oculi contemplatur. Ait autem illi clericus et peregrini: Benedictus tu pater Domino, qui tali magistra uteris ad opera! Qui cum ipsos, quid dicerent, nescire assereret, vehementer in illos invectus, ne cui tale quid dicerent, interminatur. In crastinum autem, cum gloriam talem de se plures audirent dictitare, subtrahens se cessit de medio, neque iam ultra in urbe illa operari volebat. In brattea autem

418

1111.

ipsa aurea cum reliquissent circuli planitiem vacuam, nescio
cuius arte postea cælati sunt apices: Hoc panthema *(anathema?)*
pia cælaverat ipsa Maria. Sed et imago ipsa sedens quasi
viva cunctis inspectantibus adhuc hodie est veneranda.

1111. *Necrologium s. Galli zum 27. April.*

(*M. G. Necrol. I, 472.*)

V. Kal. ob(itus) Tuotilonis mi atque pbi· (doctor iste
nobilis cælatorque fuit.)*)

*) Das Eingeklammerte späterer Zusatz.

Über Tuotilo vgl. die Biographie desselben von A. Schultz in Dohme's
Kunst und Künstler I. Abth., Bd. 1, S. 23—34 und dazu nam. die gleichzeitig
(1877) erschienene vorzügliche Ausgabe der Casus s. Galli Meyer's v. Knonau.
Die hier gebotenen Resultate über Ekkehard's Glaubwürdigkeit sind kunstgeschichtlich verwertet in meinen Beiträgen S. 175 ff. S. ferner oben no. 958,
959, 1037.

III. ANHANG.

III. ANHANG

1. NOTIZEN ÜBER EINZELNE KÜNSTLER etc.

1112—1118.

Über die sociale Stellung der Künstler unter den Germanen vgl. die nachfolgende Übersicht der Wergelder aus den Volksgesetzen, dazu Wackernagel, Gewerbe etc. der Germanen in Haupt's Zeitschr. f. d. Alterth. IX, 541. S. a. Springer. Die Künstlermönche im M. A. Mitth. der C. C. VII, 1 und 36. Ferner Kreuser, Kölner Dombriefe oder Beitr. z. achr. Kirchenbaukunst 1844.

1112. *Lex Alamannorum, Pactus III, 35.*

Si faver ferrarius occiditur, 40 solidos componat. *c. 36.* si aurifex fuerit 50 sol. componat.

1113. *L. Alamannorum a Hlothario constituta. II, 81, 7.*

Faber aurifex aut spatarius qui publice probati sunt, occidantur, 40 sol. conponat.

1114. *L. Burgundionum (Gundebati) X, 3.*

Qui aurificem lectum occiderit 150 sol. solvat.

1115. *Ebenda 4.*

Qui fabrum argentarium occiderit 100 sol. solvat.

1116. *Ebenda 5.*

Qui fabrum ferrarium occiderit, 50 sol. inferat.

1117. *Ebenda 6.*

Qui carpentarium occiderit, 40 sol. solvat.

1118. *Ebenda XXI, 2.*

Quicunque vero servum suum aurificem, argentarium, ferrarium, fabrum ærarium, sartorem vel sutorem, in publicum adtributum artificium exercere permiserit, et id quod ad faciendam operam a quocunque suscepit, fortasse everterit, dominus eius aut pro eodem satisfaciat, aut servi ipsius, si maluerit, faciat cessionem.

1119. *L. Burgundionum Romana II, 6.*

Si vero servus cuiuscumque occisus fuerit ab ingenuo .... pro aurifice electo 100, pro fabro ferrario 50, pro carpentario 40 sol. inferantur.

1120. *L. Frisionum c. 10 (Judicia Wulemari).*

Qui harpatorem, qui cum circulo harpare potest, in manum percusserit, componat illud quarta parte maiore compositione quam alteri eiusdem conditionis homini; aurifici similiter.

1121. *L. Salica Francorum XXXV, 5.*

Si quis fabrum ferrarium vel aurificem aut porcarium vel vinitorem aut stratorem furaverit aut occiderit, 30 sol. culpabilis iudicetur.

1122. *Einharti ep. 12.*

(*an comes G.*) .... ceterum rogo vos, ut pro N. pictore devoto iuniore vestro, mercedem habere velitis et eum adiuvare et apud dominum imperatorem pro illo intercedere dignemini. Si congruum locum videritis, ne per cuiuscumque invidia beneficium suum amittat, quod dominis suis bene serviendo adquisivit; mihi non est necesse, vobis nominare, qui sint illi, quos in hac causa timeat, quoniam eque mihi ac vobis noti sunt. Tantum rogo, ut in quantum potestis, eum adiuvare dignemini.

1123. *Epitaphium Arirami monachi (Ex vetustissimo cod. Emmeram.)*

(*Pez, Thes. VI, 1, 9.*)

Funere defunctis deplora grex monachilis
Orbatus tanta indolis ab homine.

1124—1128.

A r i r a m i iuvenis primævo tempore floris
Qui vigit mitis omnibus atque habilis.
Alitis in specie, perhibetur quæ sine felle
Carne velut castus, mente fuit sobrius.
Nullus in hoc ævo viget ingeniosior illo
[. . . . .]*) artibus et variis.

*) Lücke.

1124. *Flodoardi Hist. Remens. cccl. II, 19.*

(*De Ebone præsule.*)

Imperatoris, ut fertur, L u d o w i c i collactaneus et con-
scholasticus, qui multis ecclesiam curavit instruere commodis,
et præcipue artificibus, quibus undecunque collectis sedes
dedit et beneficiis muneravit.

1125. *Catal. archiep. Salisb. p. 17.*

. . . . . A l f r i d u m presbyterum et magistrum cuiuscumque artis L i u p r a m m u s direxit, *(ad Prizinam regem)* quem
A d e l w i n u s successor L i u p r a m m i archipresbyterum ibi
constituit.

1126. *Prudentii Ann. Fuld. ad a. 865.*

R u o d o l f u s F u l d e n s i s cœnobii presbyter et monachus, qui apud tocius pene G e r m a n i æ partes doctor egregius et insignis floruit hystoriographus et poeta, atque omnium
artium nobilissimus auctor habebatur.

1127. *Arnolf, Urk. für Eoprcht. Regcnsburg, 890. apr. 15.*
M. 1797.

(*M. B. 28, 114.*)

. . . . cuidam artifici nostro nomine E o p r e h t quasdam
res proprietatis nostre in proprium concessimus.

1128. *Derselbe, 898 mai 5. M. 1878.*

(*M. B. 28, 102.*)

. . . . cuidam fideli operario nostro nomine E o p r e h t
quasdam res proprietatis nostre in proprium concessimus.

1129—1131.

1129. *Arnolf, Urk. für Süsteren im Maasland. 891. Febr. 23. M. 1806.*

(*Mittelrhein. UB. I, 137.*)

. . . . cuidam fideli presbitero nostro S i g i n a n d o videlicet illustri artifici quandam abbatiam in m a s a l a n t e consi-
stentem, que vulgari vocabulo S u e s t r a nuncupatur, ubi
sanctemoniales femine divinum subministrant officium.

1130. *Zwentibold, Urk. für Süsteren im Maasland. 895. Juni 5. M. 1905.*

(*Mittelrhein. UB. I, 202.*)

. . . . rex A r n o l f u s cuidam eximiarum artium presbitero S i g i n a n d o monasterium nuncupante S u e s t r a . . . .
largiflua munificentia sua necnon et eiusdem iam fati presbiteri S i g i n a n d i gratificis seruitiis ad hoc eum incitantibus
firmissime donauit.

2. DIE ANTIKE IN KAROLINGISCHER ZEIT.

1131. *Libri Carolini III, 22.*

An non divinis litteris alienum est quod ab illis C h y-
m æ r a triceps a B e l l e r o p h o n t e fingitur interfecta, ...
quod V u l c a n i claudi et T e r r æ filius E r i c h t h o n i u s esse,
et in monte A e t h n a ferrum coquere, eiusque fornax V e s u-
v i u s mons C a m p a n i æ esse fingitur? . . . . . quod S c y l l a
capitibus fingitur succincta caninis? et P h y l l i s ob amorem
iuvenis cuiusdam in arborem fingitur esse conversa? et altera
S c y l l a eo quod N i s o patri crinem absciderit purpureum,
una cum patre, et I t y s ob stuprum materteræ a patre gestum
et homicidium matris sive materteræ in seipso patratum una
cum parentibus sive matertera in volucres finguntur fuisse
conversi? aut cum s y r e n e s ex parte virgines, et ex parte
volucres finguntur? aut cum I x i o n illusione J u n o n i s cum
Nube coiens centauros fingitur generasse? aut cum N e p-
t u n u s tridenti armatus marinis fingitur fluctibus dominari?
. . . . quod P e r s e u s tres sorores G o r g o n a s adiutorio

1131.

Minervæ interfecisse, aut cum alatus aversus volare fingitur, aut cum de sanguine eius nasci fertur Pegasus, equus alatus, qui ungula sua fontem rupisse Musis depingitur? . . . quod Prometheus homines ex luto finxisse inanimatos fingunt et eumdem Prometheum a Minerva in cœlum levatum inter oras septemplicis clypei, et dum omnia cœlestia vidisset, fingunt eum ferulam Phœbiacis applicasse rotis, ignemque esse furatum, et pectusculo hominis quem finxerat, applicato animatum reddidisse corpus? . . . . . quod Tantalum fingunt in inferno in quodam lacu depositum eique fallacem aquam gulosis labia titillamentis attingere, pomaque fugitivis cinerescentia tactibus desuper facie tenus pendula apparere . . . . cum Phineus cæcus fingitur, cuius cibos Harpyiæ rapuisse eiusque prandia stercoribus fœdasse pinguntur, quas Zetus et Calais Aquilonis venti filii fugasse a conspectu eius mendaciter finguntur? . . . . cum Admetus rex Græciæ, ut Alcestæ coniugio frueretur, secundum propositum soceri leonem et aprum ad currum simul iunctos Apollinis et Herculis adiutorium habuisse pingitur? Aut cum Hercules Cerberum tricipitem canem inferorum interemisse pingitur? . . . . quod Acteonem quemdam venatorem eo quod Dianam lavantem viderit, in cervum fingunt esse conversum, et a canibus suis non agnitum, eorumque morsibus devoratum? . . . . . quod Berecynthia puerum formosum Atyn amasse, eumque zelotypiæ vanitate succensa castrasse et semimasculum fecisse depingitur? . . . . quod Orpheus Euridicen nympham amasse et sono cytharæ persuasam uxorem duxisse pingitur, quæ etiam dum Aristaei pastoris persecutionem non ferens fugeret, et in serpentem incidens mortua esset, eamque maritus insequens ad inferos descenderet, et legem acciperet ne eam conversus aspiceret, hanc conversus aspexisse et denuo perdidisse fingitur? . . . . quod Venus cum Marte concubuisse et a Sole deprehensa, a Vulcano prodita et ab illo adamantinis catenis una cum Marte pingitur fuisse religata? *)

---

*) Der muthmassliche Verfasser der Libri Carolini, Alcuin, spricht hier keineswegs, wie es den Anschein haben möchte, aus eigener Anschauung antiker

Bildwerke, sondern hat seine Kenntnis der Mythen lediglich den Mythologien des Fulgentius entnommen (Piper, Mythol. 224). Vgl. zu den folgenden Stellen Leitschuh, Bilderkreis S. 32: »Die karoling. Malerei unter antikem Einflusse.«

1132. *Libri Carolini III, 23.*

. . . . . . si quis pictor duo capita in uno corpore, aut alterius animantis caput, alterius cetera membra, ut Hippocentaurum toto corpore equino et capite humano, et Minotaurum semibovem semivirumque affectet pingere, nunquid non scripturis dicitur contraire?

1133. *Theodulfi carm. 45, v. 33 ff.*

De libris quos legere solebam et qualiter fabulæ poetarum a philosophis mystice pertractarentur.

> Fingitur alatus, nudus, puer esse Cupido
>   Ferre arcum et pharetram, toxica, tela, facem.
> Quod levis, alatus, quod aperto est crimine, nudus
>   Sollertique caret quod ratione puer.
> Mens prava in pharetra, insidiæ signantur in arcu,
>   Tela, puer, virus, fax tuus ardor, Amor.
> Mobilius, levius quid enim vel amantibus esse
>   Quid, vaga mens quorum seu leve corpus inest?
> Quid facinus celare potest quid Amor gerit acer
>   Cuius semper erant gesta retecta mala?
> Quis rationis eum spiris vincire valebit
>   Qui est puer effrenis et ratione carens?
> Quis pharetræ latebras poterit penetrare malignas
>   Tela latent utero quot truculenta malo?
> Quo face coniunctus virosus prosilit ictus
>   Qui volat, et perimens vulnerat, urit, agit?
> Est sceleratus enim mœchiæ dæmon et atrox,
>   Ad luxus miseros sæva barathra trahens.
> Decipere est promptus, semperque nocere paratus
>   Dæmonis est quoniam vis, opus, usus ei. *)

*) Isidori Hispal. Orig. VIII, 11, 80: Cupidinem appellatum ferunt propter amorem. Est enim daemon fornicationis Qui ideo alatus pingitur, quia nihil amantibus levius, nihil mutabilius invenitur. Puer pingitur, quia stultus et irra-

tionabilis amor. Sagittam et facem tenere fingitur. Sagittam, quia amor cor vulnerat, facem, quia inflammat. — Die mittelalterliche Vorstellung von Cupido als eines bösen Dämons (so erscheint er bekanntlich auf dem Giotto zugeschriebenen Deckengemälde der Keuschheit in Assisi mit Vogelfüßen und Fledermausflügeln neben Wollust und Tod) tritt in den Versen Theodulfs schon deutlich hervor.

1134. *Theodulfi carm. 28, v. 179 ff.*

(Contra iudices.)

— — — ista sonat verba sonanda mihi:

»Est mihi vas aliquod signis insigne vetustis
    Cui pura et vena et non leve pondus inest.
Quo cælata patent scelerum vestigia C a c i,
    Tabo et stipitibus ora soluta virum;
Ferrati scopoli variæ seu signa rapinæ,
    Humano et pecudum sanguine tactus ager.
Quo furor H e r c u l e u s V u l c a n i d i s ossa retundit,
    Ille fero patrios ructat ab ore focos;
Quove genu stomachum seu calcibus ilia rumpit
    Fumifluum clava guttur et ora quatit.
Illic rupe cava videas procedere tauros
    Et pavitare iterum post sua terga trahi.
Hoc in parte cava planus cui circulus ore est,
    Nec nimium latus signa minuta gerens.
Perculit ut geminos infans T i r i n t i u s angues
    Ordine sunt etiam gesta notata decem.
At pars exterior crebro usu rasa politur,
    Effigiesque perit adtenuata vetus,
Quo A l c i d e s, C a l i d o n q u e amnis, N e s s u s q u e
                      biformis
    Certant pro specie, D e i a n i r a, tua.
Inlita N e s s e o feralis sanguine vestis
    Cernitur et miseri fata pavenda L i c h æ.
Perdit et A n t e u s dura inter brachia vitam
    Qui solito sterni more vetatur humo.
(Hoc ego sum domino — dominum me forte vocabat —
    Laturus, votis si favet ille meis.)«

1134.

Literatur. Bock, Notice sur plusieurs ouvrages d'art antiques qui sont mentionnés où décrits par les auteurs du m. a. Bull. de l'Acad. Royale de Belgique Tom. XIII, 2 (1846, 376). — Ed. Piot, sur un missorium de la collection de M. Eug. Piot (Gaz. archéol. 1886, XI, 183) wiederholt nur die Übersetzung, welche Hauréau, Singularités historiques et littéraires (Paris 1862) gegeben hat. — Ebert, Gesch. d. m. a. Lit. II.

Dass es sich hier um ein Metallgefäss handelt, dessen Wände mit figürlichen Darstellungen in Relief (cælata), wahrscheinlich also in getriebener Arbeit, geschmückt sind, dünkt mir klar zu sein. Es erscheint nothwendig, dies hervorzuheben, da in einer unlängst erschienenen Schrift (Leitschuh, Der Bilderkreis der Karolingischen Malerei, Bamberg 1889, S. 41 Anm.) gegenüber der allgemein geltenden Anschauung, dass Vasen im Mittelalter (und wahrscheinlich auch in der Renaissance) unbekannt waren, die Beschreibung auf ein solches Thongefäss zu beziehen versucht wird. Einerseits musste aber dies Gefäss besonders als Bestechungsgegenstand (obschon ganz deutlich auf Theodulfs Kunstsinn gerechnet wird), einen bedeutenden materiellen Wert besitzen, aus Gold oder Silber gefertigt sein, anderseits sind einzelne Ausdrücke der Beschreibung (vena, pondus), sowie der Umstand, dass die Aussenfläche vom häufigen Gebrauch glatt und glänzend gescheuert ist (rasa politur), ohne Zwang nur auf einen Metallgegenstand anzuwenden.

Über die Art, wie die Darstellungen angebracht waren, erhalten wir genauen Aufschluss; am chesten werden wir an einen jener prunkvollen kostbaren Krateren, wie sie im späteren Alterthum üblich waren, als Träger derselben denken. Die kreisrunde Innenfläche des Bodens war mit einer Darstellung der Cacussage geschmückt, einem Vorwurf, der in der Antike sehr selten (eine sichere Darstellung nur auf dem Medaillon des Antoninus Pius. Fröhner p. 56. — Die gravierte Bronce aus Capua, Mon. dell' Inst. V, 25 ist mindestens zweifelhaft, alle andern Darstellungen falsch oder späterer Kunst angehörig, vgl. Stephani, Ausr. Herk. 127, Anm. 1), in der Renaissance dagegen häufig begegnet. An den Innenwänden des Gefässes befanden sich zehn Thaten des Herakles (welche wissen wir nicht, der Cyklus schwankt bekanntlich), von der Jugendepisode der Schlangenwürgung eingeleitet. Die äußere Wandung dagegen zeigte 1. den Kampf mit Nessus, 2. das vergiftete Gewand und den Tod des Lichas (selten, eine Darstellung auf einer attischen Scherbe bei Stephani, Compte rendu 1876, pl. 5), 3. die Bezwingung des Antaeus (vgl. Philostr. Mai. Imagg. II, 21). Die Darstellungen weisen durch ihren Charakter, besonders durch die Auswahl seltener und später Mythen wohl in die beginnende Verfallzeit der Antike.

Für die archäologische Betrachtung ist es wichtig, die Realität des hier beschriebenen Gefässes zu erweisen.

Zunächst ist die ganze Schilderung so wahrheitsgetreu, Vertrauen erweckend, und so wenig phantastisch, wie dies bei einer Fiction kaum der Fall wäre. Dasselbe gilt von der sachlichen Interpretation der Scenen; wir dürfen wohl annehmen, dass Theodulf das Richtige gesehen hat. Namentlich ist ein Detail zu beachten, dass die Aussenseite des Gefässes durch den Gebrauch abgescheuert

1134.

war; dergleichen erfindet ein mittelalterlicher Dichter doch nicht. Theodulf muss das Gefäss wirklich gesehen haben, wie und wo, ist allerdings nicht auszumachen; vielleicht hat er das Kunstwerk nachträglich doch, durch Kauf, an sich gebracht.

In späterer Zeit ist die cyklische Darstellung der Heraklesmythen ja sehr beliebt. Besonders verweise ich auf das große Marmorbecken der Villa Albani (Zoëga, Bassi rilievi antichi II. 43), ferner auf die Silberschale aus dem Hildesheimer Fund mit der reizenden Darstellung des Herkuleskindes. Ein gewisser Zusammenhang der künstlerischen Ausschmückung dieser Gefässe mit dem großen Skyphos des vieltrinkenden Herakles der Komödie fehlt wohl nicht. Über den Gebrauch, Krateren etc. mit solchen Darstellungen zu verzieren, sind wir auch anderweitig unterrichtet.

Bock hat nun auf den angeblich engen Zusammenhang hingewiesen, welcher zwischen den Scenen unseres Gefässes und der Beschreibung, welche Silius Italicus (Punica III, v. 32—44, ed. L. Bauer, Lips. 1890, I, 50) von den Reliefs der Thüren des Herkulestempels zu Gades entwirft, bestehe. Bestände dieses Verhältnis in der That, dann würden wir — allerdings nicht Bock's vage Folgerungen über Verbreitung des Heraklescultus in Gallien etc. — wohl aber den Schluss ziehen, der mittelalterliche Dichter habe bei dem antiken eine Anleihe zum Aufputz seines Poëms gemacht: das Ganze wäre dann nichts weiter als eine wohl angebrachte Lesefrucht. In Wirklichkeit verhält sich die Sache anders. Allerdings sind dort Heraklesthaten dargestellt; diese können aber keinen Vergleichungspunkt abgeben, da Theodulf nichts näheres angibt. Die einzige thatsächlich übereinstimmende Darstellung ist die des Antaeus. Ausschlaggebend ist indes ein anderes Moment. Silius Italicus ist bekanntlich dem ganzen Mittelalter (man kann sagen, auch seinen Zeitgenossen) gänzlich unbekannt geblieben, erst Politian und Poggio haben ihn ans Licht gezogen. In der That ist auch bei Theodulf nicht die geringste Spur einer Benützung der Punica zu bemerken, wie die genauen Verzeichnisse der Anleihen aus römischen Dichtern bei Liersch (Die Gedichte Theodulfs, Halle 1880) und in Dümmlers Ausgabe beweisen.

Wir dürfen also dem Gefäss volle Realität zuerkennen. In einem Lande, wie Südfrankreich, dessen mittelalterliche Kunst nächst Italien am längsten von antiken Erinnerungen zehrt, hat dies nichts Wunderbares. Auch die fast archäologisch zu nennende Kenntnis der Interpretation einer antiken Arbeit seitens eines karolingischen Dichters ist zu erklären. Theodulf gehört als Abkömmling der romanisierten Westgothen Narbonne's der lateinischen Race an, welche in Sachen der Kunst, was Verständnis und Förderung anlangt, der nordisch-germanischen jederzeit überlegen war. Die antike Überlieferung hat daher bei ihm auch ganz andern Gehalt, ganz andere Farbe. Er ist aber auch selbst eine feinsinnige Individualität, wie er denn die Kunst ausgiebig unterstützt hat (Gérmiguy-des-Prés, Prachtbibeln, die zwei Tische mit Darstellungen s. o.). Darin steht er freilich seinen Zeitgenossen, einem Alcuin, Einhart gleich, er überragt sie aber weit durch den Abglanz antiken Geistes, antiken Formgefühls, der auf ihm liegt. Am ehesten ist ihm noch der etwas jüngere Oberitaliener Agnellus zu vergleichen, in dessen ravennatischer Bischofschronik aber die Denkmäler auch nur Mittel

1135—1138.

zur Erreichung des historischen Zwecks, nicht durch sich selbst Gegenstände
ästhetischer Wertschätzung sind. Den vollen Gegensatz zwischen Nord und
Süd zeigt uns aber die confuse, von Missverständnissen und regelloser Symbolik
entstellte Beschreibung, welche Walafrid Strabo von der Aachener Reiterstatue
(also ebenfalls noch einem Werke antiker Technik) gibt.

1135. *Theodulfi carm. 28, v. 221 ff.*

(Contra iudices.)

Pocula promittit quidam se pulchra daturum,

— — — — —— — — — — — — — —

Interiusque aurum, exterius nigredo decorat,
  Cum color argenti sulphure tactus abit. *)
»Quis bene fulcra nitent et pulchra toreumata pannos,«
  Alter ait »dabimus, quæ rogo si dederis.«

*) Niellotechnik.

1136. *Ebenda v. 252.*

— — — — — — — — nec defuit ille
  Cæreolas rotulas qui dare vellet ovans.

1137. *Ebenda v. 171.*

Hic et cristallum et gemmas promittit Eoas

— — — — — — — — — — — —

Iste gravi numero nummos fert divitis auri,
  Quos Arabum sermo sive caracter arat,
Aut quos argento Latius stilus inprimit albo.

1138. *Walafridi carm. 54.*

Ad episcopum Ferendarium. *)

— — — — — — — — — —— — —

Hæc inter *(dona scil.)* gemmam nec tuta valle repertam
Gemmam lucidulam, raram, caram, preciosam
Transmittit proprius prompto tibi pectore dulus.
Ooliab sculpsit quam Beseleelque notavit. **)

*) Verendarius, B. v. Chur 833—844. **) Exod. 31. 2—6; 36. 1.

1139.

Die Theodorichstatue zu Aachen.

Literatur. Bock im Rhein. Jahrb. 1844. Ladoucette in Mém. de la soc. royale des antiquaires de France XII, 20. Grimm, Das Reiterstandbild des Theodorich zu Aachen. Berlin 1869. Bock's Erwiederung im Rhein. Jahrb. 1871 (aus dem Nachlasse). Dümmler in Haupt's Ztschr. XII, 461. Dehio in Zahn's Jahrb. f. Kunstw. 1872. Schmidt ebenda 1873. Ebert, Sitzungsber. der sächs. Ges. der W. 1878. Friedrich C., Die Elfenbein-Reliefs an der Kanzel des Doms von Aachen. Nürnberg 1883. Dagegen: aus'm Weerth, Rhein. Jahrb. 78, 159; und in der »Wartburg« XII, 6, 8, 12; XIII, 3. Dobbert im Repert. VIII, 162. Clemen in der Zeitschr. des Aach. Gesch. Ver. XI, 246, Anm. 3. Meine Beiträge S 164—175. M. G. Poetae Lat. II, 370 ff.

1139. *Agnellus, Lib. pont. Rav. p. 123.*

. . . . *) in aspectu ipsorum Pyramis tetragona lapidibus, et bisalis in altitudinem quasi cubitorum sex. Desuper autem equus ex ære fulvo perfusus, accensorque eius Theodoricus rex scutum sinistro gerebat humero, dextero vero bracchio erecto lanceam tenens. Ex naribus vero equi patulis et ore volucres exibant, in alvoque eius nidos ædificabant. Quis enim talem videre potuit qualis ille? Qui non credit, sumat Franciæ iter, et eum aspiciet. Alii aiunt, quod supradictus equus pro amore Zenonis imperatoris**) factus esset. Qui Zeno natione Isauricus et pro nimia alacritate pedum eum Leo imperator generum sumsit et maximum apud imperatorem honorem accepit. . . . . Pro illo equus ille præstantissimus ex ære factus auro ornatus est. Sed Theodoricus suo nomine decoravit; et nunc pene anni XXXVIII, cum Karolus, rex Francorum omnia subigisset regno et Romanorum percepisset a Leone III. papa imperium, postquam ad corpus B. Petri sacramentum præbuit; revertens in Franciam, Ravennam ingressus, ***) videns pulcherrimam imaginem, quam nusquam similem ut ipse testatus est, vidit, in Franciam deportare fecit, atque in suo eam firmavit palatio, qui Aquisgranis vocatur.

*) Größere Lücke. **) 474—491. ***) Karl d. Gr. kam im Mai 801 nach Ravenna ⊃gnellus schreibt um 839.

1140.

1140. *Walafridi Versus in Aquisgrani Palatio editi anno
Hludowici imperatoris XVI de imagine Tetrici.*

Strabus.

Cur non, dulce decus, quoniam se contulit hora
Et ver floriferis lætum se subrigit austris,
Magnus et ardentem gradibus legit æthera Phœbus,
Jam spatiis crevere dies, dulcescit et umbra
In flores partusque novos et gaudia fructus
Herba recens, arbos datur et genus omne animantum,
Quod mare, quod silvas, quod rura, quod aëra transit
Quærere me pateris, te respondere petitis?
Discere namque mihi promptum, tibi dicere promptum.

Scintilla.

Nec te, credo, latet, veteres quo more poetæ
Digna diis terrisque canebant carmina magnis.
Aut etenim abrupti montis iuga sola sequentes
Aut specubus fossis aut saltus valle remoti
Quo magna pharetratam echonem voce ciebant
Hirta suis hederis circum bene tempora cincti.
Teste nemus testesque feræ timidæque volucres;
Mens secura, procul furibundæ crapula curæ.
At nos pro silvis, hederis, echone, coturno
Immanes omni ferimus de parte tumultus
Et vix ipsa luto subducit pupula sese
Stercoribusque novissima, pro pudor, omnis inhorret.
Hinc detractorum sonat illinc clamor egentum
Nudaque stercoribus sordescunt crura nigellis.
Has umquam M u s æ si dilexere nitellas
Stercora, clamores, cænosa fluenta, tumultus
Respondere tibi nequaquam differo, sed si
Pauca loquar, quia deest locus, argue lenius, oro.

Strabus.

Primum nosse velim, iuxta quam sæpe viamus
Cur sit imago suis sic effigiata figuris.

1140.

Scintilla.

Tetricus, Italicis quondam regnator in oris
Multis ex opibus tantum sibi servat avarus,
At secum infelix piceo spatiatur Averno
Cui nihil in mundo, nisi vix fama arida restat.
Quamquam thermarum vulgus vada præparet olli,
Hoc sine nec causa, nam omni maledicitur ore,
Blasphemumque dei ipsius sententia mundi
Ignibus æternis magnæque addicit abysso.
Quam statuam vivo artifices si forte dederunt,
Credito, blanditos insano hac arte leoni
Aut etiam quod credo magis, miser ipse iubebat
Hæc simulacra dari, quod sæpe superbia dictat.
Infelix nam nullus erit, nisi desinit ipse
Scire quod est, audens sese, quod, credere, non est.
Curribus atque in equis noris si stare superbos,
Non quod sedit equo, tecum miraberis unquam.

Strabus.

Cernimus aërias simul adventare columbas
Terque die exorta, media et vergente venire.
Talia non vanis addam spectacula rebus.

Scintilla.

Nonne vides humiles sævos quasi amare tyrannos?
Non ex corde tamen, sed enim pro tempore huius
Pace, petunt pastum, non nidificando quiescunt.

Strabus.

Cur dextra de parte nolam gestare videtur?
Nudus ob hoc solum, puto ut atra pelle fruatur.

Scintilla.

Etsi non caneret, nequaquam pelle careret,
Quam semel induerat, sed erit quod dicere possis:
Flagitiosorum certe præconia summis
Laudibus accelebrant omnis virtutis egentes;
Verius ut dicam, dat nudo opprobria nudus.

1140.

Strabus.

Si quid in his aliud, nobis edicito, nosti.

Scintilla.

Fulget avaritia exornatis aurea membris
Spicula fert, quæ sæpe latus pulsare pigrescens
Sufficiant solitisque accendant corda rapinis.
Aurea quod regnat stipata satellite nigro,
Non aliud portendit enim, quam quod, mala quantum
Luxuries quosdam sensu distendit avaro
Tantum pauperies alios devastat adurens
Quam subterlabuntur aquæ, quia teste poeta
Semper avarus eget; quod desunt frena, notabis,
Quodque super lapides plumbumque et inane metallum
Currit equo, signat se pectore belua duro,
Corde pigno sensuque cavo regnare superbam.
O pestis sine fine nocens, non sufficit omnem
Pervolitasse orbem bellis et cæde potentum,
Quin etiam faciem præclara palatia contra
Christicolasque greges videas posuisse nefandam.
Ante pedes ternos parentibus undique nervis
Ille tuus sonipes vacuum super aëra nando
Tollet et albentes monstrabitur inter olores,
Quam pia corda tuis macules, vis pessima, telis.
Jam tamen ipsa pedem vanis conatibus unum
Optima nequicquam contra consulta levasti,
Nam quotiens procerum tibimet coniungere quemquam
Es conata, tibi totiens aut obvia mortis
Ex insperato venere repagula nigræ
Aut cautela patrum, quos arx sanctissima semper
Substituit, pedem monitis compescuit artis.
Deficiet quorum sceptrum de semine numquam
Donec in ignivoma veniet rex nube coruscans.

Strabus.

Dignum est, ut video, præmissis tristibus ergo
Debita principibus laudum persolvere vota.

1140.

Scintilla.

Novi equidem, sed felici numquam offuit ulli
Adversis firmare animum, neque contigit ullum
Ante bonum non esse malum; sic numina nerunt.
Aurea, quæ prisci dixerunt sæcula vates,
Tempore, magne, tuo, Cæsar, venisse videmus.
Tu pietate reples quicquid minus esse putasti;
Thesauris alii, meritis tu comptior esto,
Tu bonitate places, aliique tyrannide gaudent.
Solus ad omnigenas transis, rex magne, triumphos;
Quem te namque vocem, nisi magnum in plebe Moysen,
Qui populos tenebris per lumen ducis ademptis
Qui morum nova templa struis, qui munera Christi
Quæ conlata tibi, cunctis communia præstas.
Ille umbram, tu corpus habes, heremo ille remota
Arte tabernaclum et serpentes finxit aënos,
De silice hausit aquam, sumens de manna pruinis;
Tu vero in populis paradysi ad amœna vocatis
Templa regis fundata sacris, rex magne, lapillis,
Quorum pensa pater quondam tibi magnus adauxit;
Aurea cui ludunt summis simulacra columnis,
Cuius ad ingenium non confero dogma Platonis.
Lacte fluis et melle simul petræque sequentis
Largiris latices undis Pharaone necato.
Laudibus altithronum celebras per sæcula patrem
Digna'loco cui semper erunt spectacula amœno.
Hinc magnum Salomonis opus, hinc templa supremis
Structuris æquanda micant, specularia subter
Dant insigne nemus viridique volantia prato
Murmura rivorum; ludunt pecudesque feræque,
Uri cum cervis, timidis cum caprea dammis.
Si quoque deinde velis, saltabunt rite leones
Ursus, aper, panthera, lupus, linces, elephanti,
Rinoceros, tigres venient, domitique dracones
Sortiti commune boumque oviumque virectum.
Omnia pacatis animalia litibus assunt,

Aeriæ summo quercus de vertice lætis
Conmodulantur aves rostris et suave susurrant.

  Ast alia de parte nitens fulgore corusco
Auratus discurrit eques, comitante pedestri
Agmine, tintinnum quidam, quidam organa pulsant.
Dulce melos tantum vanas deludere mentes
Cœpit, ut una suis decedens sensibus ipsam
Femina perdiderit vocum dulcedine vitam.
Cedant magna tui, super est, figmenta colossi,
R o m a: velit cæsar magnus, migrabit ad arces
F r a n c o r u m, quodcumque miser conflaverit orbis.
En quîs præcipue iactabat G r æ c i a sese
Organa rex magnus non inter maxima ponit.
Quæ tamen inceptos servent si intacta canores,
Deses erit, qui sæpe suo quatit aëra plectro.
Ante tamen spreta iactabit pelle lacernam
Et ferri rapta bachatus mole sonoros
Comminuet truncos et iniquas voce cicutas,
Nec frustra, quia nulla suo pro carmine dona
Emeruit, saltim ut fulvi pars extima nigros
Auri conlatis meritis depingeret artus.

  Interea magnis crepitant tabulata catervis
Quæ clarum sequitur pulcherrima turba M o y s e n.
Obstupui, fateor, gemmis auroque decorum
Et vidi et mecum volvens tum singula volvi,
An S a l o m o n a pium an magnum D a v i d a. viderem,
H e r o d e m non esse sciens, nec talis honoris
Participem faciat cæli rex optimus illum.
Percepi tandem, postquam rigor ossa reliquit,
Ora sacri cornuta patris splendore corusco;
Hunc cui fulgorem divi consortia verbi
Ediderant, qui in terrigenis mitissimus extat.

      (De H l o t h a r i o imp.)
At latere e dextro sancti spes optima regni
Procedit J o s u æ præsagi nominis heres,
Cui nil defuerit morum, virtutis, honoris,

1140.

Qui si sospes erit, postquam te regna polorum
Sustulerint visoque dei lætabere vultu,
Principe sub Christo terris cæloque canetur,
Perficietque bonus primordia talia finis.

(De Hludowico rege.)

Inde tuos, Jonathas, læti, dulcissime, vultus
Contemplamur, adest tibimet par gratia pacis,
Par morum probitas, semper victoria compar.
Digna equidem referes nomen virtute paternum;
Quamquam cura minor, tamen est tibi gloria consors:
Nec doleas: quod gaza negat, concordia præstat.

(De Pippino rege.)

Tertia gemma suos umquam non perdat honores
De cuius meritis, quod non mihi visus inussit
Haurio florigena lætæ dulcedine famæ.

(De Judith imperatrice et Karolo Augustorum filio.)

Occurrit trepidæ pelagi vastissima proræ
Inluvies, via quam suadet modo cœpta secandam
Sed moles absterret aquæ atque volubilis obex.
Vidi equidem, cum pulchra Rachel solamen avorum
Beniamin dextro produceret ordine, cuius
Larga salus sanctam refovet per sæcla senectam,
Quem pars quinta super, quam lætus percipit alter,
Credo, manet, namque ipse suo splendebit honore,
Ipse tribumque genusque pia virtute creabit,
In quo mater ovans, quamvis quid passa doleret,
Gaudia totius prompsit felicia mundi.
Gratia, quæ teneram vestit miranda iuventam,
Maturos iam format honesti in pectore sensus.
Felix progenies tali mansura nepote:
Nomine quem sequitur, factis, da Christe, sequatur,
Moribus, ingenio, vita, virtute, triumphis,
Pace, fide, pietate, animo, sermonibus, ausu,
Dogmate, conciliis, successu et prole fideli.

438

Et si perspicitis, non frustra nomine J u d i t h
At J u d i t h virtute refert et relligione,
A s s y r i u s cui prædo caput summisit acerbum:
Illa gulam mortis fidei mucrone trucidans
Libertatis opem salvatis civibus auget.
Tympana raucisona pulsavit pelle M a r i a,
Organa dulcisono percurrit pectine J u d i t h
O si S a p h o loquax vel nos inviseret H o l d a,
Ludere iam pedibus vel ferre futura valeres.
Quicquid enim tibimet sexus subtraxit egestas,
Reddidit ingeniis culta atque exercita vita.
In qua multa simul nobis miranda videmus:
Semine stat locuples, apparet dogmate dives,
Est ratione potens, est cum pietate pudica,
Dulcis amore, valens animo, sermone faceta:
Læta cubans sit, læta sedens, sit læta resurgens,
Læteturque poli felix in sede locata.

(D e H i l d w i n o a r c h i c a p e l l a n o.)

Protinus in magno magnus procedit A a r o n
Ordine mirifico, vestis redimitus honore.
Punica tintinnis respondent mala sonoris:
Mala fidem, tintinna sonant documenta salutis
Quis utrisque pius vario pater ordine fulget
Et divina sacro celebrat celer orgia cultu.
Ante tibi contingit aquis, T h e t i s uda, carere,
Idola quam tantus coquat execranda sacerdos,
Idola, quæ plebem stravere securibus almam:
Idola avarus habet, tu dicis, apostole Christi.
I decus, i mundi, melioribus utere fatis,
Vive deo felix, felici fine potire.

(D e E i n h a r t o m a g n o.)

Nec minor est magni reverentia patris habenda
B e s e l e e l, fabre primum qui percipit omne
Artificum præcautus opus, sic denique summus
Ipse legens infirma deus, sic fortia temnit.

1140.

Magnorum quis enim maiora receperat umquam
Quam radiare brevi in nimium miramur homullo?

(De Grimaldo magistro.)

Quamvis subter agas regum tabularia vitam
Non te prætereo, — specubusne latebis, — Homere?
Novi namque Sicana tibi spelea placere
Solus ubi Musis Musarum et amore fruaris.
Sæpe tamen magnis victoribus optima cudis
Carmina, tempus erit rutilo te sole calere.

Corporis at nostri si singula membra loquaces
In linguas vario rerum vertantur ab usu,
Argutæ aut setis possint crevisse cicutæ,
Omnibus impar ero magnorum promere laudes
Ut dignum est, procerum; melius miranda tacemus,
Quam tam magnum humili pondus sermone levemus.

Cura mihi fuerat tales cognoscere fasces
Rimabarque sagax tantarum munia rerum
Dumque sitim iam pene sacro restinximus haustu —
Et sitis est ingens tam fervida cura videndi —
Quæritur, unde essem et missu cuiatis adessem.
Obstupui et totam pavitans rem ex ordine pando:
Sufficiat, vidisse semel; laudare perennis
Instat amor, divina manum clementia vestram
Omnibus in populis faciat retinere trophea
Felicemque patrum famam cum prole togata,
Et fieri in magno allectos per sæcla senatu,
Utque timent vestros lætis in saltibus arcus
Ursus, aper, timidusque lepus, cervique fugaces,
Damma, lupus, immare boumque examen agrestum.
Sic Vulgar, Sarraque cenus malus hospes Hiberis
Brutus Britto, Danus versutus et horridus Afer
Subdat honorandis sua colla exterrita dextris.
Nunc tandem crevit felix res publica, cum sat
Et reges sapiunt, simul et regnant sapientes.

Tetrice stulte, vale, quia te suadente canebam,
Non mirum est vitiis nostram sordere camenam,

Nec mihi materiem, nec verba ostendere nosti:
Hæc tibi si qua ferat ratio, tum, Musa, nitebis;
Hic calamum placuit, Vesper iam, figere, surgit.

———

Edidit hæc S t r a b u s parvissima portio fratrum
    A u g i a quos vestris insula alit precibus.
S t r a b o n e m quamquam dicendum regula clamet,
    S t r a b u m me ipse volo dicere, S t r a b u s ero.
Quod factor vitiavit opus, si dicere fas est,
    Hoc vitiato edam nomine, parce Deus.

1141. *Ermoldus Nigellus, De laude Hludowici IV, 67.*

(Anrede des Kaisers an Ebo v. Rheims vor der Mission zu den Dänen.)

— — — — — — sculptis servire metallis
    Heu scelus est homini, qui ratione viget.
J u p p i t e r, aut N e p t u n u s eos, vel quemque sequuntur
    Quid iuvat, aut manibus sculpta metalla suis?

1142. *Ebenda IV, v. 453.*

De J o v e fac ollas nigras furvosque lebetes
    Ignem semper ament, auctor ut ipse suus.
N e p t u n o fabricetur aquæ gerulus tibi iure
    Urceus, et laticum semper habebit honos.

Nachträge und Berichtigungen.

1. *S. 4, no. 7—12.* Die mitgetheilten Stellen hat Hraban aus Isidor's Origines (XV, 3, 3 und 8; XIX, 8, 8—10, 10, 14, und 19, 11) herübergenommen.

2. *S. 5, no. 13.* Die Stelle muss richtig heißen: porro . . . . . sicut dire-xistis, ... adimpleri pro mercede animae vestrae trabes etc.

3. *S. 8, no. 20 ff.* Zur Stellung Einharts vgl. Schneider in Nass. Ann. XII, 303.

4. *S. 13, no. 54.* Nach perficias erg.: et alteram.

5. *S. 20, no. 90, v. 4.* Die Handschrift des (früher fälschlich Angilbert bei-gelegten) Gedichtes hat: bis cocco. Manitius schlug nach Venant. Fortunat. VIII, 3, 275 bis cocto vor. Das ist falsch: Cod. F. des Fortunat hat bis cocco. Vgl. Milo, Vita Amandi IV, 14. (Traube.)

6. *S. 26, no. 100* nachzutragen:

Alcuini ep. 100: fuit quoque nobis sermo de columnis, quæ in opere pulcherrimo et mirabili ecclesiæ, quam vestra dicavit sapientia, statutæ sunt.

7. *S. 28, no. 106.* Über den Leydener Codex vgl. Rossi, Inscript. Christ. II, 1, p. 276. (Traube.)

8. *S. 31, no. 116.* Albrich schöpft hier aus der Chronik des Guido de Bazo-chiis (XIII. Jhdt.), einer erst kürzlich entdeckten Quelle. Vgl. Wattenbach, Geschichtsquellen, 5. A. II, 423. (Traube.)

9. *S. 40, no. 145* nachzutragen:

Ermold. Nigell. De laud. Hlud. IV, 401:
Atria cæsar ovans per lata petebat in aulam
Sedulus officiis adfore sæpe sacris.

10. *S. 53, no. 188 ff.* Hiezu ist zu vergleichen oben no. 35. Folgende Stellen sind nachzutragen:

Poeta Saxo IV, v. 443 ff:
Preterea Rheni constravit ponte fluenta
Commoda dans urbi tanta Mogontiace.
Est ibidem latus quingentis passibus amnis,
Ut pondus tanti scire queas operis.

Quodque magni stupeas, firmaverat ordine recto
  Colles ingentes fluctibus in mediis,
Supposuit basibus hæc fundamenta locandis
  Et supra celsam struxerat inde viam.
Hoc opus extremis illius pœne sub annis
  Consumpsit subito flamma vorax pœnitus.
Quod reparare volens, fieret quo saxeus illic
  Pons, ubi constructus ligneus ante fuit,
Pro dolor! est obitu præventus; opusque remansit
  Hoc imperfectum, sic quoque semper erit.
Virtutis monimenta manent tamen eius in ævum,
  In vastis stantes gurgitibus tumuli.
Congestæ saxis etenim tellureque moles
  Parent, elatis flumine verticibus;
Aggeribusque pari spacio distantibus, ordo
  Metitur, lati terga decens pelagi.

Mariani Scotti Chron. ad a. 835 (813. — M. G. SS. V, 549) berichtet,
dass Erzbischof Richolf von Mainz die Brücke wegen Belästigungen durch
überrheinisches Raubgesindel habe anzünden lassen.

Die Annalen von Quedlinburg, Weissemburg und Hersfeld berichten übereinstimmend den Brückenbrand z. J. 813 (M G. SS. III, 41.)

11. *S. 55, no. 198.* Ordorf ist kein rheinischer Ort, sondern in der Gothaer
Gegend zu suchen.

12. *S. 60, no. 211, 1.* Traube emendirt den letzten Pentameter: Hoc corde
mundo tu, rogito, facias.

13. *S. 63, no. 223.* Oesterley verlegt Flamersheim nach Rheinbaden.

14. *S. 64, no. 224 - 227.* Diese Stellen sind hier irrthümlich unter Fleurus
(Floriacum monasterium im Hennegau) eingereiht, sie gehören nach Fleury
(St. Benoit-sur-Loire), Dioec. Orleans in Frankreich.

15. *S. 67, no. 236.* cf. de Rossi im Bulletino di arch. crist. IV, 5, p. 84.

16. *S. 68, no. 240 ff.* Helbig, La sculpture et les arts plastiques au pays de
Liège etc, Bruges 1890.

17. *S. 69, no. 241.* Dieser Titulus gehört nicht nach Lüttich, sondern, wie
Traube jetzt in seiner Abhandlung O Roma nobilis p. 47 ausführt, nach
Köln.

18. *S. 77, no. 264.* In Dümmlers Ausgabe trägt dies Gedicht irrthümlicher Weise
die Nummer 89.

19. *S. 95, no. 329 a.* zu streichen. Die Stelle gehört nach Alt-Corbie (Frankreich), wo sie richtig unter no. 648 steht.

20. *S. 115, no. 375, 1.* lies statt no. 842 no. 902.

21. *S. 121, no. 385,* 5. lies statt no. 943 no. 974.

22. *S. 185, no. 576* nachzutragen:

Mirac. s. Benedicti Anian. c. 16. Solarii vero pavimentum, ut moris est, compactum erat dolatilibus trabeculis, que parum quidem habebant spissitudinis, sed aliquantum latitudinis, plurimum autem longitudinis.

23. *S. 200, no. 628.* Der moderne Name des Ortes ist Chasseueuil. Hier bestand eine kaiserl. Schreibstube. Delisle, Cab. des ms. I, 4; Janitschek, Adahdschr. p. 64, n. 1. Clemen, Westd. Ztschr. 1890, 127.

24. *S. 218.* Zur Literatur über St. Guillaume-le-Désert, nachzutragen: Thomassy R., L'ancienne abbaye de Gellone. Mém. de la soc. des Antiqu. de France. N. S. V, 307.

25. *S. 231, no. 720* lies statt sacculo: saeculo

26. *S. 236, no. 739.* Nachzutragen die Abhandlung von A. Largeault: Inscriptions métriques composées par Alcuin à la fin du VIIIe siècle pour les monastères de Saint-Hilaire de Poitiers et de Nouaillé (Poitiers, Guillois 1885), wo der Nachweis geführt ist, dass diese Tituli nach Poitiers, nicht nach Nouaillé gehören. Vgl Traube im N. A. XIV, p. 447, n. 154. Traube verbessert hier no. 12, 2: fuerant occlusio quondam; no. 15, 9. Abbo; 18, 2: Vim patiens telo; 20, 3: quia regna petebunt.

27. *S. 258, no. 729,* 8 lies statt ornet: exornet.

28. *S. 251, no. 775* statt summi lies humo.

29. *S. 283, no. 850.* Verberie (bei Senlis, Dep. Oise).

Von dieser Pfalz existierten bis zur franz. Revolution beträchtliche Trümmer, über die sich in dem 1764 gedruckten seltenen Buche: Carlier, Histoire du duché de Valois Paris 1764. Vol. I. lib. II, 169 eine ausführliche Beschreibung erhalten hat, welche entdeckt zu haben Clemen's Verdienst ist. (Westdeutsche Ztschr. IX, 128.) Sie lautet:

»Ce palais tenoit à plusieures dépendances, qui formaient comme autant de châteaux particuliers, chacun avoit sa destination . . . . . Le palais de Verberie, avait sou aspect au midi; les édifices qui le composaient s'étendoient de l'occident à l'orient, sur une ligne de 240 toises. Un corps de logis très vaste, où se tenoient les assemblées générales, les parlements, les couseils, Mallobergum, terminoit à l'occident cette étendue de bâtimens, de même que la chapelle à l'orient. La chapelle et la salle d'assemblée formaient comme deux ailes, qui accompagnoient une longue suite d'édifices de différentes formes et de différentes grandeurs. Au centre de toute cette étendue paroissoit un magnifique corps de logis. Les murs, bâtis d'une pierre de taille choisie, étoient ornés de figures à basreliefs, de frontons, de fleurons, de fenêtres ouvertes, et de fenêtres feintes, avec des ornemens bien ménagés et d'un grand dessein, proportionnés au genre d'architecture, qui approchoit du colossal. Deux tours rondes accompagnoient le principal corps de logis. Depuis ces deux tours jusqu' à la chapelle de Charlemagne d'un côté, et à la salle d'assemblée de l'autre, on voyoit divers bâtimens, un peu moins élévés que le grand corps de logis, mieux percés de hautes et larges fenêtres, semblables aux croisées des eglises du treizième siècle, moins chargés cependant de pilastres et de moulures. On voit encore une de ces tours, dans la basse-cour du Fief d'Haramont . . . .. . Le chevet de la chapelle regardoit le Midi. On y entroit par une porte collaterale, placée à l'Occident, pour la commodité des personnes du château . . . . On voit, à la ferme du château les caves de l'ancien Palais. Les jardins si étendoient le long de l'Oise, entre le Palais et cette rivière: ils occupoient comme les bâtimens du Palais, un espace large de 240 toises, d'Occident en Orient.

30. *S. 333, no. 932, Z. 9 v. o.* lies statt tribunae tribunal.

31. *Zu S. 366* (Portraitdarstellungen).

Libri Carolini III, 15: Si enim imperiales effigies et imagines emissas in civitates et provincias obviabunt populo cum cereis et thymiamatibus, non cera perfusam tabulam honorantes, sed imperatorem.

Die Stelle ist, wie man sieht, aus der byzantinischen Vorlage einfach herübergenommen und hat wohl für die Kunstgeschichte des Abendlandes so gut wie keine Bedeutung.

32. *S. 432 ff. no. 1140.* Einzelne Verbesserungen des Dümmler'schen Textes verdanke ich Herrn Dr. Traube.

33. *Zu Seite 100 und 125.* Vgl. den eben erschienenen Artikel Grafs: Neue Beiträge zur Entstehungsgeschichte der kreuzförmigen Basilika. I. Fulda und Hersfeld. (Repertorium XV, 1.)

Register.

---

1. Ortsregister.

Erklärung der im Texte vorkommenden alten Ortsnamen.

Aedua, Nevers.

Agrippina, Köln.

Aguriacus, Uré? (bei Fontaine - la - Gaillarde, Sens).

Altaha, Ober-Altaich.

Coenob. Altivillarense, Altweiler.

Altonis monast., Altomünster.

Monast. s. Amandi, St. Amand d'Elnon.

Ambianum, Amiens.

Ambroniacum, Ambournai.

Andagium, St. Hubert.

Andegavis, Angers.

Angeriacus, St. Jean d'Angely.

Monast. s. Aniani, St. Aignan d'Orleans.

Anianum, Aniane.

Anisola, Anille (St. Calais).

Aquisgranum (Aquae), Aachen.

Arecas, Arques.

Arelate, Arles.

Argentoratum, Straßburg.

Ariminum, Rimini.

Ascovia, Eschau (Hascovia).

Astnide (Asnede), Essen.

Atrebatum, Arras.

Attiniacum, Attigny.

Mon. s. Audomari, St. Omer.

Augia (dives), Reichenau.

Augusta (Vindelicorum), Augsburg.

Augusta Viromandorum, St. Quentin.

Augustodunum, Autun.

Aulica villa, Eltze.

Aureliacus, Aurillac.

Autisiodorum, Auxerre.

Avennacum, Avenay.

Monast. s. Basoli, St. Basles.

Monast. Besuense, St. Blaise bei Dijon.

Bingia, Bingen a. Rh.

Bodonis monast., Bonmoutier.

Mon. Brantosmense, Brautôme.

Broialus, Neuville s. Sarthe.

Brutius, Brix.

Buchaugia, Buchau am Federsee.

Budica, Böddeken.

Bunna, Bonn.

Burdigala, Bourdeaux.

Monast. Burense (Benedictoburanum), Benedictbeuern.

Cabillonum, Châlonss.Saône.

Cadalonum, Châlons s. Marne.

Cadurcum, Cahors.

Cala, Chelles.

Cameracus, Cambrai.

Campidonia, Kempten.

Caradona, Karden.

Carisiacum, Chiersy.

Carotti, Charreux.

Cassignol, Chasseneuil.

Mon. Castrense, Chartres (Arpajon).

Cenomannum, Le Mans.

Centula, St. Riquier.

Cisonia, Cysoing.

Clinga, Klingemünster.

Cluciacum, Choisy.

Cluniacum, Cluny.

Colonia (Agrippina), Köln.

Compendium, Compiegne.

Conc(h)as, Conques.

Confluentia, Koblenz.

Constantia, Konstanz (Kostnitz).

Corbeia vetus, Corbie.

— — *nova*, Korvey.

Spoletium, Spoleto.
Stabulaus, Stablo.
Stivaium, Estival.
Strada, Strade.
Suessiones, Soissons.
Suestra, Süsteren.

Tarvenna, Terouenne.
Tarvisium, Treviso.
Taurinis (-orum Augusta), Turin.
Terdona, Tortona.
Mon. s. Theotfridi, St. Chafre.

Thiodonis villa, Diedenhofen.
Tolosa, Toulouse.
Traiectum, Utrecht.
Treveri, Trier.
Tricassae, Troyes.
Monast. s. Trudonis, St. Trond.
Tungri, Tongern.
Tullum, Toul.
Tulpiacum, Zülpich.
Turicum, Zürich.
Turones, Tours.

Valencina, Valenciennes.
Vallilias, Vareilles.
Vangiona, Worms.
Monast. s. Vedasti, St. Vaast.
Vermeria, Verberie.
Vidunum, Le Mans.
Vienna, Vienne.
Virdunum, Verdun.
Vizeliacus, Vezelay.
Vultarias (Pultarias), Pothières (Côte d'or).

Werthina, Werden.
Wormatia, Worms.

---

2. Sach- und Personenregister.

Wido, A. v. St. Wandrille 864, 865, 868.

Wifred, Gf. v. Bourges, 837.

Wilcharius, Erzb. 13.

Wilhelm, A. v. St. Bénigne in Dijon 936.

Willericus, B. v. Bremen 307, 308, 312.

Willibald, B. v. Eichstädt 397, 398.

Willibert, Eb. v. Köln 139, 157, 158, 162.

Willisvinda, Gfin. 165.

Winde, Darst. 1032, 10 39.

Wiomudus, B. 172.

Wisuricus, B. v. Passau, Portr. 1021.

Wölbung 186, 224, 564, 713. 756, 757, 771.

Wolfleoz, B. von Konstanz 438.

Wolvene, Gf. 487.

Wurmbilder als Kleiderverzierung 89.

Xenodochien 739, 10, 739 a, 3. 800 - 804.

Ymma, Gfin. 405.

Zacharias, P. 863.

Zelte 66, 68.

Zeno, K. 1139.

Ziegel 17.

Zinn als Dachbelag 14, 18,

---

3. Heiligenverzeichnis.

Abdo 361, 385.

Abundus 367.

Achilles 403, 961.

Adalhardus (v. Corbie) 322, 329, 333, 334, 393, 647 bis 650.

Adamnanus 876.

Adelphus 762.

Adrianus 525.

Agapitus 142, 378, 385, 403.

Agatha 149, 211, 264, 361, 382, 403, 739, 782, 839, 876, 884.

Agnes 149, 211, 264, 361, 373, 382, 403, 782, 839, 884.

Agricola 629.

Albanus 142, 183—186, 211, 361, 403, 839, 883.

Aldegundis 264.

Aldricus, B. von Le Mans 579, 675—677, 695—703, 736, 821, 972. 1000.

Alexander 142, 149, 205. 361, 378, 403, 595, 694, 782.

Alodius 609.

Ältesten, die 24, 950.

Alto 494, 495.

Amandus 264, 367, 548, 568—570, 739, 841, 873, 875, 932.

Amator 594, 598, 600.

Amatus 762.

Ambrosius 155, 361, 403, 782, 975, 1052.

Anastasia 149, 361, 367, 403, 782, 849, 961.

Anastasius 290, 361, 372, 548, 881.

Andreas 142, 149, 209, 264, 361, 382, 403, 417, 548, 569, 676, 685, 686, 739, 782, 839, 849, 865, 876, 931, 935, 967,

Anemundus 709.

Anianus 367, 567, 873, 876.

Ansbertus 1052.

Ansfridus 876.

Ansgarius B. von Bremen 311—314, 948.

Anthemius 372.

Antonius (Abbas) 361, 385, 391, 782, 884.

Aper 257.

Apollinaris 361, 782, 876, 975.

Apostel 211, 361, 373, 377,

385, 548, 564, 644, 686, 713, 766, 782, 815, 838, 839, 918, 937, 943, 973, 991.

Aquila 373, 375, 403.

Ardo (Smaragdus) 576, 578.

Arnulfus 361, 403.

Athanasius 791, 876.

Audifax 834.

Audoinus 264.

Audomarus 743.

Audradus, s. Theodardus.

Augustinus 164, 361, 652, 782, 839, 1052.

Aunarius 609.

Aurelius 461—466.

Autbertus 221.

Bacchus 403, 839, 882.

Bartholomaeus 340, 548, 782, 839, 876.

Basilla 361, 373, 375, 385.

Basolus 610, 611.

Bathildis 631.

Bavo 230, 231, 875.

Beda 76, 361 1052.

Benedictus 142, 149, 211, 224, 225, 226, 245, 264, 361, 372, 403, 405, 425,

4. Künstlernamen.

A. = Architekt, G. = Goldschmied, Gl. = Glastechnik, P. = Plastiker, M. = Maler, Mt. = Metalltechnik. T. = Textilkunst.

5. Glossarium der technischen Ausdrücke.

absida (absis) 6, 203, 361, 375, 378, 385, 403, 666, 862, 868, 870, 902—905, 930, 934, 936.

adumbrare, eig. schattieren, malen 1071.

aedificia publica et privata, öffentl. (sacrale) u. Privatgebäude in St. Wandrille 870.

aeramentum, ehernes Geschirr 1102.

aeratus, mit Erz verkleidet 925.

affabre, künstlich 659, 988.

alba, 394, 459, 513, 542, 782, 785, 866.

— — romana 782.

altare capitaneum, principale, summum, Hochaltar 839, 984, 1087.

ambitus, Umgang, Umfang 662, 735, 831.

ambo, Lesepult 245, 250, 608.

ambulatorium, Säulengang 791.

ametistinus, aus Amethist 90.

amictus, Kleidung 782, 866.

amphora 832.

ampulla, Ampel 81, 394.

anaglifte, in erhabener Arbeit 1034.

anaglifum, Relief 3, 1106, 1107, 1109.

analogium, Lesepult 450, 456, 1107.

anfano = fano 528.

ansula, Henkel 871.

antiphonale = dem folgenden 60.

antiphonarium, 652, 871, 1052.

— — Turonensis eccl. 865.

anulus, Ring 59, 664 a, 866.

apallarea, Löffel 59.

apex, Schaft (bei Buchstaben), Verzierter Buchstabe, Initiale 1075, 1110.

aquaeductus s. Sachregister.

aquamanile, Waschgefäß 652, 664 b, 680, 708, 782, 865, 871.

ara, Altartisch 574.

arca, Schrein, Reliquiar, Brückenpfeiler 35, 356, 374, 378, 384, 390, 441, 444, 728, 853, 942, 943, 961, 963.

— — die Arche Noah 925, 927.

architectari, bauen 663.

architectura, 485.

architectus, Baumeister 9, 388, 759.

archivum s. Sachregister.

arcus, Bogen, Bogenstellung 3, 117 a, 245, 250, 361, 362, 365, 568, 569, 661, 664 a, 713, 757, 782, 784, 785, 868, 936, 1011.

arena, Bausand 436, 870.

argentum vivum, Quecksilber für Zinnoberbereitung 896.

argylla, Thon 94.

aries, Widder, Baumaschine zum Einreißen von Mauern 441.

area, Baugrund 10.

armilla, Armband 79, 91, 652, 664 b.

ars fabrilis, Schmiedekunst 574.

ars mechanica, Technik 378.

ars pictoria, Malerei 891.

ars scriptoria, Kalligraphie, Miniaturkunst 1052.

artes, Gewerbe 705, 783, 1123, 1125, 1129.

artifex, Künstler, künstlerisch 145, 148, 271, 602, 620, 644, 664, 686, 783, 792, 925, 952, 956, 1007, 1026, 1048, 1069, 1075, 1085, 1099, 1100, 1124, 1128, 1130, 1140.

artificare, künstler. schaffen 1091.

artificium, Kunst 1118.

— — sacrum 897.

asser, Balken 33.

astula, Span, Schindel 189, 620.

asylum (basilica asili), Freistatt 617.

atramentarium, Tintenfass 782.

atrium 7, 8, 44, 46, 58, 68, 97, 121, 305, 538, 670, 672, 751, 791.

auditorium, Sprechsaal 470.

aula 7, 14, 107, 108, 120, 121, 130, 136, 144, 149, 155, 183, 240, 275, 376, 378, 385, 409, 448, 480, 484, 489, 500, 538, 548, 557, 558, 569, 645, 655 bis 658, 693, 713, 739, 747, 817, 839, 840, 845, 873, 874, 884, 903—905, 925, 934, 960, 963, 969, 970, 1004, 1021.

auricalcum (richtig orichalcum) Messing 68, 115, 486, 866.

aurifex, Goldschmied 590, 647, 1104, 1112, 1113, 1118, 1120, 1121.

— — (e)lectus 1114, 1119.

aurificare, mit Gold anlegen 1075.